郭沫若生平
文献史料考辨

蔡 震 ○ 著

中国社会科学院老年学者文库

社会科学文献出版社
SOCIAL SCIENCES ACADEMIC PRESS (CHINA)

目 录
CONTENTS

绪言　从文献史料中寻找历史的真实 …………………………………… 1

史迹篇

三个生辰日期？ ……………………………………………………………… 3
与国共两党关系中的大革命经历 …………………………………………… 8
京都，几次有特别意义的出行 ……………………………………………… 26
误读"南昌之一夜" ………………………………………………………… 40
不为人知的一次会面 ………………………………………………………… 43
关于郭开文辞世 ……………………………………………………………… 46
主政政治部第三厅始末 ……………………………………………………… 49
从一份月报看三厅与蒋介石 ………………………………………………… 75

著述篇

《女神之再生》，从散文到诗剧 …………………………………………… 81
《芽生の二葉》，全貌与背景 ……………………………………………… 84
关于《题〈一个流浪人的新年〉》 ………………………………………… 92
"纪事的杂诗"与《十里松原四首》 ……………………………………… 96
留学佚诗的整理与思考 ……………………………………………………… 102
从《着了火的枯原》说异题同作 …………………………………………… 110
《沫若诗集》版本之惑 ……………………………………………………… 117

《中国古代社会研究》的写作与版本 …………………… 121
寻得下落的《五月歌》 …………………………………… 134
命途多舛的《骑士》 ……………………………………… 139
流亡期间若干旧体佚诗考 ………………………………… 143
"坐见春风入棘篱"
　　——旧体诗创作的开始 …………………………… 159
《历史小品》，盗版？正版？ …………………………… 173
在日本期间日文著述考 …………………………………… 179
"诚哉女丈夫"
　　——为董竹君母女题诗 …………………………… 201
《谒见蒋委员长》子虚乌有？ …………………………… 204
缙云诗文缘 ………………………………………………… 208
《铭刀》的创作与《烽火》脱期 ………………………… 212
"大笔信如椽"
　　——吊寒冰诗 ……………………………………… 214
抗战期间用寺字韵作佚诗考 ……………………………… 216
为《和平》中文版作"介言" …………………………… 229
为中国科学技术大学做广告宣传 ………………………… 231
"遗香犹自透尘埃"
　　——纪念河上肇的佚诗文 ………………………… 234

交往篇

与郑伯奇的书信交往 ……………………………………… 243
"诗友"之交吴芳吉 ……………………………………… 252
与胡适不尽是争锋 ………………………………………… 259
"上海交游"，识谷崎润一郎 …………………………… 266
在东洋文库，结交林谦三 ………………………………… 272
助傅抱石东京办画展 ……………………………………… 276
逢文求堂田中庆太郎 ……………………………………… 279

"邂逅知音"？
　　——与西园寺公望 ………………………………………… 299
作《雷雨》序：与秋田雨雀 ……………………………………… 303
同《台湾文艺》的联系 …………………………………………… 306
于细微处看历史
　　——从鲁迅的书账说起 ………………………………… 310
"十年神交，握手言欢"
　　——彦堂与鼎堂 ………………………………………… 317

书信篇

《樱花书简》厘正补遗 …………………………………………… 325
张琼华书信之误读 ………………………………………………… 338
致李石岑信写于何时？ …………………………………………… 345
关于致原田淑人信 ………………………………………………… 347
与金祖同书简及与其人相识 ……………………………………… 349
几函佚简与"两个口号"论争的史事 …………………………… 353
《郭沫若致文求堂书简》的疏误 ………………………………… 364
一组书简，一段历史
　　——与林语堂和《宇宙风》 …………………………… 371
陕北，未发出的信札 ……………………………………………… 378
与郭开运（翊昌）的书信 ………………………………………… 381
致日本友人信与后乐园诗碑 ……………………………………… 388
致金灿然信与出版《太平经合校》 ……………………………… 391
一纸信函，两个未改的字 ………………………………………… 394
致郁文书信与科技大学事 ………………………………………… 395

后　记 ……………………………………………………………… 399

绪言　从文献史料中寻找历史的真实

"郭沫若有三个生日",这既不是无缘由的推断,也非故弄玄虚,三个生辰日期都是郭沫若先后亲笔记下的。

如果说记述郭沫若生平活动的第一则史实,即存在这样的不确定性,并且还没有被郭沫若研究所提及,也没有做出说明,那意味着什么呢?

这需要回顾考察一下郭沫若文献史料收集整理的历史与现状。

郭沫若研究如果从对《女神》的评论和研究算起,已经有九十余年历史了。但其作为一个专门学术领域的形成,是从郭沫若去世以后至今的三十余年间。对于郭沫若生平文献史料的收集整理,则基本上是伴随着这一学术领域形成的进程而进行的。文献史料的收集整理工作,在这一学术进程中起到了非常重要的作用。它是对于一个学术领域的基础性建设。

回顾从20世纪70年代末起至今,有关郭沫若文献史料的发掘、收集、整理及出版的工作,大体上可以划分为两个阶段。这两个阶段如果从时间上划分,大致以90年代初为界,或者更精细一点划在1992年。这一年是郭沫若诞辰一百周年,郭沫若研究界有许多学术活动,其中包括有一些文献史料成果的出版。

第一阶段,由于郭沫若研究为学术热点所在,呈一片蓬勃发展的态势,郭沫若生平文献史料的发掘、收集、整理以及出版,也同样呈兴旺发达之势。其间,既有机构、单位(郭沫若著作编委会、上海图书馆、乐山文管所……)有组织、成系统地开展郭沫若文献史料的发掘、整理、考证、研究、出版工作,也有许多学人有志于此,涉足于此,专注于此。所以,我们看到的不仅是一个热闹非凡的场面,而且有大量的成果问世。

《郭沫若著译及研究资料》(成都图书馆,1980年);《郭沫若著译书目》

（萧斌如、邵华编，1980年初版，1989年增订版）；《英诗译稿》（1981年）；《樱花书简》（唐明中、黄高斌编注，1981年）；《郭沫若书简——致容庚》（曾宪通编注，1981年）；《三叶集》（上海书店，1982年）；《郭沫若集外序跋集》（上海图书馆文献资料室、四川大学郭沫若研究室编，1982年）；《郭沫若少年诗稿》（乐山文管所编，1982年）；《郭沫若秘密归国资料选》（四川社会科学院文学所抗战文艺研究室编，1984年）；《郭沫若佚文集》（王锦厚、伍加伦、萧斌如编，1988年）；《郭沫若研究资料》（中国现代文学史资料汇编乙种，王训昭、卢正言等编，1986年）；《创造社资料》（饶鸿兢、陈颂声等编，1985年）；《郭沫若年谱》（龚济民、方仁念，1992年增订版）；《郭沫若书信集》（黄淳浩编，1992年）；《郭沫若全集》（郭沫若著作编辑出版委员会，其中历史编、文学编至1992年已出版，考古编也在进行最后部分的工作）……这些文献资料，有很多是多卷本大部头的成果。

除此之外，大量的资料、回忆文章等刊载于各种刊物上，特别是与郭沫若研究直接有关的一些刊物，如《四川大学学报丛刊·郭沫若研究专刊》《郭沫若研究学会会刊》《郭沫若研究》《郭沫若学刊》等，或辟有文献史料栏目，或以有关郭沫若的资料作为每期刊物内容的一个重要部分。人大复印报刊资料一度专门设有"郭沫若研究"栏目，辑录郭沫若研究（当然包括文献史料）的文章、索引。

这一阶段文献史料的发掘、收集、整理工作，可以说基本上建立起了截至目前，郭沫若研究所凭借的学术资料库。

进入第二阶段，也就是90年代初以后，随着郭沫若研究逐渐沉寂下来，乃至在学术领域遭冷遇，有关郭沫若生平文献史料的收集整理工作也沉寂下来。这几乎是必然的，因为从一开始，文献史料的收集整理工作就是郭沫若研究的一个组成部分。当然，也可能还有另一个原因，即郭沫若研究界可能觉得有关郭沫若的文献史料整理得差不多了。

这样一来，郭沫若文献史料的发掘、整理工作基本上衍化为一种散兵游勇的状态。可以称之为有组织或成系统地（包括学者个人所做的项目）进行并完成的课题及成果，屈指可数。可以罗列出来的，诸如：《郭沫若研究资料索引》（乐山师专、四川郭沫若研究学会，1993年）；《郭沫若致文求堂书简》（马良春、伊藤虎丸主编，1997年）；《郭沫若留日十年》（武继平著，2001年）；《〈女神〉及佚诗》（蔡震编注，2008年）等，仅此而已。见之于报刊的资料性文章数量很少，而且多散佚在各处，甚至没有被研究者所注意。

在这一阶段，郭沫若研究界中专门从事文献史料收集整理，或是把主要学术精力用于进行这方面工作的人，几乎是凤毛麟角。

这样一种状况大致延续至进入21世纪的前几年，只是近五六年以来情况方有改观。一些研究者从郭沫若研究的进展中意识到文献史料方面存在的问题，开始着手解决这些问题。这样一来，一些基础性的、系统性的收集整理郭沫若生平文献史料的大型课题得以立项，并带动文献史料工作深入开展。

根据郭沫若生平文献史料收集整理工作发展的历史脉络，与当前这一工作的总体状况及现有文献史料的情况，可以得到两点基本认识。

其一，尽管在第一个阶段，学术界对郭沫若生平文献史料的发掘整理已经做了大量工作，建立起很好的基础，但是，对郭沫若生平基本史料、原初史料的发掘、收集、整理，特别是从成系统地进行这一工作的角度来看，还远没有达到一个相对可以称之为完善或完整的阶段。所以，关于郭沫若的生平活动，无论从地域空间上说还是从时间段上说，都存在历史的空白之处，存在资料上的盲点，已有的史料也往往失之零乱，并不完整。事实上，我们对于郭沫若的生平活动尚不能做出全面的、完整的历史描述。

郭沫若的文学作品、学术论著及其他文章著述中有大量的佚文、佚诗是有待整理的，甚至有待寻找和发掘，这其中也包括与创作、撰写及发表、出版相关的资料需要查考、收集。郭沫若著作、译作的版本情况和版本变化包含很复杂的历史内容，除少数如《女神》等几种作品的版本汇校外，大量的版本情况和变化还没有被疏理、考订。

郭沫若在日本留学十年，后又有近十年的流亡生活在日本度过，前后二十年时间不可谓不长，同时，这又是他一生中两段具有里程碑意义的文化行旅。但就如此重要和丰富的历史时光而言，我们所能了解和掌握的历史信息实在是太少了。

郭沫若的书信、他的人际交往关系及他所参加或置身其中的各种政治活动、社会活动、文化活动……凡此种种，其中都包含了太多缺失的历史内容和历史空白点。

可以说，在郭沫若生平活动的许多时候和许多方面，我们连最基本的情况都还没有完全搞清楚。

其二，在现有郭沫若生平文献史料存在不少失实失误的情况，并且这一问题尚未被研究者充分意识到，从而进行考辨补正的工作。

基本文献史料的匮乏、缺失，涉及的是未曾被发掘或整理的资料，一旦进入学术视野，理当会引起重视。但现有文献史料存在舛误，却意味着郭沫若研究一直认可并沿用着的一些资料存在问题，而且它们已经在郭沫若研究中产生了影响。如何发现这些失实失误的问题，是需要专门予以学术关注和考察的。

郭沫若文学作品的创作、学术论著的撰写，及其发表出版的历史信息记录中存在疏误的情况，不是个例。诗作《十里松原四首》《题〈一个流浪人的新年〉》创作时间的记录都有误，而前者四首诗源出何处，是怎么创作出来的，其实是需要进行考证的。在郭沫若著译系年及其年谱中，都把他为《甲骨文辨证》所写的序文记述为以日文发表，后由金祖同译为中文。事实是，该序文的中文本与日文本是同时发表的，且中文本为原稿手迹。《中国古代社会研究》是郭沫若学术研究的重要开始，研究其史学著述活动，也多从对该书的考察开始。然而，该书究竟完稿于何时（包括正论部分后陆续撰写的多篇补遗）？该书初版、再版、三版几个版次究竟是何时出版的？几个版次在内容上出现了什么变化？可以肯定地说，迄今为止学术界对这些情况的记述多有失实失误之处。

《樱花书简》收录的六十余封家书，是郭沫若留学日本期间最重要的一批史料，1981年即已整理出版，前几年在日本也有日文译本出版，可是其中有许多封信函（占总数的近五分之一）的书写时间是误断的。《郭沫若致文求堂书简》是他流亡日本期间最重要的一批书信资料，也存在书写时间断错的问题，还有把他人写给郭沫若的诗误断作其书简的情况。

殷尘著有《郭沫若归国秘记》一书，书中记述了郭沫若1937年秘密归国的过程，该书是被研究者视为历史资料的，所以目前郭沫若年谱对那一时间段郭沫若行迹活动的记述，即以其为主要依据，但是该书存在明显的史误。其实，郭沫若自己撰写的传记著述，如《创造十年》《抗战回忆录》（《洪波曲》）等，其中也存在一些疏误。

诸如此类的问题，不可能一一罗列，只能将不同类型文献史料中存在疏误的问题列举一二。但是以上所举之例，涉及的都是关于郭沫若生平活动的基本史料，可想而知这方面存在的问题是多么让人忧虑了。首先，许多基本史实疏误的存在，导致的一个最直接的后果是，现有的郭沫若传记、年谱，实际上存在许多失实或错误之处。其次，一些基本史实的疏误会影响到一个学术判断是否准确，甚至是否成立，譬如《十里松原四首》，该组诗篇的内容是人们常常用来解读郭沫若留学时期的思想历程，及某个时段精神心态的

"证据"，但如果其创作的时间并非目前所标示的，那么已有的学术论断至少是要做出相应修正的。

现有史料中存在失实失误的另一种情况更为复杂，也更加难以判断，当然也就几乎未被意识到。这主要是指来自20世纪80年代的许多回忆文章中所披露的各种史料。

从郭沫若去世一直持续到整个80年代，报刊上发表了大量关于他生平活动的回忆文章，其中大多是由亲历者撰写的，它们成为郭沫若研究学术资料的一个非常重要的来源和组成部分。但是现在回过头来检识这些回忆文章中可作为史料部分的内容，有一个问题很值得注意，即许多明显带有当时政治文化环境的影响，实际上造成了历史记忆失实的情况。

在这段时期的不少回忆文章中，对历史资料的叙述，无形地具有某种倾向性，也就是说掺杂了属于史料提供（回忆）者主观判断的内容。他们以郭沫若辞世后对于他一生在政治上盖棺论定的评价为出发点，框定出一个叙述其人生行旅的政治脉络。于是，一些显而易见的历史情节被忽略了，另一些历史情节则被放大，或者加入回忆者解读出的内容。这并非有意对历史作伪，但其中非历史的因素势必导致历史记忆在某种程度上或某些方面的失实、失误，无形中模糊了历史的真实存在。对于郭沫若在大革命时期的政治经历，以及他在这段经历中与国共两党如何发生了政治关系的历史描述，就是典型的一例。

现有郭沫若文献史料存在史误，当然有各种成因，但这已经不是问题的主要方面，也没有必要再去寻其究竟。对于郭沫若研究来说，尴尬之处，或者说问题的难点在于，多年以来，研究者们在使用那些存有疏误的史料时从未疑其有误。所以，当务之急是摆脱这种尴尬境地，改变这种状况。

郭沫若研究如何在学术视野的广度上和学术思考的深度上有所拓展，是一个多年来不断重复的话题。但无论怎样说，文献史料的收集都是需要格外给予关注的方面。因为它在不断地寻找和揭示那些我们知之有限，还不太了解，甚至完全不知道的历史存在和历史真实——由文献史料所书写的历史存在和历史真实。这一寻找过程，一定会给郭沫若研究带来新的、更大的学术空间。

本书正文从两个方面对郭沫若生平文献史料进行疏理：一是关于缺失文献史料的发掘、钩沉、整理、考释；二是对现有生平史料中存在疏漏、舛误的考辨、订正。每一问题或一则史料单独成篇，按照郭沫若生平活动的几个方面归类，分为"史迹""著述""交往""书信"四篇。

史迹篇

三个生辰日期？

1892年11月16日，这是一直沿用的郭沫若生辰日期。郭沫若在自传中两次写到这个日期。较早的一次是在《我的幼年》中，后一次是在《五十年简谱》里。

《我的幼年》作于1928年，1929年4月由上海光华书局出版。编就于1941年9月25日的《五十年简谱》①，使用的当然是比文学性传记更严谨的记述文字，其第一段谱文写道："民纪前二十年（光绪十八年壬辰、西纪一八九二年）十一月十六日（阴历九月二十七日）午时生于四川省乐山县观峨乡沙湾镇。"

在郭沫若去世以后，迄今为止已经出版的所有他的传记、年谱，都按照这个日期记述他的生辰。2001年3月，由重庆出版社出版的武继平著的《郭沫若留日十年》一书披露了一项史料：郭开贞在进入日本九州帝国大学时于1918年8月1日亲笔书写的入学志愿书与履历书。两份文书上均写着"光绪十八年九月二十九日生"。（书中附有两份文书的照片）该书认为："这个郭沫若的出生年月日作为我们最新掌握的写作时间最早的第一手资料，其可靠性毋庸置疑。"

这两份文书，让我想到了手头保存的一份郭沫若在九州帝国大学学籍簿上登记册页的复印件，其中郭开贞一栏也写着"光绪十八年九月二十九日生"。这一份资料在我手中已经保存了十余年，此前之所以没有把郭沫若的生辰日期作为一个可能需要考订的问题提出，是因为考虑到学籍簿为学校登记的文字档案，并非本人所写，所以不排除登记过程中抄录者出现差错的可能。

---

① 《五十年简谱》刊载于《中苏文化》半月刊1941年11月第9卷第2、3期合刊。

而根据《郭沫若留日十年》所披露的史料，九州帝国大学学籍簿所记载的内容，显然系按照郭沫若自己在入学志愿书与履历书上所写的出生日期登录的。那么，这就确实存在需要对郭沫若生辰日期进行考订的问题，至少要对这两个不同日期的说法有一个合理的解释。

依常理，以郭沫若"写作时间最早的第一手资料"作为判定其"可靠性"或者说准确性的标准，也即是说，以"光绪十八年九月二十九日"（1892年11月18日）作为郭沫若的生辰日期，当然是最合适的考虑。但是具体到这个涉及两种纪年的日期，是不是就能够以其断定为不二的史实呢？我以为还需要做进一步的分析，还需要考虑一些相关的历史和社会的因素。

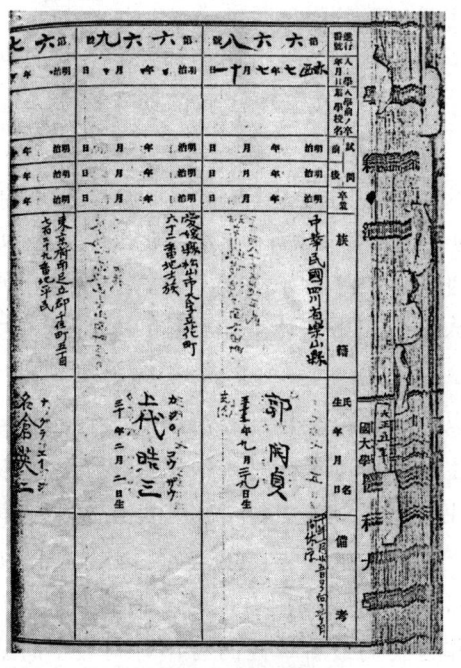

九州帝国大学学籍簿

其实，郭沫若的生日，他自己还亲手写下过另外一个日期，这是迄今尚不为人知的。

一位日本学者小峰王亲，在1962年曾编撰了一部《郭沫若年谱》，该年谱作为日本《法政大学教养部研究报告》第七号于1963年6月刊印。小峰王亲于6月底将此年谱寄给时任中国科学院院长的郭沫若。郭沫若接到小峰王亲的来信后校阅了该年谱，并在寄来的原文上做了修改和校正，然后于同年8月中旬寄还小峰王亲。寄还年谱和复信小峰王亲一事，是由中国科学院对外联络局代办的，该局（以局长的名义）在给小峰王亲的信中写有这样一句话："现将郭院长亲自校正过的郭沫若年谱一书寄还，请查收。"①

郭沫若所做的修改既有文字的增删改动，也有内容的增删改动，总计七十余处。小峰王亲所撰年谱的第一条谱文为郭沫若的生日、家世等内容，谱文是这样写的："（一八九二年）九月二十一日出生于四川省西南部……"郭沫若在原件上对时间做了校正，改为："十一月十七日（阴历九月二十一日）。"其中"九月二十一日"几字仍依原文字未做改动。小峰王亲原撰谱文时间的月份肯定有误，他未搞清郭沫若出生月份的九月是按夏历纪年所记，那"二十一日"的说法又从何而来呢？这个疑问我们暂且放下，郭沫若亲自校正的文字（按中国科学院外联局给小峰王亲复信所言，从笔迹上判定亦应为郭沫若亲笔所写）就成了他自己亲手写下的又一个生辰日期。

郭沫若改定的文字自然就引出一个新的问题："十一月十七日"这个日期从何而来？是否为笔误呢？如果郭沫若就认定自己的生日是"十一月十七日"，抑或为笔误，那郭沫若为什么又没有将改注在括号内的阴历月日之"九月二十一日"的文字（即该年谱的原文）予以改正呢？无论是公历的11月16日还是17日，都不是阴历的"九月二十一日"。

如果仅就郭沫若对小峰王亲所撰年谱这一条谱文修改的文字进行考证，可能会得到某个结论，譬如出于一个简单的笔误，或是一个记忆上的错误，也可能是其他什么根本说不清的原因。但这实际上没有意义，我在这里举出这一条史料，是想将其与上述两则记录郭沫若生辰日期的史料联系在一起呈现一个事实：郭沫若对于自己的生日亲笔写下过三个日期，（1892年）11月16日、11月17日、11月18日。

面对这样一个事实，恐怕我们很难简单地以哪一个日期是郭沫若最早写下的，就判定其为史实，尤其是后两个日期的记录，一个是在郭沫若亲自编订自己的年谱时写下的，一个是他在校阅他人为其所做年谱时写下的，它们都不是出现在撰写一般性的回忆文字的过程中，编订、校阅自己的年谱，理应对这样的日期格外仔细才是。

所以，实际上我们面对的这一事实只能这样去解释：郭沫若对于自己的生辰日期并没有准确的记忆。

---

① 信文及以下郭沫若所作校改的文字，均依据原件复印件。小峰王亲后来并未将郭沫若校改过的谱文另行刊出，或是对原作谱文予以更正。

郭沫若在小峰王亲作年谱上校改的文字

关于这一点，郭沫若早在第一部自传《我的幼年》中就提到了，只是因为该书后来在版本衍变中文字的易动，使得人们（包括研究者）完全没有注意到这一情况。《我的幼年》在叙述传主出生情况时是这样写的："就在那样土匪的巢穴里面，1892年的秋天生出了我。""我是生在阴历九月尾上的，日期是二十一还是二十七，我现在不记得了。我只记得我是午时生的。"小峰王亲所撰年谱中"九月二十一"的出处显然是在这里了。对于"二十一"和"二十七"两个日期应取哪一个，郭沫若表达的意思很清楚："现在不记得了。"但小峰王亲自作主张选择了"二十一"日，而郭沫若后来在《五十年简谱》中则用了"二十七"日，但他们都没有予以说明。

《我的幼年》在以《我的童年》为题收入《少年时代》①时，文字一应如前。1958年，郭沫若在编订《沫若文集》第6卷时，对《我的童年》的文字做了修订，将原记述出生一段文字改作："我是生在阴历九月的尾上，日期是二十七。我是午时生的。"②从那时起，人们关于郭沫若生辰日期所获得的信息，实际上就出自这删削过的文字。

郭沫若没有改动小峰王亲所撰年谱中"九月二十一"一处文字，其实还是说明他对自己出生的准确日期没有清晰的记忆。当年会导致这种状况出现的原因，一个最大的可能性应该是与郭沫若东渡日本前后生活在使用不同纪年的社会环境有关。

在没有出川之前，关于生辰日期，无论家人还是郭沫若自己，应该都只是依据阴历时间。到日本以后，日本社会早已经改用公历纪年，郭沫若也需要适应这一环境的变化。如果只是单纯改依公历纪年，那么在将阴历的出生年月日换算为阳历日期之后使用，自然就不会出现错误了。但实际情况恐怕是，在涉及生辰日期的时候，郭沫若需要两种纪年方式并用（对家人仍讲阴历）。时间一长，既有可能把阳历的时间搞错了，也有可能反过来模糊了阴历日期的记忆。事实上，郭沫若在留学时期所写的家书中就时不时有阴阳历日期并用的情形，而且不止一次出了差错，譬如，他在1915年10月21日、1916年2月19日所写的两封家书，均于公历日期下并署有旧历日期，但旧历日期都有误。像这样的事情，在生活于郭沫若那一时代的人们中间并非鲜见。

如此看来，若没有原始的关于郭沫若生辰日期的文字记录（至少到目前仍未发现），我们只能在上述三个日期中做一选择，而确定的标准，并不能依据对于其所谓准确性的判断，因为实际上我们还不能排除这样的可能：这三个日期也并非最准确的日期。所以采用一直沿用的日期，即1892年11月16日最为恰当。当然，在编订郭沫若的年谱中，对另外两个不同日期均应存录并予说明。

---

① 《少年时代》（沫若自传·第一卷），上海海燕书店，1947年4月初版。
② 《沫若文集》第6卷，人民文学出版社，1958年5月。

与国共两党关系中的大革命经历

1926年3月，郭沫若乘船离沪赴穗，应聘于国立广东大学。7月，他加入国民革命军总司令部政治部，投身于北伐的军旅行列。1927年11月，在南昌起义部队南下的军事行动失败后，随起义部队南下的郭沫若辗转香港重返上海。在这不到两年的时间里，郭沫若经历了一生中一个非常重要的时间段，走进一个与"创造十年"全然不同的人生领域。他与中国国民党和中国共产党，以及两党的许多重要人物发生了政治关系，他作为文人知识分子由士而仕的最初尝试，以及他一生的政治经历也是从此开始的。

历史的误读

尽管只有短短一年多时间，郭沫若接下去的人生行旅，却多与这一段经历形成了一种历史的因果联系。所以，尽可能准确地描述出郭沫若在1926年至1927年的经历，应该是记述他生平活动一个非常关键的环节。从20世纪70年代末开始，人们已经做了许多这方面的资料发掘整理工作，因此，现有的郭沫若年谱、传记对于他这一段经历的描述，让人感觉似乎已经不存在重要遗漏和歧义了。

然而回过头来检识一番，发现情况并非如此。20世纪70年代末到整个80年代，郭沫若研究曾呈现一种非常热烈的场面，许多学术资料准备工作也是在那时打下基础的。但热烈的场景下其实存在着隐忧，主要有两个方面：一是在发掘大量史料的同时，忽略或是忽视了许多历史细节；二是许多回忆资料中包含有非历史性的因素。

历史细节并非无足轻重，它们能够使历史场景鲜活生动地呈现出来。即使是一些零落的细节资料，在直接史料相对匮乏的情况下，它们可能与相关的其他一些史料联系起来传达重要的历史信息。回忆资料中包含有非历史性的因素，是指史料提供（回忆）者在叙述历史的过程中，融入了属于主观判断的内容。在有关郭沫若的生平史料中，后人的回忆文章是一个重要的组成部分。今天来回忆几十年前的人、事（或者依据口口相传），出现记忆上的错误，甚至张冠李戴，在所难免。这可以结合一手的资料或者与其他资料相互印证、补充来确定其真正的历史存在或历史状态。但在提供（回忆）者的叙述中已经包含了解读性的主观判断的内容，而它们又反映某种时代氛围的话，那是会在无意中模糊，甚至在某种程度上改变历史真实性的。

具体到郭沫若在大革命时期的这一段经历，人们已经熟知并认可的叙述，大体上是这样一个历史过程：

1926年2月，郭沫若得到广东大学校长陈公博的信函，邀请他去广东大学任教。这是共产党人瞿秋白推荐的。

3月底，郭沫若到达广州，林伯渠安排了他到广东大学的事宜。这时，他结识了毛泽东，不久又结识了周恩来。在广东大学任教的四个月中，担任文科学长的郭沫若的重要经历有文科革新、择师风潮，参与中山大学筹备工作，有多次与时政有关的演讲及许多社会活动，加入了国民党，同时也提出了加入中国共产党的申请。

6月，在共产党人周恩来、孙炳文等人的推动、推荐下，郭沫若担任了北伐革命军总司令部政治部宣传科长，随军北伐。

10月，郭沫若升任总政治部副主任，即往南昌主持总政治部在总司令部行营和江西方面的工作，并再一次提出入党申请。在此期间，一方面是蒋介石拉拢郭沫若，另一方面则是他逐渐看清了蒋介石的真实面目。

1927年3月底，郭沫若撰写了《请看今日之蒋介石》，与蒋介石决裂，并遭通缉。

8月，参加南昌起义，随起义部队南下广东途中，郭沫若加入中国共产党。

这一概括叙述所依据的史料，为行文简便，在这里不一一注明，它们都是郭沫若研究者们所知悉的。我要说的是：从这样一个历史叙述的梳理中，我们实际上可以很清楚地看出一条脉络，即它主要，或者说是侧重于在郭沫若与中国共产党发生政治关系的过程中，去描述他在大革命时期的人生经历，而他与国民党和蒋介石的交道往来则被包含在这一关系中，或者仅仅是从这一政治关系去解读那些史料。

这样一种对历史的描述，是否就是曾经的历史，或者说历史是否仅仅就是这样一些内容、这样一种状态呢？我以为，这还是一个需要再斟酌的问题，这里面存在着对历史的误读。我们不妨从对上文所涉及的一些史料的考辨，与另外一些未被提及的历史细节以及相关的史料综合起来进行考察，把那些回忆性史料中所包含的非历史因素排除掉，然后再来看看历史叙述的文本应该是个什么样子。

国民党左派

第一次大革命以国共合作为其政治态势最根本的特征，这是考察此一时期郭沫若生平史料格外需要注意的一个历史背景，而在很多情况下，这一点实际上是被忽略了。

先说郭沫若的受邀去广东大学。陈公博（国民党人）邀请，瞿秋白（共产党人）推荐，我们把这两者都确认作史料，但一直以来人们强调的实际上是后者的作用，似乎是有了瞿秋白推荐（与此相关的是，郭沫若到达广州后先去了林伯渠处），才有陈公博的邀请。其含义当然是以共产党作为促成郭沫若南下广东的政治背景。且不说关于瞿秋白的推荐只有间接的史料，陈公博的邀请则是直接的史料，在这一叙述中，还有一个被忽略了的历史细节：陈公博特意致函邀请的是两个人，郭沫若之外，另一位是田汉（邀请信函的抬头即为"沫若田汉先生"）。我不知道当初资料的发掘者是有意还是无意忽略了这一点。陈公博邀请信的内容也是值得注意的，信中写道："我们对于革命的教育始终具有一种恳挚迫切的热情，无论何人长校，我们对于广东大学都有十二分热烈的希望，于十二分希望中大家都盼望先生急速南来。""现在广州充满了革命紧张的空气，所以我更望全国的革命的中坚分子和有思想的学者们全集中到这边来，做革命青年的领导。深望先生能剋日南来，做我们的向导者。"①

广东大学不是一般的国立大学，而是相当（国民党）"党化"了的大学，

---

① 《陈公博函催郭沫若等南归》，1926年2月18日《广州民国日报》。

是国民党培养人才的重要阵地。在将要把广东大学改名为中山大学的计划里，国民党人是准备让其"达到党化地步。将来凡系党员入校肄业，一律免费。非党员则要交纳学费"①的。陈公博当时是国民党中央执行委员会委员，在国民党内有比他作为广东大学代理校长更重要的分量。他之所以会任广东大学校长，是因为国民党第二次全国代表大会处理了"西山会议派"后，广州国民政府于1925年12月1日发布命令，免去了"西山会议派"邹鲁的国立广东大学校长一职②，由陈公博代理广东大学校长。他是去收拾邹鲁留下的一个乱摊子的。在代理校长期间，陈公博施行了几项新的校务措施。事实上，在邀请郭沫若南下广州时，陈公博因代理期满，已提交了辞呈，继任校长为褚民谊。而在郭沫若到达广州后，陈公博即已就任广州国民政府军事委员会政治训练部部长（北伐开始后该部改组为邓演达任部长的总司令部政治部）。北伐开始后，他是蒋介石最重要的幕僚之一（总司令部政务局长）。

从这些相关的史料中，我们是不是可以把邀请郭沫若去广东大学理解为，它应该是作为国民党人的广东大学校长陈公博的主动行为，他是为广东大学延揽人才（并非只是一个郭沫若）。事实上，创造社的几员干将后来都被广东大学延聘：郁达夫任英国文学系主任兼教授，成仿吾任文科兼预科教授，王独清任文科教授。③瞿秋白推荐可以是郭沫若被邀请的原因之一，但并不是决定的因素。陈公博的政治背景又表明，他为广东大学延揽人才并非个人之举，而是出于国民党政治利益的需要。那么，郭沫若南下广东，理应主要是由国民党人的意愿促成，共产党人只是从旁推动了此事。

郭沫若进入广东大学任文科学长不久，就有一个引人注目的举动：提出了一些革新教务的具体措施，由此引出了广东大学的择师风潮，他也一时成了风云人物。在此期间被我们特别注意的史料是：他提出了加入中国共产党的申请，与毛泽东、周恩来等共产党人交往，几个月后，在共产党人的推荐安排下投笔从戎，进入北伐革命军总政治部。在这里，他与国民党的关系，几乎又是被忽略掉了，包括他加入国民党一事。有的年谱没有记录此事，也有在6月的记事中含糊地写一句"此时已加入国民党"。

郭沫若加入国民党一事被人们忽略，可能是因为郭沫若自己就把它忽略

---

① 1926年4月9日《广州民国日报》。
② 《国民政府公报1925年第17号》，中国第二历史档案馆《中华民国史档案资料汇编》第四辑，江苏古籍出版社，1997年9月。
③ 《国立广东大学概览》1926年5月。

了。本来他在《脱离蒋介石以后》中清清楚楚记下，他是在1926年5月中旬加入国民党，入党介绍人是广东大学校长褚民谊，可后来，他从发表的文章中删去了这一段文字，使得只看今文的后人搞不清此事了。①

加入国民党，应该是郭沫若在大革命时期政治生涯中一件很重要的事情。这不只是此前作为一位浪漫派诗人的郭沫若在表面上一个政治身份的变化，而且是串联起他前后经历因果关系的一个历史细节，使我们对于他在此期间的活动可以获得一个具有相对准确政治含义的解读。

往前看，郭沫若3月下旬到广东大学，5月中旬，即由褚民谊介绍加入国民党，其间只有短短不足两个月时间。与此相关的是，他在这之前要求加入共产党的申请没有被批准。这一方面可以从侧面看出，邀请他来广东大学一事于国民党方面的政治背景；另一方面则说明，国民党广东大学特别党部对于他在文科学长任上的工作表现是充分肯定的。那么，在这两个月中让国民党人格外看重的郭沫若的工作表现，应该就是文科革新和他在择师风潮中的表现了。

郭沫若甫任文科学长即提出革新教务措施，其实并非他个人的行为，而是从陈公博代理广东大学校长到褚民谊接任校长以后，在广东大学推行改革过程中的一个举措（在文科之后，其他学科也有做出同样革新者）。在陈公博之前，广东大学被国民党右派的"西山会议派"邹鲁所代表的守旧势力把持着，他聘请了一批前清的举人、贡生，也有着洋装而无实学的教授任教，早就引起学生的极大不满，国民党人感到需要对广东大学进行革新，也已经着手在进行革新。陈公博代理校长的时间只有两个多月，即施行了"设立专修学院、公开图书馆、邀请名流演讲等几项新校务措施"，继任校长褚民谊继续着这一革新，但革新受到守旧势力的阻碍。郭沫若就是在这样的形势下入长文科的，他显然了解这一政治态势，并且果断地顺应了革新的趋势。这应该也是邀请他来广大的国民党人所期待于他的。所以，在初到广州被记者问到整顿广大文科的计划时，他表示还需要与褚校长"详细商订，乃能确定"，二十余天后，即与校长褚民谊联名发出了革新教务的公告。国民党广东大学特别党部后来在关于广大择师风潮给国民党中央执行委员会的报告中也写道："文科学生，从前曾屡次要求学校改革文科，其要点有二：（一）撤换不良教

---

① 发表于1927年5月23日武汉《中央日报·中央副刊》的《脱离蒋介石以后》一文是这样写的："说我投机呢，我的确是个投机派；我是去年五月中旬才加入国民党的，而且介绍我入党的还是我们褚公民谊。"

师；（二）设立文科图书馆。但是一路都没有结果。到了郭沫若先生担任了文科学长，知道他是一位有革命性的人，所以又旧案重提，向他要求。"①

革新措施受到一批代表守旧势力的教师的顽固反对。以教育系主任兼文学及专修学院教授黄希声为首，串联了部分文科教授、讲师26人开会，于4月21日宣布罢教，同时呈文校长，要求"罢斥"郭沫若。22日，又将呈文在广州报纸上登出，并向国民政府教育行政委员会、广东省教育厅呈送。② 于是，这次教务革新在广东大学演绎为一场激烈的风潮，郭沫若被推到了风口浪尖上。

此时，他得到了国民党广东大学特别党部的全力支持。该党部专门召开了党员大会，到会者有五百余人，推毕磊为主席。大会通过四项议案："（一）援助文科同学之择师运动；（二）拥护为学生谋利益之褚校长及郭学长；（三）拥护褚校长郭学长改革文科之计划；（四）普遍择师运动于学校。"紧接着，文科学生全体大会通过的《文科全体学生宣言》，宣布全力支持革新；又决议组织"文本预科革新委员会"，选出委员9人，办理一切事宜。会后，分别呈请国民政府、中央党部及广大校长，要求撤换"不良教师"。③ 5月3日，褚民谊函呈国民政府，报告校务革新情况申请预算，同时，报告了文科部分教师罢课风潮的经过及解决办法。对于参加罢课的26位教员，除已经公意恢复授课的11人外，呈请对于另外15位罢课教员，"从轻处分，即日免其职务，不使借本校教员名义在外煽动，以正学风"。国民政府接到呈文后，于12日批示："准如所请办理。"④

这一次风潮以革新势力的胜利宣告结束，郭沫若则得到国民党广大特别党部的高度评价。该党部写给国民党中央执行委员会的报告认为，"各科学长，只有文科学长郭沫若先生，很能帮助党务的进展"，"他的文字和演说，很能增加党化宣传的声势"，"能够在重大问题发生的时候，有彻底的革命表示和主张"。⑤ 有一个历史细节，还可以从侧面看到在革新风潮后，郭沫若如何受到器重。5月3日，设在番禺的第六届广州农民运动讲习所举行开学典

---

① 《广大特别党部报告》，中国国民党中央执行委员会编《党务月报》1926年第2期。
② 见1926年4月26日《广州民国日报》。
③ 《广大特别党部报告》，中国国民党中央执行委员会编《党务月报》1926年第2期；1926年4月26日《广州民国日报》。
④ 1926年5月14日《广州民国日报》。
⑤ 《广大特别党部报告》，中国国民党中央执行委员会编《党务月报》1926年第2期。

礼。这是讲习所开办以来首次在广东之外招生，参加开学典礼的来宾多为国共两党的重要人物：国民党中央政治委员会主席谭延闿、妇女部长何香凝、农民部长林伯渠、青年部长甘乃光、全省农民大会代表彭湃、广东大学校长褚民谊、国民大学校长陈其瑗等。开学典礼由林伯渠主持，所长毛泽东报告讲习所筹备经过和招生情况，来宾相继发表演讲。郭沫若只是以广大文科学长的身份参加了典礼，但做了演讲，显然这是一个刻意的安排，应该与褚民谊或国民党广东大学特别党部有关。① 这也是一种政治评价。能得到这样的政治评价，应该就是郭沫若很快由褚民谊介绍加入国民党的主要原因。5月中旬入党，6月初，郭沫若即受命为国民党广东省党部青年夏令营讲习班的教务工作负责人之一，并将讲授"革命与文艺"。其他将开设的课程有：蒋介石讲授"北伐计划与国民党政策"、周恩来讲授"国民革命与党"等。紧接着，他又与吴稚晖、张太雷、何香凝等受聘为国民党广大特别党部暑期政治研究班教授。②

再往后看，是郭沫若投笔从戎进入北伐革命军，这与他加入国民党是不是也有因果联系呢？我以为应该有。

在郭沫若参加北伐革命军的问题上，一直以来，认可这样的说法，即是经由共产党人（周恩来、孙炳文、李民治等）的推动和安排。并且在回忆资料中还有这样的说辞：政治部宣传科长一职，蒋介石不愿意让共产党人担任，但国民党里面又没有人可胜任此职，于是认可了共产党人推荐的郭沫若。我以为，历史的真实大概也未必尽是如此。

这一说法首先就忽视了一个最基本的历史事实：郭沫若是国民党员。而且，作为政治部的主要干部都应该具有党派身份（国民党或共产党）。其次，这一说法没有考虑到当时国共两党对于北伐的态度是有很大不同的这一历史背景。国民革命军进行北伐的军事行动是国民党极力推行的，当时由陈独秀主持的中共中央对于这一军事行动并不积极，也不抱"过分之希望"，而是把"国民会议"作为这一时期党的"总的政治口号"。陈独秀认为，广东当时还需要积聚北伐的实力而不要冒险，北伐的时机尚不成熟。因而，中共方面甚至一度把北伐看作只是国民党的事情，当然也就不会热心参与其中。郭沫若进入政治部任宣传科长一事，应该与他南下广州的情况相

---

① 《农民运动讲习所开学纪盛》，1926年5月4日《广州民国日报》。
② 据1926年6月2日、4日、9日《广州民国日报》。

似，有共产党人的推动，但更主要的原因，恰恰还在于他本人就是国民党员，又在广东大学任职期间显示出宣传方面的才干，于是被国民党方面所看中。

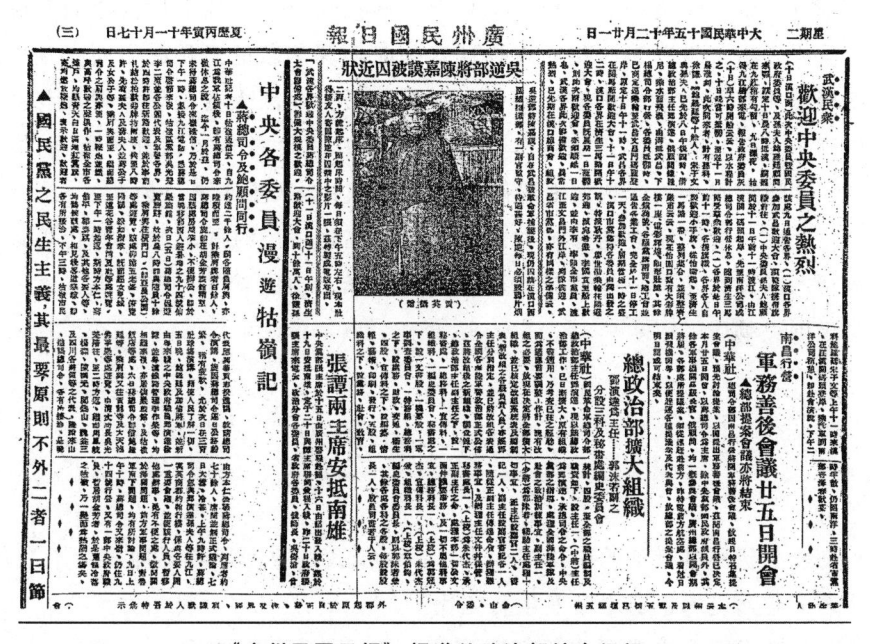

《广州民国日报》报道总政治部扩大组织

国民革命军总司令部政治部是由国民政府军事委员会政治训练部改组而成的，陈公博是政治训练部主任。政治训练部应该算是政治部组建的前期。6月21日，政治部召开第一次战时政治工作会议时，陈公博因两部交接工作的关系参加了会议，郭沫若则以准备进入政治部还未到任的身份参加了会议。在这次会议上，主持政治部的邓演达高度称赞了陈在军队政治工作方面的创建性作用。在这次政治工作会议第三天的会议日程上有这样一项报告事项："褚民谊报告广东大学党务概况"，而其他报告事项都是各军政部门的工作报告。[①] 这说明，广东大学的党务工作是纳入政治部工作范畴的。那么，郭沫若以广东大学文科学长身份进入政治部，似乎应该也不仅是一种个人行为（即使他有这样的个人意愿），更大的可能是带有国民党广东大学特别党部党务安排的背景。事实上，身为广东大学校长的褚民谊后来也参加了北伐（校长一职留给戴季陶继

---

① 《李一氓回忆录》，人民出版社，2001年1月；1926年6月《广州民国日报》。

任)。而且,从政治部组建的过程看,这是不是意味着陈公博仍然有可能在郭沫若进入政治部一事中起过作用?当然,这一点只能是揣测了。

郭沫若曾经说到过,政治部的人员构成,基本上是国民党左派与中共党员两部分,事实确实如此,当然掌权者是国民党左派。那么作为总政治部的一个重要人物,我以为,我们在描述这一时期郭沫若的经历时,对于他的政治身份应该有一个基本认定:即他是一个国民党左派人士。如果说在郭沫若刚到广东时,共产党人是把他作为一个具有革命倾向的知识分子看待的话,那么在北伐期间,共产党人则应该是以国民党左派人士来看待他。

从赴广东大学任教到参加北伐,郭沫若在这一段时间的政治经历可以这样概括:国民党人看中并选择了他,他也选择了国民党并以左派人士的身份投身于国民革命之中。

"知识分子的领袖"

随着北伐军事行动的一步步前进,国民革命的政治形势逐渐发生了变化,郭沫若的政治经历也随之而发生着变化。

北伐革命军攻克武汉之后,邓演达身兼了数职,他向蒋介石提出任命郭沫若为总政治部副主任,这在《蒋介石年谱》中有明确的记载。蒋介石的总司令部驻扎在南昌,按说总司令部政治部也应设于此地,但由于邓演达主政湖北,所以总政治部设在武昌,于是,邓演达将总政治部分为两部分,分设于武昌、南昌两地,他让郭沫若在南昌主持总司令部政治部的工作,主要管江西方面和国民革命军第二军、第三军、第六军的政治工作。这表明他对于郭沫若是非常器重的。

被派驻于南昌的郭沫若直接在蒋介石手下工作,蒋介石应该也是很欣赏他的才干的。郭沫若于1926年11月8日晚起程赴赣,而到这个月底之前他的工作日程中,我们就可以看到这样一些记录:16日,蒋介石电令郭沫若从将到南昌的黄埔军校第四期政治科毕业生中挑选人员,担任各连党代表及政治工作人员。① 17日,蒋介石电催郭沫若"本日订定"俘虏宣传大纲。19日

---

① 毛思诚编《民国十五年以前之蒋介石先生》第19册;中国人民政治协商会议全国委员会文史资料研究委员会编《第一次国共合作时期的黄埔军校》,文史资料出版社,1984年5月。

晚，郭沫若应召与从前线回到南昌的蒋介石谈话，所谈之事为在总司令部或总政治部应该设立经济科，"以调查占领区域一切经济状况而建设之"①。26日，郭沫若参加了蒋介石在总司令部行营召开的政治、经济、党务联席会议，讨论江西政治、经济、党务方面的问题及提案。可见前几天蒋与他的那次谈话，是在征询他对于经济建设方面的意见。在这次联席会议上，政治部受命起草"文官考试""惩吏条例"等有关吏治的条例，并指导江西党务工作②。29日，在总司令部的总理纪念周活动中，蒋介石发表演说，郭沫若做政治报告。③ 也是在这个月，蒋许诺给郭沫若每个月加发两百元津贴。不久，蒋的夫人陈洁如来到南昌，蒋特别将陈洁如介绍给郭沫若，几次让郭沫若请陈到政治部去玩。④ 1927年2月，郭沫若与张群、陈公博、陈立夫等在总司令部就任"中国国民党国民革命军总司令部南昌特别党部"执行委员职⑤，蒋介石又私下任命郭沫若做他的总司令部行营政治部主任。

从这样一些历史细节中，我们可以一窥当时蒋介石与郭沫若之间的关系，他欣赏郭沫若的才干，希望郭可以成为自己信赖、倚重的幕僚。在外人眼中，这一时期蒋郭之间似乎也具有了这样的关系。当然，蒋介石这时倒不是在与中共争夺人才，他一方面是在培植自己的亲信，另一方面是与武汉方面（后来则是武汉国民政府）的国民党左派势力争夺人才。

然而，事与愿违，郭沫若并非趋炎附势之人，他对国民革命有自己的认识，也就在政治上有自己的判断和选择。与蒋介石共事，使他一步步看清了蒋介石代表大地主、大资产阶级利益的政治本质。1927年3月下旬，他致信邓演达，表明反蒋的态度，并申明要公布蒋介石的罪状，坚决站在武汉国民政府（国民党左派）一边。3月31日，他开始起草《请看今日之蒋介石》，以此文公开表示与蒋介石的决裂。在南昌的这段时间，郭沫若与共产党人的关系愈益密切。当时在南昌有一个由李富春、林伯渠、李民治、朱克靖、朱德等人组成的中共南昌军事委员会，以统一领导中共在驻南昌国民革命军中的党的工作。这个军事委员会对郭沫若不保密，讨论什么事情，李民治还会

---

① 中国第二历史档案馆编《蒋介石年谱》，档案出版社，1992年12月。
② 1926年12月13日《广州民国日报》；中国第二历史档案馆编《蒋介石年谱》，档案出版社，1992年12月。
③ 《林伯渠日记》，中共中央党校出版社，1981年7月。
④ 《李一氓回忆录》，人民出版社，2001年1月。
⑤ 1927年3月8日《广州民国日报》。

总政治部主办的《革命军日报》

向郭沫若征求意见并向他报告会议内容,郭沫若也常就工作征询军委会的意见,如蒋介石给他加发津贴一事,他就是先征得了军委会的意见才予以接受的。

与蒋介石决裂,显然是使共产党人对于郭沫若给予了特别重视的一个缘由。1927年3月30日,周恩来在上海第三次武装起义特别委员会会议上建议,在民众方面,推举郭沫若为知识分子的领袖。郭沫若因被委派去上海主持总政治部上海分部而于4月14日到上海,周恩来面见了他,特别听取了他对于蒋介石在九江、安庆捣毁党部、工会,屠杀民众等情况的介绍及建议。之后,周恩来根据蒋介石在江西、沪、宁等地叛变革命的行径,起草致中共中央意见书《迅速出师讨伐蒋介石》。① 当宁汉合流以后,共产党人在筹划南昌起义的时候,更把郭沫若推到一个非常重要的位置上。

---

① 中共中央文献研究室编《周恩来年谱》,中央文献出版社,1998年。

"推举郭沫若为知识分子的领袖",这是一个非常重要的历史细节,大概周恩来当时也不会想到,此后几十年的历史就是按照这样一种预设的方式发展下去了。

南昌起义是中国共产党人策划和领导的,但从策略上考虑,起义时仍然打着国民党的旗号,所以起义之时,即召开了一次国民党部分中央委员及各省区特别市海外各党部代表联席会议。会议发表宣言表示要继续革命,选举组成中国国民党革命委员会。① 这个委员会的核心机构是一个主要由国民党左派人士组成的七人主席团,郭沫若为主席团成员之一,并被任命为宣传委员会主席、起义军总政治部主任。革命委员会主席团的另外六名成员是:宋庆龄、邓演达、谭平山、张发奎、贺龙、恽代英。② 与他们相比,郭沫若无论在政治经历还是军旅生涯方面都是资历最浅的,可见,此时中共已经非常看中他了,但也仍然是视其为国民党左派(起义军军力的主体是张发奎第二方面军的部队,郭沫若则是第二方面军的副党代表、政治部主任)。

郭沫若是在8月4日晚赶到南昌的,起义部队已经准备南下。在革命委员会的七人主席团中,宋庆龄、邓演达早已在国外,并未参与起义之事,张发奎不但未加入起义,而且站在起义军的对立面,谭平山、恽代英则具有国共两党的双重政治身份,那么实际上,以国民党人身份参加了起义及南下行动的,只有郭沫若、贺龙二人。南昌起义是国民革命时期的一个转折点,它表明,共产党人要独自领导中国革命的进程了。所以,当郭沫若随起义部队南下至瑞金时,他由周恩来、李民治作为介绍人,与贺龙一起成为中共党员。

从此时开始,郭沫若的政治生涯与中国共产党紧密地联系在一起。也就是说,在北伐初期以后,郭沫若的政治经历可以概括为这样一个脉络:作为一个国民党左派,郭沫若从蒋介石的行径中逐渐看出了其反革命的本质而与之决裂,并被开除出国民党;中国共产党人则选择了他,他也选择了共产党。

提出入党申请了吗?

郭沫若先后加入国民党和共产党的经过,在他自1926年3月到1927年8

---

① 《中央委员各省区特别市海外各党部代表联席会议宣言》(1927年8月1日),《新国家》1927年12月1日第1卷第12号。
② 《中国国民党革命委员会令》(1927年8月2日),1927年8月2日、3日江西《工商报》。

月之间的政治经历中,我们已经可以做出比较清晰和完整的历史描述,但是一些细节问题仍然有待相关史料的发掘、考订,方可做出判断,譬如,他是否向中共党组织提出入党申请的问题。

迄今为止,有两篇回忆性史料记载了郭沫若提出过加入中国共产党申请的史事,一为徐彬如所写的《六十年历史风云纪实》(中国文联出版公司1991年8月出版。书中与郭沫若相关的广州时期的事情,曾以《大革命时期我在广州的经历》为题,刊载于《党史研究资料》1983年第10期),一为朱其华所著《一九二七年底回忆》(上海新新出版社1933年5月出版)。他们分别记述了郭沫若在1926年、1927年提出过入党申请的事情。

徐彬如在大革命时期曾担任中共中山大学支部书记,他在《六十年历史风云纪实》中是这样写的:"郭沫若此时积极要求入党,并写了申请书交给中大总支,经总支讨论,同意郭的申请。学生运动委员会对郭的入党问题也进行了讨论,认为郭还需要到实际工作中去锻炼一段时间。总支和学委会的意见由毕磊汇报给粤区区委,陈延年同意我们的意见,恽代英提出最好让郭到军队去,或到黄埔军校锻炼一个时期。陈延年让毕磊将区委的意见转告郭沫若,又派恽代英代表区委正式找他谈一次话,郭沫若当即表示完全接受组织意见,并要求尽快派他到军队中去。正好北伐军要成立政治部,国民党中央委派邓演达任军事委员会政治部主任,恽代英通过组织手续安排郭沫若去邓演达处任政治部宣传科上校科长。"徐彬如这段文字没有标明具体时间,是叙述到"1926年初"时写下的。郭沫若于1926年3月23日到达广州,7月随北伐军出征,那么徐彬如所记郭沫若提出入党申请的时间,可以推断一个大致的范围。应该说,徐彬如的这段回忆文字,将郭沫若提出入党申请的过程描述得非常详细了。

朱其华是早期中共党员,也是北伐的亲历者,他在作于1932年的《一九二七年底回忆》一书中写到了郭沫若在南昌起义部队南下广东期间加入中国共产党一事,书中写道:"在广昌,贺龙郭沫若彭泽民同时解决了加入CP的问题……郭沫若去年在南昌总政治部驻赣办事处时代就要求加入CP,但直到此次到广昌以后,才正式通过。"这即是说,郭沫若于1926年11月至12月间在南昌(郭沫若于11月8日赴南昌就任总政治部驻赣办事处主任)提出过入党申请。

这两则史料的回忆者,都是相关历史的参与者,所以他们记述的史事一直被视为信史。郭沫若先后两次提出入党申请,均已被记入目前他的年谱资料中,也为许多他的传记所援用。然而,在对郭沫若 1926 年至 1927 年间的政治经历重新进行描述后,我感到对于这两个历史细节——当然是非常重要的细节,需要再做进一步的考订,才能确定其历史的真实性与准确性。事实上,仔细阅读分析一下这两篇回忆史料的内容,其中存在有明显的舛误。

"郭沫若此时积极要求入党,并写了申请书交给中大总支"。实际上郭沫若在广州那段时间,中山大学还处在筹备阶段,郭沫若任广东大学文科学长,亦为中山大学筹备委员会委员。虽然中山大学的前身是广东大学,但那不是简单的更名,而是国民党按照培养干部的办校原则而建立的一所"党化"的大学,它自 1926 年暑假起才挂牌招生,那时郭沫若已经随北伐军出征了,显然不会存在他与中共中山大学支部发生过关系的事情。当然,徐彬如在这里所说的"中大",也可能是一个便宜的称谓,实际上包括了广东大学的阶段。但是接下去所说的,郭沫若进入北伐军政治部是由"恽代英通过组织手续安排"的,则肯定为误说。郭沫若当时已经是国民党员,广东大学亦有国民党特别党部,他怎么可能经过中共的"组织手续安排"进政治部任宣传科长呢!还有一点也需要指出,即所谓"军事委员会政治部"的称谓是错的,那是抗战以后的名称。北伐时期政治部的准确称谓是"国民革命军总司令部政治部",隶属于总司令部。国民政府军事委员会是在 1928 年 2 月才成立的。

一方面是对于一个历史细节能做出详细的记述,另一方面却又在叙述中存在有许多绝非细枝末节的疏误,当然会让我们对其所述内容的准确与否持有疑问。也许我们还不好因此而否定那个历史细节的存在,但至少我们不应该仅以此孤证作为叙述历史的史料。在能为其找到佐证之前,关于郭沫若在广东大学期间提出过入党申请一事,应以存疑为好。

相比于徐彬如以亲历者的身份所言,朱其华在《一九二七年底回忆》中写到郭沫若 1926 年在南昌时提出过入党申请一事,有点像是道听途说。因为该书所记为发生在 1927 年内的事情,关于郭沫若曾在年前提出入党申请之事只是一笔带过,没有任何说明和交代。从研究的角度说,对于关乎郭沫若生平如此重要的一个历史细节,仅以一句没有来龙去脉的文字为史料而做出判断,是失之严谨的,朱其华所记是否属实,尚须考证。

《一九二七年底回忆》写于 1932 年,这个时间距书中所述之事只过了几年,比郭沫若撰写《北伐途次》的时间还要略早,朱其华又是书中所记之事的亲历者,大概就是这个原因,使得人们很轻易地将书中所记视为可靠的史料。然而，关于朱其华其人、其书，却是我们在判断该书的内容是否完全真实可信时，首先需要了解的。朱其华在1929年即脱党，该书的撰写在此之后，那么在撰写的过程中，这一政治身份的变化，就有可能影响到他对于历史事实的认定、判断和评价。事实上正是如此。仅就该书中记述到的共产党人如周恩来、李立三、聂荣臻，也包括郭沫若、贺龙等人，及与他们相关的一些事情来看，作者在行文中明显地带上了主观臧否或个人的好恶，甚至用恶意中伤的文字进行描述。所以，对于《一九二七年底回忆》一书所记录的史事，应该进行充分的考证，才好确认其历史真实性。

朱其华并不直接与郭沫若共事，他是随广州国民政府北迁在南昌工作了几个月时间，所以关于郭沫若与中共的关系，恐怕只能是"听说"而已。其实，能够了解在南昌期间郭沫若与中共的关系，并且留下回忆文字的是李一氓（当时叫李民治）。郭沫若在南昌主持总司令部政治部的工作，李民治任主任秘书，为他的助手。在《李一氓回忆录》中有一段文字特别记述到中共在南昌的党的工作："这个时期江西基本没有军事行动，部队只是处于戒备状态。党中央为了统一南昌部队党的工作，成立了一个南昌军委，李富春为书记，成员有林伯渠、朱克靖和我。但有时朱、林不在南昌，开会时就由党员的政治部秘书出席。后来朱德任第三军教导团团长和南昌公安局局长时，他也参加了这个军委。因为没有军事行动，部队就处于一个半平时状态。所以在军委来讲，也没有什么重大的问题要讨论，开会的时间不多，每个月大概一次，都在晚上。成立南昌军委这件事对郭沫若也不保密。我去开会前，总是征求他有什么意见；回来以后，除必须保密的以外，我也向他简单地报告讨论内容。譬如蒋介石突然开条子，要给郭沫若每个月发两百元津贴，就是他提出来，征求党的意见，要不要接受。军委讨论过后，认为他可以接受，就由我转达了讨论的意见。"①

李一氓的回忆录虽然写于晚年，但是作为真正的当事者，他的回忆中有一些非常重要的历史细节。像这一段文字写到郭沫若与南昌军委的关系，实际上反映的也就是作为国民党党员的郭沫若当时与中共的关系。然而，李一氓特别写到郭沫若与南昌军委的关系，却没有说起有郭沫若提出入党申请之事，这是不是表明在他的记忆里并没有这样一件事？当然，回忆者没有忆及

---

① 《李一氓回忆录》，人民出版社，2001年1月。

的事情，并不一定就是没有发生过的事情，但李一氓在写到几个月后郭沫若入党的具体过程时写下的另一段文字，其实很清楚地表达了他的意思。他写道："在瑞金的时候，周恩来同我商量，要介绍郭沫若入党。究竟是郭沫若提出在先，还是组织上要他入党在先，现在无从说起。我看这不是一个重要问题，因为当时对郭沫若来讲，入党的时机已经成熟了。"① 即使不说这段文字有无言外之意，一件直接当事者亦认为"无从说起"的事情，是不能作为史事就予以认定的，所以朱其华所言不足为信。

客观完整地记录历史

从郭沫若与国共两党的关系中来看他从 1926 年到 1927 年，即大革命时期的经历，与目下许多他的传记、年谱的记述中所描述的那种历史文本相比，应该是有不小的差异的。但这种差异的出现，除了因为援引到一些新的史料，更主要的却源自汇集了许多被忽略的，以及与之相关的历史资料的补充、记述，对于回忆性的史料，尽可能地排除其包含的主观判断性的内容，以此来求得还原于真实的历史存在。

有关郭沫若大革命期间经历的史料并不多，而能让我们直接做出肯定判断的史料在数量上更少，大量的史料来源于后来的回忆文章，包括郭沫若的自传也是在多年后才写出的。所以对于当时出现的人和发生过的事，如果我们不能以直接确凿的史料予以记述，相关历史资料的补充叙述就是非常必要的。也就是说，我们即使不能做出十分肯定的判断，也应该尽量完整、真实地描述那一历史场景及那一历史存在状态。这比简单地认可一种判断更接近历史真实，也更具有学术价值。譬如，郭沫若在自传中写到他到广州后先去林伯渠处接洽，然后才去了广东大学，后人在实际上就把此处的林伯渠解读为共产党人林伯渠。林伯渠是共产党人不错，但此时的林伯渠也是国民党员，而且是国民党中央执行委员会常务委员、秘书处秘书、农民部长。作为在当时广州政坛上活动的一个政治人物，林伯渠先以农民部长，后以国民革命军第六军政治部主任的身份，常常在公众活动中露面。那么，郭沫若最初与林伯渠相识、打交道，究竟是与共产党人林伯渠还是与身为国民党政要的林伯

---

① 《李一氓回忆录》，人民出版社，2001 年 1 月。

渠呢(这实际上涉及的是与共产党还是国民党发生的关系)?我们或者并不能对此做出肯定的判断,那就应该把这些内容完整地、真实地记录在与郭沫若相关的历史情节中,否则,历史反而被模糊了。

涉及郭沫若在大革命时期经历的史料,有相当大的部分是源于20世纪70年代末到80年代的回忆文章。今天回看这些资料,有一个问题尤其值得郭沫若研究再做思考,即当时的许多回忆文章,或多或少都因为时代的政治背景而在对历史资料的叙述中,无形地具有了某种倾向性。它们以郭沫若去世后对于他在政治上所做的盖棺论定的评价,来框定出一个叙述他人生行旅的政治脉络。于是,一些历史细节被夸大了,另一些历史细节被忽略或抹掉了,甚至还有主观推定出来的历史情节。

李一氓关于郭沫若入党经过的那一段文字其实颇耐人寻味,其值得寻味之处有二:其一,提出了是郭沫若主动要求入党,还是组织上要发展他入党的问题。如果说在瑞金郭沫若没有主动提出申请,那么此前他的两次申请(在广东大学时、在南昌)应该并不存在一个有效期的问题。而且,至少半年多前在南昌提出的那一次,李一氓应该是知道的,假使有过此事的话。所以他实际上是在表达这样一层意思:所谓郭沫若提出入党申请的事情,是有待直接的史料予以证实才能确认的史实。其二,提出"时机"成熟的问题。这"时机"如果仅仅针对郭沫若个人而言,应该指的是他具备了条件,却不是什么时机。那么,主要的应该是针对组织而言。它的含义是:周恩来认为(当然是作为党组织的意见),南昌起义的行动进行到此时,郭沫若作为国民党左派的政治身份不再有多少实际意义了,因此,应该将已经被南京国民党中央开除党籍的郭沫若发展为中共党员。

李一氓应该是了解郭沫若研究的学术状态的,也了解关于大革命时期郭沫若与中共关系的那些说法,但作为基本上见证了这一关系发展经过的当事者,他的回忆文字既没有轻易否定什么,也不做无史料依据的认可,它们是审慎的、客观的。当然,他是历史的亲历者,而我们这些从史料中去了解历史的研究者们,就需要对过目的史料做出考辨。

郭沫若生平的史料,我们所能找到和拥有的,当然是越多、越充分越好,但肯定是无法做到十全十美,难以穷尽的。所以,问题的关键还不完全在于我们是不是记录了郭沫若生平所有的史料(即使我们现在做出一部郭沫若的年谱长编,也还会不断有新的史料需要补充进去),而首先在于,我们是不是能以真正历史的、客观的眼光去发掘史料、考察史料,去分析已经拥有的史料，并且恰当地运用这些史料。如果在我们的意识中存在一个预设的倾向性，那么势必在发掘、考察、分析、运用史料的时候出现偏颇，对一些相关的史料没有应有的注意，在同一史料中忽略掉一些重要的历史信息，在叙述历史的时候掺入了主观推断的内容。为什么关于郭沫若在大革命时期与国民党的关系会在不同程度上被忽略掉？一个主要的原因就在于此。

京都，几次有特别意义的出行

虽然郭沫若在日本驻留时间长达二十年之久，除因就学和驻留长时间居住过的东京、冈山、福冈、市川四地，他的足迹所到之处却说不上很多。不过，为人们所知的他所到过的一些地方，多与他的创作或是人生中的重要经历相关。譬如：1924年秋，郭沫若决定回国前夕，偕家人往佐贺县的熊川住了一个月，他以这段时间的生活经历创作了小说《行路难》《红瓜》等；1934年夏，他同家人在千叶县夷隅郡浪花村小住，创作了《浪花十日》；他流亡时期匿名进出日本，都是经由神户港……这些行迹，当然都是郭沫若生平活动的历史信息。

一

在郭沫若留下足迹的不算多的地方中，京都应该是特别被注意到的，因为至少有两次他的京都行承载了其人生经历中的一些非常重要的事情，并结成了一些重要的人际关系。这两次京都行一次是在留学时期的1921年，一次是在流亡期间的1932年。我们先看看现有的《郭沫若年谱》做了怎样的记述：

龚济民、方仁念作《郭沫若年谱》（修订于1987年，天津人民出版社1992年10月出版）在1921年6月事项中记载：因创办文学杂志的计划得到泰东书局允诺，郭沫若决定从上海再往日本，与朋友们商定杂志的名称、稿件来源和出版时间等问题。"月初"，郭沫若先回到福冈，"在家稍事停留后，随即往京都，会见了郑伯奇、穆木天、张凤举、沈尹默、李闪亭等人"。在

1932年11月事项中记载："月初"，"偕田中震二赴京都，访京都大学考古学教室以及内藤湖南博士、富冈君撝等人，又得见甲骨八九百片"。

王继权、童炜钢作《郭沫若年谱》（江苏人民出版社1983年4月出版）在1921年6月事项中记载："下旬，又去日本。但在福冈仅停留一天，次日便动身往京都。在京都，访郑伯奇、李闪亭、张凤举、沈尹默、穆木天等人。"该年谱对谱主1932年11月的京都行无只字记述。

应该说，这两部年谱关于郭沫若两次京都之行的记述都是很粗略的，没有比较准确的时间记录，也有错记之处。实际上根据目前已有的相关史料，我们可以对郭沫若这两次前往京都的时间、涉及的人物、他的活动过程，以及与此关联的背景因素，做出比较准确的历史描述。

关于1921年那次去京都的目的、时间、经过，《创造十年》中是有记述的。

这一年的4月，为实现组织一个文学社团、办起一个纯文艺杂志的梦想，郭沫若与成仿吾从日本前往上海活动。其间经历了一番周折，终于得到泰东图书局老板赵南公应允，为此时尚未成立的创造社一班文学同人出版一个文学杂志。但郭沫若当时孤身一人在上海，成仿吾已经去了长沙，其他的朋友还都在东京和京都两地，所以，郭沫若考虑："无论如何有再往日本一次的必要，须得去寻访各地的朋友们，定出一些具体的办法。杂志用甚么名字，是定期还是不定期，定期时间限的长短，每人可担负的稿件的分量，这些都是应该商量的问题。于是我在七月初旬便决定再往日本。"他先返回福冈的家中，但"在福冈仅仅住了一天，第二天便动身往京都。在车上过了一夜，到京都已经是第三天上午了。我先到三高去访问郑伯奇"。

郭沫若在《创造十年》中把返回日本的时间系于"七月初旬"，实际上是错记了，当然下推前往京都的时间也就是错的，这可以对照泰东图书局老板赵南公的日记来做考订。赵南公1921年5月25日至27日的日记中有这样一些相关的记载：

25日，"十时起。晴。到店阅报。二时，沫若来，言明日到东船票已购就。"

26日，"二时，请沫若来谈，据伊言，伊到东目的拟到京都、东京去走一趟，与同志一面趁暑假约定译几种好书，专译述德文书，报酬办法十分抽一，以售出书为限，买稿暂不言及。予甚赞同。乃估计往来路费约百元左右，予允凑百廿番。四时同出，购金手环一支，记五十二番。……今晚本送沫若到船，而彼等（指当晚访客——笔者注）罗嗦不休，已至十二时，乃言予到船送友人，始散。予到虹口码头，不见八幡丸，询之，知泊于汇山码头，以时晚路远遂驱车返。……汉杰乃电编辑所询沫若，言船不开，已返，明午再到。"

27日，"十一时起。到店阅报。晴。一时，松泉来，知沫若已去。"[①]

这几则日记非常清楚地记述了郭沫若离沪的时间，同时也记述了郭沫若前往日本的目的，这一点与《创造十年》所述大致相同。邀约同人译书与出版杂志实为相关之事。赵南公之所以应允为郭沫若他们出版杂志，应该也是为笼住郭沫若、郁达夫、田汉等几位在文坛崭露头角的青年，以获得更多的出版资源。

5月27日上午是郭沫若这一次离沪的准确时间，而他到达京都的时间为6月1日，这有郑伯奇的日记为证。据郑伯奇6月1日的日记记载："早晨上了一堂，九时沫若来学校找我，便回家了。"那么根据这一准确时间前推，我们就可以知道，郭沫若于5月30日回到福冈。在家中逗留一日，于31日乘火车前往京都。

郑伯奇日记也记述了郭沫若此次京都行的目的："沫若此次由上海回福冈，经由京都赴东京访友，并商议杂志丛书事。"这与赵南公日记和《创造十年》所记是相同的。郭沫若在京都几天的行程和活动，《创造十年》中亦有记录，但与郑伯奇日记中的相关记载比较，当然后者更为准确。《创造十年》中记录的一些活动和行程的时间、先后次序，以及涉及的人物有错记和遗漏之处。这里把郑伯奇这几天日记中的相关内容摘录如下，可以与《创造十年》相互对照。

1日，"午后我和他访张、傅、沈、苏四君，均未在。次赴木天处，谈至三时许赴希贤处。夜，张氏兄弟、傅、苏、傅（原文如此，疑为重笔——笔者注）、李均来家，聚谈至十时始散。"

2日，"早饭后和希贤、沫若同赴白川希贤寓所。午饭后赴张凤举处，来会者张氏兄弟、傅、沈、李、苏共八人。四时许偕沫若赴病院。

[①] 见陈福康《创造社元老与泰东书局——关于赵南公1921年日记的研究报告》，《中华文学史料》（一），百家出版社，1990年6月。

是夜起在希贤处宿。"

3日，"早赴希贤处会沫若。是夜同赴音乐会。"

4日，"早起赴希贤处，知彼已偕沫若六时许外出赴大津。是夜沫若由大津起身赴东京去矣。"①

从上述记载中可知，郭沫若在京都见到和初次认识的人，除郑伯奇外有李闪亭（希贤）、穆木天、张凤举与张定钊兄弟、沈尹默、傅堂迈、苏民生。他们一起有过两次聚谈。1日晚的聚谈大概是交际性的，而2日在张凤举住所的聚会，显然是几人事先约定好的，应该就是郭沫若与各位商议事情，可以称之为一次会议的活动，但内容是什么，已经无从知晓了。

在京都郭沫若住了三天，他"觉得在京都想会面的人，都已会了面，虽然所想讨论的事情并没有说上，但已觉得无可再逗留"。于是，他6月4日起身，5日到达东京。按《创造十年》所写，郭沫若对这一次的京都之行，似乎略感失望，没有得到他预期的结果，组织稿件、办刊物的具体事宜等，是之后在东京与郁达夫、成仿吾等人会面、开会后才确定的。但是，这一次的京都行，无论对于他个人，还是对于创造社酝酿成立及《创造》季刊创刊过程而言，其实都是一次有意义的走访。

郭沫若与郑伯奇虽然自1920年起就有了通信联系，但这次在京都才初次会面。郑伯奇成为创造社组创过程中积极的参与者，应该说与此次同郭沫若在京都的会面不无关系。郭沫若在联系好同人又返回上海后多次给郑伯奇写信，郑伯奇与赵南公也开始有信函往来（在其日记中都有记录），显然是关涉编辑书刊之事。而在不久之后的暑假期间，郑伯奇专程回到上海去协助郭沫若编辑《创造》季刊和丛书的稿件。穆木天是郭沫若在京都结识的，后来在《创造》季刊的出版预告上列名为七位创造社同人之一。张凤举也成为创造社初期的成员。

即使是与创造社文学活动没有发生关系的沈尹默，郭沫若与他在京都初次相识，也成为他们之间日后所形成的朋友关系的开始。在流亡日本期间直到1937年7月秘密归国之际，沈尹默和他主持的孔德研究所，对郭沫若而言都是一个很重要的人际关系。沈尹默曾延请郭沫若为孔德研究所做些学术研究的工作且并不指定选题，为此每月付他一笔津贴，这对于当时靠撰稿为生

---

① 引自郑伯奇日记。原件藏郭沫若纪念馆。

的郭沫若来说也算是雪中送炭了。郭沫若的《石鼓文研究》《周易的构成时代》两部著作是作为孔德研究所丛刊出版的。他在 1937 年 7 月 27 日秘密回到上海的当天,首先就去了孔德图书馆沈尹默处。

这里还有必要特别说明的一点是,根据郭沫若在京都活动的准确日程,对于他到东京后与郁达夫、田汉、张资平、何畏等人一起开会的时间,也可以推断出一个准确的日期,即 1921 年 6 月 8 日(《创造十年》中记述在东京逗留了四天,第四天下午在郁达夫寓所开了这个会)。郭沫若称"这个会议或者可以说是创造社的正式成立",文学史一般也都以此次会议作为创造社成立的开始。

二

流亡日本期间郭沫若受到日本警方监视,所以基本上处于一种深居简出的状态,1932 年的一次京都行几乎是一个例外。这是他在从事中国古代社会研究、金文甲骨研究过程中的一次重要的学术走访活动。这一次的京都行,使他得以结识了京都帝国大学一些日本著名的汉学家,如内藤虎次郎(湖南)、滨田耕作(青陵)、水野清一、梅原末治等,查阅到一大批古文字拓片资料。

关于这次京都行,在郭沫若的文章著述中,除《卜辞通纂·序》略有提及,再没有更详细一点的记述。但是通过《郭沫若致文求堂书简》,可以对他这次京都行的情况有一个大致的了解。

在深居简出的生存状态下,郭沫若为什么会想到要去京都做这样一次寻访呢?这从他的自传性文章中倒是可以一窥究竟。郭沫若是很推崇王国维在甲骨文研究方面的开拓性成就的,他在提到王国维曾在京都住过几年并完成了《殷虚书契前编》的事情时写道:"王国维在东京学派的那一群人中,虽然不甚被重视,但和东京学派对立的西京学派,却是把他当成为一位导师在崇拜着。……西京学派事实上是在王国维的影响之下茁壮了起来,他们的成就委实是在东京学派的霸徒们之上。这一派的领袖是内藤湖南和狩野君山,他们和王国维都有过密切的交游。""西京学派就这样在王国维的影响下,他们才脱出了宋、明旧汉学的窠臼而逐渐地知道了对于清代朴学的尊重。对于中国学问的研究上,日本的学术界可以说是落后了三百年,但他们在短期间之内却也把那三百年的落后填补起来了。"① 西京就是京都，相对东京而言。京都在平安时代一直是日本的京城。

西京学派重视中国古代文献典籍，提倡"训诂之学"，所以，郭沫若在推崇王国维治学方法的同时，对于受王国维影响甚深的日本西京学派评价很高，而对东京学派则颇有微词。内藤湖南又是在日本史学界率先提倡运用甲骨文、金文等考古资料与古文献对照来研究中国古代史的学者，这与郭沫若踏进古文字研究领域的初衷可谓不谋而合，郭沫若当然希望能与西京学派有学术上的交流。同时，正在编纂《卜辞通纂》的郭沫若也很需要到京都的学术圈去寻访更多的古文字资料。

1932 年夏，郭沫若的《金文丛考》一书已经完成并由文求堂出版，他在继续补充编撰《金文余释之余》的同时，又有了一个新的编撰计划："卜辞之选"。这是八月中旬的一天，郭沫若在文求堂与文求堂主人田中庆太郎晤谈时商议确定的。"昨日晤谈，甚快。卜辞之选，初步考虑，拟限于三四百页范围内……拟取名《卜辞选释》。尽可能写成兼有启蒙性与学术性之读物。至于版税请老兄酌情处理。"郭沫若在次日写给田中庆太郎的信中已经为准备编纂该书向田中庆太郎提出访求在东京能够找到的几种资料，以做著录之用。然后又特别提到，"他处倘有藏品，借此机会一并著录，当有诸多便利"。②

10 月，郭沫若开始《卜辞通纂》的著录工作。在这期间，郭沫若已经把在东京能见到的诸家所藏甲骨刻辞搜寻了一遍，其中包括东京帝国大学考古学教室、上野博物馆、东洋文库等几家机构的藏品，以及中村不折、中岛蚨山、田中庆太郎等的私家藏品，总计有两千余片。10 月 27 日，郭沫若在给田中庆太郎的信中提出："京都有意一行，能得震二君同伴故妙，不能，亦拟独往。"③

郭沫若欲往京都一行的直接目的，就是走访京都帝国大学考古学教室。那里既有甲骨刻辞收藏，又是西京派学者的云集之地。之所以向田中庆太郎提出希望其次子震二同行，一方面因为田中震二在同他学习甲骨文，并不时协助做一些资料工作，更主要的原因，恐怕是希望得到田中庆太郎的帮助。

郭沫若虽然在留学时期曾经去过京都，但京都的日本汉学家学术圈对于

---

① 《海涛集·我是中国人》，《沫若文集》第 8 卷，人民文学出版社，1958 年 9 月。
② 《郭沫若致文求堂书简》第 29 号，文物出版社，1997 年 12 月。《卜辞选释》在编订后方定名为《卜辞通纂》出版。
③ 《郭沫若致文求堂书简》第 44 号，文物出版社，1997 年 12 月。

他来说，还是完全陌生的，因此，他去京都进行学术上的寻访当然需要有人帮助，至少是给予介绍。在郭沫若的人脉关系中，与日本汉学家们有着广泛联系的文求堂主人田中庆太郎肯定是最合适做这个介绍人的。

田中庆太郎显然明白郭沫若的意思。从郭沫若 10 月 30 日写给田中庆太郎的信中我们可以看到，田中决定陪同郭沫若一起去京都。郭沫若当然非常高兴，他在信中写下几句打油诗："老兄能西下，再好也没有。已得老婆同意，说走便可以走。"① 事实上，著录《卜辞通纂》是郭沫若与田中庆太郎一同商议确定的，田中全力支持郭沫若也在情理之中。然而不知何故，田中庆太郎却又改变了决定，所以郭沫若在 11 月 1 日致田中的信中写着："京都之行，如震二弟亦有不便，或无愿去之希望，请勿勉强。能得老兄介绍书，仆一人独去亦无妨事也。如震二弟本不愿去而强之同行，余颇不忍。请震二弟定夺可也。"②

最后，还是田中震二陪同郭沫若一起去了京都，田中庆太郎应该也为郭沫若写了介绍的书信，故郭沫若返回东京后，于 11 月 9 日立即给田中写了一封表示感谢的信，信中说："此次入洛诸蒙推援，并得震二弟陪游数日，谢甚谢甚。"③ 洛即京都。

从郭沫若 11 月 1 日与 9 日写给田中庆太郎的两函信来看，他的京都之行确是在"11 月初旬"(《卜辞通纂·序》)。我们还可以把时间范围确认得更精细一点，即在 11 月 3 日至 8 日之间的几天内。

在京都期间，郭沫若走访了京都帝国大学考古学教室，得见该室所藏甲骨四五十片，并结识了主持该考古学教室的内藤虎次郎（湖南），以及滨田耕作（青陵）、水野清一、梅原末治等人。往恭仁山庄拜访内藤湖南（恭仁山庄为其书斋名——笔者注），得见其所藏甲骨二十余片，并与内藤湖南交谈对于甲骨文研究的见解。另外，还在已故的富冈君扨处得见甲骨七八百片。④

内藤湖南在郭沫若去拜访并与之交谈后，曾对他人表示，"郭沫若尽管很有天才，但对甲骨文字的解释有些异想天开"，他的研究具有"冒险性"，自

---

① 京都在关西地区，东京处关东地区，从东京去京都自然称西下。《郭沫若致文求堂书简》第 45 号，文物出版社，1997 年 12 月。
② 《郭沫若致文求堂书简》第 47 号，文物出版社，1997 年 12 月。
③ 《郭沫若致文求堂书简》第 48 号，文物出版社，1997 年 12 月。
④ 《郭沫若致文求堂书简》第 48 号，文物出版社，1997 年 12 月；《卜辞通纂·序》。

己不大同意。① 这种关于学术上的评价应该说很正常，而且显然郭沫若引起了内藤湖南的注意。事实上，内藤湖南在这之前已经注意到了郭沫若的金文研究。开始时，他对郭沫若的金文研究评价不甚高，认为研究方法比较"粗漏"，但不久，他就改变了这一看法。他在写给朋友的信中坦言，日本的汉学研究，有被郭沫若的金文研究超越之虞了。②

郭沫若对于这次的京都行应该是很满意的。一方面他寻访到了大量甲骨文资料，另一方面与京都的这批学者相识并建立了联系。所以他在返回东京后立即作了一首题为《访恭仁山庄》的诗，请田中庆太郎代为转寄给内藤湖南。③ 然后，他又请田中庆太郎将《金文余释之余》分别寄送水野清一和梅原末治。在《郭沫若致文求堂书简》中我们可以看到，此后，郭沫若从内藤湖南、水野清一、梅原末治等人那里都得到过所需拓片资料的照片。《卜辞通纂》出版后，郭沫若给文求堂开列有一纸赠书名单，其中内藤湖南等几位京都的学者均为其赠书的对象。④

三

除了上面写到的郭沫若的两次京都之行，还有两次可能发生过的京都行，至今没有被人们注意到，当然也就没有被记录下来。这两次可能发生过的旅行，也是一次在郭沫若留学时期，另一次在他流亡期间。

1955年底，郭沫若率领中国科学代表团出访日本，行程安排上有访问京都。在京都期间，京都大学贝冢茂树、桑原武夫两位教授邀请郭沫若进行了一次三人"鼎谈"。这不是一般社交性的交谈，而是主人刻意安排的一个活动。在谈话一开始的时候，郭沫若就讲到他初次来京都的情形："我第一次到日本来是大正三年。当时我到京都，逗留了大约一周，游览了岚山和金阁寺。这就是说，京都是我到日本来，首先访问的地方。"⑤

---

① 内藤耕次郎：《关于湖南其人的片段》；刘德有：《随郭沫若战后访日》，辽宁人民出版社，1988年9月。
② 参见《内藤湖南全集》第14卷，日本筑摩书房，1976年。
③ 《郭沫若致文求堂书简》第48号，文物出版社，1997年12月。
④ 见《郭沫若致文求堂书简》第83号，文物出版社，1997年12月。
⑤ 刘德有：《随郭沫若战后访日》，辽宁人民出版社，1988年9月。

郭沫若1914年第一次赴日本的目的地是东京，那么从语义的角度来看，这段话应该理解为他在到达东京之前，先在京都逗留过（不是指路过）约一周时间。不过，把它理解为京都是郭沫若在作为驻留之地的东京以外首先专程去访问游览过的地方，似乎也是可以的。但无论怎样理解，郭沫若在这里所说到的初次到访京都的情况，在有关他留学日本之初的史料中找不到任何记载。然而，在那样一个场合下一开口便说到的事情，显然是郭沫若事先已经回忆到并有所准备了，所以在他留学之初应该确实有过此行，可能没有什么特别的事情，而只是一次游览，所以后来也未曾记录下来。

尽管如此，既然有这样一件史事存在，我们就需要考证郭沫若的这一次京都之行发生在1914年（大正三年）的哪一时间段，或者能更精确一点到哪个月。

如果把郭沫若的话理解为他到达东京之前曾先在京都逗留过，事情当然就很简单，但是没有另外的史料可以证实这一点，所以也就不能否定还存在其他的可能性。在这样的情况下，我们不妨先从对于这些可能性的分析考订着手，对其做出是或非的判断，在排除了所有不可能存在的可能性之后，自然就能获得最后的结论。

1914年1月，郭沫若一到达日本便进入日语学校投入紧张的学习生活之中，因为他必须在半年之内学会日语且要考上官费生。7月，他如愿考上东京第一高等学校预科官费生，开始了大学预科的学习。那么在这一年里，能让他有一周的时间在东京之外的一地逗留，必定是在某段无须每日上课的时间内。这样的时间段有三个：其一，年初离开釜山到达东京之前；其二，夏季的暑假期间；其三，年末的年假期间。也即是说，除了可在到达东京之前先在京都逗留过，还存在另外两个可能性。

暑假应该是最方便安排外出旅行的，我们先来看看暑假期间，郭沫若有无做一次京都行的可能。

在郭沫若6月21日所写的家信中，他向父母报告了这样一个消息："以下月将应东京第一高等及千叶医学，预备甚忙，不能多肃也。"这里说的是他将在7月分别应考东京第一高等学校和千叶医学校。虽然我们不能据此准确地知道考试完毕，以及之后郭沫若得知被一高录取的消息是在7月的什么时间，但在他写于7月28日的家信中已经清楚地记载着："顷已同杨伯钦、吴鹿苹同来房州避暑矣。"① 这说明此时已进入暑假，而郭沫若则与杨、吴二人

---

① 两封家书均见《樱花书简》，四川人民出版社，1981年8月。

已经一同到了房州。即使从 7 月初开始算起，参加两次入学考试，然后等待录取的消息，郭沫若不大可能有时间，也应该不会有心情在往房州之前去过其他地方。况且他此时与杨伯钦、吴鹿苹住在一起，在三人同去房州之前，他一人独往京都一行亦是不大可能的。若有杨、吴二人同行，则吴鹿苹的回忆里就不会不提到此事。整个暑假期间，郭沫若与杨、吴二人都是在房州海滨度过的，这有吴鹿苹的回忆和郭沫若写于 9 月 6 日的家信可以为证。这封信中写着："男于前日由房州折转东京矣。学堂于十一日开学。"① 也就是说，郭沫若在开学前夕才返回东京，这样看来，在暑假期间，郭沫若应该不会出行京都。

然后再看看年假期间的情形。

第一高等学校从 12 月 24 日开始放这一年的年假，郭沫若在这天写了一封家信，信中慨叹"每逢佳节倍思亲"的滋味，同时告知父母说："年假只十五日，来年正月八日，当复入学也。"② 半个月的假期，单从时间上看足够去京都旅行一次，但判断郭沫若有无可能去京都旅行，需要考虑两点。其一，年假的时间是跨年度的，假期在 1914 年内的时间只有一周，如果郭沫若在 1914 年末 1915 年初之际有过一次去京都的旅行，那么他似乎不应该把这简单地说成是 1914 年的事情。当然，这样理解郭沫若话中所说的 1914 年这一时间概念可能过于机械了，那么另一点是我们特别应该考虑到的，即从经济条件或是经济角度看，郭沫若有无做一次京都行的可能呢？

郭沫若赴日本留学只得到大哥有限的资助，因此他到东京后的生活一直是非常节俭的，可以说是精打细算。虽然后来大哥的经济状况有所改观，又给他寄了钱，家中也托人捎来钱物，以使他无后顾之忧，但他在日常用度上还是保持着节俭。我们从 6 月郭沫若考中一高预科以后的家书中可以得知，在取得官费留学的资助后，郭沫若不再要家中给他寄钱了。就在休完年假开学之后的一封家书中，郭沫若还写道："男在此间，自食官费后，家中所寄来银数及大哥为男汇来者，多存银行而无所用。"③ 这反映了他当时花钱的一种态度。尽管此时郭沫若囊中小有钱款，但若以一周的时间专程去东京都之外位于关西的京都去旅行，所需花费也是要仔细掂量的。这与他同杨伯钦、吴鹿苹三人一起在东京附近的房州租房开火做饭，避暑度假的支出会大不相同。

---

① 吴鹿苹的回忆和郭沫若家信均见《樱花书简》，四川人民出版社，1981 年 8 月。
② 见《樱花书简》，四川人民出版社，1981 年 8 月。
③ 1915 年 3 月 3 日家书，《樱花书简》，四川人民出版社，1981 年 8 月。

以郭沫若当时的经济来源、经济状况、对于花钱的态度，以及一心向学的精神心态而言，做这样的旅行无论如何都是太奢侈了。所以，他在年假期间去京都的可能性应该说微乎其微。

排除了在暑假和年假两个时间段郭沫若有往京都一行的可能性，就只有他在1月抵达东京之前那个时间段里去过京都的可能了。在这一可能性中，既有时间安排上的可能，也有物质条件的可能（不需要多少额外的费用支出），而且可能是一件就便之事。

1913年12月30日，郭沫若与大哥郭开文留日时的同学张次榆一同乘火车抵达朝鲜半岛南端的港口城市釜山，他们将从这里乘船去日本。《初出夔门》记录了他从12月26日晚离开北京直至到达釜山这一段旅程的经过。① 1914年1月13日，郭沫若最后到达目的地东京，结束了赴日的旅程。这一时间，他在《自然底追怀》一文中清楚地记录了下来。但是从釜山到东京这一段旅程的经过，在相关史料上几乎是一个空白，只在《学生时代》上有一句很笼统的话提到："在釜山领事馆里面住了一个星期的光景。"从1913年12月30日至1914年1月13日，整整半个月时间，即使按照郭沫若回忆所说，在釜山驻留约一周时间，那么还有一周多的时间他与张次榆是在前往东京的旅途上度过的，这显然就存在了一个可能性在其中。

郭沫若与张次榆从北京出发购买的是"联络票，由北京一直坐到东京"。② 这种"联络票"是火车、轮船联运票，中途可以停留。所以，郭沫若一行从釜山往后的行程，应该是先乘联络船至日本九州岛的下关，然后再走陆路乘火车往位于本州岛关东地区的东京。在这个旅行路线上，关西地区和京都是必然要经过的地方。从时间上说，这一段水陆联运的旅程约需三天时间。③ 这即是说，如果郭沫若离开釜山后中途未做停留而是直接抵达东京，那么他离开釜山应该在1月11日。这就意味着，在釜山他们逗留了约两周时间。这与他所回忆的"住了一个星期的光景"，相差太多，是他记错了吗？

郭沫若在釜山并无他事，事实上他只是张次榆的同行者。在北京时，是

---

① 《初出夔门》记郭沫若与张次榆离开北京的时间是12月28日，有误。根据郭沫若1913年12月25日家书所记，应是12月26日（该封家书载《郭沫若》，文物出版社1992年11月）。这样一来，按照《初出夔门》所记述的旅程，郭沫若与张次榆到达釜山的时间当在12月29日晚或30日晨。

② 见《初出夔门》。

③ 根据张忠任关于"关釜联络船"航班时刻与下关至东京铁路列车车次时刻的考察，从釜山启程，中途不做逗留，第三日即可到达东京。

张次榆极力向郭开文主张让郭沫若随他去日本留学，郭开文同意了这个主张，并让八弟与张次榆同行，也就是把他托付给张次榆带去日本，所以郭沫若赴日本的行程当然是跟从张次榆的行程。张次榆是专程去日本游历考察的，在釜山除了转乘轮船，顺便会一会驻釜山领事柯容阶（郭开文、张次榆在东文学堂的同学），"在他那儿过年"（因为恰逢新年），并无其他事情。他没有必要，也不可能在釜山逗留近两周时间。

所以，郭沫若和张次榆在到达釜山后至到达东京之间的半个月里，除去路途时间，除去在釜山"住了一个星期的光景"，那另外也大约还有"一个星期的光景"，只能解释为是在旅行途中停留了。这与郭沫若讲到"大正三年"，"我到京都，逗留了大约一周"，正好从时间长短上吻合。

从釜山往东京，郭沫若还在赴日本的旅途上，似乎应该没有心思在抵达目的地前，先沿路做一番观光游览。但如果赴日本考察的张次榆需要在京都停留，郭沫若肯定会与张次榆同行。又或者张次榆就是想到要利用途经之便，让初到日本的郭沫若能在京都这个古都游览一番（这样的考虑和安排也是合情合理的），他当然不会拒绝。

所以，郭沫若初次到京都，应该是在 1914 年 1 月上旬从釜山往东京的旅途中。

事实上，在对于郭沫若东渡日本留学行迹的考察中，从釜山到东京一段旅程，一直以来都让人觉得存在一个历史空白点。那么，在京都先逗留过一周这一情况的认定，应该使郭沫若的赴日之行完整无缺了。

四

最后要说到的是，1934 年 5 月，郭沫若可能还有过一次京都行，但在目前尚难以十分确切地考订其是否成行了。

有关此行的线索源出于 1934 年 4 月 15 日郭沫若写给田中庆太郎的一封信，信上写着："拟于五月中旬赴京都。此前《续编》如可出版，最好不过。"①《续编》指《古代铭刻汇考续编》，郭沫若已经完成了该书的著录，正在着手《两周金文辞大系图录》的编纂，想必他是为此而有了赴京都一行的

---

① 《郭沫若致文求堂书简》第 128 号，文物出版社，1997 年 12 月。

打算的。不过,在这之后郭沫若致田中庆太郎的信函中再未有过有关此行的只言片语。

当然,有一点是使我们可以做关于某种可能性考虑的,即《郭沫若致文求堂书简》只是以保存下来的信函资料辑录而成,并不表明那就是郭沫若写给田中庆太郎父子书信的全部。从该书中我们可以看到,自1934年5月9日——也就是郭沫若拟去京都的那段时间——往后,直至6月4日的近一个月时间里,没有一封他写下的信函,而在此前此后的两段时间内,他与田中庆太郎的通信间隔短则三两日,长不过一周时间。这是不是意味着,在五六月之间他们实际上有过信函往来,但没有被保留下来,于是我们也就无从得知其中可能记载的关于京都行(如果确实有过)的历史信息了。

此外,有一件似乎与此相关,但更不确定的资料,也还值得在这里提及。

研究中国古典文学的日本著名汉学家吉川幸次郎是在20世纪30年代与郭沫若相识的,他在郭沫若去世后写了一篇纪念郭沫若的文章,其中回忆到与郭沫若初次见面的情形。他是这样写的:"初次相见肯定是在昭和十年。那时作为市川的亡命者,埋头钻研《两周金文辞大系》《卜辞通纂》和中国古代史的郭沫若氏,偕同出版这些书籍的当地文求堂店主田中庆太郎的次子震二,访问京都的东方文化研究所。首先,我钦佩他的日语的正确。一开头见到穿着那样整洁合身的西服的中国绅士,就有好感。大概是客气吧,他说钦佩我讲的中国话。"①

东方文化研究所也隶属于京都帝国大学,吉川幸次郎当时在该研究所任职。吉川幸次郎的回忆文章实际上记述了一件完全不为我们所知的史事:郭沫若访问过东方文化研究所。之所以说这是一个不确定的资料,是因为其关于时间的记述可能有误。"昭和十年"是1935年,这很容易让人想到文中所记的访问一事与郭沫若1932年的京都行是否为同一史事,而且同行者为田中震二这一点也是相同的。不过,这种联系显然是基于人们只知道郭沫若在1932年有过一次京都行这样的情况之下,如果把郭沫若在1934年也有过一个拟往京都一行的打算考虑进来,那么吉川幸次郎所记述的这件史事是不是应该发生在1934年呢?

如果郭沫若在1932年那一次前往京都的行程中确实访问了东方文化研究所,那么在我们现在可以看到的与那次寻访有关的史料中不会没有蛛丝马迹

---

① 吉川幸次郎:《革命に生き拔いた文人》,1978年6月14日日本《每日新闻》夕刊。

的记载,事实则是全无踪迹可寻。同时,以吉川幸次郎初次见到郭沫若时对于他的情况的了解——"埋头钻研《两周金文辞大系》《卜辞通纂》和中国古代史"——而言,这也不应在 1932 年,因为《卜辞通纂》问世,是在 1933 年。同样,关于 1935 年间(吉川所记忆的"昭和十年")郭沫若去过京都的可能性,也没有任何历史线索或痕迹能予以确认。所以最大的可能是,吉川幸次郎把发生在 1934 年(昭和九年)的事情误记为"昭和十年",那么郭沫若拟定于 5 月中旬的京都行是成行了的。

当然,这一结论目前还只能算一个推断,希望以后可以有相应的史料予以佐证。

误读"南昌之一夜"

《海涛集》中有一篇文字《南昌之一夜》，记述了郭沫若在北伐期间经历的一件事：他应邓演达电邀，往庐山会面，后与邓演达在返回南昌时遭遇兵变。当时以为是"因为年关的薪饷没有发足，激起了哗变"，后来则怀疑此事为蒋介石故意安排，欲置邓演达于死地。这件事发生的时间，文中明确写着"那是一九二六年的除夕"，即除夕前一天，郭沫若应邓演达之邀上庐山，除夕清晨，见过蒋介石后，两人一同下山乘火车返回南昌。当晚，到牛行车站时，遭遇第三军部分士兵哗变，在总司令部过了一夜，次日才回到位于东湖的总政治部。这一时间概念将公历纪年与夏历纪年混在一起，那么"除夕"究竟是丙寅年除夕（1926年是丙寅年，除夕日则在1927年初），还是指1926年的12月31日呢？

《南昌之一夜》写于1948年6月，《海涛集》中几篇记述北伐和南昌起义后经历的文字都写于1948年。但在早两年的《纪念邓择生先生》（写于1946年11月24日，发表于上海《中华论坛》1946年12月第2卷第7、8期合刊）一文中，郭沫若已经写到过"南昌之一夜"的事情，他是这样写的："一九二七年的一月初头，南昌和武昌实际呈出了分裂的局面。那年的元旦，择生和我从庐山回南昌，刚到南昌城遇着第三军的一部分军变，几乎在街头吃了铅弹。……"这个时间概念用"元旦"的表述很明确，按此一说，《南昌之一夜》中的"除夕"当为1926年12月31日。

所以，《郭沫若年谱》根据这两篇文章的叙述，将"南昌之一夜"前后几天发生的事情做了这样的记述：1926年12月30日，郭沫若前往庐山，31日下山返回南昌，1927年1月1日晨，他回到位于东湖的政治部。①

---

① 见龚济民、方仁念《郭沫若年谱》，天津人民出版社，1992年10月。

《郭沫若年谱》在作这几条谱文的时候，应该是没有注意《脱离蒋介石以后》一文。该文在记述这一史事的时候是这样写的："那是阳历的二月一号，——就是阴历的除夕。""我是一月三十号，应邓主任的电邀跑到九江的，在庐山上算是幽会了一次，于二月一号，又同下山来。""我们到牛行车站的时候，已经是晚上七点钟的光景，看见南昌城起火，并听见些枪声。""进城，城里的商店全部掩闭了，街上是死气沉沉的，只是街沿上处处都有散兵，我们还以为是放的步哨。及至走到省长公署的前面，前面开起枪来了。""那天晚上好容易才走进总司令部，在总司令部住了一夜不敢出来。"

按《脱离蒋介石以后》所记，《南昌之一夜》中"一九二六年的除夕""年关"这些特定的时间概念，实为丙寅年的除夕、年关。但《纪念邓择生先生》一文又明确写着是在1927年"元旦"，则其除夕当然是指1926年12月31日。那么"南昌之一夜"的史事，究竟发生在什么时间呢？《脱离蒋介石以后》作于事情发生的当年①，远早于《南昌之一夜》和《纪念邓择生先生》，是不是可以依郭沫若作文的迟早来确认所记史事的正误呢？这可以是一个考量的因素，但仍然是依据作者自己的文字去互证正误，也就很难疏理出史事的确凿信息，如同其生辰日期的问题一样。

所以"南昌之一夜"的史实，还需要从其他相关史料去予以印证。

郭沫若使用"除夕"一词，常常沿用他在留学日本时期所习惯的日本公历纪年的概念（保留有"除夕""正月""初×"等称谓），即指公历某年的岁末一日，所以《南昌之一夜》所写"一九二六年的除夕"，会被《郭沫若年谱》编撰者理解为1926年12月31日。但是据《蒋介石年谱》（中国第二历史档案馆据毛思诚所作《蒋公介石年谱初稿》及《民国十五年以前之蒋介石先生》编撰）②记载，蒋介石在1926年12月10日前后的几天是在庐山，但13日下山到达南昌后，直至月末一直留在南昌，而邓演达此时则一直是在武昌，30日上午，蒋介石还有一电，致："武昌。总司令部邓主任勋鉴。"所以，《南昌之一夜》中说到的事情不可能发生在1926年岁末的几天，也就是说其"除夕"所指，应为夏历（阴历）丙寅年的岁末之日。

丙寅年除夕，是为1927年2月1日，当时任国民革命军第六军政治部主任的林伯渠，在其当天的日记中记下了这样的事情："访郭沫若于东江楼。邓

---

① 《脱离蒋介石以后》自1927年5月7日起，连载发表于武汉《中央日报·中央副刊》。
② 《蒋介石年谱》，档案出版社，1992年12月。

择生来访，与之相左。"（这时林伯渠是在南昌）而在 2 日的日记上又写有这样的文字："闻南昌驻兵闹饷，本军派一团往牛行车站。"① 这两则文字既证实了所谓南昌兵变的事情和发生的时间，也厘清了郭沫若于 2 月 1 日已经身在南昌总政治部驻地而非在返回南昌途中的史实。

也就是说，《南昌之一夜》《纪念邓择生先生》《脱离蒋介石以后》几篇文章关于"南昌之一夜"史事的记载，均有史误：或错记了日期，或错记了天数。综合这些文献资料，郭沫若上下庐山的行止实际上应为：1927 年 1 月 30 日往庐山晤见邓演达；31 日晨，见过蒋介石后与邓演达下山同返南昌，在牛行车站遭遇兵变，进城后夜宿总司令部；2 月 1 日晨，回到东湖的政治部，当天接待了来访的林伯渠。

郭沫若自己说到过，在南昌起义发生后，他从九江赶往南昌的途中遭遇乱军，北伐期间的几本日记丢掉了。那么他在 20 年后的 1946 年、1948 年来写北伐期间的经历，全凭记忆，把一件史事发生的具体时间，又恰好是与一个除夕日相关的时间概念，在阴历、阳历之间记混了，倒是不足为怪。写在当年的《脱离蒋介石以后》，也会把时间错记一天，看来郭沫若对时间的记忆，真是没有像对文献那样的"博闻强记"。

---

① 《林伯渠日记》，中共中央党校出版社，1981 年 7 月。

不为人知的一次会面

如果不是将同一个人撰写的相隔半个世纪的两篇回忆文章放在一起，那么郭沫若与一位朋友的一次会面，还可能是不为人知的一次会面。

1935年夏的一天，郭沫若冒着暑热，从他寓居的千叶县市川市只身前往东京西南的伊东。这是一处濒临海边的避暑之地，隔海相望的是著名的伊豆诸岛。但郭沫若显然不是去避暑度假的，因为他既没有携家人同往，也没有在伊东逗留，而是在当天匆匆返回市川。他是专程去见一位国内来的朋友。

这是我在发表于七十余年前的一篇旧文中看到的关于郭沫若流亡日本期间行迹的一则史料，那是1941年11月16日《新蜀报·蜀道》刊登的题为《沫若先生印象片段》，是陈乃昌撰写的一篇回忆散文。严格地说，这还称不上是史料，而只是一个线索。因为陈乃昌并非把它作为一件史事写在文章中，他只是顺便提及此事：他早就仰慕郭沫若，但无缘相识，正好在伊东时听自己的一个朋友（也就是郭沫若去见的那位朋友）说起郭沫若次日要来伊东，所以期待在这里可以结识郭沫若。不过事后，那位朋友才告诉他郭沫若已经来过又返回东京了。想见到的人，来也匆匆去也匆匆，陈乃昌于是感慨失诸交臂，因而文中连那位朋友是谁也没有提及。

大概因为文章不起眼，又不知郭沫若去见谁，迄今为止的任何一部郭沫若年谱或郭沫若传记都没有记载这件事。但是这个不起眼的历史细节其实颇耐人寻味：这不像是一次一般的应酬往来，而是一次不同寻常的朋友会面。之所以这样说，是因为郭沫若在流亡期间受到日本警察与宪兵的双重监视，他一直深居简出，一般会见朋友，都是朋友到市川他的寓所去，像张元济、陈铭德、郁达夫等人到日本晤见郭沫若都是这种情况。当然也有约在东京市内见面的。这大概为的是不引起警视厅的特别注意甚至怀疑吧。郭沫若专程到外地（市川和东京之外的地方）去见一个朋友的事情，就目前所知，这是仅有的一次。所以郭沫若去伊东，不会是他主动约朋友在那里见面，只能是那位朋友特意约他相见。同时，从他去而即返的匆匆行迹，也可以推测应该是有什么特别的事情。

那么郭沫若去见的这位朋友是谁呢？陈乃昌在半个世纪之后写的另一篇文章《相见五十七年前》①中告诉了我们。其实这篇《相见五十七年前》是在《沫若先生印象片段》一文的基础上改写的，增加了一些内容。增加的内容中有这样一段文字：

> 我在伊东海滨时，恰逢章伯钧也在那里，我们彼此相识，他说："我有两位好朋友，就是朱德和郭沫若。"我对沫若先生说："你到过海滨，章伯钧没有告诉我，你走了，他才说你来过了。"沫若先生说："是的，北伐时期相识。当天就从海滨回来了。"

章伯钧就是郭沫若专程去伊东见的朋友。这是一次什么样的会见，里面包含了怎样的历史信息呢？

郭沫若与章伯钧的确是老朋友，在北伐军总政治部中，他们一个是宣传科长，一个是总务科长。章伯钧到日本，两人见一次面，按理说属人之常情。但是见面的地点和方式，特别是章伯钧当时的政治背景，让我觉得这不是一次寻常的朋友会晤。郭沫若断不会老远地跑去伊东只为叙叙旧，一定是章伯钧有事与他相谈。

章伯钧是中国国民党临时行动委员会即第三党的主要负责人，邓演达那时已经遇害。他当时在日本干什么？我没有看到相关的资料，但是他与李伯球等人在11月返回香港后，中国国民党临时行动委员会在港召开了第二次全国干部会议。这次会议根据章伯钧等人的提议，将该党更名为"中华民族解放行动委员会"（即后来的中国农工民主党），并确立了反蒋联共抗日的总方针。

这会与郭沫若有什么关系吗？有可能。郭沫若与第三党虽无关系，却有渊源。大革命失败以后的1928年1月，从海外回到香港的邓演达筹组中国国民党临时行动委员会，他特别派章伯钧去劝说已被蒋介石通缉的郭沫若加入该党，并邀请郭沫若起草该党成立宣言。郭沫若在南昌起义后随起义部队南

---

① 该文收入中共中央党校出版社1995年11月出版的《追随周恩来的岁月》一书的"附录"。

下广东之际加入中国共产党,那时,已经辗转香港回到上海。邓演达会邀请郭沫若加入筹组的中国国民党临时行动委员会,应该是不知道郭沫若加入中共之事。因为南昌起义虽然是共产党人领导的,但起义之时仍然打着国民党旗号,成立了中国国民党革命委员会。邓演达(虽然那时已在国外)、郭沫若均为这个委员会核心的主席团成员,且郭沫若任宣传委员会主席。但邓演达的邀请和劝说均遭到郭沫若婉拒,因为该党的宗旨是既反蒋又反共,这是他不能接受的。

邓演达组建的这个中国国民党临时行动委员会既反蒋又反共,所以被称为第三党。有意思的是,1930年,中国共产党为第三党的事情有过一个考虑,欲安排郭沫若去欧洲做争取邓演达的工作,邓演达那时在德国。之所以如此,是因为第三党原来既反蒋又反共的政策有了一些变化。邓演达经过对欧洲一些国家的社会民主党情况的考察,开始倾向于社会民主党的路线,在仍然反蒋的同时,不再坚持反共的政策。不过郭沫若没有答复这一安排。但这一情况说明中共党组织也注意到郭沫若与第三党领导人(邓演达、彭泽民、章伯钧等)之间那种无形的关系。①

把这样一些相关资料联系起来,是不是可以推断:章伯钧约郭沫若在伊东见面,就是谈及第三党改组的事情,而且可能又一次动员郭沫若加入该党。当然,事情的结果是不言而喻的。不过郭沫若并没有忘却邓演达,他在抗战爆发后回国不久,即去南京凭吊过邓演达的墓,还在1946年特别写过一篇文章《纪念邓择生先生》。

---

① 据王廷芳先生与我讲起,这是郭沫若亲口对他谈起的往事。另外,郭沫若在新中国成立后所写的一份自传材料也间接写到了这一安排。

关于郭开文辞世

郭沫若在自传中曾写道："除父母和沈先生外，大哥是影响我最深的一个人。""我到后来多少有点成就，完全是我长兄赐予我的。"事实确实如此，仅就由郭开文决定，并资助其赴日本留学一事而言，就深深影响了郭沫若的一生。所以，在郭沫若笔下有关家人的文字中，提及郭开文之处也是最多的。郭开文于1936年夏去世，是时郭沫若尚流亡在日本。得知消息后，郭沫若于9月5日在他编就历史小说散文集《豕蹄》（其中包括自传散文五篇）所写的"后记"中特别追记说："《自叙传》中所叙及的长兄橙坞，不幸在今年六月二十五日已经病故，自北京一别后转瞬二十余年，未能再见一面便从此永别了。我之有今日全是出于我的长兄的栽培，不意毫未报答便从此未能再见了。含着眼泪补写这几行，聊把这后半部的《自叙传》作为纪念亡兄的花果。"①

这是郭沫若在成为正式出版物的文字中第一次记到郭开文去世的日期：1936年6月25日。

抗战爆发回国后，郭沫若于1941年9月作有《五十年简谱》，也发表出来，其中记到郭开文去世的一条谱文作："民二五年（一九三六）五月七日长兄橙坞在家病故。"②

《五十年简谱》以民国纪年系年，其月日应当为公历日期，所以《五十年简谱》在以"民纪前二十年十一月十六日"方式记到出生日期时，另注明为"阴历九月二十七日"。之后有其他若干条谱文涉及具体月日者，均为公历时

---

① 《豕蹄·后记》，上海不二书店1936年10月初版《豕蹄》。
② 《五十年简谱》，《中苏文化》半月刊1941年第9卷第2、3期合刊。

间。依这一体例，《五十年简谱》中的"五月七日"，应为公历时间，那么郭开文去世的日期就有了两个不同说法。但稍做查考，可知"五月七日"实际是用了夏历纪年的日期，因为其对应的正是公历1936年6月25日。显然，《五十年简谱》关于郭开文去世一条谱文的时间记载是不合该简谱编撰体例的。

其实，若未注意到《豕蹄·后记》的文字与《五十年简谱》的记载有异，并不会意识到这之中有什么问题。事实上也一直没有人直接对此——郭开文去世的时间，或是《五十年简谱》谱文有无疏误——提出过疑问。但是，另外一则史料的出现，对此构成了质疑。那是1936年7月9日《成都快报》《新新新闻》上同时刊登的一则内容相同的报道，题为《郭沫若兄郭橙坞逝世督署从优抚恤》。报道称"我部新闻译编社，善后督办公署秘书郭橙坞，原籍嘉定，系国内新文学家郭沫若胞兄，前因病告假返籍息养，久未告痊，兹悉郭氏已于昨日遽归道山，督署同事等闻耗极感悼惜。"

按照报道文字的语言逻辑，郭橙坞去世的时间是7月8日。查考到这一史料，并著文披露的作者也是这样认定的。① 这样一来，对于郭开文去世的时间，就需要再有一个确认了。

有另外一篇文献资料——郭沫若作《家祭文》，其中也记述到郭开文去世的情况："长兄文以哀毁逾恒，已病殁于民国二十五年夏历五月七日。"②

《家祭文》是郭沫若于1939年为父亲办理丧事并守丧在家期间所撰写。这样一篇文章中关于父母、长兄等家人生前身后种种情况的记述，当然会是十分仔细的。比之于1936年时身在海外与两年之后的1941年，郭沫若对于长兄去世日期的记述应该是最准确的（如果比对之间有所不同的话）。《家祭文》所记日期，正可以印证《豕蹄·后记》的记述，也恰好反证了《五十年简谱》纪年的疏误。

那么，又该如何看待《成都快报》《新新新闻》报道的日期呢？首先，这则报道本身是有缺陷的。作为新闻写作，一篇报道最基本的元素之一就是"时间"。报道一个人去世之事，应用准确直接的时间单位，而非间接的、需要推导出的时间概念（诸如：昨日、前天等）。其次，尽管该报道是出自报纸，两报是否为日报，并不清楚，更关键的是，即使两报为

---

① 见周晓晴《郭沫若的长兄逝世以后》，《郭沫若学刊》1990年第2期。
② 收入《德音录》，见《沙湾文史》1987年6月第3期。

日报，也无法断定该报道是在成稿之后即刊发出来了。记者写稿与稿子刊发之间有时间差是很正常的，从关于郭开文逝世的报道仅是"豆腐块"样的一则文字的情况来看，该报道应该并非成文之后即刊发出来的。因之，那个由报道文字"昨日"推断出的"7月8日"，也无必要作为郭开文去世日期的另一种说法。

主政政治部第三厅始末

抗战期间，郭沫若在国民政府军事委员会政治部主政负责文化宣传工作的第三厅（以下简称三厅）。这既是他抗战生涯中所担当的一个主要历史角色，也是其政治生涯中非常重要的一段经历，它实际上预示了郭沫若将以怎样的方式走过后半生的人生之路。

国民政府军事委员会政治部在抗战初期的恢复组建，特别是其中三厅的组建，应该说是国共合作结成抗日民族统一战线在国民政府组织机构层面一个有些特殊的案例。围绕三厅的组建，其后的工作，以及郭沫若最终辞职离任，其中显然内含有许多涉及当时政治关系背景的历史信息。

关于三厅的组建和郭沫若主政三厅的一段经历，在郭沫若年谱、传记等资料中，已经有一个基本轮廓的叙述，主要依据两方面资料：一是郭沫若在《抗战回忆录》（后改作《洪波曲》）里的记述文字；二是一些当事人后来撰写的回忆文章。郭沫若的《抗战回忆录》写于1948年，距事情的发生已经过去十年了，又是回看一段既成的历史，其中有史实之误，亦有含混或隐去之处。当事人的回忆文章均写于20世纪80年代后，所忆之事年代久远，且多为一些历史场景的情节、片段。唯一完整记述了这一段史迹的回忆文章，是阳翰笙撰写的长文《第三厅——国统区抗日民族统一战线的一个战斗堡垒》[①]，其所记，其实主要还是根据郭沫若的《抗战回忆录》加上他自己及其他人的回忆。[②]

已有的这样一个基本轮廓的叙述，在大的历史脉络上应无不妥，但若将

---

① 该文从《新文学史料》1980年第4期起，分五次连载。
② 阳翰笙日记后有整理出版，但并无这一时期前后的日记。

其叙述的那一段史事细细阅读，却会觉得并不是那样清晰、完整，有些地方缺失了什么，有些记述明显带进后来评说的意味，也有些是具有文学性描述的情节。这不免让人有雾里看花或似是而非的感觉，尤其是关于那些隐藏在事情表象背后的动因。当然，其中还存在一些重要史实、史事的疏误。所以，有必要对这一段历史再行梳理，从文献史料（包括尚未披露或未曾被注意到的文献资料，包括直接、间接相关的文献资料）中去获得一个历史叙述的文本。

《抗战回忆录》[①] 如是说

1937年11月27日晨，郭沫若登上一艘法国邮船离开上海前往香港。

自7月27日郭沫若从日本秘密回到上海，已经过去整整四个月时间了。他的归国，是经由国民党当局暗中安排的，所以9月间，他应召去南京见过蒋介石。蒋说到要委任他一个职位，但一直没有兑现。这四个月间，郭沫若是以一介文化人的身份投身抗战的滚滚洪波之中的。

8月24日，由郭沫若任社长的上海《救亡日报》创刊。《救亡日报》是根据周恩来的意见创办的，虽然创办过程中的人事、经费等问题，是经国共两党[②]谈判商定的，但中共应为其主要的政治背景（夏衍、阿英都是主要负责人）。11月22日，《救亡日报》已经印行了"沪版终刊号"，报上刊载了郭沫若所作"沪版终刊致辞"：《失掉的只是奴隶的镣铐——暂向上海同胞告别》。

此去香港，郭沫若准备赴南洋募集捐款，宣传抗战。这样的考虑，似乎表明他对于离沪之后将以什么样的身份和方式做抗战工作还心中无数，毕竟上海那样的文化环境是其他地方所没有的。一到香港，郭沫若就用"白圭"的假名做了护照，然后办好出国手续，但是朋友们都劝他留在国内，继续办《救亡日报》。斟酌再三，郭沫若决定暂不去南洋，改往广州，先在那里恢复《救亡日报》的出版。这时的郭沫若还不知道，一个关系到他个人的政治安排，已经在国共之间酝酿考虑。

郭沫若在12月6日到达广州，之后，就为恢复《救亡日报》出版的事情

[①] 《抗战回忆录》1948年8月25日至12月4日连载于香港《华商报》。
[②] 潘汉年与潘公展就创办《救亡日报》进行谈判。见夏衍《纪念潘汉年同志》。

奔忙。转过年来1月1日，《救亡日报》在广州正式复刊出版。恰好就在这一天，郭沫若接到陈诚一封电报，谓"有要事奉商，望即命驾"。虽然疑惑陈诚有什么"要事"找他商量，郭沫若觉得到武汉去一趟还是有必要的，因为"八路军已经在汉口设立办事处，周恩来、董必武、叶剑英、邓颖超都出来了，多年阔别，很想去看看他们"。

其实，在接到陈诚电报时，郭沫若应该还是有预感，也有期待的。因为他很清楚，尽管国民政府决定临时迁都重庆，但"自京沪失守后，军事和政治的中心已经移到武汉"，陈诚此时主政湖北兼任武汉卫戍司令部总司令之职，是蒋介石此时倚重的人物。去年9月蒋电召他去南京，就是陈诚转达的。

郭沫若乘火车于1月9日抵达汉口，之后，在"新四军办事处""八路军办事处"陆续见到了叶挺、黄琪翔、周恩来、邓颖超、王明、博古、林伯渠、董必武等人。他先是从黄琪翔那里得知国民政府军事委员会打算恢复政治部，欲委他以三厅厅长一职，负责宣传工作一事。然后，在八路军办事处，与周恩来、王明等谈及此事时表达了自己不愿意干的意思："我自己耳朵聋，不适宜于做这样的工作"；"在国民党支配下做宣传工作，只能是替反动派卖膏药，帮助欺骗"；"让我处在自由的地位说话，比加入了不能自主的政府机构，应该更有效一点。我相信，我一做了官，青年们是不会谅解我的"。周恩来要郭沫若多听听朋友的意见，并表示说："有你做第三厅厅长，我才可考虑接受他们的副部长，不然那是毫无意义的。"

2月5日晚，郭沫若接陈诚通知，约次日共进午餐。次日，他拉上阳翰笙一起赴宴，结果发现，那"并不是寻常的请吃饭，而是召开第一次的部务会议"。同席的人有拟议中的政治部副部长黄琪翔、秘书长张厉生、总务厅长赵志尧（垚）、第一厅厅长贺衷寒、第二厅厅长康泽、第三厅副厅长刘健群等，唯独没请周恩来。郭沫若表示了拒绝的意思，声明"还没有充当第三厅厅长的资格"。下午返回后，他请阳翰笙把赴宴的情形告诉周恩来，自己则在当晚离开武汉前往长沙，以此躲避职事。在车站，阳翰笙、李一氓带来周恩来亲笔信，嘱其"到长沙去休息一下也好。但不要跑远了"。

郭沫若在长沙一直逗留到2月末。2月26日，于立群来长沙，带来周恩来信，告以陈诚明确表示"一切事情都可以商量"，要郭沫若立刻回武汉。于是，他在3月1日返回武汉，当晚，与来访的陈诚商谈，提出工作条件，随即着手三厅筹备工作。

以上叙述史事的文字是郭沫若记在《抗战回忆录》里的，下面来看一些文献史料。

几函书信中的史实：三厅之组建

首先是一封陈诚写给蒋介石的信函。1938年1月27日，陈诚为筹组政治部的人事问题函呈蒋介石，提出自己的意见。信是这样写的：

职自奉命筹组政治部责任重大，深恐不能仰副钧座之期许，时经一月，而人事纷纭，迄未敢草率从事。因此一切编制预算，皆难着手，日复一日，贻误堪虞。对于人事，钧座自有权衡，惟为发生效能计，职仅就观感所及，敬陈如左：

（一）我国人事，久苦复杂，兹应以简单明快处之，所谓快刀斩乱麻，当断必断也。

（二）任人贵专，专则得行其志而无掣肘之弊；选人应有标准，标准既定，则不至为人所用。

（三）与其用四面圆通投机取巧者，不如用有良心有血性者；凡有良心有血性有坚定志趣之人，即仇者亦当破格用之。

（四）科学治事，责在分工，指臂相使，形成节制。除大经大法外，余应依次授权各级行之，然后职权与责任，始能相称。

（五）……今政治部之组织，事前既无准备，现在又不能确定标准，将来掣肘摩擦，定在意中，拟请钧座予以短期（三个月）之试验。

（六）对于克制共党最有效之方法，厥为从政治设施之实迹上克服之。例如政府对于人民应做之事，不待共党批评，政府即先去做。又如铲除贪污，应即破除情面，严厉实行，使青年在事实上，对政府生出信仰来，则共党自然无所藉口，以施其技。一言以蔽之，中央及地方加紧实行三民主义，即为克制共党唯一之要诀。

（七）周恩来郭沫若等，绝非甘于虚挂名义，坐领干薪者可比。既约之来，即不能不付与相当之权。周之为人，实不敢必，但郭沫若则确为富于情感血性之人。果能示之以诚，待之以礼，必能在钧座领导之下，为抗日救国而努力。

（八）钧座迭次训示，一切应求之在我，诚为不刊之至论。可见本党

自身果能健全努力，他人即无懈可击。……①

陈诚这一封信函，是迄今所能见到有关政治部三厅组建初始的、最直接的文献资料。从中我们可以读到这样一些历史信息：政治部（当然包括三厅）组建，开始于1937年12月；邀请周恩来参加组建政治部（是以个人还是中共代表身份被邀请这一点似不明确）；政治部的人事组成既需要在国共两党之间权衡考虑，又涉及国民党内人事关系的掣肘；政治部的人事安排要经蒋介石拍板决定；虽邀请周恩来参加政治部，但剋制中共，是国民党方面组建政治部的原则；陈诚对于郭沫若评价颇好，对于任用郭沫若颇有期待，且并未将其划入中共之列（当年郭沫若被开除国民党籍并遭通缉的罪名是"趋附共产，甘心背叛"）；陈诚想在政治部有一番作为。

再看周恩来就参加组建政治部及三厅事致郭沫若的两封信。

其一是1938年2月17日周恩来致郭沫若的信。写道：

寿昌、一立两兄先后到，函电均悉。一切已与寿昌兄详谈，烦他面达。兹特简告数事如下：

一、我已在原则上决定干，惟须将政治工作纲领起草好呈蒋批定后，始能就职，否则统一思想、言论、行动诸多解释，殊为不便；

二、我们希望你也能采此立场，先复辞修一电，告以正在起草宣传纲领，敦劝田、胡诸友来汉，并提议以田代刘；

三、我在这两天将各事运用好后，再请你来就职，免使你来此重蹈难境。

明日各事如有进展，当再烦一立兄来告。②

其二是周恩来1938年2月24日致郭沫若的信。写道：

前日去会辞修，适你的来信正到，他看完后给我看，并说"限制思想言论行动"问题已解释过，并要我将上次所谈的写一个文件交辞修转呈蒋先生批准，便可便利我们工作。关于副厅长，他说可即要范扬先生担任，厅长仍唯一希望于你。假使你要在长沙耽搁，可先要范扬来组织。他并要我及黄琪翔兄写信给你，劝你早来，他也即复你信。陈还说，为

---

① 《陈诚先生书信集——与蒋中正先生往来函电》（上），台湾"国史馆"，2007年12月。
② 《周恩来书信选集》，中央文献出版社，1988年1月。

地位计，请你以指导委员兼厅长。

　　我根据他谈话的情况，认为你可以干。现托立群姊送信给你，请你：（一）速催范扬先生即来；（二）速将宣传纲领起草好，以便依此作第三厅工作方针；（三）请寿昌兄同来；（四）电汉年转催胡愈之兄速来。

　　我这里已电翰笙，催其速由重庆赶回，以便着手组厅。各厅编制草案中，均裁专员。陈说要请之专员，均可作为设计委员。

　　我担任写的文件，须由延安出来始能写成。我今日飞延安，约一周出来，你得陈复信后，最好五天后来此，先我来此两三天较同到为好也。①

在解读这两封信之前需要了解一下当时国共两党正在协商合作的一些情况。

当时已经建立了一个国共两党关系委员会，在1937年12月26日召开的两党关系委员会会议上确定由周恩来、刘健群分别代表两党起草共同纲领。12月30日，中共代表团和长江中央局临时会议讨论通过了周恩来起草的抗日救国共同纲领草案，但在当日随后举行的两党关系委员会会议上，未能讨论周恩来起草的共同纲领草案。1938年1月1日，中共代表团和长江中央局召开联席会议，会议认为，对于国民党提出的改组政府和军事委员会各部等意见，一般宜采取赞助的立场，应该同国民党开诚合作。1月11日，王明、周恩来、博古、董必武、叶剑英致电中共中央书记处，告以：国民政府军事委员会组建政治部，蒋介石任陈诚为部长，要周恩来任副部长，周曾再三推辞，请中央考虑意见。同日，中共在国统区的机关报《新华日报》创刊。1月21日，鉴于蒋、陈坚持要周恩来出任军事委员会政治部副部长，王明、周恩来、博古等再次致电中共中央书记处，提出：政治部属军事系统，为推动政治工作，改造部队，坚持抗战，扩大共产党的影响，可以担任此职。如屡推不干，会使蒋、陈认为共产党无意相助，使反对合作者的意见得到加强。2月7日，王明、周恩来、博古、董必武、叶剑英致电中共中央书记处，针对时局中发生许多新的严重的问题，提议在2月20日左右召开政治局会议。2月10日，周恩来会见蒋介石、陈立夫。蒋表示：不限制各方对主义的信仰，无意取消各党派或不允许其存在，唯愿融成一体。2月24日，周恩来与王明乘飞机前

---

① 《周恩来书信选集》，中央文献出版社，1988年1月。

往延安，2月27日至3月1日出席中央政治局会议。会议决定由周恩来起草对国民党的军事建议书，同意周恩来出任国民政府军事委员会政治部副部长。① 会议结束后，周恩来即返回武汉。

从这样一个政治时事的背景上可以看到：蒋介石、陈诚邀请周恩来出任军事委员会政治部副部长，是以邀请其个人的方式提出，但双方其实都清楚，这将会纳入国共两党之间合作抗日的整个考虑之中。所以，蒋介石会向周恩来表示"不限制各方对主义的信仰，无意取消各党派"，这其实是在向共产党方面说明邀请周恩来合作的基本政治条件。周恩来则在中共代表团与长江中央局形成意见后反复致电中共中央书记处，申明接受蒋、陈邀请的必要性，并经政治局会议同意，才最后确认了出任政治部副部长。

再从这个背景去看周恩来两封信所关涉到的郭沫若与三厅组建之事。

郭沫若受陈诚之邀1月9日来到武汉，为是否接受邀请出任政治部三厅厅长之事与陈诚接触，同时，亦与周恩来和中共代表团密切联系。但这时的周恩来还不可能就是否考虑出任政治部副部长给郭沫若一个明确的说法（如《抗战回忆录》所写的），因为他和中共代表团、长江中央局都还没有就此形成一个意见。这应该是郭沫若来汉后盘旦一个月，直到2月初，仍无从下决心应允陈诚之邀的主要原因。1月21日，中共代表团、长江中央局和周恩来对于接受蒋、陈之邀，由他出任政治部副部长一事提出了明确意见，并电告中共中央书记处，但在得到延安方面首肯之前，这仍是一件不确定的事情。所以，在2月初，郭沫若为躲避职事去往长沙时，周恩来并不阻止，唯嘱其不要走远，显见是出自这一层考虑。②

到了2月17日周恩来给郭沫若写信时，他和中共代表团与长江中央局应该已经就出任国民政府军事委员会政治部副部长一事（包括召开政治局会议问题讨论当前新问题的提议）得到了延安方面肯定的答复，并且此时也已经从蒋介石那里得到"不限制各方对主义的信仰，无意取消各党派"的许诺。所以信中表示"我已在原则上决定干"，同时希望郭沫若"也能采此立场"。"原则上决定干"，还是留有回旋余地的，那就是还要视与陈诚商谈的结果如何。

---

① 资料出自中共中央文献研究室编《周恩来年谱》，中央文献出版社，2007年9月。
② 还有一封记录在《郭沫若年谱》（龚济民、方仁念）及一些文章中的周恩来于1月31日给郭沫若写的信（或作便条），指其是为说服郭沫若参组三厅而写，应系误读。信中说："沫若同志，你不是滑头，你太感情了一点。"当另有他事相关。

2月24日，周恩来再致信郭沫若时，与陈诚的商谈显然已经有了满意的结果，组建三厅等诸事也已"运用好"，故周恩来写道："我根据他谈话的情况，认为你可以干。"进而详细指示了下一步需要做的各项事情。郭沫若接此信后即返回武汉。

郭沫若彼时的政治身份

将周恩来与陈诚的几封信放在一起，我们看到的是这样一个史实。

在组建政治部第三厅时，国共两党都属意于由郭沫若担任厅长。但两方又都有各自的考虑，所以此事从提出到尘埃落定延宕了三个月之久。陈诚要用郭沫若的主张在一开始就很明确，从他进言蒋介石的信来看，蒋介石在给郭一个虚位还是赋予实权的问题上有所保留和考虑，后来应该是接受了陈诚的意见。中共方面对于参与政治部改组态度的确认，延后了一段时间，又是经历了那样一个决策过程，所以对组建三厅和属意郭沫若任厅长，在开始时是基于周恩来一个预设的考虑，直到最后阶段才确认下来。

从这一史实，我们是不是还应该提出一个问题：郭沫若在三厅组建过程中是一个什么样的政治身份？这一点实际上一直是被模糊在其生平叙述的文字中。

郭沫若自从有了大革命时期的一段政治经历（其间先后加入国民党、共产党）之后，在其参与社会活动时就必然会涉及一个政治身份问题，不论是否被意识到。

从国民党方面说，抗战归国的郭沫若是被开除了党籍的前国民党员（当然那时属于国民党中的左派），他从日本秘密归国是国民党方面安排的，国民党中央执委会在其归国后撤销了对于他的通缉①，但没有恢复其党籍。

从共产党方面说，郭沫若流亡日本是经周恩来同意的，但在流亡期间他与中共在组织关系上没有直接的联系。1937年7月归国后直至此时，郭沫若应该还没有恢复中共党员的组织关系，否则，周恩来信中就不必以"我们希望你也能采此立场"的话来提出要求了。② 至于国民党方面对于郭沫若的中共

---

① 见1937年7月31日上海《立报》。
② 现有间接史料可以表明郭沫若恢复了中共党员组织关系的时间下限是在1938年5月中旬之前，那么其时间上限，至少应该在三厅组建之后，也就是在1938年三、四月之后。

党员背景是否掌握，或了解到什么程度，没有直接的文献资料可以说明，尽管朱其华在公开出版的《一九二七年底回忆》一书①中披露了郭沫若南昌起义后加入中共之事，20世纪30年代初，上海的小报上也有所谓郭沫若被中共开除党籍的报道。

这样的情况说明，此时的郭沫若实际上应该是没有党派身份的一介文化人。那么，在此期间他对于国共两党采取什么态度，与他以怎样一种姿态参与三厅的组建密切相关。反过来看，在组建三厅的过程中，也清晰地反映出郭沫若与国共两党的关系。

从回国之初到三厅成立之前的一段时间，郭沫若做了大量抗战工作，但都是以民间人士的身份进行的。他曾往前线劳军，主要也是由于与张发奎等将领在北伐时期形成的私人关系。出任《救亡日报》社长，是唯一一个具有党派背景，且多少有一点官方因素的社会角色。但从《救亡日报》是国共双方各有一人任主编这样的安排可以看出，郭沫若任社长更多的只是因为办这样一份报纸需要一个有他这样声望的人来担起社长之职。

郭沫若从日本回国，自然是怀抱着要投身抗战有一番作为的宏愿，《归国杂吟》中那些慨当以慷的诗句即是明证。郭沫若回国是国民党当局策划安排的，当时传递消息的郁达夫还用了"南京欲借重"的说辞，郭沫若归国后蒋介石亦曾当面表示要给他安排一个职位。可以推测，在回国之初，郭沫若对于国民党当局是有所期待的，尽管在面见蒋介石时，他婉拒了蒋要给予职务的提议，在那种场合的谦辞未必能说明什么。但实际情况却是，直到陈诚信邀郭沫若前往武汉，也就是组建三厅之前，国民党方面显然是冷落了他。这从郭沫若离沪之后最初的打算是远去南洋做抗日募捐工作也可以看出端倪。或许蒋介石终是对他存有戒心，陈诚给蒋的信亦可印证这一点。

陈诚邀郭沫若去汉口并未明言商量什么事情，郭沫若能改变已有的安排北上，说明他心里最后的那点期待还在。但得到的仅是请其出任政治部一介厅长，且没有实际权力，郭沫若肯定会大失所望。他在《抗战回忆录》里后来说起并不计较职位的高低，但当时恐怕不可能全不在意这一点，因为那种人事关系关联到北伐时期，自然就有一个比对（他那时任

---

① 朱其华北伐时期在政治部供职，后成为托派分子。《一九二七年底回忆》一书1933年5月由上海新新出版社出版。

总政治部副部长),而且这一比对更关键的含义还不是职级的高低,它表明了一种是否信任的政治姿态。所以,这时的情形颇有点讽刺意味:当陈诚为三厅的人事对郭沫若怀有期待的时候,国民党方面的所作所为,实际上已经把郭沫若推开了。

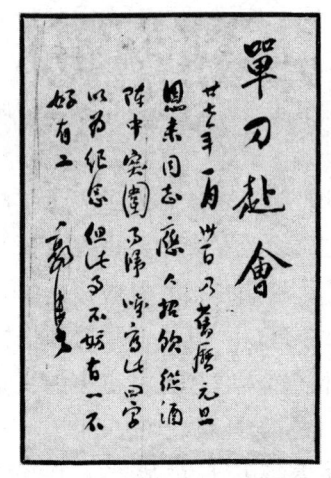

为周恩来题"单刀赴会"

郭沫若受邀组建政治部第三厅,本是陈诚,当然也就是国民党方面与郭沫若之间的关系,国民党方面既然不能给郭沫若以充分的信任,他当然也就不会再对此有什么期待。与此相反,周恩来对郭沫若的倚重是与充分的信任联系在一起的,尽管他出任政治部副部长一事很晚才最终确定,但以周、郭的组合来参与国民党掌控的政治部和三厅组建这一考虑,他在一开始就对郭沫若有明确的表达并坚持这一点。

有一个不为人知的历史细节,可以看到周恩来的这种信任:这年春节那天(1月31日),周恩来"应人招饮,从酒阵中突围而归",特嘱郭沫若题写了"单刀赴会"四字,"以为纪念"。这显然是他与国民党方面人员于酒席上的一次政治酬酢。郭沫若题罢四字,并记下缘由后写道:"此事不妨有一,不好有二。"表达了关切之意。周恩来看后另写了几行字,道:"秋白牺牲了/芝华老去不知秋/沫若今犹在/十年海外作楚囚/一朝慧剑斩情魔/脱樊归来喜杀我老周/我们的肩膀上又添了一只手。"①

在组建三厅事上,周恩来代表的当然不是他个人,而是中共方面的意见,

---

① 据原件手迹。"秋白",瞿秋白;"芝华"当指瞿秋白夫人杨之华。

这对于郭沫若做出抉择显然是很重要的。从周恩来致郭沫若的两信中我们实际上可以看到郭沫若从犹疑到做出抉择的过程，他决定与周恩来和中共取同一立场参加三厅的工作。应该也正是经历了这样一个过程，郭沫若的中共党员的组织关系恢复了。

政治部成立及第一次部务会报（会议）日期

郭沫若在《抗战回忆录》里还有一件重要事情是错记了的，即他将2月6日应陈诚邀约参加的那次宴请记为政治部第一次部务会议。① 尽管他没有明确说这一时间即为政治部成立的日期，但迄今为止的许多文献资料，实际上以此作为政治部成立的时间。②

6日是个星期日，应该是不可能开什么正式会议的，根据《军委会政治部部务会报》记载，政治部第一次部务会报（会议）是2月19日下午召开的，会议参加者有陈诚、黄琪翔、张厉生、贺衷寒等人，周恩来、郭沫若都没有参加。陈诚为会议主席，并报告政治部组建后的各项事宜，其中特别讲到，"在第三厅尚未组织成立以前，所有宣传事宜，暂由秘书处代为办理。"③ 所以，郭沫若所记6日的那次宴请（如果确实有），大概是陈诚为商量组建政治部具体事宜而约请一些人吃饭，所请之人，当然要是其拟议中将任职政治部的人员。

陈诚之所以有此举，应该与2月1日蒋介石给他的一纸手谕有关。蒋的手谕指令："范汉杰仍留任军校教务处长为宜。政治部第一厅长应速决定人选。政治部应限期成立……"（显然陈诚拟以范汉杰为第一厅长人选）④ 蒋已经下了限期令，陈诚自然要加紧办事。那么，这次宴请或可称之为一个碰头会，商讨成立政治部的一些未决事宜。不过，政治部的人事组成，除三厅和周恩来的副部长之职，其他人员应已按照蒋介石的意见确定了，所以郭沫若

---

① 阳翰笙在《第三厅——国统区抗日民族统一战线的一个战斗堡垒》（一）（载《新文学史料》1980年第4期）中，关于此事写道："一月三十一日，郭老突然接到一个通知，政治部要召开一次部务会议，请他参加。""第二天我们去赴会。我记得这是二月一日。"1月31日、2月1日是农历春节（戊寅）的初一、初二两天，不会开什么正式会议，应该也属错记，包括相关联的一些情节的回忆。
② 如《周恩来年谱》《中华民国大事记》（韩信夫、姜克夫主编，中央文史出版社出版）等。
③ 《军委会政治部部务会报》，中国第二历史档案馆藏，全宗号772，案卷号318。
④ 《陈诚先生书信集——与蒋中正先生往来函电》（上），台湾"国史馆"，2007年12月。

在宴席上见到拟任第一厅厅长的是贺衷寒。

政治部成立的确切日期是何时呢？档案记载至今不曾见到，但有关陈诚的文献资料有这样的记录：1938年1月11日，"奉派为军事委员会政治部部长……因于二十六年底委员长即命先生筹组政治部，至是因有是命"。1938年2月11日，"政治部正式办公。先生自定办公时间：每周一、三、五上午在政治部办公……"① 陈诚在1月即已被任命为政治部长，但政治部机构组建还在进行中，不能算成立，所以蒋介石在2月1日的手谕中会有"政治部应限期成立"的话。那么，2月11日"政治部正式办公"，应该就算是它正式成立的日期。

根据《军委会政治部部务会报》记载，郭沫若以三厅厅长身份首次参加部务会议，是在3月28日上午。周恩来也是首次以副部长身份出席会议。那是在政治部会议室召开的"第十四次部务会报"。根据会报记录，参加会议的有：黄琪翔、周恩来、赵志垚、贺衷寒、康泽、郭沫若、柳克述、彭国栋、庄明远、黄和春、罗楚材、徐会之、孙伯骞、梁干乔、杜心如、何联奎，副部长黄琪翔代陈诚主持会议。会议先后由秘书处长柳克述、总务厅厅长赵志垚、第一厅厅长贺衷寒、第二厅厅长康泽、第三厅厅长郭沫若报告各部门工作。

郭沫若报告的工作事项是："1. 第三厅正在加紧筹备，决定四月一日开始办公，以后公文送递，请饬送昙华林第三厅。2. 关于第三厅主管业务，现正草拟整个方案及计划。3. 前《日日新闻》日文印刷机件，拟请仍行划归第三厅管理，以利对敌宣传。据云前日租界三宝堂尚存有日文印刷机件数部，可否由部派员前往接收，一并交第三厅应用。"部务会最后议决六项事宜，两项涉及三厅工作："关于日文印刷机件管辖问题，交总务厅第三厅会同商办，签呈部长核夺。""关于接收三宝堂日文印刷机件问题，俟调查清楚，再行解决。"②

那么郭沫若是何时进入到三厅组建的具体工作中呢？

根据周恩来的意见，郭沫若在3月1日返回武汉，周恩来于2月27日至3月1日参加中央政治局会议之后从延安返回武汉，当略晚于郭沫若抵汉时间，也就是说，郭沫若正式应允陈诚出任三厅厅长，并开始着手组建工作，

---

① 据《陈诚回忆录——抗日战争》，东方出版社，2009年10月。
② 《军委会政治部部务会报》，中国第二历史档案馆藏，全宗号772，案卷号318。

应该是在 3 月上旬。在政治部于 3 月 19 日召开的 "第十一次部务会报" 上有这样一些决议："本部部务会报改为每周二次,时间定在每星期一本部纪念周后,及每星期四下午四时,并应通知第三厅按时出席纪念周及部务会报。""本部主办各种业务之指导刊物,交第三厅拟具编审计画呈候核定。"① 可见,此时三厅已经接手原"暂由秘书处代为办理"的各项宣传事宜,进入常规工作秩序中,只是还没有正式在政治部亮相。

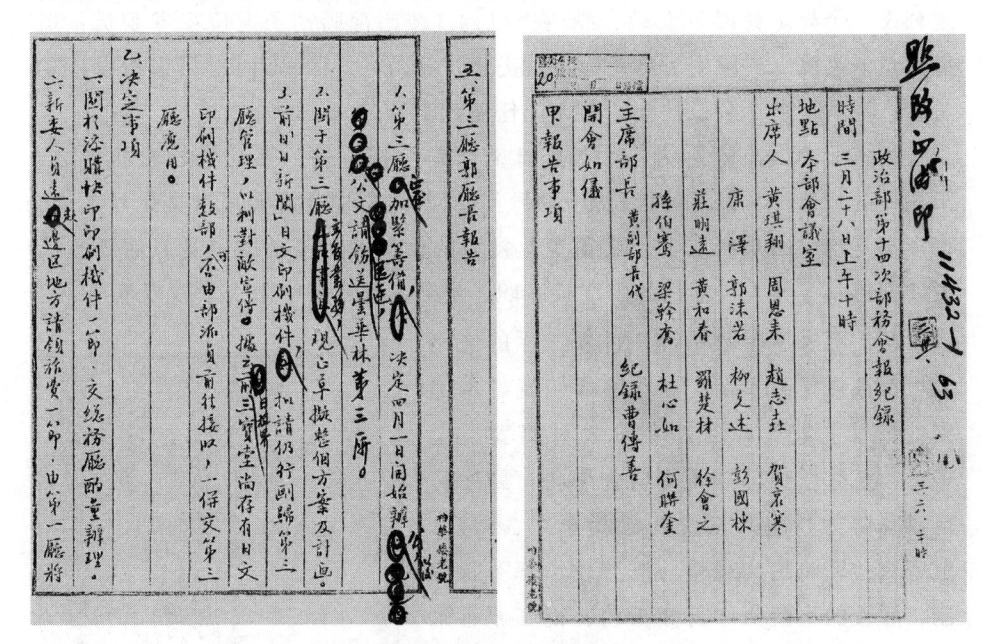

政治部第十四次部务会报

3 月 31 日下午召开的政治部 "第十五次部务会报" 郭沫若没有出席,由阳翰笙代为在会上报告了三厅 "奉令筹办武汉各界第二期抗战扩大宣传周,业已筹备就绪" 的情况。②

4 月 1 日国民政府军事委员会政治部第三厅在昙华林举行了正式成立仪式,部长陈诚、副部长周恩来出席成立仪式。③

这样梳理过同郭沫若与三厅成立经过相关的方方面面的文献史料之后,我们对于这一段史事应该说可以有一个比较清晰和准确的描述。

---

① 《军委会政治部部务会报》,中国第二历史档案馆藏,全宗号 772,案卷号 318。
② 《军委会政治部部务会报》,中国第二历史档案馆藏,全宗号 772,案卷号 318。
③ 这一日期,《抗战回忆录》的记载与郭沫若在 "第十四次部务会报" 的报告相同。

三厅人事、机构若干史事

政治部的机构设置为：秘书处；第一厅，辖第一处、第二处；第二厅，辖第三处、第四处；第三厅，辖第五处、第六处、第七处；总务厅，以单独序列设三个处。处以下设科、股两级机构。政治部聘请了七位指导委员：王世杰、朱家骅、周鲠生、陈铭枢、黄炎培、甘乃光、谭平山①。另设有设计委员会，聘请了七十余位社会知名人士任设计委员。②

第三厅的人事安排为：厅长郭沫若，副厅长范扬，第五处处长胡愈之，第六处处长田汉，第七处处长范寿康。三厅的人员构成主要来自文化界人士，许多都是当时的知名人士，或各专业领域的佼佼者，包括国民党方面开始极力要安排其党务人员担任的副厅长一职，最终是选择了中山大学教授范扬③。

政治部属于军政系统，进入三厅的文化人也都被授予了军衔。据政治部档案"本部副处长以上人员职务姓名阶级对照表"记载：第三厅厅长郭沫若军阶为中将，副厅长范扬军阶为少将，三位处长胡愈之、田汉、范寿康，军阶均为少将。按照政治部军阶编制，厅长的军阶为中将或少将，视其原有军阶而定。所以同为厅长，第一厅厅长贺衷寒、第二厅厅长杜心如的军阶都是中将，前者原任政训处中将处长，后者原任训练总监部国民军事教育处中将处长，而总务厅厅长赵志垚的军阶为少将，因其原任军政部军需署设计委员会少将委员。但在此表中，郭沫若的军阶登记为"中（少）将"，并在"原

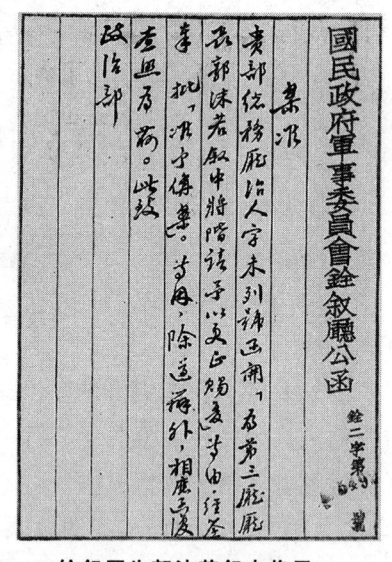

铨叙厅为郭沫若叙中将函

---

① 《抗战回忆录》中提到的人选有所不同。
② 据政治部"本部副处长以上人员职务姓名阶级对照表"，中国第二历史档案馆藏，全宗号772，案卷号2094。
③ 据政治部"本部副处长以上人员职务姓名阶级对照表"，中国第二历史档案馆藏，全宗号772，案卷号2094；范扬任副厅长，在三厅组建时就确定了，《抗战回忆录》所记有误。

任阶级"一栏注:"报铨厅函拟叙级中将"。这是怎么回事呢?

郭沫若军阶的情况显然比较特殊,他在北伐时期即有军职,阶级至中将,但1927年因反蒋而遭国民党党政军各个方面开除并通缉。1937年回国后,国民党中央执委会和国民政府撤销了对他的通缉令,但并未恢复他的党籍、军籍,此时,他只是一介文人,如以此身份出任三厅厅长职,开始时的军阶应只能为少将(以后升迁是另一回事),这对于郭沫若是不公平的,也与陈诚邀请他出任三厅厅长时曾许诺以"指导委员"身份的考虑不合(指导委员的职级相当于副部长,副部长的军阶为中将)。于是,政治部向国民政府军事委员会铨叙厅报请为郭沫若叙中将阶级。报请公文由政治部总务厅以"治人字"函发出,军事委员会铨叙厅核准所请后,于1938年4月27日,以"铨二字第5492号"公函回复政治部。该公函写道:"案准贵部总务厅治人字未列号函开'为第三厅厅长郭沫若叙中将阶级请予以更正赐复'等由,经签奉,批'准予备案'。等因,除遵办外,相应函复查照为荷。"政治部总务厅收到该公函后,于5月2日以"治人字第2703号"笺函通知三厅。①

从政治部组建之初陈诚给蒋介石的信中可以看到,他是想在政治部有所作为的,所以政治部组建还不到一年,就进行了一次机构整顿。显然,陈诚对于很快就出现的机构臃肿、人浮于事的情况很不满意。他在(1938年)11月24日函呈蒋介石,报告政治部整顿与充实计划等三件事,信函中还附上一份"政治部整顿并充实计划",其中第一项是组织整顿,对于政治部本部的组织机构,拟"减少处股两级,每厅以设四科为原则。原有各处长或升任副厅长,或调设计委员,或派赴行营及战区政治部服务。"② 蒋介石同意了陈诚的整顿计划。

进入1939年后,政治部废处、股,厅下只设科。三厅改辖四科:第一科,科长杜国庠;第二科,科长洪深;第三科,科长冯乃超;第四科,科长何公敢;另有厅长办公室,阳翰笙为主任秘书。机构改组后三厅的机构和职务设置及人员安排当然是精简了,(可参见附录1"国民政府军事委员会政治部第三厅各科室官佐名册")所以一时间,"候派"(等候分派)人员达二十余人。这一年10月底,在参加第二次南岳军事会议期间,陈诚主持召开了政治部江南方面政工会议,会上又提出调整政治部总部和各级机构的问题。12月3日,陈诚在政治部暨直属各单位人员联合纪念周仪式上讲话,宣布了调

---

① 两公函均据原档案,中国第二历史档案馆藏,全宗号772,案卷号2092。
② 《陈诚先生书信集——与蒋中正先生往来函电》(上),台湾"国史馆",2007年12月。

整计划。① 调整后的政治部将设办公厅、第一厅、第二厅、第三厅、第四厅。办公厅下辖总务处、交通处及机要、文书、人事、编审、调查等组。四个厅分管"人事""训练""宣传""经理"事宜。② 转过年，政治部按这个计划进行了调整，第三厅仍由郭沫若任厅长。

1939年，抗日战争在军事上进入了相持阶段，在政治上，抗日民族统一战线内部的党派关系发生了很大变化。1月，国民党五届五中全会确立了"溶共、防共、限共、反共"的政策，并成立了"防共委员会"。6月，国民政府颁布《限制异党活动办法》。7月，中共中央发表《为纪念抗战两周年对时局宣言》，提出"坚持抗战，反对投降；坚持团结，反对分裂；坚持进步，反对倒退"的三项政治口号。国共之间的矛盾已经呈针锋相对之势。

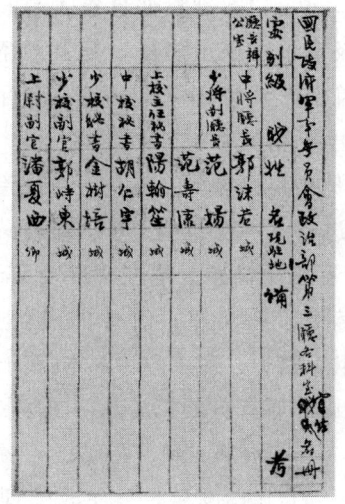

三厅各科室名册首页　　　　郭沫若拟写的函件

在政治部，三厅的工作明显受到这种政治形势的影响。郭沫若于11月末所作的一首诗真实地反映了当时的情形。诗中写道："厅务闲闲等萧寺，偶提笔墨画竹字。非关工作不需人，受限只因党派异。殊途同归愧沱岷，权将默

---

① 据《陈诚回忆录——抗日战争》，东方出版社，2009年10月。
② 据陈诚1939年12月7日致贺衷寒信："（一）本部调整，已奉委座批准。设一办公厅，下辖总务处、交通处及机要、文书、人事、编审、调查等组。（原秘书处取消）除办公厅外，并设四厅：第一厅专掌人事，第二厅专掌训练，第三厅专掌宣传，第四厅专掌经理。如此，则各厅较有中心，并可沟通。（二）办公厅主任，请吾兄担任，已一事权；至各厅长，除朱代杰调第四厅厅长外，其余均照旧，并以庄明远任总务处长，张宗良调办公厅副主任。"（《陈诚回忆录——抗日战争》，东方出版社，2009年10月）

默易闉闍。"① 以国共合作为政治背景组建起来的三厅，势必发生大的变化。

1940年3月26日，蒋介石函电陈诚一份手谕，专讲"政治部事"。他根据调查，指出政治部七点缺失，提出五项改进办法。七点缺失中有两点是："各党派利用政部机构及名义发展各自之组织"；"因容纳各党派，故一切机密不能保守"。五项改进办法中即有两项针对于此："对各党派只可罗致收容其个人，绝不许有政治组织关系之人员参加政治部"；"除由中指定人员外，无论上、下级干部人员必须入党，绝不许另有组织作用"。②

蒋介石所谓对于"政治部事"的调查，应该是得自他治下的情治人员的报告。贺衷寒在3月15日给蒋的一份关于政治部内部人事、工作情况的报告和建议（贺衷寒此时任政治部秘书长，但这份报告系直接呈蒋，没有经过部长陈诚），主要报告了政治部内，尤其是在三厅、四厅中，具有中共，以及第三党身份人员的情况，提到的人员有郭沫若、阳翰笙、朱代杰、庄明远、邱学训等人。贺在报告中还向蒋介石提出人员调整（包括三厅、四厅厅长）的建议。关于第三厅，他报告说："第三厅厅长郭沫若，现虽已加入本党，惟对党态度极为冷淡，且其所保用之干部，如阳翰笙等，均系共党分子"，调整后拟请从谷正鼎、何浩若、邓文仪"三员中择一调任或调兼"③（郭沫若卸任后接任厅长的是何浩若）。

4月29日，蒋介石又函告陈诚，他准备约见政治部所属各机关少校以上人员（文武一律）及指导委员，让陈诚逐日分批安排，"限一星期内见完"④。显然，他要亲自给政治部人员讲"政治部事"。

蒋介石借党派关系，改组政治部（三厅当然首当其冲）人员组成的意图表达得非常明确。于是，不久之后，在政治部就发生了限令三厅人员必须加入国民党，否则即被视为离厅之事⑤，政治部再一次改组。

实际上，在国共合作抗日之初，蒋介石就意图将各党派一统于国民党之内，只不过以此为政治前提，根本不可能建立一个各党派合作的抗日民族统一战线，所以当时他并没有坚持这一点。但在抗战的政治、军事形势都发

---

① 《六用寺字韵》，蔡震《郭沫若用寺字韵诗作考》，《郭沫若学刊》2011年第3期。
② 《陈诚先生书信集——与蒋中正先生往来函电》（下），台湾"国史馆"，2007年12月。
③ 据《呈蒋中正政治部内部人事情况及工作报告与建议》（贺衷寒），台湾"国史馆"藏档案。
④ 《陈诚先生书信集——与蒋中正先生往来函电》（下），台湾"国史馆"，2007年12月。
⑤ 阳翰笙《战斗在雾重庆》（载《新文学史料》1984年第1期），丁正献《昙华永念》（载《东海》月刊1979年8月第8期），都记述到此事。

生了很大变化的此时，他认为至少在军政系统内部必须是国民党的一统天下。①

卸任三厅，张治中提出组建文化工作委员会

1940年9月，郭沫若从三厅职上卸任。这时，张治中已经接任政治部部长（陈诚调任第六战区司令长官，而于8月卸去政治部长任）。关于此事，郭沫若只在《五十年简谱》中简单地记述为："九月政治部改组，卸去第三厅厅长职，改组文化工作委员会。"②这一记述的文字一直被解读（包括阳翰笙等人的回忆文章）为：郭沫若提出辞职从三厅卸任，即等于要离开政治部，而国民党方面为留住人（包括三厅的人），组织了文化工作委员会。事实上，郭沫若的去职，是政治部改组的一部分，免去他的厅长之职，改命何浩若接任三厅厅长，是与对郭沫若的另一任命相关的，即任命其为政治部指导委员。同时，周恩来也不再担任政治部副部长，改任指导委员。

对比政治部组建之初，周恩来和郭沫若在政治部改组的问题上，采取了缓和、退让的态度，但退而不出。这反映了此时南方局和周恩来的政治策略。针对抗日民族统一战线所面临的政治、军事问题，这年夏季，国共之间一直在重庆进行谈判。8月，周恩来赴延安参加中央政治局会议，他在发言中指出，当前总的趋势是东方存在中日妥协的可能，所以我们党的政策应是防止国民党投降，争取好转。但国内局势不会立即向好坏两个方向转化，是一个拖的局面。他提出，与国民党谈判可在小问题上做点让步，而在大问题上求得有利的解决。毛泽东同意他的意见。周恩来返回重庆，就面对政治部改组的事情，当然会选择退而不出的策略。

郭沫若从三厅去职，包括主任秘书、几位科长在内的许多三厅人员随之都递交了辞职申请。这些人多是郭沫若组建三厅时邀请来的，当然会与他共进退（如阳翰笙和其他一些人回忆文章中写到的），但更主要的原因还在于，他们不会选择加入国民党，所以也就不可能继续留在政治部改组后的

---

① 在政治部的这一次改组中，第四厅厅长朱代杰等第三党人（第四厅主要由第三党人主持）也被调离政治部。
② 《五十年简谱》作于1941年9月，发表于《中苏文化》半月刊1941年11月第9卷第2、第3期合刊。

三厅（即周恩来所称："不便在党化三厅方针下继续供职"。——见下文）。国民党方面显然也考虑到了这个现实问题，于是，有了组建文化工作委员会之议。

组建文化工作委员会之议，是由张治中提出来的，周恩来给郭沫若的一封信记述了这一经过。信是在9月8日写的（由此信亦可知郭沫若从三厅卸任是在9月初）。信中写道：

> 顷间张文白部长约谈三厅事。我告以文化界朋友不甘受党化之约束，故当郭先生就三厅长任时，即向辞修声明，得其谅解，始邀大家出而帮助。今何浩若就任三厅，无疑志在党化，与郭先生同进退之人，当然要发生联带关系，请求解职。文白当解释全部更换，系委座意见，王系陈荐，梁为公推，袁、徐虽黄埔，但新识，何则最后决定，亦非自荐，只滕杰任办公厅主任，乃文白旧识。文白又询兄见委座经过，我当据实以对。彼言翰笙等辞职已准，但仍须借重，必不许以赋闲。最后征我意见，我以在文艺和对敌方面仍能有所贡献，只不便在党化三厅方针下继续供职，但决非不助新部长。文白乃言可组文化工作委员会仍请郭先生主其事，直属部长，专管文艺对敌工作。我答以此容可商量，最好请文白亲与郭先生一商。彼言明晨下乡作纪念周，将顺道访兄一谈此事。我意文白谈及此事，当为奉命而来，兄不妨与之作具体解决。盖既名文委，其范围必须确定，文艺（剧场剧团仍宜在内）与对敌工作倒是两件可做之事，然必须有一定之权（虽小无妨）一定之款（虽少无妨）方不致答应后又生枝节也。除此，在野编译所仍宜继续计划，因文委即使可行，定容纳不了全部人员，而文化界留渝一部分朋友亦宜延入编译部门。究如何请兄酌之！①

周恩来信中讲到了政治部几位部、厅干部任命的由来，也说明了郭沫若卸任一事确实只是政治部人事改组的一部分（并非专门针对三厅）。

张治中向周恩来提出了组建文化工作委员会的具体设想：包括工作内容、隶属关系、主政人选，说明他和国民党方面已经有了成熟的考虑（显然已经得到蒋介石的同意）。他向周恩来提出，实际上还是在国共合作的框架内商谈此议。周恩来很清楚"文白谈及此事，当为奉命而来"，并认为这是可行的方

---

① 《周恩来书信选集》，中央文献出版社，1988年1月。

案，于是，建议张治中与郭沫若面商，同时即信告郭沫若，并详细指示了一些具体事宜。

9月9日，张治中应该是去了赖家桥并拜访了郭沫若，谈妥了组织文化工作委员会的事情。所以，9月10日，郭沫若即在赖家桥草拟成"文化工作委员会大纲"，包括"机构""工作范围""经费""人选"几项内容。其中"人选"一项特别列出"党籍不限（此据张部长口头指示）"一条。①

9月17日，政治部长张治中以手令形式"聘郭沫若先生为本部文化工作委员会主任委员"。18日②签发政治部命令（治机任字第十九号），聘任杜国庠等十人为文化工作委员会委员，聘田汉等十人兼任文化工作委员会委员。

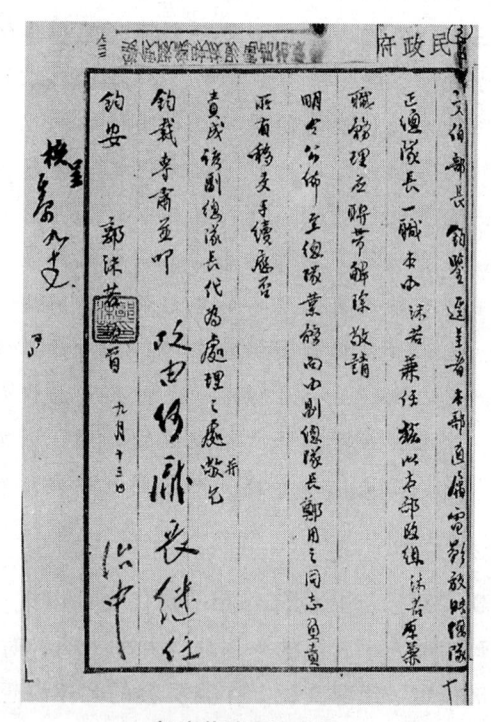

郭沫若致张治中函

---

① 参见原件手迹，载《郭沫若学刊》2011年第2期。
② 此命令原件所署日期之月份已经模糊，应为"九"之残字。《郭沫若学刊》2011年第2期《文化工作委员会史料特辑》中将其识为"七"字（未刊出原复印件图片），但该命令肯定是不可能签发于7月的。

在此期间，郭沫若还辞去了在三厅的另一个兼职：电影放映总队长之职。他于9月13日函呈政治部长张治中，谓："本部直属电影放映总队正总队长一职本由沫若兼任，兹以本部改组，沫若原兼职务理应联带解除，敬请命令公布。至总队业务，向由副总队长郑用之同志负责，所有移交手续应否责成该副总队长代为处理之处并乞钧裁。"张治中函复郭沫若，道："大函敬悉，电影放映总队长职务应准解除，并派何厅长接充。函交接事宜，已分令何厅长及郑副总队长分别办理矣。"随后，9月21日至10月2日，政治部以"治用巴字"第19200、第19201、第19203几号公文分别发出派令，办理任免交接事宜。① 至此，郭沫若与三厅的关系才真正了结了。

10月8日，政治部将"本部拟设文化工作委员会并派郭沫若兼任主任委员检呈组织规程等件"以"治用巴字一九七六四号"公文呈报国民政府军事委员会，蒋介石以委员长名义批示："呈件均悉。准予备案。"②

11月1日，文化工作委员会正式成立。③ 此后，郭沫若与重庆进步文化界的朋友们借文工会继续从事抗战文化工作。

附录1

国民政府军事委员会政治部第三厅各科室官佐名册（撤裁处、股两级机构后）

处 别	级 职	姓 名	现驻地	备 考
厅长办公室	中将厅长	郭沫若	城	
	少将副厅长	范 扬	城	
		范寿康	城	
	上校主任秘书	阳翰笙	城	
	中校秘书	胡仁宇	城	
	少校秘书	金树培	城	
	少校副官	郭峙东	城	
	上尉副官	潘夏西	乡	
	准尉司书	杨成仁	城	
		王燕谋	乡	

---

① 两信及几件公文均据档案资料，中国第二历史档案馆藏。
② 据原件。
③ 据《五十年简谱》。

续表

处　别	级　职	姓　名	现驻地	备　考
	少校服务员	吴从征	西安	原派战文处该处撤销现在西安待命
		郭元刚		原在战文处现告失踪
		覃必陶	桂林	原派战文处该处撤销现拟派慰劳会
		季　信	城	同上
候派	上校秘书	孙师毅	桂林	
	上校服务员	尹伯休	城	寒衣会
	中校服务员	罗鬐渔	城	寒衣会及编审组
	少尉司书	李锡普	西安	
	上尉速记员	李拓之	乡	
	上尉书记	骆湘楼	乡	
	上尉打字员	先锡嘉	城	
	少尉收发员	武宝详	城	
	中尉司书	张维藩	城	
	少尉司书	刘伯侬	乡	
		杨贻训	城	慰劳会
		杨鸿礼	乡	
		皮振球	城	
		李立人	城	
	上校服务员	张孝炎	城	办理会计
	中校服务员	傅抱石	城	
	少校服务员	乐嘉煊	公差	
	中尉服务员	刘绪衷	乡	办理会计
	少尉司书	张中吉	乡	办理会计
	少尉服务员	张学亮	公差	
	准尉司书	马辅中	城	
第一科	上校科长	杜国庠	乡	
	上校主任科员	何孝纯	乡	
		蔡家桂	城	
	中校主任科员	潘念之	乡	
	中校科员	陈乃昌	乡	
		刘明凡	乡	

续表

处 别	级 职	姓 名	现驻地	备 考
	少校科员	梅电夔	乡	
		石啸冲	乡	
		尚 钺	城	
	上尉科员	翁泽永	乡	
	中尉科员	高之仲	乡	
	上校服务员	何成湘	乡	
	中校服务员	姚潜修		原派战文处现该处撤销拟派科服务
	中校服务员	徐 步	公差	
	少校服务员	勾雷生	城	
	少校服务员	覃子豪	乡	原派战文处现该处撤销故回渝暂派科服务
	上尉服务员	钱远铎	乡	
	少尉司书	郑道隆	乡	
第二科	上校科长	洪 深	乡	
	中校主任科员	万籁天	乡	
		翟 朔	城	
		石凌鹤	城	已呈部请委 补任光缺
		郑沙梅	乡	已呈部请委 补吕奎文缺
	中校科员	程步高	公差	
		辛汉文	乡	
		吴恒勤	乡	
	少校科员	龚孟贤	乡	原系少校服务员已呈部请委上职
		田 洪	公差	
		张 平	乡	
		徐 韬	乡	
	上尉科员	席与群	城	
		梁奕山	乡	
	中尉科员	李荡平	城	
	少校服务员	龚啸岚	公差	
		李可染	乡	
		周 多	乡	
		张文光	公差	

续表

处 别	级 职	姓 名	现驻地	备 考
	上尉服务员	李广才	乡	
		卢鸿基	乡	
		华以松	乡	
		丁正献	乡	
		黄普苏	乡	
	中尉服务员	张时敏	乡	
第三科	上校科长	冯乃超	乡	
	上校主任科员	沈启予	城	
		燕琦瑄	乡	
		刘启光	乡	
	中校主任科员	叶籁士	城	
	中校科员	朱喆	公差	
		胡雪	乡	
		于瑞熹	乡	
		蔡仪	乡	
		张兆林	乡	
	少校科员	傅俊仪	城	
	少校服务员	霍应人	城	
	上尉服务员	乔瑞征	乡	
	少尉司书	贾崑峰	乡	
第四科	少将科长	何公敢	城	
	上校主任科员	简泰梁	城	慰劳会
	中校主任科员	张肩重	城	
		管长墉	城	
	中校科员	郭培谦	城	
		王本燡	城	
	少校科员	王晋笙	城	
		邢逸梅	城	
		何岑龄	乡	
		杨文鲁	城	
	上尉科员	葛韫山	公差	

续表

处 别	级 职	姓 名	现驻地	备 考
	中尉科员	郭泽华	城	
		李野萍	乡	
	少校服务员	王正国	城	慰劳会
		程泽民	城	慰劳会
		夏维贤	城	
		汪仲×	公差	原派战文处现该处撤销故回渝调派科服务
	上尉服务员	王启祥	公差	
	上尉服务员	唐锡光	公差	原派战文处现该处撤销拟调回科服务
		李也愚	城	
		姜渭川	城	慰劳会
	中尉服务员	吴康德	城	
		邱正衡	公差	
		蒋云台	城	
		徐志刚	城	慰劳会
	少尉司书	尤 勇	城	
		朱礼邦	公差	

附录2

本部副处长以上人员职务姓名阶级对照表

职务姓名	编制阶级	原任阶级	备考
副部长黄（琪翔）	中将		
副部长周（恩来）	中将		
秘书长张（厉生）	中将		
秘书处处长张宗良	同少将		
秘书处副处长白如×	同少（上校）将		
第一厅厅长 贺衷寒	中（少）将	前政训处中将处长	
第一厅副厅长 杨麟	少将	委员长行营经理委员会少将委员	
第一厅第一处处长 鲁宗敬	少将	原任武汉行营政训分处代处长	

续表

职务姓名	编制阶级	原任阶级	备考
第一厅第二处处长 高传珠	少将		
第二厅厅长 杜心如	中（少）将	前训练总监部国民军事教育处中将处长	
第二厅副厅长 梁干乔	少将	本会前调查统计局少将设计委员	
第二厅第三处处长 彭国栋	少将		
第二厅第四处处长 邱敫武	少将	任原该处第一科上校科长	
第三厅厅长 郭沫若	中（少）将	报铨厅函拟叙级中将	
第三厅副厅长 范扬	少将	中山大学教授	
第三厅第五处处长 胡愈之	少将		
第三厅第六处处长 田汉	少将		
第三厅第七处处长 范寿康	少将		
总务厅厅长 赵志垚	少（中）将	军政部军需署设计委员会少将委员	
总务厅副厅长 庄明远	少将	晋陕绥宁四省边区剿匪总指挥部第三一军少将（军）长	
总务厅第一处处长 庄明远兼	少将	同上	
总务厅第二处处长 黄和春	少将	第八集团军总部副官处少将处长	
总务厅第三处处长 罗楚材	少将	武汉警备部经理处上校处长	

从一份月报看三厅与蒋介石

郭沫若主持的第三厅,在军事委员会政治部组建过程中是成立最晚的,一个主要原因就在于三厅的人事组成与国共合作的政治关系、与以共产党人身份出任政治部副部长的周恩来相互关联,其间"讨价还价"的磋商自然拖延了时间。所以,可以想见,三厅组建后,蒋介石对于任厅长的郭沫若在政治上的信任度是要打折扣的。但是蒋介石对于三厅,特别是三厅负责的抗战宣传工作,还是非常倚重的。这应该是从北伐时期国民革命军政治工作沿袭下来的传统。从一份三厅工作月报上,我们可以对此有一个直观的了解。

这是一份1939年4月,由郭沫若以厅长身份具名填报的"第三厅交办事月报表"。

月报表是用来上报三厅每月承办的上级交办事项,以及办理的经过、时间等情况的。从这一份月报表上可以看到,三厅在1939年的4月份共承接上级交办事宜15项,其中由蒋介石(以军事委员会委员长身份)直接、间接以手谕、电报交办的事情有8项,而由部长、副部长、秘书长等人交办的事情一共只有7项。

再从15项交办的事情看,由部长、副部长、秘书长等人交办的7项工作中,除"详报本部抗敌演剧队各队工作情形""为抗敌演剧队管及经费办法"(原件文字如此,当为拟定管理及经费办法之意)两项是需要专门安排、专项进行的工作之外,其余不过是一些日常事务。蒋介石交办的事情则不同。

8项工作中,除了一项涉及关照冯玉祥提出的人员安排之事,其他7项都是事关大局的宣传工作:1项是撰写对日宣传的专题新闻稿,并在报上发表;1项是为蒋介石提出一个关于组织"日本人民反战同盟军"的意见;2项是以蒋介石的名义"通令各战区司令长官及政治部宣扬各国对我反攻之好评",并送去材料；3 项是专门研究敌占区文化宣传工作、对敌宣传工作以及实施方案，其中还包括了厅长郭沫若应召面见蒋介石报告工作，以及查究政工人员工作不良与不力者等事。这 7 项工作都是需要专门安排，由专人去做的，而其中至少有两项，由作为厅长的郭沫若亲力去做。

郭沫若为报纸撰写新闻稿，在其主政三厅期间是常要做的事情，应召面见蒋介石谈工作，也有过多次。这样的史实恰好在这一份工作月报上都有记载。

蒋介石一向就是个把大权紧抓在手中的人，所以政治部虽有他亲信的陈诚作部长，他还是经常越过陈诚，直接把工作交到下面去，然后又要以他的名义去通令各战区司令长官及政治部。如果仅看这份工作月报，很难让人不联想到三厅是不是还有直属蒋介石或他的侍从室这样一层隶属关系之类的问题（当然是没有的）。这正反映出蒋介石政治独裁的特点。但撇过这一点不说，他对于抗战宣传（尤其是对日宣传）工作，对于三厅工作的重视，倒可从中一窥实况。这也是郭沫若与蒋介石关系中重要的一段。

附录

第三厅交办事月报表（1939 年 4 月）

类别	事由	办理经过	起讫日期	备考
1	奉委座谕：为宣传挑起三菱之之反感及倭民之怨恨。	由郭厅长撰成新闻稿送交大公报发表。	四月四日 四月四日	
2	奉委座代电：为敌在占领区内加紧文化等宣传请谋对策。	已会第一第二厅签拟办法于五月三日呈核，并已提出宣传会议编入宣传要点。	四月一日	
3	奉委座代电：据冯委焕章函称赵望云、高龙生、张文光、黄秋农等为主办插画人才希录用。	已签拟办法呈秘书长，尚未批下。	四月三日 四月十三日	
4	奉委座手令：特别研究对敌宣传工作，并查究南昌等地政工不良与不力者。	（一）加紧编辑对敌宣传品 （二）令各级政治部与各部队取得密切联系	四月四日 四月十三日	
5	奉委座代电：为切实研究对敌宣传实施方案，并嘱郭厅长沫若来见。	（一）签呈对敌宣传方案五条 （二）郭厅长沫若于十七日下午五时谒见，十九日呈部报告经过	四月十二日 四月廿一日	郭厅长谒见时，面陈本部对敌宣传品样本并蒙对汪案加以指示。

续表

类别	事由	办理经过	起讫日期	备考
6	奉委座代电：议复组织日本人民反战同盟军意见。	答复意见三项。	四月廿六日 五月八日	与第二厅合办
7	转奉委座手谕：用委座名义通令各战区司令长官及政治部宣扬各国对我反攻之好评。	通令各行营辕主任各战区司令长官暨政治部主任遵照。	四月廿八日 五月三日	
8	转奉委座手谕：续送各国对我反攻好评材料。	与上案并办。	四月三十日 五月三日	
9	秘书处通报部座手令：因公离部，本部职务由张副部长代理。	通报知照。	四月十日 同日	
10	秘书处通报副部长张谕：签呈上应留空隙以便批字通报查照。	通报遵照。	四月十日 同日	
11	奉部长手令：编制日历，日记，联语，统限六月底完成。	联语已完成十之五六，（二）日历日记在进行中。	四月四日	
12	奉部长谕：详报本部抗敌演剧队各队工作情形。	已饬令各队呈送工作报告以便转呈。	四月七日	
13	奉部长代电：为抗敌演剧队管及经费办法。	已遵照办理。	四月廿二日	
14	奉秘书长交下部长谕：前方开会各项□尚未接到，应派专车送往。	当捡送各种宣传品及宣传□要等件交总务厅汇运。	四月廿三日 四月廿五日	
15	奉秘书长谕：嘉奖阵日画报社刘元《我和敌的比较》画册。	传令嘉奖。	四月廿一日 四月廿二日	

填报人：第三厅厅长郭沫若

（按原件格式录制，原件藏南京第二历史档案馆）

著述篇

参考文献

《女神之再生》，从散文到诗剧

《女神》的第一辑是诗剧，足见编订《女神》时郭沫若是偏爱诗剧的，这正是他的诗风趋向"歌德式"的阶段。《女神之再生》作为《女神》的开篇（序诗除外）之作，初稿曾是一篇散文，后来才改成诗剧形式。《女神之再生》发表于《民铎》月刊1921年2月第2卷第5期，篇末，郭沫若署创作时间为"1921年1月30日脱稿"，同时另写有一篇《书后》，其中有这样一段文字："此剧已成于正月初旬，初为散文；继蒙郑伯奇、成仿吾、郁达夫三君赐以种种助言，余竟大加改创，始成为诗剧之形。"

《女神之再生》在收入《女神》时不署创作时间，《书后》亦未收。但在1928年编订出版的《沫若诗集》中，郭沫若对《女神之再生》做了文字的修改，并署明："1920，12，20初稿"，"1928，1，30改削"。新中国成立后，他在1957年编订的《沫若文集》中仍不署该篇的创作时间，《书后》亦不收；《郭沫若全集》从此例，在注释中也没有关于该篇创作及时间的说明。于是，关于《女神之再生》的成篇尤其是创作时间，竟成疑问。

事实上，《女神之再生》的创作时间有三个概念：一为初稿完成的时间，二为定稿脱稿的时间，三为改削完稿的时间，且这三个时间均由作者本人所注，但对于初稿完成的时间，作者又有两个不同的说法。所以迄今为止，对于《女神之再生》的创作时间有不同的标注，却又没有完整准确的记述。上海图书馆编订的《郭沫若著译系年》将该篇的创作系于"1921年1月30日脱稿"，"又于1928年1月30日改削"。龚济民、方仁念作《郭沫若年谱》亦记该篇作于1921年1月30日。王继权、童炜钢作《郭沫若年谱》则将该篇创作系于1920年12月20日，当是以《沫若诗集》的记载为准。《沫若文集》不注该篇创作时间，不能不说是一个遗憾，《郭沫若全集》亦对此未做出考订说明，则是一种疏误。如此看来，有必要对于《女神之再生》完整的创作时间做一个认定。

首先需要考订的是《女神之再生》初稿完成的时间。

按常理说，"此剧已成于正月初旬，初为散文"这一出自该篇发表时《书后》的时间注释，应该比七年之后的1928年作者改削时所署的"1920，12，20初稿"更为可靠，但前者是个大致的时间概念，后者却是一个精确的时间标注，所以我们也不能仅仅依据文字落笔时间的先后来判定正误。

关于《女神之再生》初稿的写成，除《书后》之外，差不多是同一时间，郭沫若在一封书信中也提及此事。那是他在1921年1月18日致田寿昌的信，信中写道："我在年假中也做了两个短短的戏曲。一个是《湘累》，是把屈原姊弟优孟化了的，不久在《学艺》杂志上当得披露。一个是《女神之再生》，现在还在伯奇那儿，将来拟寄往李石岑君在《民铎》上披露。"① 从信中的文字看，这里提到的《女神之再生》即为该篇初稿，写在《湘累》之后。日本大学的假期分为暑假、年假、春假三个假期，年假基本上安排在每年12月月末一周至次年1月的第一周之间。《湘累》署有准确的创作时间，为1920年12月27日，正是创作于年假中，《女神之再生》既成于其后，当然就不可能作于12月20日，况且那时还未放年假。而1921年"正月初旬"（按日本公历纪年的称谓，正月即1月），既在年假中，亦与《湘累》的创作时间正好前后衔接，当是《女神之再生》初稿作成的时间。

可以为1921年"正月初旬"这一时间做佐证的资料，还有郑伯奇日记。在郑伯奇1921年1月7日的日记上记载着他在当天接到郭沫若寄来"信片及《女神之再生》稿"。之后他在1月23日的日记中，又记下将《女神之再生》稿转寄成仿吾之事。② 郑伯奇当时在京都三高就读，福冈与京都之间的通信约需两天时间，那么，对于"正月初旬"这一时间，我们实际上还可以说得更准确一点，即1921年1月初旬的前半旬，就是《女神之再生》初稿完成的时间。《沫若诗集》中"1920，12，20初稿"的标注没有任何可予佐证的资料，应系误记。另外，《沫若诗集》在编纂时，作者将一些原来未署创作时间的诗篇加注了创作时间，其中发生有误记情况的非此一例。

---

① 载上海《南国月刊》1930年3月20日第2卷第1期。另外还有一封致李石岑的信中也写到同样内容的话，但该信函未署撰写时间，目前对于该信撰写时间的断定是依据《女神之再生》创作的时间，故不能以之为据。

② 郑伯奇日记现藏郭沫若纪念馆。以下凡从该日记中引用资料，不另做注释。

其次，我们还需要对《女神之再生》从初稿到成稿的过程做一梳理。

郭沫若在《创作十年》中说道："这篇诗剧的初稿我寄给郑伯奇看过，又由伯奇转寄给了达夫。达夫用德文做过一首诗给我，我把来寄到《民铎》杂志去一同发表过。"根据郑伯奇日记的记载可知，郭沫若在此有一个疏误，即郑伯奇是将《女神之再生》寄给了成仿吾，而同在东京的郁达夫应该是从成仿吾手中得到《女神之再生》的初稿。

从郑伯奇1月23日将《女神之再生》初稿寄成仿吾，成仿吾读后转郁达夫，郁达夫读过稿子并为之做了一首德文诗，再寄还郭沫若，到郭沫若根据几位朋友的意见，将初稿"大加改创"，使其"成为诗剧之形"，应该就是《女神之再生》自初稿到成稿的过程。按"1月30日脱稿"的时间计算，这一过程发生在八天之内。若单以邮件辗转京都、东京、福冈三地之间所需时间计，三四天足矣，故郭沫若1月30日将改作的诗剧脱稿，应该是没有问题的。

尽管我们已经无法看到《女神之再生》的初稿，但理清并确认该篇作品从初稿到成稿经历了这样一个过程，无疑是必要的。因为这一改作过程，并非一般意义上的一篇作品从初稿到定稿在文字内容上的修改，它是文体形式的改作。初稿《女神之再生》是散文，成稿《女神之再生》是诗剧。

所以，对于《女神之再生》创作发表的情况，我们应该做一个完整的记述：初稿作于1921年1月初旬的前半旬，系散文；成稿完成于1921年1月30日，为诗剧，发表于《民铎》月刊1921年2月第2卷第5期，收上海泰东书局1921年8月初版《女神》；1928年1月30日经改削，编入创造社出版部1928年6月出版的《沫若诗集》。

《芽生の二葉》，全貌与背景

一

1922年末，郭沫若应日本大阪《朝日新闻》之约，以日文撰写了一篇论述中国传统文化思想的文章，题目作《芽生の二葉》，连载于1923年1月1日、2日大阪《朝日新闻》。成仿吾将文章的主要内容翻译成中文，以《中国文化之传统精神》为题，刊载于1923年5月20日第2号《创造周报》。成仿吾在"后识"中写道：

> 不论是在一般人或在专门的学者，不论是中国人或是外国人，没有像我们文化的精神与思想被他们误解得这样厉害的。外国人可不必说，即我们的新旧的学者，大抵都把他误解得已不成话。旧的先入之见太深，新的亦鲜能捉到真义，而一般假新学家方且强不知以为知，高谈东西文化及其哲学。在这样混沌的学界，能摆脱无谓的信条，本科学的精神，据批评的态度而独创一线的光明，照彻一个常新的境地的，以我所知，只有沫若数年以来的研究。……我觉得今后思想界的活动，当从吞吐西方学说进而应用于我们古来的思想，求为更确的观察与更新的解释。

成仿吾希望学界朋友能就中国传统文化精神进行探讨，这也是他将《芽生の二葉》译为中文的一个目的。

大阪《朝日新闻》刊登《芽生の二葉》

1925年，郭沫若将《中国文化之传统精神》一文编入《文艺论集》，12月，由上海光华书局初版印行。1930年6月，在编订第五版《文艺论集》时，郭沫若将该篇删去，并且在该版《文艺论集》的"跋尾"中写道："有些议论太乖谬的，在本版中我删去了五篇。此外没有甚么可说的，只是希望读者努力'鞭尸'。"此后，在《沫若文集》《郭沫若全集》中再未收入该篇。显然，该文中的一些见解，应该就是郭沫若认为"议论太乖谬"者。

事实上，在增删改订较大的《文艺论集》第四版（1929年5月订正，7月出版，从篇目到内容都有许多增删）中仍然收有《中国文化之传统精神》一文。何以仅隔一年时间，郭沫若却又将该文从《文艺论集》中抽出？我以为应该与他此时正在从事的关于中国古代社会的学术研究有关。

1929年11月，郭沫若完成了《中国古代社会研究》。在开始撰写这部著作前郭沫若意识到，"清算中国的社会，这是前人所未做到的工夫"，"也不是外人的能力所容易办到"。"世界文化史的关于中国方面的记载，正还是一片白纸。恩格斯的《家庭、私有制和国家的起源》上没有一句说到中国社会的范围"。他称《中国古代社会研究》一书的"性质可以说就是恩格斯的

《家庭、私有制和国家的起源》的续篇","研究的方法便是以他为向导"①。郭沫若尝试运用唯物主义辩证法研究中国古代社会,所以与他在五四时期对于中国传统思想文化的理解,当然就有了很大不同。

不过无论如何,《中国文化之传统精神》一文所表达的思想,是郭沫若在五四时期思考中国古代思想文化史的一篇重要著述,也是了解是时郭沫若精神心态的一篇重要文章。

成仿吾的译文是一篇很好的译文,把《芽生の二葉》的主要内容基本上翻译过来了,郭沫若是认可这篇译文的,所以,无论在国内发表,还是收入《文艺论集》都采用了成仿吾的译文以及所用的题目,他自己没有再行翻译。不过,从研究郭沫若的角度来说,该篇论文的全貌一直未能以中文示人,总是一个遗憾,毕竟成仿吾的译文略去了其中的一些重要内容。好在成仿吾略去未译部分的文字,基本上是自成完整的节与段落,故以下按照在大阪《朝日新闻》发表的日文本,将成仿吾译文所略去部分内容的中文译本录出。②这样,我们就可以阅读到一个全本的《芽生の二葉》,或作《中国文化之传统精神》。

在切入正文前,我们还应该读一下大阪《朝日新闻》为发表该文所加的一段编者按语。按语写道:

> 郭沫若先生作为现代中国颇有作为的青年艺术家、剧作家、以及诗人闻名遐迩,同时对于一般文学和哲学都有着深厚的造诣,他著有《三叶集》等多部作品。郭沫若先生虽然致力于医学,但是作为艺术家,他同样是一位拥有着远大前途的俊杰。郭沫若先生应该处于日本森鸥外先生的地位,本文是郭先生的日文作品。

这段按语提供了一些非常有意思的信息。长时间以来,有一个疑问始终让人不得其解,即大阪《朝日新闻》这样一家大报,何以会特别约请一个中国留学生,而且是攻读医学的在校学生撰写一篇论述中国传统文化思想的文章?这一段编者按语可以说解答了疑问。该报社显然是把郭沫若视为当时中国文坛上一位年轻有为的文学家、艺术家,而作为约稿对象的。可以说,该

---

① 《中国古代社会研究·自序》。
② 本文所用日文文本系取自日本飙风会根据大阪《朝日新闻》整理的文本,载《飙风》1978年7月第11号,由章弘翻译。

报对于中国现代文坛的现状有着相当的了解。

按语中还把郭沫若与日本作家森鸥外做了一个比较联系。森鸥外是日本近代文坛上浪漫主义文学的代表人物，以他在日本近代文坛（日本近代文学开始于明治维新时期，至20世纪30年代进入现代文学时期）的地位来说明郭沫若在中国现代文坛的地位，在当时可算是超前的，但应该说是一个很恰当，也颇有见地的评价。

《朝日新闻》编者按语中的这一说法，后来在关注中国现代文学的日本作家、学者中似乎很有影响。著名作家谷崎润一郎在1926年结识郭沫若之前就已经知道"郭沫若君不仅是福冈大学的医学毕业生，而且在医学之外一直从事文学创作，所以被称为'中国的森鸥外'"。[1] 著名汉学家、研究中国古典文学的京都大学教授吉川幸次郎1934年就与郭沫若在京都相识，他在郭沫若去世后撰写的一篇文章中特别向日本读者介绍了郭沫若"和森鸥外相似"之处[2]。

二

《芽生の二葉》可译为《两片子叶》[3]。日文本分为五节，《中国文化之传统精神》未分节而以空行标示。其略去未译的有第一节全文、第二节的前两段文字、第四节的后两段文字和第五节作为全篇结尾的诗歌。

下面顺序录出《中国文化之传统精神》略去未译部分的内容，括号内的文字为与上下文衔接处的文句。

（一）

原始的大树勇敢地将自己的生命朝着天空无限地生长，自由地沐浴着清澈温暖丰沛的阳光，从大地中汲取着无尽的养分。正当大树尽情地

---

[1] 谷崎润一郎：《上海交游记》，日本《女性》1926年5月第9卷第5期。
[2] 吉川幸次郎：《革命に生き抜いた文人》，1978年6月14日日本《每日新闻》夕刊。
[3] 目前已有将该篇名译为《两片嫩叶》者，但在成仿吾的译文中，其结句用了"两片子叶"的译法，"子叶"的确比"嫩叶"更切合文义，且本文在这里所录仅为成仿吾译文略去的部分，是为了能与成仿吾译文结合起来一窥该篇全貌，故以《两片子叶》作为篇题当更为恰切。

享受着这一切的时候,突然被雷火击中,树叶被焚毁,树干被截断,就连树根都被拔起!一时间,被誉为大自然的宠儿、宇宙精华的大树,即使被连根拔起,在他伟岸的身躯里依然存活着充沛的生命力,努力恢复着自己已经失去的伟大存在。尽管弱小的幼芽多次从树上吐露,然而大树已经脱离大地,能够汲取生命养分的功能已经停滞。幼芽萌生随即枯萎,枯萎后再次发芽,周而往复。越来越弱小的幼芽逐渐干枯,终于连吐露萌芽的气力也没有了,只剩下残骸横卧在旷野中,一点一点变成化石。

这就是我们中华思想史的缩写。从公元前几世纪开始,我们的祖先一直拥有着辉煌灿烂的历史,惟有一次遭遇秦火,就像所有的大树轰然倒塌一样,思潮的源流全部中断了。汉的训诂,晋的清谈,宋的道学,清的考据,这些努力都不过是纯粹地在寄生树木上的发芽,失去了独创精神,只顾一味地咀嚼粘在历史上的腐败木质。唐朝时代佛教思想的发达,如果从世界文化史的角度来看,不过就是印度思想的一个旁支,这是不言自明的事实。

大树倒塌,变成化石。我们虽然不能使其复活,但是,我们却可以传诵他那独特的精神,在春天来临的时刻使其发芽,形成崭新的第二代。这是我们唯一的希望,这是我们的当务之急。

我们的耳畔响亮地回荡着两种声音,两种富于节奏的声音,仿佛春天的夜空里闪耀着宙斯之子星和波吕丢刻斯星那双子星座一样。

——汝等哟,把一切的存在看作动的实在之表现吧!

——汝等哟,把一切的事业由自我的完成出发吧!

这两种声音穿过层层幕布和云霾响亮地回荡着,这才是我们传统精神的两个心音。

(二)

其实我们没有在这里复习历史和讨论史学的打算,但是,为了理解我们所看到的中国精神,让我们用一点时间去探询中国古代思想史的进程吧。

		第一期	第二期	第三期
	哲学的	三代以前		老子
				孔子 庄子
古代思想	宗教的		三代	墨子
	科学的			惠子

（关于三代以前的思想，我们现在固然得不到完全可靠的参考书，然而我们信任春秋战国时代的学者，而他们又确是一些合理主义的思想家，……）

（四）

（……"勇者不惧"，他自己成了永恒的真理之光，自己之净化与自己之充实，他可不努力而自然能为他放射永恒的光，往无穷永劫辉耀着去。）

如此这般，我们观察孔子的人生哲学，从他的系统全图中可以看出，最完善地传播着他的教诲的是《大学》和《中庸》这两部盛典。让我们把观察到的部分供作参考。

```
            配……天（神）
              │
            参……天地
              │
            赞……化育
              │
         修身……齐家……治国……平天下
              ‖
            正心
格物      致知      诚意
  ‖         ‖         ‖
  仁        智        勇
（情）    （智）    （意）
```

（五）

对历史的探讨到上述的地方为止。请允许我再重复一遍，（我们不论在老子，或在孔子，或在他们以前的原始的思想，都能听到两种心音：

——把一切的存在看作动的实在之表现！
——把一切的事业由自我的完成出发！

我们的这种传统精神——在万有皆神的想念之下，完成自己之净化与自己之充实以至于无限，伟大而慈爱如神，努力四海同胞与世界国家之实现的我们这种二而一的中国固有的传统精神，是要为我们将来的第二的时代之两片子叶的嫩苗而伸长起来。）让诗句来作尾声吧——

春天来了！

在深深的冬眠之后
苏醒了的种子
从大地的怀抱中伸出了脖颈。
新的世界新的光芒
种子一边打着招呼一边生长开去。
苍空在头上微笑着
大地富于弹性地沉默着
为种子祈祷祝福：
"自由地生长吧！无限地生长吧！
泪水就是甘露！
去展现美丽的自己吧！
高昂地奏起生命的凯歌吧
把这里变成小鸟欢唱的乐园！"
自由地生长，无限地生长，
直到永远的春天来临。

郭沫若在《两片子叶》中对于中国传统文化的精神内涵表达了他的理解和阐释，并且对于其发展演进的历史脉络进行了梳理、分析。概括而言，他认为，"把一切的存在看作动的实在之表现"，"把一切的事业由自我的完成出发"，这就是中国传统文化精神的核心思想，老、庄都代表并发展了这一文化思想，孔子则是集大成者。但自先秦以后，这一传统文化精神被误解、被歪曲而几近湮灭。郭沫若撰写这篇文章的目的，就是呼唤在现实人生中复活并阐扬光大这种传统文化精神。与《两片子叶》相呼应的还有他在1924年所撰写的《伟大的精神生活者王阳明》一文。在这篇文章中，他把王阳明作为孔子以后儒家思想真谛的唯一继承者而大加礼赞。

郭沫若在这一时期对待传统文化思想和孔子的态度，与五四新文化阵营彻底反传统的主流文化姿态可谓大相径庭。何以如此，研究者们以前并未深究，却简单地以为，这可以说明郭沫若是时对于新文化与传统文化的关系有比他人更为清醒的认识。其实从这篇以日文撰写的《两片子叶》中，我们倒是可以清晰地看出，郭沫若的主张受到日本近代明治维新以来启蒙主义思想对待儒家文化传统态度的很大影响。这应该不是巧合，即不只是恰好用日文撰写了这样一篇文章而已。

儒家思想文化对于日本古代文化思想的发展发生过很大影响，所以在日本从古代封建专制制度向近代社会转型的明治维新时期，如何对待儒家思想文化传统，也是日本启蒙主义思想运动需要思考和面对的一个现实性问题。譬如，在开始与西方文明接触的时候，佐久间象山就提出了"东洋道德，西洋艺术"[①] 的概念。横井小楠则以西方近代民主精神去解释儒家的"天下为公""民为邦本"的思想，提出以"返回三代"——"三代之道"，即"尧、舜、孔子之道"，作为改造日本社会的思想理论纲领。被视为启蒙思想家的福泽谕吉对儒学是持批判态度的，但他并不全盘否定儒家思想，而是首先充分肯定了儒学在日本古代文明史上的巨大功绩。他说："把我国人民从野蛮世界中拯救出来，而引导到今天这样的文明境界，这不能不归功于佛教和儒学。""周公孔子之教所宣扬的忠孝仁义之道不仅丝毫没有可以非难之处，毋宁说它作为社会人道的标准理当受到敬重。"然后，福泽谕吉从时势变迁、文明进化的意义上指出，当今社会的组织结构已经完全不同于周公孔孟时代的社会，所以儒学在"今日已经不起作用了"。他认为孔子是儒家的最后一个圣人。"汉儒的系统是从尧舜传到禹、汤、文、武、周公以至于孔子，孔子以后，圣人就断了种，不论在中国，或在日本，再没有出现过圣人。"[②]

比较郭沫若在《两片子叶》中的主张，我们可以看到，他与横井小楠、福泽谕吉对待儒家传统文化思想的基本态度和基本认识如出一辙，所不同的只是，他在现代意义上对于传统文化精神所做的具体阐释。这才应该是郭沫若在"打倒孔家店"的时潮中发出与众不同的声音的主要原因。而从这里切入，应该又是一个能深入下去思考郭沫若与日本文化关系的很好的视点。

---

① "艺术"指科学技术。见《日本思想大系55》，岩波书店1971年版第413页。
② 《文明论概略》，商务印书馆1992年版第14页、第149页。

关于《题〈一个流浪人的新年〉》

　　成仿吾的小说《一个流浪人的新年》在写成初稿后，曾寄给郭沫若、郁达夫、郑伯奇等几个朋友传看，他们都留下一些评论的文字。成仿吾于1921年4月21日将小说改定，发表于《创造》季刊第1卷第1期。篇末附有郁达夫、郑伯奇、郭沫若、陈君哲四人的评论文字。郭沫若写的是一首诗，无题，首句为"仿吾流浪的人"，文末注"郭沫若二月六日"字样。

　　成都图书馆编纂的《郭沫若著译及研究资料》中列有一首题为《仿吾流浪的人》诗作的篇目，创作时间系于1920年2月6日。上海图书馆所编《郭沫若著译系年》亦将此条资料列于1920年项下，但另外又根据《创造》季刊上发表的成仿吾小说的篇末所附评论文字，以《题〈一个流浪人的新年〉》作篇题，将郭沫若的诗收入《系年》，创作时间系于1922年2月6日。龚济民、方仁念编《郭沫若年谱》取《系年》中《题〈一个流浪人的新年〉》为诗题，但将创作时间系于1920年2月6日。王继泉、童炜钢编《郭沫若年谱》则另以《〈一个流浪人的新年〉跋语》为题，亦将其撰写时间系于1922年2月6日。

　　上述几项资料的记载，引出了两个问题：其一，《仿吾流浪的人》与《题〈一个流浪人的新年〉》究竟是同一篇作品还是两篇作品？其二，郭沫若的诗究竟创作于何时？

　　《郭沫若著译及研究资料》将《仿吾流浪的人》列为郭沫若的一首诗作（只有篇目），出自上海月华书局1931年出版的《新文学批判》一书。该书我一直未能找到，但根据郭沫若著作的版本情况以及他的作品被收录于其他书中的情况来分析，所谓《仿吾流浪的人》绝不会是他一首初次发表的新作，应该是该书的编纂者从他已经发表过的作品中所选录的一篇。这种情况在当时多有出现,而且作者本人多不知晓。从篇题看,应该就是取自郭沫若为成仿吾小说所写那首诗的第一句。《仿吾流浪的人》与《题〈一个流浪人的新年〉》实为同一首诗。

既是同一首诗,何来两个不同的创作时间呢?其实稍加注意即可发现,两个不同的时间,只有年份的不同,月、日的时间均是相同的。再看一下郭沫若题诗与成仿吾小说,及其他几人评论文字在《创造》季刊发表的情况,我们不难发现之所以会出现两个不同时间的缘由了。

《一个流浪人的新年》在发表时,成仿吾注明系1921年4月21日改作。《创造》季刊出版于1922年5月,作品后所附的几段评论,以先后次序排列为郁达夫、郑伯奇、郭沫若、陈君哲四人作。郁达夫文末未注时间,郑伯奇文末注有"伯奇读后志感1920,2,4日之夜",郭沫若题诗后署了"郭沫若二月六日",陈君哲文末亦只署2月13日的时间。

显然,将郭沫若题诗系于1920年的说法是基于这样的推断:成仿吾的小说改作于1921年4月,郑伯奇的读后志感写于1920年2月4日,必是写在成仿吾改作前,郭沫若题诗排在郑伯奇感言之后,又恰是同一月份的两日之后,陈君哲的评论文字则写在同一月的一周后,那么包括郭沫若题诗在内的这几段文字,至少后三段文字,尽管未署年份,均应写于1920年(即从于郑伯奇所注的年份)。成仿吾看了这些评论,方有改作一事。

而将郭沫若题诗系于1922年的说法,同样会是基于对《创造》季刊发表情况的推断,只是没有依据郑伯奇所注时间。这一说法应该是将郭沫若题诗认定于他看到成仿吾小说改定稿后,并在编订第1期《创造》季刊之时。成仿吾小说改定于1921年4月,《创造》季刊出版于1922年5月,则郭沫若题诗的2月,只能系于1922年。

应该说做这样两种不同的推断,都是有一定道理的。但是,两种判断都忽略了一个关键的细节:郑伯奇所注1920年的时间有误,可能他自己误记,也可能为手民之误。

郑伯奇所写那段评论文字的第一句话,是成仿吾读他的诗所发的一句评论。郑伯奇先后写过几篇回忆创造社的文章,应该是人们所熟悉,也是常被研究创造社文学活动时所引用的资料。郑伯奇很明确地写到他与成仿吾相识,是在认识郭沫若之后,经过郭沫若介绍才与成有了联系。而他与郭沫若相识则是经过田汉介绍,时间是在1920年3月末田汉专程去福冈见郭沫若之时。这就意味着1920年2月4日的时候,郑伯奇还没有与郭沫若相识，更没有与成仿吾相识，也就不可能在这一天之前与成仿吾有过相互交换作品阅评的关系。所以，可以肯定，郑伯奇为那段文字所注的撰写时间有误。①

其实，郑伯奇在回忆文章中也写到了几个朋友为成仿吾小说写读后感的事情，只是没写明是在何时。他这样写道：

> 由于沫若的介绍，自己认识了成仿吾兄，沫若的来信对于成仿吾的人格学问非常推重。并寄来了仿吾的小说《流浪人的新年》，叫我读了以后，写一点感想，好在卷尾已经有了沫若，达夫和另外几个人的评语，我便大着胆子也写上了几句。②

那么，此事究竟发生在哪一年呢？在郑伯奇 1921 年 1 月 31 日的日记中有这样一个记载："夜在张凤举君处把成仿吾君作的小说《放浪人的新年》给凤举和□□看"（该日记原件即作"放浪人的新年"，"和"与"看"字之间留下约两字的空白，这里以□代之）。之后，他在 2 月 4 日的日记中又记录有"发信：郭沫若，并寄仿吾稿"的文字。

日记中记到"成仿吾君作的小说《放浪人的新年》"，无疑就是《一个流浪人的新年》，或者有可能成仿吾在改定前就用的这一篇名。从 2 月 4 日日记的内容来看，郑伯奇在二十年之后所写的回忆文章中记错了一个重要的细节，即成仿吾的小说不是由郭沫若寄给他，而是相反，由他在 2 月 4 日寄给郭沫若。那么他写的读后志感，也应在郭沫若题诗之前，这与《创造》季刊上刊登文字的顺序、时间正好吻合。在郑伯奇的日记中还可以查到 1 月 29 日接到成仿吾来信的记录，所以，事情的过程应该是这样：

成仿吾于 1 月末（27 日或 28 日）将小说（应该一并还有郁达夫的评论文字，成、郁二人是时均在东京）寄给在京都的郑伯奇，郑伯奇读后于 2 月 4 日写好一段评论文字，即寄往福冈郭沫若处，郭沫若读到成作即刻题诗，时在 2 月 6 日。2 月 13 日，陈君哲往访郭沫若，在其寓所读到成仿

---

① 关于郑伯奇最初与郭沫若、成仿吾相识的情况，包括具体的时间，郑伯奇回忆文章中所记尚有需要斟酌之处，我另有考订，详见"交往篇"。但不影响这里的分析，此处仅为说明两个时间的误断因何而来，且应该是可以被注意到的。

② 郑伯奇：《二十年代的一面——郭沫若先生与前期创造社》，重庆《文坛》半月刊 1942 年 3 月第 1 期起连载。

吾的小说,亦写下一段感言①。在此之后,郭沫若将稿件并几人的评论文字寄还成仿吾。成仿吾则在听取了几位朋友的评论意见后,于 4 月将小说最后改定。

郭沫若这首《题〈一个流浪人的新年〉》的诗——我们不妨就以此为其篇题——作于 1921 年 2 月 6 日。

---

① 陈君哲为成仿吾小说所写评论文字中说到"今天在沫若的楼上,读了他这篇小说"这样的话。

"纪事的杂诗"与《十里松原四首》

"回首中原叹路穷，寄身天地太朦胧！入世无才出未可，暗中谁见我眶红？"这首诗在描述郭沫若留学时期，更准确地说是在1918年前后的精神心态时，常被人们引用作为资料。该诗为《十里松原四首》之一。

《十里松原四首》源出何处？从没有人提出这一疑问，因为这似乎是一个无须查考的问题。1959年，由郭沫若自己编订的《潮汐集》（作家出版社1959年11月出版）中收录了该篇。这四首旧体诗初见于《创造十年》文中，原来是没有题目的，收入《潮汐集》，作者为之加了该篇题。《郭沫若全集》也以此收录。《创造十年》中这四首诗的个别文字与收入《潮汐集》中的文本略有不同，而《创造十年》在收入《沫若文集》《郭沫若全集》时，该篇诗句的顺序和文字与初版本亦有不同，这里不做叙述，因为它们只涉及单纯文字的校勘，内容没有变化。让我提出该篇源出何处这一问题的，是郭沫若在另外一篇作品中所写的一组诗："纪事的杂诗"。同时，这一问题将关系到《十里松原四首》创作时间的判定。

郭沫若早期创作的诗歌，有一些不是单独发表或直接收入诗集，而是散见于他的一些文章和作品中。这一点在对于他的诗歌作品的收集、整理以及研究中，并没有被充分地注意到，但其中包含了许多值得关注，或者需要进一步去做考订工作的历史信息。这些历史信息又是关于郭沫若生平和创作活动原初的史料。这组"纪事的杂诗"就需要为之做一些这方面的考辨。

"纪事的杂诗"共有六首，见之于郭沫若1924年2月22日创作的自传体小说《圣者》。小说发表于上海《创造周报》1924年3月2日第42号。为叙述方便计，我以《纪事杂诗》（六首）名之。这六首诗文如下：

博多湾上负儿行,
耳畔风声并海声。
落落深松如鬼物,
失巢稚鸟咽悲鸣。

昂头我向群星笑,
群星应笑我无能。
去国八年前此夕,
犹自凄惶海外身。

海外栖迟又一年,
苍茫往事已如烟。
壶中未满神山药,
赢得妻儿作挂牵。

回首中原叹路穷,
寄身天地太朦胧!
入世无才出未可,
暗中谁见我眶红?

欲上崆峒访广成,
欲上长城吊始皇。
寸心骋逐时空外,
人生到底为谁忙?

一篇秋水一杯茶,
到处随缘是我家。
朔风欲打玻璃破,
吹得炉燃亦可嘉。

　　也为便于以下的比较分析,这里将《十里松原四首》的文字也抄录如下(根据《创造十年》最初发表时的文字):

十里松原负稚行,
耳畔松声并海声。

昂头我见天星笑,
天星笑我步难成。

除夕都门去国年,
五年来事等轻烟。
壶中未有神山药,
赢得妻儿作挂牵。

回首中原叹路穷,
寄身天地太朦胧。
入世无才出未可,
暗中谁见我眶红?

一篇秋水一杯茶,
到处随缘是我家。
朔风欲打玻璃破,
吹得炉燃亦可嘉。

对比两组诗文,其间具有的联系是显而易见的。因为《圣者》创作发表在前(《创造十年》作于1932年,上海现代书局1932年9月初版发行),我们暂且以《纪事杂诗》(六首)作为原本,则《十里松原四首》,应是由《纪事杂诗》(六首)整理而成。后一组诗的前两首从前一组诗的前三首诗句删削整理而来;第三、第四两首诗,分别为前一组诗中的第四、第六两首诗。(《创造十年》在收入《沫若文集》时,这两首诗各有一组诗句的顺序有所不同,即第三首作:"寄身天地太朦胧,回首中原叹路穷。"第四首作:"到处随缘是我家,一篇秋水一杯茶。")《创造十年》中未记入《纪事杂诗》的第五首。

从内容上说,这两组诗所抒发的诗人的思想情感自然是相同的,即它们表达了留学日本时期,郭沫若自觉空怀一腔报国之志,却入世无门,心有不甘,但又无可奈何的苦闷、矛盾的心境。但仔细吟味比较两组诗,《纪事杂诗》把这种心境表达得更完整、更充分。前四首抒发的是空怀报国之志,入世无门的心绪,第五首则以"欲上崆峒访广成""欲上长城吊始皇"两句,表达了心有不甘的情绪。前句用《庄子·在宥》篇中黄帝为治理天下,上崆峒山访广成子（老子别号）问道的典故，后句凭吊的秦始皇，则是成就了古代中国统一大业者。但在无情的现实面前，诗人的这种不甘，只能寄托在"时空外"。这实际上是庄子"独与天地精神往来"的那一种心境了，所以接下去的第六首，在无可奈何之中，"一篇秋水一杯茶"，"到处随缘是我家"。"秋水"乃《庄子》篇名。《十里松原四首》中缺少了《纪事杂诗》里的第五首，其第四首的起句便略显突兀，与前几首之间在情绪表达的连接上，也有一个停顿。这应该也可以说明《纪事杂诗》（六首）的创作在前，而《十里松原四首》的删削整理在后。可是有一个至关重要的因素与此判断冲突。

在《创造十年》中，郭沫若记述写下《十里松原四首》的情形，是在叙述到 1918 年岁末时写到的："在当年的除夕我们才搬到了附近临海的一家小房子里去。搬家是在夜里，因为地方近，行李又不多，便同老婆两人手提背负地搬运了一两次，也就搬空了。那时我的感伤索性大动了一下，做过好几首绝诗。"郭沫若在这里所谓的"除夕"，是按日本纪年的说法，即公历年末的最后一天。所以，在以《十里松原四首》为题，将这几首诗收入《潮汐集》时，他在篇末署明创作的时间地点为"1918 年在日本福冈"。若如此，则《十里松原四首》先于《纪事杂诗》的写作，这两组诗的关系也就颠倒过来了。

然而，两组诗在文字中还有一处非常重要的不同，即《纪事杂诗》第二首中"去国八年前此夕，犹自凄惶海外身"句与第三首中"海外栖迟又一年，苍茫往事已如烟"句，在《十里松原四首》第二首中删削改作为"除夕都门去国年，五年来事等轻烟"。"八年"与"五年"的一字之差，应该关系到这几首诗创作时间的判定。

以郭沫若 1913 年 12 月底启程经朝鲜半岛赴日本留学计，至 1918 年底，恰为《十里松原四首》中所写"除夕都门去国年，五年来事等轻烟"。但若以《纪事杂诗》中"去国八年前此夕"句计，则该组诗应写于 1921 年末，起码是 1921 年间。

我们再来看《圣者》中是怎样写到《纪事杂诗》的创作的。"他（爱牟）想起三年前还在日本的时候，有一次也是年残冬尽，他们因为没房租，被房主人逼了出来，另外迁到一家海上的渔家去。那时第二的孩子还一岁未满，他们乘着夜阴搬家，孩子是背在他的背上的，他那时候做过几首纪事的杂诗。"《圣者》的篇末，作者注有"1924、2、22"的撰写时间。以此上推三年，恰是 1921 年，但不是年末，而是年初，因文中写到"年残冬尽"，且

"那时第二的孩子还一岁未满"。"年残冬尽"自是旧历岁末之意（公历的年残之际正当隆冬时节），在公历纪年的一二月间，冬将尽，春未到（农历辛酉年的春节在 1921 年 2 月 8 日）。郭沫若的二子博，生于 1920 年 3 月，至 1921 年一二月时尚未满一岁。

这样推断，又出现一个新的问题：郭沫若一家在 1921 年搬过一次家，却非"年残冬尽"之时，而是在 4 月。《圣者》中写到的搬家经历，则基本上反映的是 1918 年岁末那一次搬家的情景。如何解释呢？我想《圣者》毕竟是小说，虽为自传体，其中的具体情节当然不是作者的行止录，而是其人生经历的提炼与概括。这是一种文学构思的考虑，包括对于文学性传记《创造十年》中的一些记事情节，我们也应该这样来看。当然，这也就意味着我们不能仅仅凭借其情节过程的描述，来做出史料性的判断。

两组诗文的内容，给我们提供有另外一个考订其创作时间的依据，即我们在这些文字中所读到的作者创作时的思想情感状态。郭沫若在日本留学的这两个时间段中，哪一时间段会处于诗中所抒写的那种心境呢？

1918 年末，是郭沫若进入九州帝国大学第一个学期的期末。在冈山第六高等学校经过三年"一心读书，身无别故"的刻苦学习，1918 年夏季，郭沫若终于如愿进入九州帝国大学医学部。这才真正走上他来日本后选择确认的"立志学医，无复他顾"，"思习一技，长一艺，以期自糊口腹，并藉报效国家"的人生之路。此时的郭沫若，显然正处在一种踌躇满志的精神状态里。也是在这期间，他把与安娜结合的事情告知了父母，并且得到了父母亲的原宥，他的心情自然也就更加舒畅。

但到了 1921 年初创作《圣者》时，郭沫若对人生道路的考虑已经发生了很大变化，他决定要弃医从文。从当年 1 月起，他特意申请休学三个月，终日在家读书、创作，徜徉于文学的世界里。期间曾联系在京都的郑伯奇，意欲转学去京都，改习文科，但未果。有朋友反对，安娜也反对他放弃医学的想法，所以他还得耐着性子去完成学业拿下那个医学士的文凭。与此同时，与朋友们筹划中的组织创造社，出版文学刊物的事情又不见进展，迟迟未能落实。应该说，此时的郭沫若正处在焦躁、烦闷、矛盾的精神状态中。这种精神状态，恰好吻合于两组诗中所抒写的那般心境。1918 年底时的郭沫若则不当如此，可以为之佐证的，还有他在是年底写的另外几首诗。

1918 年除夕那次搬过家后，郭沫若在转过年的 1 月 2 日写有一封家书，其中抄录了他在除夕日或次日所写的五首诗，我们姑称之为《新年杂咏》。诗中表现了过年时的喜庆气氛和他与邻居、同学共度新年的欢快情景。我们且录下几首看看："邻家春饼正声喧，到处盈门挂草縺。童稚街头喜相告，明朝转眼是新年。""戏与子和相笑约，明朝雪里要行军。劝君早起休贪睡，先发制人古所云。""身居海外偷寻乐，心实依然念故乡。想到家中鸡与肉，口水流来万丈长。"如果按照《创造十年》所记作为《十里松原四首》的创作时间，那么它们与《新年杂咏》的几首诗则写于同一天，至多也只相隔一日。比较两组诗文，它们表达的心境是如此不同，甚至可以说是大相径庭。很难设想一个人在同一天内会创作出这样两组诗。它们应该作于不同的时间，而郭沫若那封家书的撰写时间则是毋庸置疑的。

此外，还有一个问题亦有必要予以说明：《圣者》乃一篇小说，其中的诗作能否视为作者一篇独立出来的诗歌作品，而不是为小说中的角色所作呢？《圣者》是郭沫若自传体小说中的一篇，其主人公爱牟，小说中写到的人、事，以及事情发生的时间、地点、经过等等，与郭沫若其他自传体小说的内容一样，都是作者对于自己真实的人生经历的描述。这一点应该是已经被公认的，尽管有些具体的细节、情节未必十分准确。事实上，郭沫若自己就曾把自传体小说中的诗抽出来，单独成篇收入诗集，如：《采栗谣》（见于《行路难》）《失巢的瓦雀》（见于《漂流三部曲·歧路》）。

综合以上的考证，我以为可以得出这样的结论：《十里松原四首》是从《纪事杂诗》（六首）整理改作而来；《纪事杂诗》（六首）创作于1921年一二月间；《创造十年》（当然也就包括后来的《潮汐集》《郭沫若全集·文学编》）中关于《十里松原四首》创作时间的记述与注释当系误记。

留学佚诗的整理与思考

一

1914年1月,郭沫若抵达日本,开始了他的留学生涯。1923年3月,郭沫若在九州帝国大学医学部完成学业毕业并获得医学士学位。1924年11月,他偕一家人回国,结束了在日本十年的留学生涯。

在留学日本的十年间,郭沫若一边学习医学,一边却开始了文学创作活动,首先是诗歌创作。引发了他诗歌创作欲望的直接动因,是与安娜的相识相恋。在此之前,郭沫若有一些零星诗作(散见于书信和后来所写的自传中),是以古典诗歌形式作成的,从为安娜写诗开始,他运用了自由体的诗歌形式进行创作。1919年、1920年前后,郭沫若的诗歌创作达到一个高潮期,他不再仅仅为爱情而创作,为表现自我而创作,他用自由体新诗的形式,为"个人的郁积、民族的郁积,找到了喷火口和喷发的方式"。

1921年8月,郭沫若的第一本诗集《女神》出版,紧接着又有《星空》结集出版。《女神》成为中国新诗历史的一个重要起点,郭沫若也成为中国新诗坛最具创造性与影响力的诗人。

《女神》甫一出版,就成为被评论与研究的对象,迄今九十年。《女神》研究,从开始时仅仅是就这部诗集而论,逐渐发展成为关于郭沫若五四时期诗歌创作的研究。事实上,《女神》原本就非一般意义上的一本诗集,它是由作者从自己在"五四"前后一段时间内所创作的全部新诗作品选编而成。郭沫若的这一段诗歌创作,经历了三个不同阶段变化的,《女神》也分作三辑,它们之间在思想情感的表达与创作风格上有着明显的不同。然而,当人们把对《女神》的研究,延伸为对于郭沫若五四时期诗歌创作(或者前期新诗创作）的研究时，在很多情况下，都走入一个误区：将《女神》（包括《星空》等结集的诗作）等同于郭沫若前期的新诗作品。

《女神》《星空》等诗集是郭沫若自己选编的诗歌作品选本，并非研究意义上的选本。在《女神》《星空》等诗集之外，还有大量郭沫若同一时期的诗歌作品散佚在报刊上未汇辑成集，它们包含了许多《女神》《星空》等的文本中所未能传达出来的历史信息，譬如：散文诗、宗教题材的诗、口语体的诗、写实手法的诗等等。所以，仅以《女神》《星空》而论郭沫若五四时期的诗歌创作，或者把它们单纯地视为一部独立创作的诗集（这两种情况在郭沫若研究中是相当普遍的状况），而没有把那些佚诗纳入学术思考的视野中，当然就显露出很大不足。这固然是一个历史的遗憾，但也应该说更是一种学术上的疏漏。

实事求是地说，现在要将郭沫若《女神》时期散佚在报刊或文章著述中的诗歌作品收集整理起来，是一件非常困难的事情。所以迄今为止，只有上海图书馆编纂的《郭沫若著译系年》、成都市图书馆编纂的《郭沫若著译系年索引》（收《郭沫若著译及研究资料》）记录了这些散佚诗作的篇目，但二者均有许多缺失。邓牛顿曾将散佚在《时事新报·学灯》上的郭沫若的新诗作品辑录刊发出来（《郭沫若〈女神〉集外佚文》，《南开大学学报》1978 年第 2 期），但其本身即有遗漏，且郭沫若发表在《时事新报》上的诗作亦只是其当时创作的一部分作品。

为弥补这一历史缺憾，我将郭沫若在留学日本时期创作的诗歌作品，除结集出版之外的佚诗，经钩沉、整理、校勘，汇集起来，共得 77 篇 95 首。这些诗作与《女神》《星空》《前茅》一起，可成为郭沫若留学时期诗歌创作的"全本"①。其篇目分作三辑抄录如下：

第一辑
牧羊曲
风
箱崎吊古
抱和儿浴博多湾中
两对儿女

---

① 这些佚诗已经与初版本《女神》的文本一并收入《〈女神〉及佚诗》，由人民文学出版社 2008 年 6 月出版。

某礼拜日

梦

一个破了的玻璃茶杯

黎明

晚饭过后

为和儿两周岁作

壁上的时钟

呜咽

解剖室中

芬陀利华（白莲花）

读《少年中国》感怀

泪之祈祷

宇宙革命底狂歌

雷雨

香午

葬鸡

狼群中一只白羊

我的散文诗

泪湖

孤寂的儿

我的狂歌

题《一个流浪人的新年》

谢了的蔷薇花儿

昨夜梦见泰戈尔

驯鸽与金鱼

大木语

两片子叶①

我们的花园

月光曲

创世工程之第七日

---

① 原作为日文。

垂钓者

木杵

弄潮儿

为《创造日》停刊作

寂寥

第二辑

镜浦

落叶语

冲冠有怒

月下

蔗红词

吊朱舜水墓

一位木谣

登操山

晚眺

博多湾

新年杂咏五首

怨日行

游太宰府

重游太宰府

少年忧患

纪事杂诗六首

川上江纪行二十韵

日之夕矣

第三辑

新月与晴海

叹逝

夕阳时分

重过旧居

创造者
伯夷这样歌唱
白鸥
月下的故乡
哀歌
诗二首
失巢的瓦雀
白玫瑰
新月
与成仿吾同游栗林园
寻死
夜哭
十里松原四首
春寒
采栗谣三首

  第一辑所列入篇目，为在报刊上发表之后，未曾辑入郭沫若编订出版的任何一部诗歌专集的散佚自由体新诗，包括散文诗、诗剧、儿歌等不同诗歌体裁。第二辑所列入篇目，为旧体诗作。第三辑所列入篇目，为见之于郭沫若文章、作品、书信中的诗篇，以及在报刊发表后曾辑入其诗歌作品合集的诗篇。

二

  关于这些佚诗的整理，有几个值得思考的问题需要特别说明：
  其一，"留学时期"这个时间段的确定。
  收集整理这些佚诗的时候，我原本使用了"《女神》时期"的概念，因为这是郭沫若研究中一个关于历史阶段的时间概念，并非严格依据诗集《女神》创作起讫的时间所做出的界定，所以也可称五四时期，是一个模糊性的时间概念。它实际上成为郭沫若新诗创作研究一直在沿用的时间段的划分。
  然而，考察郭沫若诗歌创作活动的轨迹可以发现，这样一个时间段的划分，并不符合郭沫若诗歌创作的实际情况，它基本上只是依据了新文学史叙述的那一个大的历史脉络。郭沫若的情况有所不同。他开始写自由体诗歌的时候（不是指发表），"胡适们在《新青年》上已经在提倡白话诗并在发表他们的尝试，但我因为处在日本的乡下，虽然听得他们的风声却不曾拜读过他们的大作。"① 他的写作实践与国内新文学"尝试"新诗创作的历史场景并无关联，而是与他个人的日本生涯密切相关。同时，他是时的旧体诗写作与自由体诗创作也并不能截然分开。所以，我以"留学时期"，作为对郭沫若早期诗歌创作活动一个时段的划分。辑录、整理的这些佚诗最早的创作于1914年，最晚的一篇写于1924年。

郭沫若的留学生涯长达十年，可以说始于学医，终于为文。正是经历有这样一段人生体验，才有了他最初写诗的冲动，有了他从开始的只是为爱情而作、为表现自我而作，到为"个人的郁积、民族的郁积"找到一个喷火口和喷发的方式，进而弃医从文，踏上文学之路的过程。他在这一时期的诗作，从内容、审美追求到艺术风格，尽管也经历了"泰戈尔式的""惠特曼式的""歌德式的"三个阶段的变化，但它们都与他的留学经历和他在日本所置身其间的社会思想文化环境密不可分。以诗集《女神》的出版为标志，这成为郭沫若文学生涯的爆发期，也是他新诗创作最辉煌的时期。1924年从日本回国前后，郭沫若的思想开始了一个转换期的变化。回国不久，他即投身于社会革命运动，从而走进人生旅程一个新的阶段，他的诗歌和文学创作活动也进入了一个新的时期。所以，无论从人生之路还是从创作，尤其是诗歌创作之路的角度而言，"留学时期"都是郭沫若生平活动中一个具有特别意义和特定历史内容的时间段。

其二，郭沫若留学时期佚诗的辑录、整理，应该涵盖其作于这一时期的全部旧体诗。

从《女神》开始，郭沫若结集出版的诗歌作品均为自由体新诗，而从对《女神》的研究开始，论及郭沫若的诗歌创作也都以其新诗作为研究对象。这当然是由中国新文学运动发生、发展（也包括中国现代诗歌发生、发展）的历史态势所决定的，也是中国新（现代）文学史的叙事原则所决定了的。因此，旧体诗词一直未被纳入文学史叙述的视野和作家作品研究的范畴。这不能不说是文学史的一个缺失，也是一直以来郭沫若研究的一个缺失。郭沫若

---

① 《我的作诗的经过》，东京《质文》月刊1936年11月第2卷第2期。

的文学活动，他的诗歌创作，当然应该包括其运用古典诗歌形式的创作。

撇开形式的新旧不论，郭沫若留学时期所创作的旧体诗，从题材、内容到表达的思想情感，都与他同时期的新诗创作密切相关，有些更直接成为其新诗创作的题材，或者径直被改作为新诗。譬如：《新月与白云》（最初发表时分为《新月》《白云》两题）中的《新月》一诗，即由旧体诗《新月》改作而成；旧体诗《残月黄金梳》（《别离》）曾改译为自由体一并收入《女神》。郭沫若的一些旧体诗作也从审美的意义上表现出过渡于新旧之间的一种联系。

事实上，郭沫若自己并未将这些旧体诗尘封起来，虽然他在很长时间内也是主张新文学排斥旧体诗词的。早在1933年，他为回顾自己最初的文学创作所撰写的《自然底追怀》一文中，就特别追记了创作于留学时期的11首旧体诗。1959年在编订《潮汐集》时，他又选录了这一时期创作的10首旧体诗。在第二辑辑录的郭沫若留学时期旧体佚诗，涵括了已收入《潮汐集》之外的所有篇目。

其三，郭沫若留学时期的文章、作品中包含有一些诗作，它们应该被收集整理出来。

郭沫若以诗歌创作踏入文坛，他在本质上也是一位诗人，所以在他发表的小说、散文、书信、戏剧作品，甚至文艺论著等文本内，有不少诗歌（其中诗体的形式是多样的）散佚其中，构成相关内容的一个组成部分。这些诗歌除少数与情节、人物密不可分外，大多又可以独立成篇，理应被视为郭沫若诗歌创作的一个组成部分。这一点，是郭沫若研究一直所忽略了的一个问题。

其实，郭沫若自己并没有忽略这些诗作，他从中遴选过不少篇目作为独立的诗歌作品，编入诗歌专集中。譬如：收入《女神》中的《春蚕》，出自他1920年7月26日致陈建雷的信；收入《沫若诗集》中的《夕阳时分》《失巢的瓦雀》，分别出自他1921年10月6日致郁达夫的信、小说《歧路》；收入《潮汐集》中的《新月》《赠达夫》《采栗谣》，分别出自论文《儿童文学之管见》、散文《达夫的来访》、小说《行路难》等等。

所以，这里汇集整理了郭沫若留学时期所创作发表的文章作品中所有可以独立成篇的诗作，包括他在编辑《创造》季刊时撰写的几则《曼衍言》。[1]

---

[1] 关于这些文中的诗作，哪些可视为独立成篇者，或许会见仁见智。

从数量上看，郭沫若留学时期的这些佚诗与其收入几个诗歌专集的同期诗作数量大致相等，这本身已经十分值得关注了，但更值得思考的意义还不在于数量。这些佚诗，与已经入集的诗作，构成一个整体——郭沫若留学时期诗歌创作的整体。这会让我们阅读到郭沫若留学时期诗歌写作的全过程，会对这些诗歌作品有一个整体上的感受和领悟，会引发出在这些诗作之外的思考：

《女神》究竟缘何而来（尽管被研究了几十年，这个问题并未理清）？

一个中国青年在日本九州地区留学，写出了一部成为中国新诗史重要开始的新诗集，这意味着什么？

郭沫若所生活于其中的日本社会与日本文化，对于他的诗歌创作产生了怎样的影响？

在郭沫若的诗歌写作中，他有意无意地进行着多样的尝试，它们为中国现代诗歌的发展提供了什么样的选择？

……

诸如此类的问题，大概是单独阅读《女神》，阅读《星空》等经过编选而成的诗歌专集，所难以触发的思考。

从《着了火的枯原》说异题同作

在郭沫若的诗歌作品中有这样一种情况：同一诗作被冠以不同的篇题。之所以如此的原因各不相同，但在目前所见的郭沫若著译系年、年谱中却多未注意或发现这一情况，而致文献史料出现错记、误记。

《着了火的枯原》与《瓶》

1926年12月出版的《洪水周年增刊》上刊载有郭沫若的一篇诗作《着了火的枯原》，文末署"三月二十日作"。上海图书馆编《郭沫若著译系年》、龚济民、方仁念作《郭沫若年谱》均以其为1926年3月20日创作的一篇诗作记入系年和谱文中。《着了火的枯原》包括以序号排列的两首诗，读诗文即可知实为组诗《瓶》中的诗句。核对一下，它们分别是《瓶》中序列第三十首、第三十一首的两首诗，文本只有三两字有所不同。故文末所署的写作时间，实际上应系1925年3月20日。

《着了火的枯原》与《瓶》，单看篇题，把两者联系起来，实在有点匪夷所思。为什么会出现这样的失误呢？恐系未见原文之故。在《洪水周年增刊》所刊这首诗作的文末其实有一短注，写着："转录创造月刊"。如若翻阅过《洪水周年增刊》上刊载的该诗，必定不会把《着了火的枯原》认作首发诗作，那么接下去查对一下《创造月刊》，即使之前记不得《瓶》中的诗句，也就应该能搞清楚是怎么回事了。

郭沫若又为什么会拿两首旧作合成一诗发表呢？我想大概并非出自他的意思，而是《洪水》编者不得已为之的自作主张。

1926年时，创造社活动的中心已在广州，一群"小伙计"的加盟，使得后期创造社的活动仍很活跃，同时办着《创造月刊》《洪水》《A11》等几个刊物。郭沫若3月即到广州，受聘于广东大学做文科学长，他此时的精力实际上已不在创造社的活动。在创作方面也主要是关注倡导革命文学，或社会政治问题的讨论，几乎没有写诗。7月，郭沫若直接投身于国民革命军北伐的军事行动，随总司令部政治部离开广州北上武汉。

《洪水周年增刊》是一期纪念性的专刊，如编者所说，是"自己纪念自己"。尽管郭沫若的主要精力已不在创造社的活动，但他仍然是创造社的中心人物，纪念《洪水》出版的专刊，当然应该有他的文章作品。不过郭沫若此时人远在千里之外的军旅中，纪念专刊又不需要那些讨论社会问题、政治问题的论文，怎么办？只好以旧作编排一下充数吧！估计周全平们（周与洪为法、叶灵凤三人为《洪水》编辑）就是这样一个想法，要不然为什么要注上一句"转录创造月刊"呢？

《妇协歌》与《女性歌》

在《郭沫若年谱》（龚济民、方仁念编）1937年1月25日项下，记有"为留东妇女协会作《妇协歌》"与"作诗《女性歌》"，以及两诗作分别发表情况的两条谱文。而在上海图书馆《郭沫若著译系年》中只记载有作《妇协歌》（诗）及其发表情况的内容。

事实是，《妇协歌》与《女性歌》两者为同一篇诗作。

《妇协歌》是郭沫若特为留东（意指留学日本）妇女协会所作，发表于2月2日上海《立报·言林》。在同月内，该诗作又以《女性歌》为题，刊载于25日汉口《大光报》，写道：

> 女性是文化的渊源
> 文化史中有过母系时代
> 在那时世界是大公无私
> 在那时人们是相亲相爱
> 起来　起来
> 我们追念着

过去的悲怀

私有犹如一朵乌云
遮蔽了恺悌的月轮光影
世界上只见到百鬼夜行
起来　起来
我们毁灭着
现在的母胎

光明在和黑暗猛斗
人间世快会要重见天开
争取着人类解放的使命
我们至少有一半的担载
起来　起来
我们孕育着
未来的婴孩。

诗未曾收入郭沫若的任何诗文集中，可称为集外佚诗。诗的篇题，以创作初衷说，当然应作《妇协歌》；而以内容论，则称《女性歌》更贴切。

其实《妇协歌》与《女性歌》的问题并不复杂，《郭沫若年谱》及另外亦有人[①]也曾注意到在同一天内郭沫若写了这样两篇作品的情况，但显然均未曾同时考察两作发表的文本，而只依主观推定做出判断，于是，一个并不难理清的事情，留存为问题，或者更糟糕的是还并未把它视为一个问题。

挽"四八烈士"的歌与诗

1946年4月8日，王若飞、博古、叶挺等人在从重庆飞往延安的途中因

---

① 卫公《关于郭沫若佚作四篇及其他》（载《郭沫若研究》第3辑，文化艺术出版社1987年6月）一文将《女性歌》作为郭沫若的一篇佚作进行考订分析。文中提到见过上海图书馆《郭沫若著译系年》中所记《妇协歌》的发表情况，但以"笔者未见《妇协歌》，不知与《女性歌》有何关系"一句撇过，不但未能将事情搞清楚，而且其关于《女性歌》创作缘由的分析，也成了望文（题）生义的主观臆断。

飞机失事不幸遇难,后称为"四八烈士"。郭沫若于4月13日、15日先后写了两首诗,哀悼遇难者。作于4月13日的那首,题为《挽歌——献给若飞、希夷、博古、邓发及其他烈士》,发表于4月15日重庆《新华日报》。两天后,17日的重庆《新华日报》上又刊登了由郭沫若作词、夏白谱曲的一首挽歌《英雄们向暴风雨飞去——挽歌》。《郭沫若著译系年》将这首挽歌作为郭沫若哀悼"四八烈士"的另一篇作品,以发表时间记入系年,也有人以该篇歌词为郭沫若的一篇佚文,专门撰文介绍。① 实际上,歌曲《英雄们向暴风雨飞去——挽歌》的词就是诗《挽歌——献给若飞、希夷、博古、邓发及其他烈士》。该诗后以《挽四八烈士歌——献给若飞、希夷、博古、邓发及其他诸位烈士》为篇名,先后收入《蜩螗集》《沫若文集》第2卷、《郭沫若全集·文学编》第2卷。

这又是一例只见篇题,不读文本,以致出现误断错记的情况。

《晚眺》与《暮鼓东皋寺》

《郭沫若著译系年》中记载有《暮鼓东皋寺》(五绝)一诗,并写明"1935年春作于日本"。该条目所记内容来源于《东海》月刊1979年第8期上丁正献的一篇文章。事实上,该诗即是郭沫若在《自然底追怀》中所记的《晚眺》一诗,"暮鼓东皋寺"系该诗的首句,这是郭沫若1916年在冈山六高留学时所作。丁文完全搞错了,且给该诗另命了篇题。

与这个失误有点类似的另一种情况,发生在整理郭沫若一些散佚于文章、书信、题画、题字中的诗作时。这些散佚的诗作有些是没有篇题的,整理者或引用者会根据自己的考虑为之命题,于是,同一首诗,由不同的人整理刊出或引用后,就会出现不同的篇题。

譬如,郭沫若在1937年从日本归国后不久,为金德娟的一幅山水画写过一首题画诗,以其题画时,没有篇题。1959年,他将该诗以《题山水画小帧》为篇题编入《潮汐集·汐集》。《郭沫若著译系年》当然是在1937年度内记录了这首题画诗的创作,不过在同一年早些时候,"系年"中还记载有郭沫若为黄定慧写的两首题画诗:《题黄定慧所作〈山居图〉二首》,一首五

---

① 见邓华邦、汤海秋《郭老新诗谱成的歌曲》,《郭沫若学刊》1993年第1期。

律，一首七绝。这是"系年"编者为两诗所冠篇题，诗原载于《战时大学》周刊第 1 卷第 1 号，题作《近作两首　题黄定慧所作〈山居图〉》，也是编者所加的篇题。事实上，为黄定慧题画两首诗中的五律一首，即是《题山水画小帧》。

郭沫若 1939 年 9 月用寺字韵作的一首七言诗更热闹一些。1940 年初，郭沫若自己书录了一组寺字韵诗作，其中手订这一首诗的篇题为《四用寺字韵》，这一点一直未曾被知晓。几乎就在同时，郭沫若将这首诗发表于《新蜀报》，题作《六用寺字韵题嘉定苏子楼》，这一信息也很少被注意到，所以《郭沫若著译系年》没有相应的记载。但郭沫若这首诗却又因为数次书录题写（余所见曾为张肩重、商承祚、于立群、常任侠等人题写）而为人所知，并披露于文字中，只是篇题各有不同。于是，该诗在若干文献资料记载中，就有了《题苏子楼》《咏东坡楼》《重游大佛寺》几个不同的篇题，而且《郭沫若著译系年》还出现了将《题苏子楼》与《重游大佛寺》作为两首诗作为之系年的失误。① 一首诗出现有五个不同篇题，可谓奇观了。郭沫若早年家书、《郭沫若致文求堂书简》中书录的一些旧体诗亦有这种情况，不过没有这样热闹。

文本与诗题

郭沫若旧体诗作有多个，或者说被冠以不同篇题，还有一个原因，与文本的整理、解读有关。

与自由体诗和文章的写作修改（包括发表，收入专集，或因思想变化所作修改）不同，郭沫若的旧体诗作，常常会在不同时间题写给他人，或是差不多在前后脚的时间内题写给不同的人时，文字会有所改动或不同（有些应该是有意修改的，有些可能只是题写时兴之所至的易动），有两个以上的文本。于是，在收集整理文本时，关于篇题（原诗无题）就出现了两种情况：

其一，只依据一个文本，就为之确定一个篇题。一首为傅抱石画题诗便是一例。

---

① 见蔡震《郭沫若用寺字韵诗作考》，《郭沫若学刊》2011 年第 3 期。

> 银河倒泻自天来，
> 入木秋声气未摧。
> 独对苍山看不厌，
> 渊深默默走惊雷。

这是傅抱石1935年在东京举行首次个人画展展出的一幅作品，郭沫若在画上有一首题诗。诗并无题，但在收入《郭沫若题画诗存》一书时，被冠以《题傅抱石画"苍山渊深"赠吴履逊》的篇题。因为诗中有"独对苍山看不厌，渊深默默走惊雷"句，所以给傅抱石画起名作"苍山渊深"，诗也因是为题。

然而，对于该诗，郭沫若之后是做了文字修改的（改了两字一句）。一年后，他在日本中国文学研究会欢迎郁达夫访日的聚餐会上，给增田涉题写该诗，是用了修改后的文本。修改的文本恰是改了"苍山"句，作"独对寒山转苍翠，渊深默默走惊雷"。《郭沫若题画诗存》应该是未见此文本，但显然在命题时，未曾考虑到该诗的文本问题。这样一来，诗题当然也是应该再斟酌的。

其二，没有理清诗作（文本）写于何时，或为谁而作。一首所谓郭沫若《赠陈铭德、邓季惺夫妇》的诗，是为一例。

> 呢喃剪新谱，
> 青翠滴清音。
> 对此欣欣意，
> 如窥造化心。

这首诗的披露，是在一篇记述陈铭德、邓季惺与《新民报》的文章中（陈、邓二人1936年去日本采购印刷机械，结识了郭沫若，郭给二人题写此诗），有收集整理者即据以命题。[①] 而在另外一篇也是写陈铭德、邓季惺与《新民报》的文章中，这首诗却被冠以另一个诗题《燕子》。关于诗的题写缘由与上同，诗题的确定则与对诗文的解读有关：是将"呢喃剪新谱"，联系到陈、邓二人改革《新民报》之事。[②]

---

① 见郑连根《陈铭德邓季惺和〈新民报〉》，《炎黄春秋》2005年第4期。
② 见王建平《新民报送走一个甲子年——张林岚纵谈"燕子三部曲"》，《新闻记者》1989年第10期。

这两个篇题，都认定此诗是 1936 年郭沫若写给陈铭德、邓季惺的。

但是在我见到的史料中，郭沫若有一条幅书写此诗，是写给石田干之助（东洋文库主任）的，时间应该是在 30 年代中期之前（肯定早于 1936 年）。这是此诗唯一能见到的手迹文本。由此可知，诗并非为陈铭德、邓季惺而作，而联系石田干之助与郭沫若的关系（郭沫若的甲骨文研究始自得石田干之助帮助，在东洋文库大量查阅甲骨文资料），对诗的文本又可以有另外的解读，譬如，"呢喃剪新谱"亦可喻指郭沫若转到学术研究的事。当然，若没有更明晰的史料，也不能肯定该诗就是为石田干之助而作，故诗的篇题应作《无题》好。

以上列举了一些关于郭沫若诗作整理中异题同篇问题的实例，所要表达的意思有三点：

其一，在关于郭沫若创作活动最基本的文献史料中存在这样的问题，并且并非个案，而这样的问题至今尚未被郭沫若研究注意并提出。

其二，造成这一问题的原因虽有不同，但并非难以厘清之事，只是我们没有注意或花费时间精力去解决问题。它反映出的仍然是郭沫若研究在文献史料整理工作方面的缺失不足，以及观念上的轻忽。郭沫若文献史料的发掘整理，在很多方面要从细枝末节处着手。

其三，对这样的问题应该逐一着手予以解决，对现有的"乱象"应该为之规范（学术意义的）。修订著译系年，（重新）编订旧体诗词系年。

《沫若诗集》版本之惑

《沫若诗集》由上海创造社出版部1928年6月初版发行，是郭沫若诗歌创作的一个重要作品集。其重要性有二：其一，这部诗集基本上可称之为已经（讫1928年）出版的郭沫若诗歌作品集的一个汇辑本；其二，郭沫若对于《女神》中许多篇诗作的文本（包括创作时间）做了较大的、重要的修改，及至新中国成立后出版的《女神》，收录进《沫若文集》第1卷，以及《郭沫若全集·文学编》第1卷的《女神》，均基本出自这一文本。

在上海图书馆《郭沫若著译书目》的记载中，《沫若诗集》先后由上海创造社出版部、上海现代书局出版发行至第7版，其版本情况如下（缺失第6版记录）：

初版，上海创造社出版部，1928年6月10日
再版，上海创造社出版部，1929年3月1日
第3版，上海现代书局，1929年12月10日
第4版，上海现代书局，1930年8月10日
另一第4版，名《沫若诗全集》，上海现代书局，1930年8月10日
第5版，上海现代书局，1932年4月10日
（第6版，上海现代书局，1932年8月10日）
第7版，上海现代书局，1932年11月20日

尽管有这样多版次，但按照所收篇目，《沫若诗集》实有三个版本。即：初版至第3版为第一个版本，收录《女神》《星空》两集中诗歌作品的绝大部分篇目及一些散佚诗作（详细篇目略）；第4版及以后各版为第二个版本，增收《瓶》42首（第5版《沫若诗集》目次缺《瓶》，应系漏排）；还有一书

名作《沫若诗全集》的现代书局第 4 版为第三个版本，在增收《瓶》之外又增收《前茅》《恢复》两集的诗作，这是收录篇目最全的版本。

《沫若诗集》从第 3 版起由现代书局出版，第 4 版大概因增加了篇目，重新设计了封面、封底，是一种非常简单的黑白图案，之后几版即沿用此设计。

《郭沫若著译书目》中有《沫若诗集》上述版本的记录，应该说看起来是很完全的了，但余于考察、梳理郭沫若著作版本情况时，仍得见一些《郭沫若著译书目》记载之外的《沫若诗集》版本情况，作为资料，应可补其遗阙及疏漏，亦可从中看到郭沫若著作在 20 世纪 30 年代前后出版的某些情况。

创造社出版部第三版《沫若诗集》　　现代书局第五版《沫若诗集》

《沫若诗集》由创造社出版部初版、再版后，第 3 版转至现代书局出版，想必是因为创造社于 1929 年 2 月被国民党当局查封之故，因为第 3 版的出版已在 1929 年的 12 月。郭沫若此后的不少著作都经由现代书局出版。但余见到一本署为上海创造社出版部出版的第 3 版《沫若诗集》，所收篇目、出版时间（1929 年 12 月 10 日）、内外装帧、内文版式、页码等，与现代书局版完全相同。疑为盗版吧，书本身似无破绽，又未见其他什么有关的文字记录，况且，做一本盗版书，为什么要冒一个被当局查封的出版社之名而担政治风险呢？又或者做书者正是要剑走偏锋，借被当局查禁的出版社名义行盗版之事，以为可无从被查起。总之，这一版《沫若诗集》何以印行于世，还只能暂且存疑。

余还见到一本《沫若诗集》，为残本，只有正文第 9 页至第 228 页，书脊的文字倒是完整的："沫若诗集　上海创造社藏版"。其虽为残本，但从残存部分可以断定非上述创造社出版部几个版次《沫若诗集》中的某一版（包括那个第3版），因其版型不同于上述三个版次。在三个版次的《沫若诗集》中，每一首诗都是另页起排版，每一组诗（譬如"爱情之什""彷徨"等）的名称，均单独排版为一页，而残本《沫若诗集》则全部采取连排的形式。前述三个版次的《沫若诗集》的正文，计有301页（实际上它们用的是同一纸型），而残本按其连排的形式，正文约有248页。

那么，这一残本《沫若诗集》有可能是一盗版本，但除了与创造社出版部其他三个版次版型不同外，尚无另外确凿的证据可以证明这一点。不过，世上还存有一个也署为创造社出版部出版的《沫若诗集》第3版，则已被确认为盗版本书。

这一版本的书，在日本三鹰市亚非图书馆的"沫若文库"藏有一本。"沫若文库"所藏图书，是当年郭沫若流亡日本期间从事学术研究所自用的书籍，后留在日本。在这一本版权页标明由上海创造社出版部1929年12月10日出版的第3版《沫若诗集》书页的封底，写有一行毛笔字："北平查获之翻版书"。从字迹看，应为郭沫若亲笔书写。该书封面、内封页上"上海创造社出版部"分两行排字，与正版不同（正版排为一行），内封页的底图花纹也与正版不同。该书的版式仿照正版《沫若诗集》，但从目录到内文的排版方式，比较那一残本《沫若诗集》还要紧凑，正文计有220页。

郭沫若在1931年8月24日有一封给容庚的信，信中曾向容庚打听："前门外杨梅竹斜街中华印刷局系何人所经营，兄知否？"因为他在当天于东京市内文求堂田中庆太郎处，看到了该印刷局盗印其旧著多种的"赃物"。郭沫若愤愤于"国人如此不重道义，殊足令人浩叹也"①。在那些"赃物"中有盗用郭沫若之名，作为夏目漱石《草枕》中译本译者并写有译序的书（实为崔万秋所译），但不知这一本《沫若诗集》是否也属"赃物"之一？

能见到的还有一种《沫若诗集》，是署由上海新文艺书店出版，其版型似与前记日本"沫若文库"所藏那种盗版本相同，正文计有220页。那么这一种《沫若诗集》应该也属盗版本。余所见之该《沫若诗集》，系其所谓的第5版，版权页上记载：1929年3月10日初版，1933年6月10日出版，印数8001～10000。当然前面4个版次的书没有见到，所以不能确定该种《沫若诗

---

① 《郭沫若书简——致容庚》，广东人民出版社，1981年5月。

集》是否印行了 5 个版次。

《沫若诗集》的版本情况委实是太复杂了，已见的这些版本留有不解之惑，是不是还会有其他未见的版本存在，也是一个不确定的事情。那么，这里所记，做个立此存照。

《沫若诗集》出版时，郭沫若已经在日本过流亡生涯了。《沫若诗集》是何时编订，如何编订的？郭沫若没有留下文字说明。但他在南昌起义失败后辗转回到上海之后，曾经"想改编《女神》和《星空》，作一自我清算"[①]。但是未能完成，他就去了日本。所以，《女神》《星空》终于都没能有一个"改编"的文本出版。不过，郭沫若"改编"《女神》的想法，应该还是付诸实行了，这就是收在《沫若诗集》中《女神》部分的诗，它们很多是做了文字、内容的修订，甚至连原创作的时间也做了修订（其中有些至如今反而成了存疑问题）。这些文本上的修订，显然是郭沫若在无产阶级革命文学观念意识下所做的"改编"，它们对于了解郭沫若新诗创作和文学观念的变化，以及思想变化，无疑是很重要的文献资料。至于郭沫若原计划对于《女神》《星空》"改编"到何种程度，是不得而知的了。

与此同时，一个很值得注意的情况是，泰东图书局初版本《女神》的本子，一直不断再版，直至 1935 年 4 月出到第 12 版。而将《女神》文本做了重要修改的《沫若诗集》，出版后，也在同一时间内不断再版，1932 年 11 月出到第 7 版。这无论对于《女神》创作文本的研究，还是对于《女神》被时代接受史的研究，都是很能发人思考的。

---

① 郭沫若：《离沪之前》，上海《现代》月刊 1933 年 12 月第 4 卷第 2 期。

《中国古代社会研究》的写作与版本

郭沫若于1929年11月初完成了《中国古代社会研究》的撰写工作，1930年初，该书由上海联合书店出版印行。在短短几个月内，联合书店便出了三个版次，每一版次的内容都有一些增改变化。联合书店版之后，陆续又有现代书局版、群益出版社版、人民出版社版、科学出版社版等诸多版本，也还有被疑为是盗版本的新新书店版、中亚书局版等。这些版本中有一些是按照联合书店三版排版，另一些则在文本（作者"后案"的增删）、目次、序跋等内容上有所修订、删改，应作为修订版。

《中国古代社会研究》是郭沫若学术研究生涯的重要开始，对于郭沫若史学研究的研究，一般都是从这一部著作开始。但《中国古代社会研究》是郭沫若学术著作中版本变化繁复的一本书，至今对于该书的版本尚有许多未曾理清，甚至没有被注意到的问题。上海图书馆所编《郭沫若著译分类书目》《郭沫若著译系年》，对《中国古代社会研究》的版本情况做了一些梳理，其中亦有疏漏错记或未辨明之处。下面将所存在的问题逐一予以考订。

1. 《中国古代社会研究》完稿于何时？

从版本记录的信息来说，所谓《中国古代社会研究》完稿时间，实际上是指该书第四篇《周金中的社会史观》的完稿时间。其后陆续收入书中的追论、补遗诸篇则各有其脱稿时间。

《中国古代社会研究》的完稿时间，原本不应该成为问题，在该书的初版本中，著者于正论篇末署明"（完了）1929年11月10日夜，一个人坐在斗室之中，心里纪念着一件事情"。此后，联合二版、三版，现代版，群益版（直至该出版社1950年6月的第2版）等均署为这一日期。但到了1954年9月，人民出版社出版的《中国古代社会研究》中，完稿时间改作"11月7日夜",同时,著者为"心里纪念着一件事情"做了一个补注。从此以后,各个版本的《中国古代社会研究》,包括其收入《沫若文集》《郭沫若全集》时,都沿用了这一日期。于是,该书的完稿时间成了问题,尽管读者一般根本没有注意到这一问题。上海图书馆所编《郭沫若著译系年》特为此注曰:"写作时间联合版误署 11 月 10 日。"

以"联合版误署"解此疑问,恐过于牵强。且不说新中国成立以前的各版均署此日期,即就联合版而言,先后有三个版次,著者在第二版、第三版出版前都对于初版本做了校订,改正了其中的错误,包括排字的误植。到群益版出版前,著者又是全部"自己校对了一遍"。经历了这样多次校订出版过程,应该不存在联合书店初版本误署写作日期,却一直延续下来的可能性。那么缘何出现了这一问题呢?

我以为问题应该出在人民出版社 1954 年出版该书时,郭沫若为"心里纪念着一件事情"那句话所写的补注上。这个补注说:"十一月七日乃苏联十月社会主义革命纪念日,'心里纪念着一件事情'便指这一件事情。当时在日本亡命,文成后拟在国内发表,不便明言,故作此隐语。"这即是说,在做出这一条补注时,郭沫若自己将原署的完稿时间改作 11 月 7 日,但与此同时,他并没有说明此版所署的这个完稿时间,是改动了此前《周金中的社会史观》一篇文末一直署用的日期。如此一来,今人多未注意到完稿日期的改动,而发现了日期改动者,则很容易判断为以前的日期系误署,但却又无从为此判断获得确证。

实际上,郭沫若的补注只是追记了一个关于写作的历史细节,并非为改订完稿时间而作。我们可以据此设想当年出现的情境:1929 年 11 月上旬的一天,郭沫若写完了《周金中的社会史观》一篇。至此,《中国古代社会研究》一书最后完稿。这是他运用马克思主义唯物史观和辩证法研究中国古代史的初次尝试,是他雄心勃勃欲为恩格斯的《家庭、私有制和国家的起源》撰写续篇的尝试。这样性质的一部书稿完成之时,恰逢在十月革命纪念日左近的日子,于是他在心里想着,把这部书稿作为对人类历史上那场伟大革命的一个纪念吧!那么完稿的这一天一定恰好是在 11 月 7 日吗?未必如此。郭沫若原来所署的 11 月 10 日,距 7 日刚刚过去几天,这让他在完稿时会很自然就联想到那个纪念日,并顺手记了下来,这毕竟不是为十月革命节举行一个纪念仪式。

不过,郭沫若在补注中既然指明心里纪念的事情是为了"十一月七日"

这一革命纪念日，那么他同时将完稿日期索性改作 7 日，也是为把事情说得更清楚吧。这也可以理解为对原署完稿日期做出改动，实际上是将就了补注说明的事情。

无论如何，将原署的 11 月 10 日改作 11 月 7 日，是郭沫若有意为之，这一改订并非因为原署日期系误署，那么该如何确定该书的完稿时间呢？我以为，新中国成立后既然著者有意改订了这一日期，且沿用下来，不妨确认这个既成事实，但若该书（包括《沫若文集》《郭沫若全集·历史编》）另出新版，应以加注说明为好。与此同时，在编撰诸如郭沫若著作年表、郭沫若年谱之类的史料性著述时，还应该以史实为准，① 即以 1929 年 11 月 10 日为《周金中的社会史观》，亦即《中国古代社会研究》完稿的日期。

2.《中国古代社会研究》初版本出版于何时？

在《中国古代社会研究》联合书店初版、二版、三版的版权页上均印有该书付印、出版的时间，但三个版次对于初版本出版日期的记录却都不相同。它们分别这样记录了这一出版信息：

初版：
"1929、11、20 付印
1930、1、20、初版
1—2000"

二版：
"1929、11、20 付印
1930、31、20 初版
1930、3、20 二版
2001—4000"

三版：
"1929、11、20 付印
1930、3、20 初版
1930、4、20 二版
1930、5、20 三版
4001—6000"

初版本《中国古代社会研究》

---

① 在郭沫若前期的诗歌作品中，亦有著者后来修改（且无缘由）原创作时间的情况。

从这三纸版权页上所记录的内容，我们可以看到：首行付印日期的记录都是相同的，末行印数的记录是彼此衔接的，但初版的日期是混乱的。其中第二版上"1930、31、20"一项中的"31"（月）应系误植。那么究竟是"3"（月）还是"1"（月）呢？从第三版的记录来看，是将"31"（月）订正为"3"（月）。这样一来，前两版关于出版日期的记录也就随之全部在三版版权页上做了修正，但出版者并未就此予以说明。尽管如此，《郭沫若著译分类书目》（上海图书馆编）根据第三版的记录断定："联合初版、再版之月份都印错了，在三版时给以更正。"而目前所有涉及《中国古代社会研究》初版日期的文字（包括《郭沫若年谱》），实际上均以联合书店第三版的记录为准。

从逻辑上讲，联合书店第三版所记录的出版日期不同于前两个版次，应该视为是对前者的订正。此外，也还有另外一个原因可以支持这一点，即初版本标明的出版日期与内文中一些文字撰写日期的记载有相左之处。

初版本《中国古代社会研究》在正论（包括"余论"）文字部分之后另收有《追论及补遗》部分三则文字：《殷虚之发掘》《由矢彝考释论到其他》《附庸土田之另一解》，著者自署写于1930年2月1日。其后，还有一则著者写于同年2月4日的《再追记》。依常理而论，这几则文字当然不可能收入1月20日即已出版的该书中，那么只能是版权页的初版日期错印了。《郭沫若著译分类书目》大概也注意到了这一情况。

然而，郭沫若的另外一则文字却使这看似板上钉钉的事情又变得不确定了，这一点一直没有被人们注意到。

在《中国古代社会研究》准备出第二版时，郭沫若写了一篇《再版书后》，但邮寄没有赶上联合二版的出版，后来是作为《三版书后》收入联合三版中。这篇"书后"有一段引言这样写着：

> 此书初版出后，费了两天的工夫，作了一次最后的校订。初版中由排字工友误植处颇不少，由我自己的疏略闹错了的地方也很多。我对于购读初版的友人应该告罪。
>
> 在这次再版书中所不同的地方，是（1）初版中的错误我都改正了，（2）在卷首我加了一个较为详尽的目录，（3）有新得的材料和意见，足以补本书之缺，订本书之误者，我附加了六项在这后边。

郭沫若在这篇"书后"署明"1930年2月7日作"。如果这一时间无误，它实际上表明最晚在 2 月 7 日之前,《中国古代社会研究》已经印出初版本了,否则著者如何能于其出版后校订该版本的错误,并写出这一篇"书后"呢?那么,联合初版本即使不是出版于 1 月 20 日,也断无可能出版于 3 月 20 日。

把上述两方面相互冲突的时间信息集合在一起,我们不得不说《中国古代社会研究》初版本出版的日期,不能简单地仅依据联合三版版权页的那几项记录就做出判断。三个版次中若干项日期,包括郭沫若若干文字撰写日期的记录,肯定有错记(错排)之处,但究竟错在哪里,这还是一团需要理出头绪的乱麻。

我们先抛开《中国古代社会研究》联合三版的几项出版日期记录,对该书三个版本的情况逐一做个分析。

《中国古代社会研究》是 1929 年 11 月 20 日付印的,而书的正论部分著者自署完成于 1929 年 11 月 10 日,这应该说明著者在最初是把包括"自序""解题""导言"、正论四篇及"余论"几部分内容的书稿,作为一部完成的书稿交付出版社的。出版社亦据此编排付印,并计划于 1930 年 1 月 20 日出版。两个月的出版周期当然是可行的。事实上,印在一本书版权页上的出版日期,一般来讲都是一个大约而非精确的时间概念,它标明的是该书发排后预定出版的日期,因为这个日期在开印的环节就需要确定排版。但该书完成了所有印装工序后的日期,却未必与此吻合,所以实际上的出书时间与印在版权页的出版时间有出入是很正常的。例如上海北雁出版社初版发行的郭沫若的《北伐》一书,版权页署 1937 年 6 月出版,但郭沫若 7 月初的一则日记中尚写有"校毕《北伐》"这样的话,可见该书实际的出版时间最早也在 7 月了。

就《中国古代社会研究》而言,在其付印后,显然出现了著者要增补内容的情况,也即是说,该书的《追论及补遗》《再追记》部分是在该书已经付印后才补入的。三篇《追论及补遗》虽然完稿于 1930 年 2 月 1 日,但著者撰写这部分文字当在 1 月间,或者还可能更早一点。从郭沫若 1930 年 2 月 1 日致容庚的书信内容上,可以看到,他与容庚讨论的问题,就是《由矢彝考释论到其他》一篇所述内容的精缩[①],那么这一篇补论在 1 月应该是已经完成的。《殷虚之发掘》一篇则应该更早一点。郭沫若当然希望这些补论要收入书

---

① 《郭沫若书简——致容庚》,广东人民出版社,1981 年 5 月。

中，所以，我们可以推断，他在撰写补论的同时即告知出版社此事，而出版社也同意将补论的内容收入书中。实际上这基本不会影响到正在进行的排印工作，因为该书的"目次""自序"等部分都是单独做页码排序的，但这肯定会延迟出版的时间。

《追论及补遗》在书中是单独作为一部分内容另行编排页码的，这既有可能是特意的编排考虑，也有可能因其补入时正论部分尚在排版印制过程中，故另做排序，以缩短工期。《再追记》则显然是在装订前的最后时刻才又排印出来的，所以出版者甚至来不及将其纳入全书的版式中（《追论及补遗》的末页为一空白页，如果《再追记》在《追论及补遗》排版过程中即已收到，正可排在末页），也没有标出页码，只在一张白页上印了该部分短短几行文字。目次的第二页应该是补做了，或者也有可能是在最后做出的。目次页列有《追记》一项，但没有《再追记》一项，属误植还是著者原本有一则《追记》后撤掉，只能存疑。版权页在内封页的背页，这大概是出版者未将其改做的原因，况且出版日期本就不是一个精确的时间概念。

从《中国古代社会研究》初版本编排的情况看，因为其印装出版并非一个一气呵成的过程，其间经历了增补内容的环节，故造成了其实际出版日期在日后记载的混乱。那么，它究竟是在什么时间出版的呢？

从《再追记》的排印情况看，这个日期当在郭沫若 2 月 4 日将其写好并寄到上海之后，即不可能在 2 月中旬之前，但也应不会延迟得太久——至 2 月下旬以后，甚至延迟到 3 月。若不然，《再追记》的排印就不必那么匆忙。而进入 3 月以后，联合书店已经在安排该书的再版了（下面会述及）。郭沫若在 2 月 6 日致容庚的书信中亦说到，"仆之别著《中国古代社会研究》一书不日即将出版"。① 因此，1930 年 2 月中下旬应该是《中国古代社会研究》初版本实际上的出版时间，若考虑到联合三个版次均以某月 20 日为其做出版日期记录的方式，则以 2 月 20 日做初版日期也是可以的。

联合二版与初版本的不同之处，主要是将原有的"目次"做成了一个"较为详尽的目录"，如《再版书后》中所言。即在每一篇篇题下细分有"序说"、章、节、"余论"或"结论"等二级、三级标题。其中有些是正文内原有的标题，只是没有列在初版本目次上，另有一些是著者根据论述的内容新划分出的章节，但只在目次上列出标题，正文中仍维持原状未做相应调整。

---

① 《郭沫若书简——致容庚》，广东人民出版社，1981 年 5 月。

另外，联合二版将初版本中的《再追记》一篇删去。

联合二版版权页上以 3 月 20 日作为出版日期的记录，应该是正确的。联合三版将其改为 4 月 20 日有误。

郭沫若为本版写的"书后"在改作《三版书后》收入联合三版时，特别加写有一则"按语"，谓："这本是《再版书后》，因寄回国时没有赶及，只好改成《三版书后》了。""按语"写于"四月十日"。这说明联合书店此时正在操作《中国古代社会研究》第三版的出版事宜，那么该书的再版本不可能晚至 4 月 20 日才出版，至少在 4 月 10 日之前（而且应是若干时日前）已经出版，故应以二版版权页的出版日期记录为准。

联合三版将著者原作为《再版书后》所写的 6 篇补遗文章，并完成于 5 月 17 日的《"旧玉亿有百万"》一篇合计 7 篇，以《三版书后》收入书中。《"旧玉亿有百万"》一篇显然是在出版前的最后时刻才赶上排印装订，目次页来不及将其篇题列入，内文也来不及将其纳入版式，而是以一纸无页码白页排印补于书后。于是后人有未亲见联合三版者，误以为《"旧玉亿有百万"》是迟至 1947 年 4 月出版的群益版才收入书中。

《中国古代社会研究》出版至联合书店第三版，方成为内容完整的版本，此后群益版等只有著者在文中个别"按语"的增删改动。群益版曾将篇目顺序改按文中所述内容时代的先后排序，但在 1954 年的人民出版社版中，著者又将篇目次第"改还了原样"，以便读者可以了解其撰写该书时"研究路径的进展"。

从以上的分析可以断定，《中国古代社会研究》联合三版版权页关于初版、再版日期的记录（或如《郭沫若著译分类书目》所称更正），实际上是错误的。该书三个版次出版的时间分别为：1930 年 2 月 20 日（或作 2 月中下旬）初版，1930 年 3 月 20 日再版，1930 年 5 月 20 日三版。

3. 追论补遗部分写作时间考

梳理过《中国古代社会研究》联合三个版次的出版情况，我们还需要返回来对于郭沫若撰写《再版书后》的时间做一个认定。在前文，我们依据著者自署"1930 年 2 月 7 日作"这一日期，指出了联合三版版权页关于出版时间记录可能存在的失误之处，实际情况也确实如此。但在理清了三个版次的出版日期之后，我们可以看到，2 月 7 日这个日期也应该属于误记。

一个可能是，2 月 7 日系 3 月 7 日的错记，这可以依初版本与再版本的出版时间推断。而 3 月 7 日最后写完的文字邮寄回上海，才会发生郭沫若之后所说赶不及再版本（当月20日）出书的情况。

但我以为应该是另一个可能性造成误记，即整个《再版书后》的文字实际上是由两部分文字组成。2月7日应该是《夏禹的问题》等6篇补遗文章最后脱稿的时间，著者决定把它们作为"书后"增补入书中，已经过了一段时日。为此，著者写了《再版书后》篇首那段说明性的引言（前面所引），但《再版书后》最后一篇《夏禹的问题》文末原署的日期没有改动，而引言部分没有另署撰写时间，于是出现了我们所看到的，《再版书后》与初版本、再版本出版日期之间相互矛盾的情形。

这里还需要顺便说一下，很多人将《再版书后》篇首的那段引言误作《再版书后》本身了，《郭沫若集外序跋集》（上海图书馆资料室、四川大学郭沫若研究室合编，四川人民出版社1983年2月出版）即为一例，书中《〈中国古代社会研究〉三版书后》题下只录入了《再版书后》那一段引言。《再版书后》应包括引言及《夏禹的问题》等6篇补遗文章，而《三版书后》则还要再加上《"旧玉亿有百万"》一篇。

由这一情形的发生，我发现在《中国古代社会研究》三个版次陆续收录的追论补遗部分，后人关于其撰写日期的确认，如在《郭沫若著译系年》《郭沫若年谱》等中，都存在一个混乱不清的问题。

这个问题的出现，其实是由于一个理解上的失误所致。初版《中国古代社会研究》的《追论及补遗》部分三则文字，按照顺序依次为：《殷虚之发掘》《由矢彝考释论到其他》《附庸土田之另一解》，著者在最后一篇篇末自署写于1930年2月1日。显然，这个日期是著者为《追论及补遗》最后完稿所署的时间，而并非单独为三则文字中最后一篇《附庸土田之另一解》标示的撰写时间。《郭沫若著译系年》《郭沫若年谱》将其理解为后者，结果是错上加错，还要为另外两则文字的撰写时间考订出一个具体的日期：《郭沫若年谱》将《殷虚之发掘》《由矢彝考释论到其他》的撰写时间确定（毫无依据）在2月上旬，《郭沫若著译系年》以该两则文字无撰写时间，而以联合初版本出版的时间为之系年，当然是按照那个错误更正了的3月20日。

《三版书后》的情况也是如此。《三版书后》共有7篇补遗文章，其中原作为《再版书后》的《矢令簋考释》等6篇文章，著者于第6篇《夏禹的问题》文末署："1930年二月七日补志"。这个日期当然应该是全部6篇补遗文章最终完稿的时间。《"旧玉亿有百万"》一篇另署有撰写日期。而《郭沫若著译系年》《郭沫若年谱》将《夏禹的问题》《"旧玉亿有百万"》两篇之外的另外 5 篇补遗文章，均系于联合三版的出版日期，显然也是将《夏禹的问题》文末所署日期误以为仅仅是该篇的撰写时间。

《中国古代社会研究》完稿出版已经八十余年了，以上所述种种关于郭沫若写作情况、完稿时间以及该书出版过程等历史记忆的失实、失误之处，从未被考订修正过，或许因为它们并不影响到对该书内容的研究。但作为郭沫若学术活动最基本的历史信息，它们应该有一个完整、准确的记录，故有必要予以厘正。

附录 1

《中国古代社会研究》上海联合书店第 1 版目次：

自序
解题
导论： 中国社会之历史的发展阶段
第一篇　周易的时代背景与精神生产
　上篇　周易时代的社会生活
　　第一章　生活的基础
　　第二章　社会的结构
　　第三章　精神的生产
　下篇　易传中辩证的观念之展开
　　Ⅰ．辩证的宇宙观
　　Ⅱ．辩证观的转化
　　Ⅲ．折衷主义的伦理
　结论
第二篇　诗书时代的社会变革与其思想上的反映
　第一期　由原始共产制向奴隶制的推移
　第二期　由奴隶制向封建制的推移
第三篇　卜辞中之古代社会
　序说
　本论Ⅰ　社会基础的生产状况
　本论Ⅱ　上层建筑的社会组织

结语

第四篇　周金中的社会史观

　序说

　1. 周代是青铜器时代

　2. 周金中的奴隶制度

　3. 周金中无井田制的痕迹

　4. 周金中无五服五等之制

　5. 古金中殷周的时代性

　余论

追论及补遗

　1. 殷虚之发掘

　2. 由矢彝考释论到其他

　3. 附庸土田之另一解

　追记

（书中没有《追记》一篇，但有一则《再追记》——笔者注）

附录2

《中国古代社会研究》上海联合书店第 2 版目次：

自序

解题

导论　中国社会之历史的发展阶段

　1. 社会发展之一般

　2. 殷代——中国历史之开幕时期

　3. 周代——铁的出现时期——奴隶制

　4. 周代以来至最近时代之概观

　5. 中国社会之概览

第一篇　周易的时代背境与精神生产

　发端

　　上篇　周易时代的社会生活

　　　1. 生活的基础

2. 社会的结构

　　3. 精神的生产

　下篇　易传中辩证的观念之展开

　　1. 辩证的宇宙观

　　2. 辩证观的转化

　　3. 折衷主义的伦理

　　4. 大学中庸与易传的参证

　结论

第二篇　诗书时代的社会变革与其思想上之反映

　序说

　第一期　由原始共产制向奴隶制的推移

　　1. 原始共产社会的反映

　　2. 奴隶制的完成

　　3. 宗教思想的确立

　第二期　由奴隶制向封建制的推移

　　1. 宗教思想的动摇

　　2. 社会关系的动摇

　　3. 产业的发达

第三篇　卜辞中之古代社会

　序说　卜辞出土之历史

　本论Ⅰ　社会基础的生产状况

　　小引

　　1. 渔猎

　　2. 牧畜

　　3. 农业

　　4. 工艺

　　5. 贸易

　　6. 本章的结论

　本论Ⅱ　上层建筑的社会组织

　　引子

　　氏族社会的痕迹

　　　1. 彭那鲁亚制

2. 母权中心

　　3. 氏族会议及联带行动

氏族社会的崩溃

　　1. 私有财产的发生

　　2. 阶级制度的萌芽

　　本章的结论

　　附白二则

第四篇　周金中的社会史观

　序说

　第一　周代是青铜器时代

　第二　周金中的奴隶制

　第三　周金中无井田制度的痕迹

　第四　周金中无五服五等之制

　第五　古金中殷周的时代性

　余论

追论及补遗

　　Ⅰ. 殷虚之发掘

　　Ⅱ. 由矢彝考释论到其他

　　Ⅲ. 附庸土田之另一解

附录3

《中国古代社会研究》上海联合书店第3版目次：
（第3版目次只是在第2版目次后增加了《再版书后》，相同者略去不录）
再版书后

　　Ⅰ. 矢令簋考释

　　Ⅱ. 明保之又一证

　　Ⅲ. 古金中有称男之二例

　　Ⅳ. 古代用牲之最高纪录

　　Ⅴ. 殷墟无铁的发现

　　Ⅵ. 夏禹的问题

（"旧玉亿有百万"）

（目次页作《再版书后》，文中作《三版书后》，"旧玉亿有百万"一篇未列入目次——笔者注）

附录 4

《中国古代社会研究·再追记》一则文字，仅见于联合版初版本中，附录于此以为资料：

今天友人寄来顾颉刚编著的"古史辨第一册"，偶翻到 77 页钱玄同"答顾颉刚先生书"中有论易的几句话。如"原始的易卦是生殖器崇拜时代底东西；乾坤二卦即是两性底生殖器底记号"。又如"卦辞爻辞，这正和现在底'籤诗'一般"，於鄙见不谋而合。然钱说已先我而发者五年，合志此以示不敢掠美。

寻得下落的《五月歌》

上海鲁迅博物馆收藏有一件署名郭沫若，作于1930年4月的《五月歌》的手稿，但一直未能确认其为郭沫若手迹，所以也不能肯定是郭沫若所作。王锡荣在《关于署名郭沫若的〈五月歌〉手稿》一文（《郭沫若学刊》1993年第2期）中披露了该手稿的情况及内容。该手稿之所以一直不能确证是否为郭沫若手迹的根本原因是，看过手稿的人，均认为绝非郭沫若手迹。但是王文认为，从该诗的风格、语言上看，应该系郭沫若所作，故王文主要从这一方面进行分析，并以手稿原收藏者谢旦如先生的经历作为旁证（意指谢旦如将其收藏，应系认定为郭沫若所作），推断"此诗当是郭沫若佚诗"。

因为该手稿系鲁迅博物馆藏品，故一直未以之示人，王先生的文章也未附照片，所以王文刊出后十余年，存疑的那些问题，未能得到"进一步研究证实"。《五月歌》究竟是不是郭沫若所作，仍应说是悬案。

两年前，我在查看郭沫若纪念馆馆藏的一函书信的内容时，立刻想到了上海鲁迅博物馆的这件手稿藏品。这是郭沫若于1932年1月19日致森堡的一封信，信中有这样的内容："读你的诗我是第一次。确实是感着了一抹闪光，特别是《遗嘱》的一首，那的确是无泪之泪，绕指柔的百炼钢。那是写的实事，还是出于想象吗？如是实事，把那事情记出来，我想那效果或者还要在诗之上。《爆音》有同感。"信末写道："现在头脑仍不清晰，三叉神经痛增剧，不能多写，几年来久没有作诗，前年曾作了一首《五月歌》寄回国去，不知道下落如何。"

森堡是诗人任钧的笔名。任钧当时正在日本早稻田大学留学，他把自己创作的诗寄给郭沫若品评，并询问郭沫若的新诗创作情况，故郭沫若有此回信。信末一段所言"前年"创作了《五月歌》正应该是在1930年，而当时寄回国内，时隔近两年，既未见发表，又不知下落。由此一段话几乎可以肯定，郭沫若在1930年创作了诗《五月歌》，而且寄回国内，那么上海鲁迅博物馆的那件藏品，应该就是郭沫若寄回国内的手稿。当然，最后的确认还需要看过该手稿。

在联系了王锡荣先生之后，蒙他允诺，我们在上海鲁迅博物馆看到了手稿原件。这是两件内容相同，以钢笔书写的手稿。展开文稿，一见之下，即可认定为郭沫若手迹。显然，曾看过该手稿的人不熟悉，或是并未见过郭沫若在30年代书写的钢笔字。郭沫若的钢笔字或铅笔字，与他的毛笔字风格是大不相同的，若以其毛笔字的字体、风格去推想他的钢笔字是个什么样子，即会进入误区。

两件手稿各三页，其中一件所用稿纸标有"OS原稿用纸"字样，是竖行20字格、两幅各10行为一页的日本式稿纸。手稿却是将该稿纸竖用横书。这一件手稿已经做过编辑处理，以文字和符号标示了录排的字体、字号、版式。另一件手稿也是竖用横书在日本式稿纸上，这是郭沫若流亡日本期间常用的稿纸。该手稿有多处涂改的文字及诗行，但涂改过的文字与做过编辑处理的那份手稿，只有一字及三两处标点之差。《五月歌》共有三节，内容如下（按照经过编辑处理的那件手稿）：

I

举起来，举起我们的旗，
唱起来，唱起我们的歌，
太阳带来了悲壮的消息：
同志们！这是革命的五月！
哦，我们是世界的创造者，
创造了一副坚牢的铁锁，
锁在了我们自己的项上，
把自己的汗血流成红河。
我们在铁锁之下昼夜呻吟，
让在我们的头上欢舞着恶魔。
那三千年来的错误了的历史，
是进化的必然，也是我们的过错！
高举起来呀，把我们的铁槌，

快把这项上的枷锁打破!

Ⅱ

举起来,举起我们的旗!
唱起来,唱起我们的歌!
太阳带来了悲壮的消息:
同志们!这是革命的五月!
哦,我们是世界的创造者,
创造了有产者的安乐窝。
摩天的宫殿,如砥的街衢,
破浪的艨艟,追风的摩托,
还有那夜光杯中的葡萄酒,
那是呀我们的血,我们的骸骨!
那三千年来的错误了的历史,
是进化的必然,也是我们的过错!
高举起来呀,把我们的铁槌,
快把这项上的枷锁打破!

Ⅲ

举起来,举起我们的旗!
唱起来,唱起我们的歌!
太阳带来了悲壮的消息:
同志们,这是革命的五月!
哦,我们是世界的创造者,
我们要创造出新的一个!
旧的迷梦从今朝醒来,
不再喊什么"八小时工作",
我们要的是生产的统治权,
普罗列塔利亚特的狄克推多!
那三千年来的错误了的历史,
是进化的必然,也是我们的过错!
高举起来呀,把我们的铁槌,
快把这项上的枷锁打破!

《五月歌》手稿系郭沫若手迹是可以肯定的，但迄今为止，人们没有见到发表出来的《五月歌》，所以它仍然留下一些疑问：郭沫若当时将该诗稿寄给了哪家报刊？该诗是否发表了？如未曾发表，那么已经做过编辑处理的该诗稿，最后何以被搁置起来？不过，与此相同的情况，还有另外一篇未能发表出来的文章的遭际，但那份经过编辑处理的手稿又寄回到在日本的郭沫若手中（该篇题作《消灭呀口号战！》，后来未曾刊出）。还有一点是，何以两份手稿都寄回国内了呢？这些问题恐怕得有新的史料发现才能够释疑了。

　　《五月歌》几乎就是郭沫若在流亡日本之后截至1936年前的八年间唯一的新诗作品。1936年后，他才陆续又有一些自由体诗歌的创作问世。① 其实就是这首《五月歌》，应该也是与他一部小说的创作有关。

　　在1928年2月离沪赴日前夕，郭沫若曾有一个小说创作的计划，其中一篇的题目叫作《新的五月歌》。计划中共有七篇作品，后来却唯有这一篇写有成稿②，作于1930年。作品的篇题几经改动，直到1936年10月才以《克拉凡左的骑士》为题，在东京《质文》月刊上连载发表。小说原稿有十余万字，因《质文》很快停刊，实际只刊出前四节，余稿则佚失。已发表的部分后又改题为《骑士》，收入《地下的笑声》。该小说最初之所以叫作"五月歌"，显然因其描写的是北伐时期的1927年5月间在武汉发生的事情。作品一开始特别写到武汉三镇民众举行联合大会，庆祝五一劳动节的场景。所以在《五十年简谱》中该篇题又作《武汉之五月》。而冠以"新"字，则系区别于郭沫若前已翻译过的歌德的一首诗作《五月歌》。

　　也就是说，郭沫若的这首诗《五月歌》应该是随着小说创作而伴生的。那么除此之外，可以说在八年时间内，郭沫若几乎完全停止了新诗创作。但事实上，郭沫若在赴日前夕分明刚刚又经历了一次新诗创作的爆发期，如他所说的："……诗的感兴，倒连续地涌出了。不，不是涌出，而像从外边侵袭来的那样。我睡在床上，把一册抄本放在枕下，一有诗兴，立即拿着一枝铅笔来纪录，公然也就录成了一个集子。那便是曾经出版而且遭过禁止的《恢复》了。像那样受着诗兴的连续不断的侵袭，我平生只有过三次。一次是五

---

① 关于郭沫若在1936年前后重又在文学创作和著述方面活跃起来的情况，拙著《文化越境的行旅——郭沫若在日本二十年》（文化艺术出版社2005年3月）中有专节论述。
② 见郭沫若《离沪之前》，上海《现代》月刊1934年1月第4卷第3期。

四前后收在《女神》里面的那些作品的产生,一次是写《瓶》的时候,再一次便是这《恢复》的写出了。但这写《恢复》时比前两次是更加清醒的。"①而仅仅一个月后,随着郭沫若东渡日本,其创作新诗的激情便立即消歇下来,而且一停就是八年,个中原因其实是很值得去研究的。

---

① 《跨着东海》,《沫若文集》第 8 卷,人民文学出版社,1958 年 9 月。

命途多舛的《骑士》

郭沫若的小说作品中有一部长篇《骑士》，写成后发表出版的过程可谓命途多舛。如今所能见到的，只是这部长篇小说的一部分，其余部分已经遗失。

《骑士》创作时的篇名应该叫作《武汉之五月》。郭沫若在1933年8月26日所作《沫若自选集·序》后附录了一篇《民国三年以来我自己的年表》，其中"民国十九年"（1930年）事项下记："草长篇小说《武汉之五月》（未发表）。"后来所作的《五十年简谱》中1930年事项下是这样记录的："草长篇小说《武汉之五月》（后改名为《骑士》曾于《质文》杂志发表一部分）。"从创作到发表，都是在郭沫若流亡日本期间的事，据他说小说是完成了的。1930年写成的作品，在《质文》发表却已经是1936年了。个中原因，郭沫若自己说："初写成时曾应沪上某书店之请求，几乎成了铅字。但店老板方面要大加改削，因此我便把它收回来，锁在了冷纸柜里。"①

书店方面要求删改作品内容，当然是他无法接受的，但从书店的立场上也是可以理解的。《骑士》中的主要人物尽管是虚构的，但故事情节的进展，就是以大革命时期宁汉分裂期间郭沫若在北伐军旅中的那一段生活经历为原型，包括他写《请看今日之蒋介石》这样的事情都写在里面（尽管没有出现蒋的名字，但那事情一看即知）。这样内容的作品在当时显然是无法出版的。事实上，郭沫若的许多作品在当时已经被国民党当局查禁，像《我的幼年》《反正时代》等作品，出版方不得不删去一些内容，改换书名才得以继续出版。

《质文》是在日本东京留学的中国学生创办的一个文学期刊，《武汉之五

---

① 《克拉凡左的骑士·小引》，《绸缪》月刊1937年6月第3卷第9期。

月》得以在《质文》发表的缘由,郭沫若在小说刊出时所写的"小引"中特意写到了。"小引"中谓:"这篇小说已经是六七年前写的了。初写出时很有发表的意思,但停顿既久觉得也就淡漠了。近经朋友传观了一下,劝我拿来发表,我便听从了朋友们的意思。作家写东西,不可就就于求发表,然而也不可久不发表。久不发表——自然这里面是包含有客观情势的不许可和没有发表的地盘——是会使一个作家'石女化'的。国内有好些朋友见我近年来少发表关于文学方面的著作,以为我是成为了'隐者',这个揣测的产出大约是由于对于我的关心太深吧。我所以答应了朋友们发表这篇东西的微意,也就想借此使朋友们安安心,以后只要情势许可并常有发表的地盘,我敢说一时倒还'隐'不下去的。"

小说发表时的篇名为《克拉凡左的骑士》。大约是因为小说中的一个女主人公金佩秋的风姿,在男主人公马杰民的眼里就如意大利画家卡拉瓦乔(郭沫若译作克拉凡左)的一幅画作《骑士》中的女相士,作者故以此命名吧。《克拉凡左的骑士》在《质文》1936 年 10 月、11 月第 2 卷第 1 期、第 2 期连载两期后,即因杂志停刊而中辍。所发表的部分是作品的前四节,不足全篇的四分之一。

转过年来的春季,《克拉凡左的骑士》又得到一个发表的机会,在上海主编《绸缪》月刊的朱羲农几次写信向郭沫若索要《克拉凡左的骑士》的书稿,希望在《绸缪》连载发表,包括《质文》上刊载过的部分也要重新发表。朱羲农是郭沫若当年初到日本留学时在东京日语学校的同学,之后很多年没有联系了,有感于他几番索要的厚意,郭沫若将书稿给了《绸缪》杂志社,并又为发表一事写了一个"小引",道:"这次是第三次了。""没有什么话可说的了,我只是希望这一次不要再发生什么障碍,能够发表到底。"

1937 年 6 月 1 日,《绸缪》月刊第 3 卷第 9 期开始刊载《克拉凡左的骑士》。然而,事与愿违,这一次的连载仍旧未果而终。不久,抗战全面爆发,郭沫若从日本秘密归国投身于抗战文化战线中。在整个抗战期间,他再没有提起过这部小说。抗战胜利后的次年,郭沫若从重庆返回上海,想起向朋友询问原稿下落,却已不知所踪。

1947 年 8 月,郭沫若在编辑小说集《地下的笑声》时,只能把已经在《质文》杂志连载过的部分收入集中,并改篇名为《骑士》。为此,他撰有一段"后记",写道:"这篇小说是 1930 年所写,全稿在十万字以上。1937 年,曾加以整理,分期发表于《质文》杂志。……此处所收即《质文》所登载者。未几抗战发生,余由日本潜逃回国,余稿亦随身带回。上海成为孤岛后,余往大后方,稿托沪上友人某君保管。忽忽八年,去岁来沪时问及此稿,友人否认其事。大率年岁久远,已失记忆,而稿亦已丧失。我已无心补写,特记其颠末如此。"他在这里把《骑士》整理发表于《质文》的时间记错了,同时还留下一个小小的疑问:1937 年从日本回到上海后,他是把《克拉凡左的骑士》原书稿从《绸缪》杂志社索回了,交由另一位友人保管,还是就托付给朱羲农保管了呢?不得而知。《地下的笑声》由上海海燕书店 1947 年 10 月版。

《骑士》的际遇真是一波三折,但这还不是它受难史的全部,与之相关的还有另外一件事情。如果把《骑士》出版发表的经过称作神龙见首不见尾,那么郭沫若的一部名为《同志爱》的小说,则自始至终不见踪影。

郭沫若第一次提到《同志爱》这部作品,是在 1932 年 7 月 23 日致叶灵凤的信中。之前,叶灵凤为现代书局意欲出版《创造十年》等郭沫若的著译作品与他联系,郭沫若在复信中先写了三桩关于他几部作品出版条件的约定,最后告知叶灵凤道:"我现在手里有一部长篇小说《同志爱》,写的是武汉时代的一件事情,是前年写好的。有十万字上下。你们肯出一千五百元现金购买,我可以卖给你们。" 8 月 29 日,他在致叶灵凤的信中又写道:"《同志爱》已寄到内山处,此书乃余生平最得意之作,自信书出后可以掀动国内外。内容并不十分红,你可以先去看看。那书现代如要,稿费要一千五百元,现金交易。因该书另有两处要,你们如要,请从速。" 9 月 25 日,郭沫若信告叶灵凤说:"《同志爱》良友款尚未付清,又对于内容有改削之意,卖约寄来,我尚未签字。现代定要时可速备千五百元现款携往内山,将该稿索回。凡经我同意之处可稍加改削。到内山时即以此明片为凭可也。此书出,决可引起内外注意。""《同志爱》一书,要者有光华,乐华,文艺诸家,竟归良友,亦出我意外。由你手去索回,我是高兴的。"①

从这几封信中可以读出关于《同志爱》这部小说的几个信息:是已经完成的"一部长篇小说";"写的是武汉时代的一件事情";"前年写好的";"有十万字上下"的篇幅。对照一下《武汉之五月》或曰《骑士》,《同志爱》应该就是该作的另一篇名,但是何以郭沫若在《武汉之五月》(《骑士》)发表过程的几次周折中却从未提到过《同志爱》这一篇名呢?它有没有可能是郭沫若曾计划过要撰写的另一部小说呢?

---

① 这几封致叶灵凤的信均收录于孔另境编《现代作家书简》,上海生活书店,1936 年 5 月初版。

郭沫若在1928年2月15日日记的篇末曾拟写下几个小说题目:"(1) 酒家女 (2) 党红会 (3) 三月初二 (4) 未完成的恋爱 (5) 新的五月歌 (6) 安琳 (7) 病了的百合花"①。如果单从篇题上看,《同志爱》似乎很像是其中第四个题目"未完成的恋爱"。不过,郭沫若在将1928年这一段时间的日记整理为《离沪之前》发表时,就此做了一条注文,说:"这七项是那时打算写的七篇小说,除第五项有成稿之外,其余的都没有写出。"这是1933年9月的事情。第五项的成稿自然就是指《武汉之五月》,那么,《同志爱》也就不可能是第四项"未完成的恋爱"或其他哪一篇题目的成稿,而只能是《武汉之五月》的别名了。

尽管如此,从《同志爱》和《武汉之五月》这两个为同一作品冠以的不同篇名,我们似乎可以读出郭沫若当时创作的一个中心思路,即他在1928年2月11日的日记中所写到的:"我新得着一个主题:革命与家庭。"他还特意点出一个题材:"盐酸寮山中的生活是绝好的剧景,安琳哟,我是永远不能忘记你的。"② 如果条件允许,郭沫若或许会把计划中的几部小说陆续再写出一二来,但事实上,我们所能读到的《武汉之五月》的部分内容,也就是《骑士》,显然已经包含了其中若干个题目所可能攫取的生活题材,也可以看出郭沫若在这段时期的创作用心。

至于郭沫若为什么在与叶灵凤通信之外再未使用,甚至再未提过《同志爱》的篇名,恐怕与该书稿出版未果相关。良友、光华、乐华、文艺、现代,诸家书局都有出版之意,却最终未能出版,其原因(应该关乎内容的删削、稿酬多寡的洽商,而几家书局却多是有合作关系的,不好为一件事情反目)又不足为外人道,这该成了他的心中之痛吧!

总之,《骑士》的遗阙令人扼腕,它是当年郭沫若自诩为"生平最得意之作","自信书出后可以掀动国内外"之作。郭沫若这样讲,或许不无炫耀之意,但这部小说的确是他在"方向转换"之后的重要作品,是用了与他五四前后创作的那些"身边小说"大不相同的手法与风格——"用第三人称来客观地描写加以批判"③——创作的小说作品。惜无以窥全豹。不过我也在想,或许有一天在什么地方能发现一些《骑士》缺失的部分呢,就像郭沫若那首从未被世人见过的《五月歌》,被发现之前,实际上一直在一家博物馆的文物库房里静静地躺了几十年一样。

---

① 《离沪之前》,《沫若文集》第8卷,人民文学出版社,1958年9月。
② 《离沪之前》,《沫若文集》第8卷,人民文学出版社,1958年9月。
③ 《离沪之前》,《沫若文集》第8卷,人民文学出版社,1958年9月。

流亡期间若干旧体佚诗考

郭沫若在流亡日本的十年间,主要从事历史学和金文甲骨之学的研究,文学创作除自传的写作外问世之作不算多,新诗(自由体诗)作品更少,但他创作了不少旧体诗(古典格律诗)。这些旧体诗不是为发表而作,故均呈散佚之态,或录在书信中,或题写在画卷上,或书赠友人等。它们迄今多未曾被整理、汇辑(只有五六首后由诗人自己编入《潮汐集》中),所以其创作的情况,诸如,时间、缘由、文本、内容等,多有需要予以考释、勘订者。

"赖君新有余且网"

1933年2月7日,郭沫若有一封信寄田中震二(文求堂主人田中庆太郎次子),在信封内另附页三纸,其中两页书有同一首七绝,一用隶书,一为篆体。诗无题,亦无落款,看似随意书就。诗写道:

清江使者出安阳,
七十二钻礼成章。
赖君新有余且网,
令人长忆静观堂。①

诗中虽有"赖君新有余且网"句,但从该信内容以及所附诗文原件手迹(图片)的情况来看,"赖君"所喻与田中震二并无关系,诗由何人所作,为

---

① 《郭沫若致文求堂书简》第73函,文物出版社,1979年12月。

谁而作，亦无从断定，于是，诗的内容也就难以确切解读。当然，根据诗文附寄于郭沫若给田中震二的信函内，可以揣测诗由郭沫若所作的可能性较大，但《郭沫若致文求堂书简》中确实又有郭沫若在信函中书录他人诗作，而被书简整理者误以为由其所作的情况。①

近日检识收集的资料，见一郭沫若手书条幅的照片，得解书简之疑。该条幅上郭沫若手书了上录绝句，文字完全相同，并有落款。落款写道："彦堂先生以素缣摹录殷虚陶文惠赠赋此以报　郭沫若书于江户川畔"。惟落款未署时间。

彦堂，即董作宾。也就是说，这首七绝是郭沫若所作，为董作宾而作，感谢他为自己的研究提供资料。再来看诗的内容。这首诗有些难解，因前三句都用了典，"清江使""七十二钻""余且网"。不过此三典均出《庄子》。

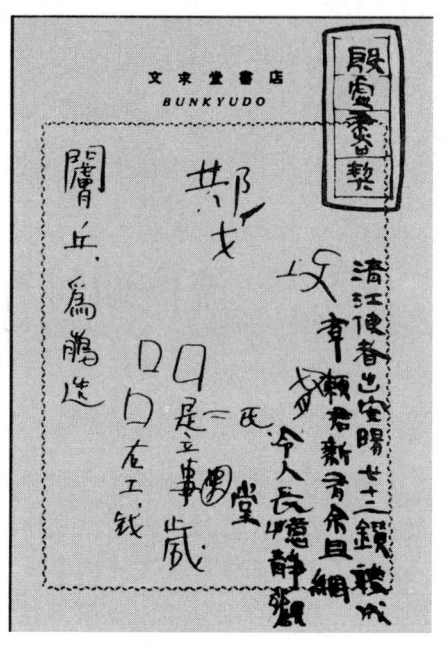

郭沫若信所附诗作手迹

《庄子·杂篇·外物》中记宋元君事：宋元君半夜梦见有披头散发之人在门旁窥视，自称为清江使，出使河伯居所，被渔夫余且所捉。元君醒来，派人占卜，知是一只神龟。于是问左右有无叫余且的渔夫，并传余且来见。次日，余且来朝。宋元君询问，知其网捕到一只周长五尺的白龟，遂命其献出白龟。后宋元君命人杀掉白龟，以龟板做占卜用，占卜数十次（七十二钻），所做推断无一失误。后即以"清江使"喻龟，"七十二钻"言以龟板占卜事。

郭沫若在诗中用《庄子》的这几个典故，述王国维（观堂）及董作宾研究甲骨文事，称颂王国维于甲骨文研究的成就，同时赞誉了董作宾。"清江使者出安阳"，指安阳殷虚出土甲骨文。自1899年殷虚出土的甲骨发现刻辞后始有甲骨之学。王国维是甲骨文研究的开拓者，"礼成章"当指王国维研究古文字的著作《殷礼徵文》，以此喻其甲骨研究之成果。"余且网"则喻指董作

---

① 就在以篆体书写该诗的那页信笺上，同时还书录有李白《宣州谢朓楼饯别校书叔云》中的几句诗："抽刀断水水更流，举杯消愁愁更愁。人生在世不称意，明朝散发弄扁舟。"当然，未著李白之名及诗的篇名。

宾事。1928年，中央研究院历史语言研究所成立后，着手对殷虚进行科学发掘。董作宾被派往安阳调查甲骨文出土情况，向研究院提交了《殷虚甲骨调查报告发掘计划书》。是年秋，由其主持在小屯殷虚进行试发掘，得甲骨854片，董作宾即摹录发表《新获卜辞写本》。"赖君新有余且网"句即喻董作宾主持殷虚试发掘事。发掘出土大量甲骨，好比余且网捕到大白龟。郭沫若非常推崇王国维的甲骨文研究，故诗的结句写"令人长忆静观堂"。他又以董作宾为王静安之后最有影响的甲骨文研究者，所以，这首绝句虽然主要是赞颂王国维，但也表达了对于董作宾的称誉。

这首诗与田中震二没有关系，为什么会存放在郭沫若给田中震二的信中？或许只是当时无意之中被放入该信封套内？但与此相关的一个问题却需要查考：这首诗作于何时？

与田中震二书信的时间，是一个切入点。从逻辑上说，书写在郭沫若1933年2月7日致田中震二信函封套中另两纸信笺上的这首诗，写作的时间应该在2月7日之前，且不会相隔太长时间。但因为此诗与田中震二无关，又写在另页信笺上，故不能排除后来被无意放入这一信封内的可能性，也就存在其书写时间在2月7日后的可能。不过，结合郭沫若手书条幅落款的文字及相关史料，应该可以排除这一可能性，并找到一个时间下限。

郭沫若谓作此诗，是为答谢故，但比之答谢董作宾"摹录殷虚陶文惠赠"，1932年岁末有件事情应该更值得他赋诗答谢，即得董作宾与李济的帮助，郭沫若得到了殷虚第二次发掘出土的大龟四版的拓片。此时，他正在编撰《卜辞通纂》。得此拓片，郭沫若兴奋不已，马上信告田中庆太郎："三千年前大龟四片已从北平寄到。请来一游，将奉以龟之佳肴也。"欣喜之情溢于言表。① 这封信于1932年12月31日寄出。郭沫若后来又将李济、董作宾"以新拓之大龟四版及《新获卜辞》之拓墨惠假，并蒙特别允许其选录"之事专门记入《卜辞通纂·述例》中。以郭沫若对此事看重的程度，他若是在1932年末迤后赋诗答谢董作宾，当以此事为由，而非因"摹录殷虚陶文"之事。也就是说，可以排除该首绝句作于1932年岁末之后的可能性。

就目前所知史料，郭沫若与董作宾相识交往，应是在他编撰《卜辞通纂》期间。郭沫若决定并开始着手编撰《卜辞通纂》，在1932年8月中旬（原拟题作《卜辞选释》，见1932年8月17日郭沫若致田中庆太郎信）。这样看来，

---

① 《郭沫若致文求堂书简》第57号，文物出版社，1979年12月。

他为董作宾所赋七绝，当在是年仲秋之后至岁末之间的那一段时间。

与董作宾的交往，是郭沫若流亡日本期间重要的学术交往之一。他书赠董作宾的这首绝句，应该是了解他们之间最初交往的重要史料。

这里顺便还要提及另一首郭沫若作于此时，且与此诗内容有些关联的五言绝句。那是《卜辞通纂》出版后的1933年（癸酉）初夏，郭沫若遵田中庆太郎嘱，为答谢承印《卜辞通纂》的印刷所老板尾藤光之介而作。

有日本学人发现了由尾藤光之介后人保存的这幅题诗，也注意到东京的"沫若文库"存有另一幅诗句相同的题作，并著文考订。但其识读的文字有误，且因不解诗中用典，对于诗意的释读亦有误。为使文献资料准确故，在此抄录两幅题作的文字：

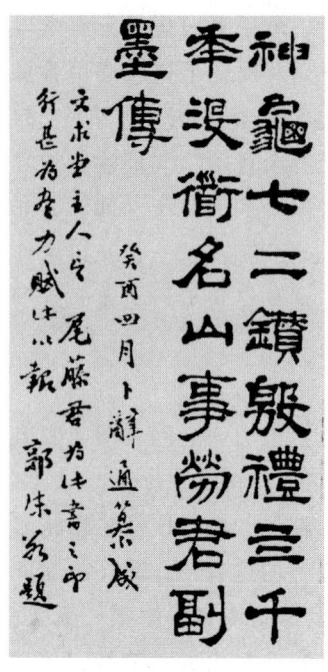

五绝书为尾藤光之介

该首绝句写道："神龟七二钻，殷礼四千年。没道名山事，劳君副墨传。"
由尾藤光之介后人保存的那一幅题诗落款为："癸酉初夏卜辞通纂印成题赠尾藤君清玩 郭沫若书于江户川畔之鸿台"。

保存于"沫若文库"的那一条幅的落款写道："癸酉四月卜辞通纂成文求堂主人言尾藤君为此书之印行甚为尽力赋此以报 郭沫若题"。

"请君一摇曳，凉意满阶墀"

在日本东京都三鹰市的亚洲文化图书馆"沫若文库"中，保存有一本名为《塞外诗集》的藏书，其空白页上，留下郭沫若创作的五首题扇诗手迹。五首诗之外无任何序跋之类的其他相关文字，也无署名，但以字迹辨别肯定为郭沫若所写，从内容上看也应为他所作，而非抄录他人之作。诗分别写在三个空白页上，前两页各写下两首、三首，无题，显系初稿。第三页手迹删改了个别文字，调整了顺序，冠以《题扇五首》的诗题，应是定稿。

这五首诗不曾刊出，郭沫若亦从未以之示人（为他人题诗、题字），实际上他已经遗忘了这几首诗。《塞外诗集》是郭沫若流亡日本期间藏书中的一册，在1937年郭沫若回国后一直存放于他在日本的家中，后转入"沫若文库"，于是，这组诗作于何时，为什么会写在一本小书的空白页上，都成了悬疑之问。

《题扇五首》曾被部分披露在菊地三郎所著的《万马齐喑的亚洲学》（新人物往来社1981年出版）一书中。菊地三郎是亚洲文化图书馆所在的亚洲语言学院负责人，曾任日中文化研究所所长，与郭沫若有过往来。他在书中的"郭沫若先生流亡十年拾零"一章写到从郭沫若的藏书中发现了这组题扇诗，但他只引录了其中后两首诗（手稿未标序号），估计是因为未能全部识读郭沫若的手迹。菊地三郎未考订诗的写作时间，诗文的识读与解释也有误。这组诗的全文如下：

君情如火蒸，妾有冰雪肌。
请君一摇曳，凉意满阶墀。

行乐须及时，春花无长好。
努力扇阳和，莫恐秋风早。

君喜白雪姬，妾爱黑人种。
黑人居炎方，常得蒙恩宠。

长夏安见长，终始无百日。
嗟尔寒暑计，堕落何太疾。

热意无几时，须臾即抛弃。
等待秋风来，飞到南洋去。①

题扇五首手迹

菊地三郎在文章中特别注意到第五首的"等待秋风来，飞到南洋去"一句，把它与郭沫若1937年归国后曾一度有过去南洋为抗战募捐的想法联系起来。这显然过于牵强，颠倒了时序关系（为抗战募捐的想法是不可能在抗战尚未开始，而且是郭沫若尚在日本时就形成的）。有人据此说以为这组诗写于1936年夏的可能性最大（因为1937年夏郭沫若已归国），当然也就很难令人

---

① 据手迹抄录。

信服。

事实上，能够提供《题扇五首》究竟写于何时以及写作缘起的线索，是在《塞外诗集》一书。

"沫若文库"中这本《塞外诗集》是由大连诗书俱乐部编辑发行的一种诗文丛书的第二辑，"昭和八年六月一日发行"，也就是1933年6月之后面世。这划定了郭沫若在书页上题诗应是在1933年6月至1937年7月（他化名离开东京归国是在7月25日）之间的某一个夏天。诗中"长夏安见长，终始无百日"句表明该诗创作于夏季应该毫无疑问。大连诗书俱乐部是设在中国东北大连市的一个在华日本人的诗社，《塞外诗集》也是在大连印行的。书中辑录了五名日本人的44首（篇）诗文，诗文的内容主要是描写、表现在华日本人的生活和他们的所思所感。从诗文内容看，这些人应该是随着日本当局企图开发掠夺东北资源的侵华政策而来到中国工作的。书印行了200册，其中前3册为版本书，第4册至第50册为赠书，第51册至第150册分别为五位作者的样书，第151册至第199册为卖品，第200册送大连图书馆（以上这些均于书上标明）。显然，这是一本诗书社同人自费合集出版的书，基本上未考虑发行之事。郭沫若是如何得到这本书的呢？无非是自己购买和他人所赠两种可能，但他自己买来的可能性几乎没有。一则因为一本在中国大连出版的业余文学社团同人著作，且只有区区不足50本上市出售，在日本东京书店里见到的可能性大概是零；二则从书的内容看，决非郭沫若有兴趣一读的书，自然见到也不会购买。那就只能是他人所赠，尽管没有资料可以表明郭沫若认识该书的任何一位作者以及大连诗书俱乐部。应该是间接得到的赠书吧。

可以做这样的推断：1933年夏，郭沫若偶然得到一本《塞外诗集》的赠书，随意翻阅，并无兴趣一读，顺手放在书案上；恰好有诗意兴起，便信笔将文句写在书的空白页上；之后，书被束之高阁，诗也就遗忘了。因为一本与作者既无关系，其内容又非有兴趣细读的书，顶多是在初收到时翻阅一下，以后不会再捡拾起它，甚至不会再想到它。

不过，这似乎也还不能排除另外两种可能性：郭沫若是在1933年以后才得到这本书，或者是他在1933年以后的某一年夏天才从书架上看到自己曾随手插放在那里尚未翻阅过的这本书。那么，这五首诗的创作时间，也就存在另外的可能。这样，我们只有从《题扇五首》的内容去进一步寻找时间线索。菊地三郎在这点上倒是于无意之间撞到了一个线索，"等待秋风来，飞到南洋去"一句的确是与郭沫若曾经的行迹有关，而且是诗文中唯一可能提供《题扇五首》创作时间的有关诗句，只是它的意思不该与郭沫若归国之后欲做的事情联系起来，而是相反。

殷尘（金祖同）的《郭沫若归国秘记》（言行出版社1945年9月出版）一书记载了在日本期间，郭沫若曾经对他说起过的一件事："几年前"，一个南洋华侨主动表示愿意资助郭沫若游历欧洲，询问他的意见，郭沫若复信表示同意，但此事终未成。设若此事议成，他应该是先去南洋会见该华侨，然后开始下一步安排。我以为，"等待秋风来，飞到南洋去"应该指的就是这件事，那是复信之后的期待。郭沫若是在1937年对金祖同讲的这件事，他用了"几年前"，而不是去年、前年或两三年前这样的说法，在时间概念上起码是指三年之前，也就是1934年之前。结合前面的推断，应该可以认定《题扇五首》是写于1933年夏。

现在回到这几首诗文本身。从内容上来看，它们应该是郭沫若在进行研究著述的间隙，一时兴起信笔写下的随意之作，表露出他在夏日暑热中的一些情绪感受。尽管其中并无深意，甚至带有点游戏之作的性质，词句中还是传递出一些信息——关于郭沫若情绪世界状态的信息。仔细品味，似是在焦躁中透着几分无可奈何。所谓"行乐须及时，春花无长好"的感慨，倒未必关涉声色犬马，而是表达一种不得不安于现状的心境。郭沫若被蒋介石、国民党当局通缉流亡日本，改变了原有的生活轨迹和生存方式，他沉潜在关于中国古代社会和金文甲骨研究的学术生涯中。在一般人们的印象中，那是一段刻板的、平静的、甘于寂寞的生活状态。但是，从这几首不管是否被郭沫若有意或无意遗忘的诗中，我们分明可以感觉到一种躁动不安的情绪。读着它们时，如果不知道是出自郭沫若笔下，人们无论如何是不会把作诗的人与正沉潜在书斋中的那位学者联系在一起的。背井离乡、生活窘迫，时时处在被监视之中，前途难料，郭沫若的心中还是相当苦涩的。那是一段遭遇心灵磨难的岁月。

《题扇五首》虽隐匿着一丝苦涩的心绪，诗文的意象组合倒是颇有奇趣的。郭沫若把扇子拟人化，然后以自己对扇子诉说的抒情方式，写出在暑热难耐之际内心的情绪感受，可谓构思奇俏。诗中的想象、比喻、联想来得巧妙，文字带点打油、诙谐的口吻，不乏幽默的味道，不失为一组风趣有致的题扇之作。

"渊深默默走惊雷"

20世纪30年代，傅抱石在日本留学时结识了郭沫若，且过从甚密。郭沫若曾为他的不少画作写有题画诗。如今为世人所见者，有一幅画卷上题写的七绝：

> 银河倒泻自天来，
> 入木秋声气未摧。
> 独对苍山看不厌，
> 渊深默默走惊雷。

落款为："题赠履逊同志清玩蜀南郭沫若"，但没有题写的时间。履逊是吴履逊，也是在30年代与郭沫若相识于日本，之后多有往来。抗战爆发后，郭沫若所撰写的《一·二八炮手》一文，即是写的正在抗日前线作战的吴履逊。

傅抱石这幅画为台湾收藏家蔡辰男收藏。该画作以"苍山渊深"为名，已编入《郭沫若题画诗存》①。郭沫若何时作成此诗，又是何时以之题画？王廷芳先生有《独对苍山看不厌》一文（发表于《纪念郭沫若诞生一百周年专刊》）专门述及。王文以为，该诗应题写于1937年底至1938年初，也就是郭沫若从日本归国后与吴履逊频繁交往的那段时间。

我认为有另一种可能性：该诗题写于1935年，且题画的时间应该就是此诗作成的时间。

傅抱石的画作于"乙亥正月"，乙亥年是1935年。是年初，傅抱石正在忙于筹备他欲在东京举办的首次个人画展。为此他在4月9日还专门举行了一个招待会，郭沫若也参加了。招待会后，傅抱石于4月16日致郭沫若的信中特别表示了感谢之意："九日晚间备蒙训导，曷胜感激。"信中有一段话："吴履逊先生前晚同一江西人徐旅人（高师学生）驾敝居，适往学校，未遇。今日午后拟去问候并假画二幅。"② 王文根据这段话认为，吴履逊手中有傅抱

---

① 郭平英主编《郭沫若题画诗存》，山西教育出版社，1997年11月。
② 《郭沫若致文求堂书简》第184号，文物出版社，1997年12月。

石的画，郭沫若是知道的，傅抱石甚至可能就是通过郭从吴手中借到画的，而"苍山渊深"即其中之一幅。但王文以为，从题诗落款称吴为同志的情况看，郭沫若以诗题画必不是当时所为。

当时吴履逊手中有傅抱石的画作应该是没问题的，但"苍山渊深"却未必在其手中。我以为原因有二：其一，此画作于1935年初，正值傅抱石紧张筹备画展之际，应是为画展所用，必不会赠予他人，至少在画展结束前不会考虑送人。何况若傅抱石果真将此画赠与吴履逊，他又何须通过郭沫若再从吴手中借回呢？其二，此画如特为吴履逊所作或是画成后赠吴，应有给吴的题款，但却没有。所以这幅画作有可能是在画展期间由吴履逊所购，才到了他手中。吴履逊手中原来即有傅抱石的两幅画，想来是傅赠与他的可能性较大（以傅乃初出茅庐而言），那么，在傅抱石这样重要的一次个人画展中买下一幅他的画作，至少是一个捧场吧。傅抱石在举办画展之后不久以家事所累仓促回国，因仍准备返回日本继续学业，故所有物品包括画作均留在其导师金原省吾处。以吴履逊与郭沫若的关系，郭沫若与傅抱石及这次画展的关系（为傅的多幅画作题诗题辞），吴得到画后即请郭沫若题诗是有可能的，也是很自然的。至于说落款中称吴为同志，我倒不以为在当时会对郭、吴二人彼此有什么"不利"。吴履逊是因"福建事变"反蒋而被迫出国的，郭沫若在1928年即因反蒋被通缉流亡日本，以两人相似的政治遭遇，郭沫若的题诗落款称吴为同志在那时倒似有惺惺相惜之意。

虽然如此，还不能排除吴履逊回国后得到这幅画作的可能性，傅抱石那时也已经在国内了。因此，郭沫若题诗的内容应该是考订其写作年代的一个重要依据。从"苍山渊深"的画面看，此诗的前三句写的是画意，"独对苍山"引出"渊深默默走惊雷"句，则是诗人观画时的主观感受。那是在沉静、寂寞中的一种期待、渴望、坚信，应该属于郭沫若流亡日本期间蛰伏在书斋里研究中国古代社会、研究古文字时心境的一个写照。1937年底至1938年初，正是全国的抗战处在开始时期激扬、热烈的形势下，已经回国且置身于这一历史情势之中的郭沫若，似乎不应再写下"渊深默默走惊雷"这样的诗句，"惊雷"已经炸响。

此外，还有一个判别时间的依据可为佐证，即题诗、落款署名的书写风格和特征，表明其应作于1935年左近，而不会晚至1937年至1938年间。比较一下郭沫若1935年春自画兰花并题赠小原荣次郎的那首题画诗，与1937年底他在吴履逊所画"无根兰"上的题诗（两画均收入《郭沫若题画诗存》），其书法之差异是很明显的。

1936年11月下旬，郁达夫访问日本期间，日本中国文学研究会为欢迎郁达夫曾举行了一次聚餐会。在宴席上，郭沫若为增田涉题写过这首诗，但文字有所不同，也即是说，这首诗有第二种文本。其文如下：

> 银河倒泻自天来，
> 入木秋声叶半摧。
> 独对寒山转苍翠，
> 渊深默默走惊雷。

前一文本的"入木秋声气未摧"在此作"入木秋声叶半摧"，"独对苍山看不厌"作"独对寒山转苍翠"。① 比较这一文字变化，虽然只有两字一句的易动，但后者较前者的诗意更为贴切，自然是会当"寒山转苍翠"时，方可有"渊深默默走惊雷"之势。而且"寒山转苍翠"乃是用了王维《辋川闲居赠裴秀才迪》诗中的成句："寒山转苍翠，秋水日潺湲"。这与"渊深默默走惊雷"典出《庄子·在宥》篇中的"渊默而雷声"句，可谓相映生辉。② 由此看来，郭沫若为增田涉所题写的诗文，应该是在为傅抱石画题诗之后又经推敲所做的改动，那么，他在此之后——至少在1936年11月后，如再题写此诗，当用改定的文字。

如果以上的分析成立，郭沫若题诗应是在傅抱石东京画展之后不久。而诗句既然写的是画意，则郭沫若以其题画的时间，当然即为该诗创作的时间。傅抱石的画展是在1935年5月上中旬间，吴履逊则是在当年回国。

以这首题画诗的内容而言，应该说在郭沫若流亡期间的文学创作中，是很重要的一篇作品。因为从诗句中，我们可以真切而清晰地感受到在郭沫若那表面上看似平静无波的书斋生活中，其内心世界里其实是在涌动着一股什么样的激情，感受到其学者风采背后的那种不甘寂寞的精神心态。

---

① 此文本见增田涉《郭沫若——亡命前后》，日本《中国》月刊1969年4月第65号。《郭沫若题画诗存》以"苍山渊深"为傅抱石画作名，显然因郭沫若题诗中有"独对苍山看不厌，渊深默默走惊雷"句，那么郭沫若的诗亦可名"题'苍山渊深'"。但若依郭沫若题诗改过的文本，则画名、诗题亦需另外斟酌了，当然，诗题就作"无题"亦好。

② 实际上"独对苍山看不厌"，似乎也是化用李白《独坐敬亭山》的诗意："相看两不厌，只有敬亭山"而成句，但显然不若王维的"寒山转苍翠"更切画意，并自然引出结句。

"人间今见赤城归"

2009年春,在北京的一次拍卖会上,拍出一件郭沫若书法作品,是他在流亡日本期间的1935年春,书赠朋友的一幅诗作。拍家和买家大概只是着眼于其作为书家的书法价值,但其真正的价值应该是作为文献史料的价值,因为书法价值还可以有替代者,而其文献史料价值则是唯一的。当然,这需要考释其内容。

在这件书法镜芯上,先录有王国维的两首绝句,并一段评说的文字,是这样写的:

王静安有嘲杜鹃二绝云:
去国千年万事非,蜀山回首梦依稀。自家惯作他乡客,犹自朝朝劝客归。
于卿何事苦依依,尘世由来爱别离。岁岁天涯啼血尽,不知催得几人归。

乃其壮年所作,饶有意趣。然为杜鹃者,亦宜有以自解,爰步其原韵,替杜鹃解嘲。

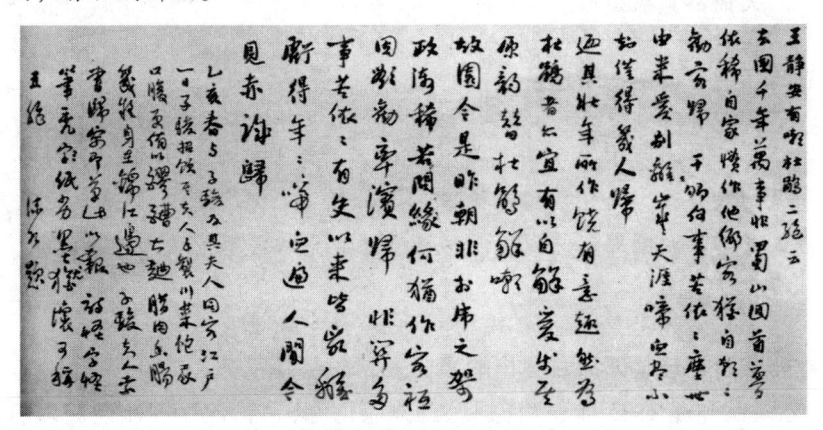

为杜鹃解嘲七绝二首

王国维这两首绝句作于光绪二十九年(1903)春,他受聘于通州师范学堂期间。两首诗在王国维的著述中并不引人注意,看来郭沫若自研究甲骨文起读《殷虚书契考释》,读《观堂集林》,对于王国维真是熟稔于胸了。王国维在通州师范学堂任教习,讲授伦理、国文,其时,还不到三十岁。然而他结婚已七年,婚后却离多聚少,通州距故乡不过二百余里,却不能时时归去。客居他乡的王国维大概是因为听到杜鹃啼叫,引起许多感触,于是写下这两首绝句,题为嘲杜鹃,以其内容看,其实亦有自嘲之意。郭沫若觉得王国维诗"饶有意趣",但为诗中对于杜鹃的嘲讽感到不平,认为杜鹃应该"有以自解",遂以杜鹃——蜀王杜宇所化杜鹃——的口吻,步王国维诗原韵,作"替杜鹃解嘲"二首。

其一:

> 故园今是昨朝非,
> 於虎之驾政渐稀。
> 若问缘何犹作客,
> 只因欲劝率滨归。

其二:

> 非关多事苦依依,
> 有史以来皆乱离。
> 亏得年年啼血遍,
> 人间今见赤城归。

题诗后有一段跋,写道:

> 乙亥春,与子骏及其夫人同客江户。一日,子骏招饮。其夫人手制川菜饱我口腹,更侑以醪糟大曲、腊肉香肠,几疑身在锦江边也。子骏夫人索书,归寓即草此以报。诗怪字怪笔秃纸劣墨尤坏,可称五绝。
>
> 沫若题

这则跋语记述了郭沫若题作的来龙去脉。

"乙亥"年是1935年,"江户"乃东京旧称,"锦江"即流经成都的那条江。1935年春日的一天,郭沫若蒙朋友子骏招饮。子骏夫妇亦客寓东京。子骏夫人亲手烹制川菜待客,席上还有"醪糟大曲、腊肉香肠"(必是来自四川的),这让郭沫若生出身在锦江边(家乡)的感觉。因子骏夫人索书,郭沫若回家后写了这两首诗,以为答谢。所谓"五绝"者,既有实写的意思,也有几分自我调侃，平添几许雅趣吧。

那么"子骏"，何许人？遍查郭沫若流亡日本期间的史料，他在1937年间曾有一次提及有名熊子骏者到市川寓中拜访①，虽仅为一句，但以跋语所记之事发生的时间地点来看，"子骏"即是此熊子骏。

熊子骏，名世祺，四川省成都市人，生于1894年。1919年毕业于四川省政法专门学校，毕业后在川内从事新闻工作，后在四川督军熊克武麾下参与军务。1926年春，熊子骏与吴玉章一同在重庆协助筹建中国国民党四川省党部，熊子骏任省党部执行委员、秘书长兼工人部部长。同年夏，经刘伯承、杨闇公介绍加入中国共产党。后因从事群众运动遭逮捕关押，脱险后失去中共组织关系。1934年，熊子骏得川军第二十九军军长孙震资助，赴日留学，考入早稻田大学，专攻经济思想史。

上述跋语中所说"子骏及其夫人同客江户"，应该就是在熊子骏留学早稻田的这段时间了。熊子骏与郭沫若在此前是否相识，尚未见史料记载，尽管他在大革命期间的1925年至1926年间曾先后逗留于沪粤两地（郭沫若同一时间也在两地），而郭沫若在1927年4月，曾与陈启修、刘湘、刘文辉、杨森、杨闇公等，被武汉国民政府任命为四川临时省政务委员会委员、常务委员，并着"赴日组织临时省政府"。②不过从郭沫若跋语所记内容看，他们之间在此时的交往，应该算是密切的。这当然是郭沫若流亡期间一段人际交往关系的重要史料和线索。

我们回过头来再看郭沫若的这两首绝句。两诗迄今从未刊出，亦不曾见披露。从诗的内容看，应该是在这一天赴"子骏招饮"的过程中，主客都谈及了归国的话题。熊子骏与郭沫若乃大同乡，女主人宴客所做的又是川菜，这都是乡情。于是，席间说起归国的事是很自然的，而且显然谈得比较深，所以会激起郭沫若浓烈的诗情和乡情，所以他会联想到与蜀地相关的"望帝春心托杜鹃"，会想到杜鹃"其鸣为'不如归去'"，还会想起王国维嘲杜鹃的诗，随后把自己的感触写成诗。

诗中表达的两层意思，值得注意。

其一，郭沫若对于国内的形势有了不同以往的看法，即第一首起始的两句所云："故园今是昨朝非，於虎之骱政渐稀"。郭沫若是在大革命失败后白

---

① 郭沫若纪念馆馆藏资料。
② 《中华民国十六年四月五日国民政府令》，载1927年4月6日《汉口民国日报》。

色恐怖笼罩的严峻形势下，以遭国民党当局通缉之身不得不选择流亡日本的，国内的政治形势当然与他休戚相关。从这两句诗看，他觉得国内状况今是昨非，发生了很大变化，而且是好的变化。弩政渐稀，政治环境日益宽松。这种政治形势，当然就会与郭沫若是不是想要回国的主观意愿，与能否回国的客观因素联系在一起。

所以，其二，郭沫若在起始两句诗后表达的另一层意思，就是希望可以归国，而且这是两首绝句的中心意思。王国维诗嘲杜鹃"自家惯作他乡客，犹自朝朝劝客归"，诘问天涯啼血的杜鹃道："干卿何事"。郭沫若诗则为杜鹃辩，谓，正是因为有杜鹃"年年啼血遍"，自古以来于离乱之世才能得见"赤城归"。"赤城"即青城，古谓蜀山之望也。郭沫若借为杜鹃辩，表达归国之意。这不是泛泛的思乡之情的表达，而是与对国内政治形势的判断联系在一起的归国之想。当然这也说明，郭沫若在考虑归国问题的时候，先是要考虑到国内的政治环境。郭沫若这一归国意愿的明确表达，在其流亡日本期间的诗文中是初次出现。

问君"缘何犹作客"，这样的情景，估计在那些年间，郭沫若是多次遇到的。所以，在他有了明确的归国之想后，也还要面对这个问题。"只因欲劝率滨归"，欲劝何人，虽未明言，亦可想到，大概还是家累之故吧。

我曾把郭沫若流亡十年间的心路历程划分为三个阶段。在第三阶段，他开始不甘寂寞，不甘于久困书斋安贫乐道，又在渐渐找回过去曾经的叱咤风云的人生体验。这一阶段的开始，在 1935 年前后。① 郭沫若这两首诗所表达的归国之想，亦是一个印证。因为他真要找回叱咤风云的感觉，必然先要回到国内去。

"羡君风格独嶕峣"

20 世纪 30 年代，在东京日本桥有一家名为"京华堂"的店铺。"京华堂"以售卖中国文房四宝及杂货起家，后以贩卖中国兰草而发达。"京华堂"主人小原荣次郎与内山完造是朋友，因之亦与鲁迅、郭沫若相识。流亡日本

---

① 见拙作《文化越境的行旅——郭沫若在日本二十年》，文化艺术出版社，2005 年 3 月。

初期，郭沫若在国内所得的稿酬、版税，都是经内山完造汇至小原荣次郎处再转到手中，所以他们之间多有来往。

在 30 年代时，小原荣次郎已因贩卖兰草而知名，在上野公园附近还购置了一处兰圃，专门培植兰草。他主持翻译中国兰花典籍，出版兰花杂志，举办兰花展……后来被郭沫若戏称为"日本的兰花博士"。鲁迅曾为小原荣次郎题写过一首咏兰花的诗《送 O. E. 君携兰归国》，一直挂在"京华堂"店铺里。鲁迅这首诗收在《集外集》中。郭沫若亦为小原荣次郎作过咏兰花的诗，且有两首，却鲜为人知。

1935 年春，郭沫若应小原荣次郎之请，自画了两帧花卉相赠。在画为一枝兰草的那幅画面上题有一首五言绝句：

　　不用九畹滋，
　　无须百亩树。
　　有此一茎香，
　　诗心自清素。

诗中前两句典出《离骚》："余既滋兰之九畹兮，又树蕙之百亩。""兰""蕙"乃香草，"滋""树"均为栽种之意，指培育贤人。"九畹"与"百亩"同（一畹为十二亩），为约数，实言其多。郭沫若为写画意反其意，谓有一茎清香足矣。这幅画已收入《郭沫若题画诗存》，诗文亦经识读刊出，而另外一首郭沫若咏兰的诗，没有经过整理的文字刊出，且其中的诗句有两个不同文本。

1937 年初夏，小原荣次郎欲作一部《兰华谱》。为此，他致信郭沫若索要题字，郭沫若即作七绝一首：

　　世间服艾户盈腰，
　　谁为金漳谱寂寥。
　　九畹既滋百亩树，
　　羡君风格独嶕峣。

小原荣次郎给郭沫若写信是在 6 月 10 日，郭沫若所作七绝附录于他 6 月 11 日给"文求堂"主人田中庆太郎的信中。信中写道："昨日小原荣次郎君来信，言将作《兰华谱》，索题。赋得一绝，录出以供一粲。"① 该诗的这一文本迄今只见于此信函中。但是在小原荣次郎所得郭沫若书赠的草轴上，该诗首句文字不同，其文作"菉葹盈室艾盈腰"。那么，两个文本哪一在先，哪一在后呢？

"世间服艾户盈腰"与"菉葹盈室艾盈腰"，其实都化用自屈原的《离骚》。《离骚》中有句："户服艾以盈要兮，谓幽兰其不可佩"（"要"，即"腰"）。又有："薋菉葹以盈室兮，判独离而不服。""薋"是积草很多，"户"指群小，"艾""菉葹"，为恶草名。《离骚》中以与香草、美人相对的各种恶草、小人喻谗佞邪恶。所以，郭沫若的这两句诗文的意思是一样的，但从文字上看，"菉葹盈室艾盈腰"句应是推敲后改定的。"金漳"，即《金漳兰谱》，为宋代赵时庚所撰，讲述兰草之容质、养殖等事。"九畹既滋百亩树"当是喻以小原荣次郎辟兰圃以培植兰草之事。郭沫若这首诗既咏（颂）兰，也称赞了小原荣次郎作《兰华谱》一事。

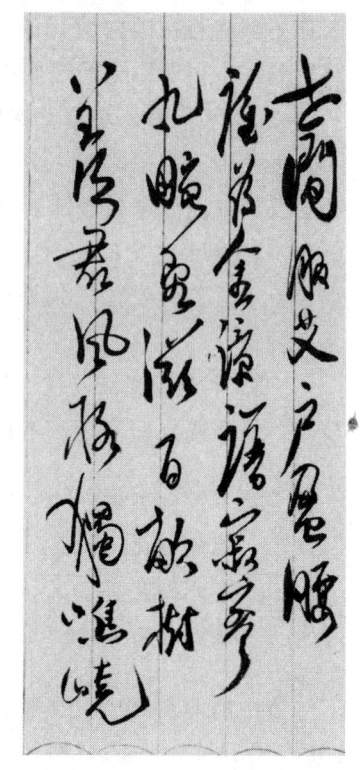

为小原荣次郎作《兰华谱》赋七绝

---

① 《郭沫若致文求堂书简》第 229 号，文物出版社，1997 年 12 月。

"坐见春风入棘篱"

——旧体诗创作的开始

现代文学史没有对于郭沫若旧体诗创作的研究，是文学史的一个缺失。

郭沫若旧体诗创作的研究，几乎没有进入到郭沫若研究的视野中，当然也是郭沫若研究的一个缺失。

整理、研究作为郭沫若文学创作一个方面的旧体诗创作，需要从他在流亡日本期间的旧体诗写作开始。

文献疏理

进入这个话题之前，有两点需要厘清。

其一，论及郭沫若的旧体诗创作，必然会涉及其少年时代的一些诗作，两者虽然有关联，但不能混同为一事。① 前者是就郭沫若文学创作活动的一个方面而言，后者是郭沫若读书求学期间对于写作旧体诗的学习，应称之为旧体诗写作。其实郭沫若自己是讲得很清楚的："诗，假如要把旧诗都包含在里面，那我作诗的经过是相当长远的。"但是少年时代在读书期间的读诗、写诗，都是一些"基本工作及练习"，"虽然也学到了一些旧诗的滥调时而也做过一些到现在都还留在记忆里的绝诗的短章，但是真正的诗的趣味和才能是没有觉醒的"。他称之为"诗的觉醒期"，是在进入四川省官立高等学堂后阅

---

① 以类同作品集形式出版的郭沫若旧体诗作有《郭沫若少年诗稿》（四川人民出版社1979年10月），在郭沫若旧体诗创作研究中，这些旧体诗的写作被笼统地视为郭沫若的旧体诗创作。

读到朗费洛的诗。①

其二，就目前已有的不多的关于郭沫若旧体诗创作的研究而言，主要是对于抗战期间、解放战争期间，或是新中国成立后郭沫若旧体诗创作的研究。与之相关的问题是，这在实际上表现为一个基本认知，即以为郭沫若真正的旧体诗创作，开始于抗战期间。这个认知并不符合史实，但却反映了一个事实：郭沫若旧体诗创作活动的文献史料严重缺失。

从郭沫若1928年2月东渡日本，到1937年7月27日秘密归国的这段时间内，关于其旧体诗创作目前文献记载的情况如下：

《郭沫若著译系年》②记有10首（另有将写作时间错记3首、挽联2幅、戏联1幅，不计）；

《郭沫若旧体诗词系年注释》③记为8首（另有将写作时间错记2首、挽联2幅、联语1幅，不计）；

《郭沫若全集》收录8首（包括"考古编"所录1首）。

这一完全以郭沫若归国之前为时限所做的统计数字中包括了《归国杂吟》中的前3首诗，而《归国杂吟》一组诗，实际上一直是作为郭沫若抗战诗歌作品为研究者关注的。这即是说，在上述文献记载中的郭沫若旧体诗作，被视为其流亡日本期间所作者，实不过五六首而已。这就难怪虽然有关于郭沫若旧体诗的研究，但完全无视了其流亡期间的旧体诗作，因为那是一个可以忽略不计的数字。

然而事实并非如此，郭沫若在流亡期间创作的旧体诗，以我目前发掘整理及所见者，已有如下45首（包括《归国杂吟》中的3首）④：

《无题》（"呢喃剪新谱"）

约作于1930年代初。据书赠石田干之助手迹。

《休心亭即吟》

作于1932年初夏。据手迹。⑤

---

① 《我的作诗的经过》，东京《质文》月刊1936年11月第2卷第2期。
② 上海图书馆编《郭沫若著译系年》，《郭沫若研究资料》，中国社会科学出版社，1986年8月。
③ 王继权、姚国华、徐培均编注《郭沫若旧体诗词系年注释》，黑龙江人民出版社，1982年8月。
④ 不包括挽联、联语。事实上郭沫若所作联语，也不止两种文献记载的那几幅。45首诗多有无题者，即标示首句或因何而作以为区分。
⑤ 见伊藤滋《留日期间郭沫若与日本文人的交流轶事》。

《无题》（致田中庆太郎）

作于 1932 年 6 月 27 日，署名魔都耶苦（沫若的日语读音）。见致田中庆太郎信。(《郭沫若致文求堂书简》第 22 号)①

《金文丛考·自题》

载《金文丛考》，日本东京文求堂 1932 年 8 月 1 日出版。

《狂歌》（和歌）

以日文作于 1932 年秋。见致田中庆太郎信。(《郭沫若致文求堂书简》第 35 号)

《画意》

作于 1932 年秋。见致田中庆太郎信。(《郭沫若致文求堂书简》第 35 号)

《清江使者出安阳》

作于 1932 年秋。据书赠董作宾手迹，以及致田中震二信。(《郭沫若致文求堂书简》第 73 号)

《寄田中庆太郎"催妆"》

作于 1932 年 10 月 7 日。见致田中庆太郎信。(《郭沫若致文求堂书简》第 36 号)

《无题》（寄田中庆太郎）

作于 1932 年 10 月 30 日，署名王假维。见致田中庆太郎信。(《郭沫若致文求堂书简》第 45 号)

《江亭寂立水天秋》

作于 1932 年岁暮，署名蒙倛外史。见致田中庆太郎信。(《郭沫若致文求堂书简》第 45 号)

《无题二首》

作于 1933 年 2 月 18 日，署名蒙倛生。见致田中庆太郎信。(《郭沫若致文求堂书简》第 76 号)

《为舌祸问题嘲嵒老》二首

作于 1933 年 3 月 13 日，署名蒙倛生。见致田中庆太郎信。(《郭沫若致文求堂书简》第 80 号)

《望断鸿图写故乡》

---

① 《郭沫若致文求堂书简》，文物出版社，1997 年 12 月。以下同。

作于 1933 年 3 月。手迹载《星星》1934 年第 5 期。

《无题》（为卜辞通纂成赠尾藤光之介）

作于 1933 年 4 月末。据手迹。

《荼蘼如醉为伊谁》

作于 1933 年 5 月 30 日。见本日致田中庆太郎信。（《郭沫若致文求堂书简》第 91 号）

《牢愁如海亦连天》

作于 1933 年 5 月 30 日。见本日致田中庆太郎信。（《郭沫若致文求堂书简》第 91 号）

《题扇》五首

作于 1933 年夏。据手迹。①

《昭君出塞曲》（歌词）

发表于《光芒》旬刊 1934 年 5 月 20 日第 1 卷第 1 期。

《题笼鸡图》

作于 1934 至 1935 年间。据手迹。

《步王国维韵替杜鹃解嘲》二首

作于 1935 年春。据手迹。

《题自画兰》

作于 1935 年春。据手迹。②

《信美非吾土》

作于 1935 年 5 月。收《潮汐集·汐集》。③

《题傅抱石画赠吴履逊》

作于 1935 年。据手迹。④

《题渊明沽酒图》

作于 1935 年。收《潮汐集·汐集》。⑤

《无题》（为彭泽民赋失恃之痛）

---

① 见蔡震《文化越境的行旅——郭沫若在日本二十年》，文化艺术出版社，2005 年 3 月。
② 见《郭沫若题画诗存》，山西教育出版社，1997 年 11 月。
③ 《潮汐集·汐集》，作家出版社，1959 年 11 月。以下同。
④ 见《郭沫若题画诗存》，山西教育出版社，1997 年 11 月。
⑤ 作者在《潮汐集·汐集》中署"作于抗战前不久，在日本"，因是为傅抱石在东京所办画展的画作所题，当是在 1935 年。《潮汐集·汐集》中《题傅抱石画八首》还收有另一首 1942 年 8 月所作《题渊明沽酒图》。

作于 1935 年。据手迹。①

《戏答陈子展》

作于 1936 年 8 月 22 日。发表于 9 月 2 日上海《立报·言林》。

《无题》（为林谦三雕胸像作）

作于 1936 年秋。

《赠达夫》

作于 1936 年 11 月 15 日。收《潮汐集·汐集》。

《断线风筝》

作于 1936 年 12 月 16 日。收《潮汐集·汐集》。

《无题》（"老去无诗苦有思"）

作于 1937 年 3 月 21 日。见致田中乾郎信。（《郭沫若致文求堂书简》第 224 号）

《海上争传火凤声》

作于 1937 年 3 月。②

《赠封禾子女士》

发表于 1937 年 6 月 6 日《国民公报·星期增刊》。

《题小原荣次郎作兰花谱》

作于 1937 年 6 月 10 日。据手迹。见致田中庆太郎信。（《郭沫若致文求堂书简》第 229 号）

《无题》（读《古占卜术研究》）

作于 1937 年 6 月 15 日作。据手迹。

《闻河上肇出狱》

作于 1937 年 6 月 16 日。据手迹。

《写给横滨友人》

作于 1937 年 7 月 14 日。发表于 8 月 4 日上海《大晚报》；后作《归国杂吟》之一，收《战声》。③

《归国志感》

作于 1937 年 7 月 24 日。发表于 8 月 3 日上海《立报·言林》；后作《归国杂吟》之二，收《战声》。

---

① 见《郭沫若书法集》，四川辞书出版社，1999 年 11 月。
② 见凤子《雨中千叶》，1981 年 8 月 16 日《光明日报》。
③ 《战声》，广州战时出版社，1938 年 1 月。以下同。

《黄海舟中》

作于 1937 年 7 月 27 日晨。发表于上海《光明》半月刊 8 月第 3 卷第 5 期；后作《归国杂吟》之三，收《战声》。

这 45 首诗按其所咏内容，大致可以分为三类：人际交往：12 首；咏物抒情：15 首；人生感悟：18 首。45 首诗中除 1 首外，均作于 1932 年之后，也就是说，它们只是郭沫若流亡日本中期开始往后五年间的创作。这从数量上已经是一个值得去关注的文学写作活动，值得去研究的对象。当然更主要的关注点还不在于数量的多寡，这些旧体诗的写作，在郭沫若文学活动运行的轨迹中，应该是具有一些特别意义的。

郭沫若从少年时代直到东渡日本留学之初，都有旧体诗的写作或习练之作，但那是在他还没有开始文学创作活动之前的写作，是新文学、自由体诗歌形式还没有出现之前的写作。成为诗人，并且是新诗历史开拓者之一的郭沫若，没有再作旧体诗。他运用古典格律诗词形式写作，而且成为一个延续下去的文学写作方式的开始，应该说是在流亡日本期间。这样的开始，意味着在郭沫若的诗歌创作活动中发生了一个变化：从"绝端"自由的新诗创作转向新旧两种诗体并行不悖的写作状态。这个变化显然与郭沫若流亡日本期间的生活经历、生存环境与精神心态密切相关。

文化怀旧

1932 年 1 月，郭沫若在接连两封写给国内诗歌界同行的信中，都不无遗憾地写道："我久没有作诗"①，"几年来久没有作诗"了②。这是他对于《榴花诗刊》和青年诗人任钧询问自己诗歌创作情况与约稿的回复。从 1928 年初创作了《恢复》集中的那些诗作之后，郭沫若基本上停止了诗歌写作。直至 1936 年之前，文献资料上所记载的他的自由体诗作仅有两三首。

有意思的是，不知是否不甘心于这"久没有作诗"的状态，在此之后不久（就在 1932 年），郭沫若开始连续有旧体诗的写作，虽然并没有拿出来发表。而更耐人寻味的是，又在不久之后（1933 年），郭沫若写了一篇记传散

---

① 1932 年 1 月 6 日复《榴花诗刊》编辑信。
② 1932 年 1 月 19 日致森堡（任钧）信。

文《自然底追怀》，主要是记述留学之初他与大自然相伴的诗歌写作活动，并抄录了彼时所写的11首旧体诗。文，当然也包括文中所录的诗，是拿去发表了的。这些诗可以算是郭沫若最早发表的旧体诗作。

　　流亡日本期间，郭沫若的主要精力是在中国古代史和金文甲骨之学的研究方面，但他仍然有大量的文学写作，其中最主要的内容是自传的写作，《自然底追怀》亦为其中一篇。之所以没有新诗创作，与郭沫若此时的生存环境和新诗创作理念有关。从《女神》开始，郭沫若的新诗创作就是一种激情写作，他需要触发灵感的激情体验。而能够触发其诗意冲动的现实人生，都是与青春浪漫联系在一起的。此时的郭沫若青春不复，又拘囿在一方不自由的狭小书斋里，自然难以有新诗写作的欲望涌动。

　　再就诗歌创作理念而言，自从倡导无产阶级革命文学运动之后，郭沫若就宣称宁愿做一个"标语人""口号人"，而不必一定要做诗人。但即使是做"标语人""口号人"，也是要有条件的，至少要置身在相关的社会现实环境中，才有可能去做诗人的振臂一呼，远在日本当然没有这个可能。

　　我曾著文专门考察论述了郭沫若在这一时期的自传性写作，认为怀旧情绪是他开始自传写作的一个重要心理动机。郭沫若的自传性写作，是一种为怀旧情绪左右、驱遣的文学冲动。同样，他开始旧体诗的写作，也与这种怀旧情绪密切相关。

　　怀旧，一般是随着人的生理年龄渐渐趋近老年而出现的一种心态。流亡时期的郭沫若虽已届中年，但他的怀旧不是年龄的原因。亡命日本之前，郭沫若刚刚经历了人生道路上一番轰轰烈烈而又大起大伏的波澜，时政的原因使他不得不携妻儿蛰居在异国他乡的社会环境和文化环境中。尽管这是他留学时期生活过多年的国度，但再次东渡后的生活环境、人生境遇，都与他留学时代迥然不同，也彻底颠覆了他此前的生活轨迹。在这样一个"孤家寡人"的生存环境里，郭沫若会渴望有一个能够与人进行情感交流和思想表达的机会和空间，但那是难以企及的。他只能在自我的心灵之旅，从过往岁月流逝的履痕中，去寻求心理上的平复和精神上的慰藉，由是而沉浸在怀旧的情态中。

　　自传写作是郭沫若怀旧情态的一种表现，他是以历史写作的方式回忆过往的岁月。但身为诗人，郭沫若的怀旧情绪还表现为一种文化怀旧的心态，开始写旧体诗则是其突出的表现，因为旧体诗歌这种文体形式本身及其审美表达，都是与传统文化密切相关的。

在本质上是个浪漫诗人的郭沫若，虽然称自己在《女神》之后不再是诗人了，但在现实生活中的郭沫若，总是离不开关于人生、关于自我情感的诗性感悟，离不开诗意方式表达的需要，于是他回到旧体诗的写作。这是一种最适于抒发感兴、寄托情怀的表达方式。

写作旧体诗，对于中国文人而言，与文学创作，与是否为诗人是两码事，所以讲"诗词余事"。但是诗词歌赋的写作之于中国文人的文化传统，又是不可或缺的。它所体现的是文人的一种情感方式、生活方式，是一种文化涵养、精神境界。

郭沫若为什么会在此时追忆到留学之初，尚未接触自由体新诗写作前写下的那些旧体诗呢？他是在怀念那样一种对于人生古典式的诗性品味吧。他在感喟着"要把自然抓回来"的同时，何尝不是在表达他对于那样一种将人与自然的关系化为诗意表达方式的怀念呢！开始着意于旧体诗的创作，对此时的郭沫若而言，实在是一个很自然的过程。

诗书画

郭沫若表现出文化怀旧意识的另外一个原因，与他置身其中的文化学术环境密切相关。郭沫若在流亡期间主治金文甲骨之学，因此，虽然身处异国他乡，他却是活动在一个充满中国古典文化元素和文化氛围的环境里，包括他的人际交往，大多是在与日本汉学家之间。与东京文求堂书店及田中庆太郎的密切交往关系是具有代表性的。

作为一个专门经营汉籍古书的书店，文求堂之于郭沫若几乎就是一方小小的文化"飞地"。仅从留存下来的二百几十封郭沫若致文求堂书简，我们就可以看到他与文求堂交往中与中国古典文化相关的诸多元素：各种中国古代典籍、多用中文书写的信函、题诗唱和、书法、绘画、往来的日本汉学家，乃至小小的信笺等等。这些实际上为郭沫若营造了一种文化环境，这样的文化环境当然会激发郭沫若创作旧体诗的诗兴，所以，在发掘整理出来的45首郭沫若诗作中，会有14首诗是写给田中庆太郎及其家人的。

郭沫若流亡期间的文化行旅中有一项内容似乎没有被人们注意到，即他在此期间真正开始了书法活动（创作），而这与他的旧体诗创作又有着连带关系。

书法习练是中国传统教育的一项内容，是中国文人应该掌握的一"艺"。

这也同写诗一样，表现为文人的一种文化涵养和质素。青少年时代的郭沫若，有过刻意习练书法的经历，也打下相当的功底，所以从留存的史料中我们可以看到他在 20 年代就曾给他人书写过扇面、联语、题画诗等。但那只是偶一为之，还说不上是有意识地把书法作为一种艺术表达的方式去运用，譬如，他在北伐之际为关存英书录《论语》中"士不可不弘毅"句，为刘海粟题画云"艺术叛徒胆量大，别开蹊径作奇画"等，他的用意主要在书写的内容，而不是怎样书写。

《书苑》杂志

郭沫若之所以会在流亡期间属意于书法，应该与他的古文字研究有着因果关系。金文甲骨之学一个最基本的学术准备，就是文字的释读、书写，中国的书法艺术实际上也是从汉字构成的基本特征与其发展进程中而来。郭沫若所有古文字研究的著述，均为手写，后以影印出版，在这样的学术研究过程中，写字之于郭沫若，显然不再仅仅是文字内容的表达，也成为一个具有审美意义的书写方式的表达。这从他许多释文的手迹和为这些著作手写的篇名即可看出，那多是很用心的书法之作。

参加《书苑》活动合影，郭沫若（第 2 排左 3）

在这一时期，郭沫若有许多题诗、题字，它们除了交往应酬的含义，都能称之为专门的书法作品，如：为李春潮书录《庄子·逍遥游》句①、为田中庆太郎书录阮籍《咏怀》三首题扇面②、题赠尾藤光之介七绝《无题》等等③。在其致文求堂田中庆太郎等人的书简中，亦有许多可称书法之作。郭沫若的书作涉及篆、隶、楷、行、草等各种书体。从另外一些相关的史料中，我们还可以知道郭沫若进入到东京书法（日本称书道）家活动圈子里的史实。④

与书法关联的又有绘画。我们今天可以知道和看到的郭沫若的画作，是出自其流亡日本期间所作。郭沫若的画作很少，但他为人题画之作非常之多，它们亦始自于这一时期。而这些题画之作既是诗作，也为书法之作。

诗书画，在中国古典文化传统中是彼此相通的，在中国文人的文化品性中也是彼此相通的。郭沫若的文化怀旧意识，让他在诗书画三个领域都开始耕耘，这三者又相辅相成。书与画构成郭沫若流亡时期旧体诗创作中的重要元素。在郭沫若流亡期间创作的目前所能见到的45首诗作中，诗书一体，书赠他人的诗作有15首，诗书画一体（主要是为他人画作题诗，或与画相关）的诗作有8首，两者占到总数的一半。

《金文丛考·自题》一诗，用篆体题写在该书的扉页，郭沫若显然是刻意用了这样一个表达方式。应该说这首诗的创作本身，就是包含了书法形式考虑的，不然，他也可以用另外的语言方式作一个题记什么的。为答谢董作宾"以素缣摹录殷虚陶文惠赠"所创作的七绝，与此相似。诗成后郭沫若用了三种书体书写，书赠董作宾的条幅为行楷，另以篆书、隶书将诗示之于人。

当然，书法与诗文创作的关系毕竟不是那么直接，只是说从诗书相互融通的意义上，会对于郭沫若创作旧体诗有一个激发触动的作用。但题画诗的创作与题画这一艺术表达方式的关系就是非常直截了当的。因为画，画面、画意，才有创作诗的灵感、兴味，才有诗文的内容，虽然写成的诗的文本意义或许已在画外了。

所以，与书画相关的郭沫若这些旧体诗创作，其诗文在文本的文学意义

---

① 见《郭沫若书法集》，四川辞书出版社，1999年11月。
② 见田中壮吉编《"文求堂"主人田中庆太郎》，1987年11月印行（非卖品）。
③ 参见手迹。另据日本亚非学院图书馆"沫若文库"保存的资料，有若干幅郭沫若的书作，只是没有落款。
④ 日本《书苑》《书道》杂志（书法方面的两种杂志）上发表过郭沫若的文章，《书苑》上刊登过郭沫若参加其活动的合影照片。

之外,实际上还包涵了书画艺术元素。这在日后也成为郭沫若旧体诗创作一个值得关注的方面。

触摸历史

流亡日本期间的郭沫若深居简出,生活的主要内容就是做学术研究,所以一直以来,其流亡生涯在人们所知、所见中,除了那次在警视厅拘留所的屈辱(《我是中国人》记述了事情的经过)和些许海滨的浪花(《浪花十日》记述了一次夏日避暑的点滴日常生活),似乎就只有一个学者面壁斗室、安贫乐道、苦苦著书那样一个淡定的影像。但是实际情况显然并非如此,那毕竟是一段延续了近十年的生活经历。郭沫若的旧体诗作,为我们了解其流亡生涯提供了丰富的资料,它们包含了许多直接的、感性的、真确的历史信息。

中国古典诗词的一个重要功能是作为人际交往的媒介,郭沫若在这一时期的许多诗作都是为与友朋交往而作。在过往的人生行旅中,郭沫若一直是生活在朋友中间的,他的人生离不开友朋相伴。亡命海外,这种朋友之间的交往之于郭沫若就显得更为重要,从他的诗作中,我们可以了解到诸多这方面的史实。

为傅抱石画题诗、书赠董作宾七绝、答谢《卜辞通纂》印行题赠尾藤光之介、《赠封禾子女士》……它们记述了郭沫若与这些朋友交往的开始和他们之间交往的史事。与郭沫若诗作相关的这样的名字还有许多:石田干之助、田中庆太郎、岭子、田中震二、小原荣次郎、熊子俊、彭泽民、林谦三、陈铭德、邓季惺、吴履逊、郁达夫、于立忱、陈子展等等。每一个名字、每一首诗,都包含有郭沫若人际交往的史迹。其中有些名字,如:熊子俊、江绍原、尾藤光之介等,如果不是这些诗作,我们甚至完全不知道郭沫若曾与之交往的史实。

在这样的人际交往关系中,我们还能进一步阅读到关联郭沫若流亡史事的诸多信息:古文字研究中的学术往来种种、与文求堂关系的方方面面、唯一的和歌之作、傅抱石在东京办画展、郁达夫来访、凤子在东京演出《日出》等等。凡此种种,可以提示郭沫若流亡生涯的许多历史细节、生活实景。它们使得郭沫若十年流亡生涯的那一段历史丰富起来,活跃起来。

与具体的史实、史事相比,郭沫若流亡生涯中更需要被了解,却也更难以解读的，是他所走过的心路历程。这在他不多的回忆散文中几乎难以理出头绪，但从这些旧体诗作中，却常常能够感受，甚至触摸到郭沫若情绪心境、精神心态在不同历史情境中的跌宕起伏、腾挪变化。显然，古典诗歌这种文体形式的写作，更适合于个人抒发感怀，寄托情志。

"呢喃剪新谱，青翠滴清音；对此欣欣意，如窥造化心。"① 这是郭沫若为石田干之助所书一纸条幅上的题诗。石田干之助是东洋文库主任，郭沫若正是得到他的帮助，从查阅文库中收藏的所有甲骨文资料开始，进入了古文字领域的学术研究。这在他的人生轨迹上是一个重要转折点，也可以说是其流亡生涯的一个起点。从诗中我们能真切感受到郭沫若在做出这样一个新的人生选择之后那种充满自信、欣然雀跃的心情。

做学问要耐得住寂寞，安贫乐道。曾经在文坛上、在北伐军旅中叱咤风云的郭沫若，能在异国他乡沉潜于书斋，苦修十年，在精神上也是需要经历一番磨难的。"小庭寂寂无人至，款款蜻蜓作对飞。芍药开残还自谢，荼蘼如醉为伊谁。"② "柔管闲临枯树赋，牢愁如海亦连天。"③ 这样的孤独寂寞感，表达的不仅是青灯黄卷的孤寂，还混合着一个海外流亡者深深的愁绪。耐得住这样的煎熬，也才有成果斐然的学术成就。

"笼中一天地，天地一鸡笼。" 这是郭沫若为傅抱石画《笼鸡图》所题诗，形象地道出了他对流亡生活的整体心理感受。"信美非吾土，奋飞病未能。关山随梦渺，儿女逐年增。五内皆冰炭，四方有谷陵。难甘共鱼烂，矢得一升腾。"④ 这种客居异乡，思念故里，心有所望，却又无可奈何的心境，应该是一直伴随在郭沫若流亡生涯之中的。

不过郭沫若海外十年的心路，并不是一目了然的那样简括、清晰，而总是交织、纠结在不同的思绪、心态中，这也是境遇使然。

"相对一尊酒，难浇万斗愁。乍惊清貌损，顿感泪痕幽。举世谁青眼，吾生憾白头。"⑤ 那应该是一种人生蹉跎、怀才难遇的感叹。而"虽无竹里馆，有月待幽人"⑥ 这样的诗句所表达的，却又似是王摩诘一般清幽、安然的心境。

---

① 《无题》（"呢喃剪新谱"），据手迹。
② 《荼蘼如醉为伊谁》，《郭沫若致文求堂书简》第91号，文物出版社，1997年12月。
③ 《牢愁如海亦连天》，《郭沫若致文求堂书简》第91号，文物出版社，1997年12月。
④ 《信美非吾土》，《潮汐集·汐集》，作家出版社，1959年11月。
⑤ 《无题二首》，《郭沫若致文求堂书简》第76号，文物出版社，1997年12月。
⑥ 《寄田中庆太郎"催妆"》，《郭沫若致文求堂书简》第36号，文物出版社，1997年12月。

"有酒且饮酒，有山还看山"，"此意竟何似，悠悠天地宽"。① 诗虽为题画之作，所寄托的情思当是诗人自己的。以郭沫若那种不失豪放的性情，该是拿得起放得下的人，身陷亡命海外的窘境，能有海阔天空的豁达，实属难得了。而"何时握手话巴山，与君重振旧旗鼓"，② 已是在与老友重温北伐旧事，抒发企盼重振雄风的豪情壮志了。

海外十年，"归国"的话题，在郭沫若当然是不曾被忘却的，但在这一话题的背后，总会纠缠有时局时政与家庭个人两个方面考虑的矛盾。"故园今是昨朝非，於虎之耷政渐稀。若问缘何犹作客，只因欲劝率滨归。"③ 即使在觉得国内的社会政治形势趋向于宽松的情况下，家人家事仍然会让郭沫若在去留之间感到困扰、两难。不过，随着他在学术研究之外更多地参与进左翼文化活动，随着中日之间政治关系的变化，郭沫若在心底已经有了坚持："独对寒山转苍翠，渊深默默走惊雷。"④

"卢沟桥事变"爆发，中华民族面临生死存亡的危难之际，郭沫若毅然决然做出抉择：毁家纾难。"又当投笔请缨时，别妇抛雏断藕丝"⑤，"四十六年余一死，鸿毛泰岱早安排"⑥。从这些诗句中，我们不仅能感受到郭沫若爱国情怀的拳拳之心，而且仿佛触摸到真实律动的历史脉搏。

流亡日本的郭沫若，是生活在一段特定的情感经历和一个特定的社会人文环境中的，所以他的旧体诗写作，主要是表达其个人情感寄托和人际交往的方式，不是用来发表的。但在这样的写作过程中，他越来越感到古典诗词的形式适宜他的需要。与此同时，在这一生活环境中本来就难以涌出的新诗创作所需要的那种激情冲动，离他越来越远。"编将隐恨成桑户，坐见春风入棘篱"⑦。郭沫若倒是很淡定地面对自己在诗歌创作上的这样一个变化。

---

① 《题渊明沽酒图》，《潮汐集·汐集》，作家出版社，1959年11月。
② 《无题》（为彭泽民赋失恃之痛），据手迹，见《郭沫若书法集》，四川辞书出版社，1999年11月。
③ 《步王国维韵替杜鹃解嘲》二首，据手迹，见蔡震《郭沫若流亡日本期间若干旧体佚诗考》，《新文学史料》2011年第3期。
④ 《题傅抱石画赠吴履逊》。此句原作"独对苍山看不厌"，见蔡震《郭沫若流亡日本期间若干旧体佚诗考》，《新文学史料》2011年第3期。
⑤ 《归国志感》，1937年8月3日上海《立报·言林》。
⑥ 《黄海舟中》，《战声》，广州战时出版社，1938年1月。
⑦ 《无题》（"老去无诗苦有思"），《郭沫若致文求堂书简》第224号，文物出版社，1997年12月。

于是，转向旧体诗写作的这一过程，实际上也在不知不觉中修正了郭沫若的诗歌创作理念。曾经主张诗歌创作在形式上要"绝端"自由的郭沫若，此时已经在实际上改变了这一极端的理念。当然，诗歌"主情"，仍是他所坚持的。

"朋友们有的劝我不要做旧诗，但我总觉得做旧诗也有做旧诗的好处，问题该在所做出的诗能不能感动人而已。在我的想法，目前正宜于利用种种旧有的文学形式以推动一般的大众，我们的著述对象是不应该限于少数文学青年的。"① 这是郭沫若在 1937 年归国之初写下的一段文字，既可以看作是他对于流亡时期旧体诗写作经历的一个认定，也预示了抗战期间成为他文学创作一个重要方面的旧体诗词创作的开始。

---

① 《由"有感"说到气节》，1937 年 8 月 30 日上海《救亡日报》。

《历史小品》，盗版？正版？

1936年5月，刚刚创刊不久的上海《东方文艺》在第2期上刊登了一则出版预告：新钟书局将出版一套《新钟创作丛刊》，其中一种是郭沫若的《历史小品集》，且标明书价"四角半"。《东方文艺》即是由新钟书局创办的。

《新钟创作丛刊》的确出版了若干种图书，像张天翼、穆木天、王独清、唐弢等人的作品，但所谓郭沫若的《历史小品集》却是子虚乌有。所以在《东方文艺》刊出《新钟创作丛刊》的预告后，郭沫若即在6月2日写的一篇散文《痈》（发表于上海《光明》半月刊6月25日第1卷第2号）中揭露、讥讽了新钟书局作伪的行径。他在文章中针对那则出版预告写道："我最初看见时委实吃了不小的一惊。我不知道几时写了那样多'历史小品'竟能成'四角半'的'集'。""'历史小品'究竟是什么？是指的我近年来所写的《孔夫子吃饭》《孟夫子出妻》之流吗？但发表了的总共只有三篇，'品'则有之，那里会'集'得起来呢？"

其实，那时郭沫若已经发表的历史小说倒也不止三篇，这还不算他在20年代创作发表的《鹓鶵》《函谷关》《马克思进文庙》。估计新钟书局是看到郭沫若从1935年下半年起陆续创作发表了《孔夫子吃饭》等几篇历史小说，预计着他还会不断有新作发表（事实上倒也的确如此），打算相机行事，利用郭沫若的文名编上这么一本书——实际上也就是盗版书，赚上一笔钱。孰料远在日本的郭沫若很快见到了这则预告，且不买账，还在文章中把乌有之事抖搂出来，书局的如意算盘自然流产。

新钟书局的口碑并不好，从这套《新钟创作丛刊》已经出版的一些作品及其作者的遭际就可以看出来。唐弢在《晦庵书话》中曾写道："记得新钟书局出过一套《新钟创作丛刊》其中有天翼的《洋泾浜奇侠》，有我的《海天集》，印刷既坏，错字更多，几乎每页就有四五个，书一发行，老板就避而不见，结果是卷逃而去，一分钱稿费不付。"①另一位在《新钟创作丛刊》中也被编入一部作品集的周楞伽（华严）有相同的经历。他将自己的《田园集》交新钟书局出版，但书局既不签出版合同，出书后亦迟迟不付稿酬。周楞伽屡屡催问，责任编辑干脆推脱说自己辞职了，结果直到新钟书局倒闭，周楞伽也没有拿到一分钱。② 这家书局可以归结到那种无良出版社一类了。还需要一提的是，此时任新钟书局经理的卢春生，后来离开新钟书局，自办了一个潮锋出版社。正是这个潮锋出版社在 1937 年 1 月，将郭沫若尚在《宇宙风》上连载的《北伐途次》盗版编印出版了《北伐途次——第一集》一书，被郭沫若怒斥为"幽灵出版社"。③

创造书社出版的《历史小品》

然而事情似乎并未就此完结。这一年 9 月，一本由创造书社出版，署名郭沫若的《历史小品》出现在坊间。一个月后，郭沫若自己编订的《豕蹄》作为"不二文学丛书"之一种，由上海不二书店于 10 月 10 日初版发行。尽管《豕蹄》是一本历史小说与自传散文的合集，此后却一直被视为是郭沫若的第一本，也是唯一的一本历史小说集。在一份 1941 年由柳倩帮助整理的郭沫若著编译书目（藏郭沫若纪念馆）中，没有列入《历史小品》这个作品集。郭沫若于 1941 年 9 月编订的《五十年简谱》只记载了"草《豕蹄》中历史小说及自传数章"，同样没有提到《历史小品》一书。而且这之后，他也没有在其他文章中以任何方式说到过创造书社和《历史小品》。那么这是否也是一本盗版书呢？我们不妨先来看一看《历史小品》是个什么样的集子。

《历史小品》一书内收有八篇历史小说，即《老聃入关》《庄周去宋》《孔夫子吃饭》《孟夫子出妻》《秦始皇将死》《楚霸王自杀》《司马迁发愤》《贾长沙痛哭》。其中《老聃入关》《庄周去宋》两篇分别是创作发表于 1923

---

① 唐弢：《晦庵书话·〈从空虚到充实〉》，三联书店，1980 年 9 月。
② 周华严：《我的生活与文坛经历》，上海鲁迅纪念馆《上海鲁迅研究》第 14 辑。
③ 见《北伐途次·后记》，上海北雁出版社，1937 年 6 月初版《北伐》。

年的《函谷关》与《鹓鶵》，只将原篇名改过。

《函谷关》《鹓鶵》这两篇小说在收入1926年1月上海商务印书馆出版的《塔》和1930年10月上海光华书局出版的《沫若小说戏曲集》时，都用的是最初发表的篇名，直到编入1947年10月由上海海燕书店出版的小说集《地下的笑声》中才分别改篇名为《柱下史入关》《漆园吏游梁》。新中国成立后收入《沫若文集》《郭沫若全集》便一直沿用此篇名。那么，在《历史小品》集中是谁改订了两篇小说的篇名呢？若此书系创造书社自行编订，可能是由编辑所为。但后来收入《地下的笑声》中，偏偏也只有这两篇作品是将最初发表时的篇名修改了的，这的确耐人寻味。如果不是作者自己所为，那真称得上是巧合了。

有一个问题也特别需要在此提及一下：郭沫若在此时并不喜欢"小品文"的概念，尽管他在20世纪20年代曾创作有《小品六章》。这应该与此时的文坛背景有关。

从1932年起，林语堂等人相继创办《论语》《人间世》《宇宙风》等刊物，提倡散文创作表现"幽默"和"性灵"，主张小品文"以自我为中心，以闲适为格调"，在文坛引起关于小品文的争论。以杂文创作作为"匕首""投枪"的鲁迅，批评这样的小品文是"麻醉品"，而这样的"幽默"，不过是"将屠户的凶残，使大家化为一笑，收场大吉"。茅盾等人也批评"幽默"小品文的有害倾向，提倡"创造新的小品文"。1935年9月，左联东京分盟创办了《杂文》月刊，郭沫若在创刊号上发表了《阿活乐脱儿》一文，以北美热带一种叫作"阿活乐脱儿"的两栖类动物生理演变的特征，喻示杂文是一种经过演变而被赋予新生命的文体，借此反驳文坛上一些人讥消杂文这一文体既非散文也非小品，以为这是艺术的没落的看法。1936年初，郭沫若为张天虚的一部小说作序，他在序文中写道：

"天虚这部《铁轮》，对于目前在上海市场上泛滥着和野鸡的卖笑相仿佛的所谓'幽默小品'，是一个烧荑弹式的抗议。

近代的好些青年人，真真是有点岂有此理！几乎什么人都要来'幽默'一下，什么人都要来'小品'一下，把青年人的气概，青年人的雄心，青年人的正义，青年人的努力，通同萎缩了，大家都斜眉吊眼地来倚'少'卖俏！我真是有点怀疑，你们的精神是真正健全的吗？"

"不要再假装'幽默'了，不要再苟安于偷懒怕难的'小摆设'了，你们把你们的被禁压了的欲望向积极方面发展吧。"①

设想此时的郭沫若如果编自己的作品集,大概是不会以"小品"来命名的。

关于出版这本《历史小品》的创造书社,没有见到任何资料,也就无从知道它与郭沫若之间是否有过什么关系。

那么就现有的资料而言,我们不能认定《历史小品》为郭沫若自己编订的作品集,是不是就该称其为盗版书呢?我以为不能简单地一概而论,就郭沫若作品出版的历史状态而言,这不是一个非此即彼的问题。

自 1929 年创造社被查封,出版部被迫关闭之后,直至 1942 年郭沫若自己筹资参与成立了群益出版社,这十余年间,他的著作全部是经由商业出版的方式出版。其中就有许多书是由出版社经手编辑出版的。它们如果在成书前或是在成书后,以某种方式(包括支付了稿酬)得到作者的认可,是不是就可以称为正版书呢?这其实是一个郭沫若著作版本考察中从来没有被讨论过的问题。

譬如,人们很熟悉的《文艺论集》,尽管郭沫若曾对该文集做过几次修订,但初版本的《文艺论集》其实是由沈松泉代为收集编订的。沈松泉原是泰东图书局的伙计,后来与张静庐离开泰东,自己办起光华书局。开办之初,沈松泉便去找郭沫若约稿(郭沫若从日本回国之初到泰东时,与沈、张可谓同事)。郭沫若即将《聂嫈》交光华书局出版,同时请沈松泉代为搜集在报刊上发表过的文章,以结集出版,这就是《文艺论集》的成书。② 在初版本的"序"中,郭沫若是写到此事的,后来的修订本删去沈松泉的名字,倒使人误以为《文艺论集》由郭沫若自己编订。不过,郭沫若在《五十年简谱》"民一四年"项下,只记有"草诗集《瓶》","草《聂嫈》。《三个叛逆的女性》出版"等事,而未提及《文艺论集》的编辑出版(1925 年 12 月出版)。《文艺论集》或者还可以说在编订时郭沫若就参与了意见,《沫若书信集》则完全是由泰东图书局自行编纂的。郭沫若对编订的书稿并不满意,但还是为之撰

---

① 《论幽默——序天虚〈铁轮〉》,1936 年 2 月 4 日上海《时事新报·言林》。
② 沈松泉在《关于光华书局的回忆》中写道:"我又到学艺大学去找郭先生要稿子,那时他在该校任教,郭先生很爽快地答应把他的剧作《聂嫈》交光华出版。""1925 年光华还出版了一本郭沫若先生的《文艺论集》。……这也是我去学艺大学找郭先生时,他临时决定的,并且要我帮他搜集他在各报刊上发表过的文章。"(载《古旧书讯》1981 年第 5、6 期、1982 年第 1 期)

写了序言，认可了书稿的出版。因为有这篇序言，我们可以得知《沫若书信集》成书的经过和结果。

那么，会不会有类似这两书编订成书的经过（包括事前事后经作者默许）而出版的、署名郭沫若的作品集，由于没有相关的文字和史料留存下来，所以不为我们所知呢？我以为应该是有的。

实际上，在可以肯定其为正版书之外，署名郭沫若而经他自己指认其为盗版的书只有两三种，而像上海仙岛书店出版的《黑猫与塔》、上海国光书局出版的《黑猫与羔羊》、上海爱丽书店出版的《今津纪游》等，则属于很容易可以判定其为盗版的出版物。① 除此之外，有相当数量署名郭沫若的书，或是托名郭沫若的文选、选集、作品集等，像《历史小品》一样，我们无从知道它们是经由什么样的方式和过程出版的。这种情况在郭沫若流亡日本期间尤为突出。

顺便需要提到还有一本称作《历史小品集》的作品集，先于上述两书，1936年7月由上海长江书店出版。这是辑选了鲁迅、郭沫若、茅盾、曹聚仁、巴金等11位作家的21篇历史小说或散文小品的一个作品合集，其中编选了郭沫若的《中国勇士》（即《齐勇士比武》）《孔夫子吃饭》《孟夫子出妻》《秦始皇将死》四篇历史小说。《中国勇士》一篇（发表于《文学丛报》1936年4月1日创刊号，题作《中国的勇士》）是《豕蹄》与《历史小品》均未收入的作品。这本书到1937年4月已经印行第三版，后又由文化励进社以《历史小品文》为书名继续出版。

关于创造书社的《历史小品》一书说到这里，该书究竟算是正版还是盗版，我们还难以得出一个肯定的结论，这的确是一个遗憾，但不妨将该书作为郭沫若著作出版的历史信息，就以如此内容记录在案。从另一方面看，《历史小品》一书作为一种版本，它的版本价值倒是值得注意的。这可以与《豕蹄》做个比较。

《豕蹄》收入历史小说六篇：《孔夫子吃饭》《孟夫子出妻》《秦始皇将死》《楚霸王自杀》《司马迁发愤》《贾长沙痛哭》，"自叙传"五篇：《初出

---

① 譬如《黑猫与塔》，该书出版于1930年9月，那时《黑猫》尚未出单行本（单行本1931年12月由上海现代书局初版印行）。该书所附前言与《塔》的前言相同，只将"收在小小的塔里"一句，改作"收在小小的黑猫与塔里"，完全是不通的一句话。"塔"是有寓意的，"黑猫"则与之风马牛不相及。《塔》中收入的作品与《黑猫》的内容不同，创作时间分属两个时期，作者断不会把它们放在一起而论。

夔门》《幻灭的北征》《北京城头的月》《世间最难得者》《乐园外的苹果》，另有"献诗"一首及"序""后记"。"序"即是《从典型说起》一文。这应该算一个综合性作品合集。而《历史小品》则完全是一本历史小说的作品合集，所收郭沫若历史小说的篇目也多于《豕蹄》，且先于《豕蹄》出版。应该说这是一个不错的选本。它才可称作是郭沫若第一本，也是唯一一本历史小说作品集。

或许正是这个原因，日本的平冈武夫选择了《历史小品》，而不是《豕蹄》，将郭沫若的历史小说以作品集形式翻译为日文本（以前只有单篇的日译文本），书名亦作《历史小品》，由岩波书店 1950 年出版发行。① 当然，平冈武夫肯定没有考虑到《历史小品》一书的版本问题。创造书社的《历史小品》未见续印本，日文译本的《历史小品》则至少到 20 世纪 80 年代，还在再版印行。

---

① 韩国也翻译了《历史小品》（根据朴宰雨文章介绍），Kim‐Seungil 译，凡友社 1994 年 7 月出版。次年（1995 年 1 月），又有申辰镐翻译的《豕足》，社会评论出版。

在日本期间日文著述考

在日本驻留的前后二十年间，郭沫若创作、撰写了大量文学作品和金文甲骨文研究、中国古代社会研究的著作。这是他一生文学创作与学术研究最主要的组成部分。这些以日本社会为活动空间而进行的创作、研究、著述，其不可避免地表现出日本文化带给它们的某些影响，我曾有专文论述。但在郭沫若这些学术文化活动中，还有一种比较特殊的情况：他有一些以日文著述，首先以日文发表的文章，也有些演讲稿或是从中文本特为在日本报刊发表而译成日文本的文章（不包括他人选译的文章）。于此，有专门做一下梳理考察的必要，原因有二：

其一，在现已出版的有关郭沫若著译资料的记录中，譬如其著译系年、几种年谱等，关于这方面的情况虽有记载，但于其来龙去脉（写作、发表、日文本与中文本之关系等），多语焉不详，亦多有错记、漏记者。这些情况是关于郭沫若文学、学术活动最基本的文献史料，应该有一个准确、完整的记述。

其二，在郭沫若的日文著述活动（姑且以此称谓这些相似的学术文化活动）中，除文本之外，还包含他与日本社会、日本文化之间关系的一些值得发掘、关注的历史信息。譬如，从大处看，可有涉及中日之间思想文化交流的内容，可以了解郭沫若在日本期间文学活动、学术活动的某一方面；在细微处，有与之相关的郭沫若在社会关系、人际交往方面的情况；还有在这些著述活动之中隐藏的写作动因乃至关乎某种生存状态的信息等。

根据现有资料可以查找到的郭沫若以日文著述或以日文发表的文章作品有下列一些篇目，这里依撰写或发表时间的先后，逐一进行梳理考察。

1. 《芽生の二葉》

作于 1922 年底，发表于 1923 年 1 月 1 日、2 日两天的大阪《朝日新闻》。

篇题的中文译名应作《两片子叶》。1923 年，成仿吾将文章的主要内容译成中文，以《中国文化之传统精神》为题，刊载于 1923 年 5 月 20 日《创造周报》第 2 号。郭沫若后来就将该译本收入 1925 年 12 月由光华书局初版发行的《文艺论集》中，一直沿袭下来，现在收录于《郭沫若全集·历史编》第 3 卷。迄今为止，该文无全篇完整的中文译本。

《芽生の二葉》或者说《中国文化之传统精神》，是郭沫若在五四时期撰写的一篇非常重要的文章。首先，它是了解五四时期郭沫若文化思想的一篇重要文献史料。郭沫若虽为五四文坛新进的诗人，但在新文化阵营的主流话语呈现为反传统文化的情势下，他却对传统文化表现出极大的热情，对复兴传统文化精神寄予热切期待。在这篇文章中，郭沫若以他的方式阐释了对于传统思想文化的理解，对于个性解放思想的张扬。

其次，《芽生の二葉》的撰写也代表着郭沫若学术活动的开始。这篇文章，以及略后一点所作但未完成的《中国思想史上之澎湃城》，实际上就是郭沫若后来的中国古代社会研究中对于思想文化史研究的开始。我们从中可以看到一条郭沫若对于中国古代社会进行学术思考的脉络。

《芽生の二葉》是应大阪《朝日新闻》所约而作。作为日本的一家大报，地处关西的大阪《朝日新闻》，何以会向远在九州地区就读，且是攻读医学的一位中国留学生约写一篇论述中国传统文化的长文？《中国文化之传统精神》缺失了一些什么内容？这些已在前文《〈芽生の二葉〉，全貌与背景》中专门述及。

2. *Our New Movement in Literature*

1923 年 5 月应大阪《每日新闻》约以英文作，5 月 18 日自译为中文，题《我们的文学新运动》，发表于 1923 年 5 月 27 日《创造周报》第 3 号。日文本题作《我等新文学运动》，载极东新信社《北京周报》1923 年 6 月 24 日第 70 号。

这一篇文章的写作在郭沫若的创作活动中是个比较特殊的情况，且差不多在同时即有了三个文本。在发表的中文本后，作者有一个"附白"，写道：

> 日本的大阪每日新闻在本月二十五日要出一次英文的《支那介绍专号》，该报驻沪记者村田氏起前来访，要我做一篇关于我国新文学的趋向

的文章。我得仿吾的帮助做了一篇"*Our New Movement in Literature*"的短论寄去。我现在把他自译成中文，把初稿中意有未尽处稍补正以发表于此，我想凡为我们社内的同志必能赞成我们这种主张，便是社外的友人我们也望能多来参加我们的运动。

郭沫若在这篇短论中实际上提出了革命文学运动的问题。中国的现代文学进程虽然比日本近代文学（相当于中国现代文学）进程的开始要晚一大步，但从文学革命到革命文学，进而前进到无产阶级革命文学运动阶段，中国的无产阶级文学运动与日本的无产阶级文学运动，差不多就已接近同步了。大阪的报纸会有兴趣关注中国革命文学运动，正是这样一个历史背景的反映。

3.《狂歌》

作于 1932 年秋，未刊出，抄录于致田中庆太郎信函。①

  秋空澄碧晓风吹，
  果木凋零落叶飘。

这是一首和歌，系步田中庆太郎夫人岭子所赋和歌《岚之歌》韵而作。郭沫若称之为"生平首次"，也是迄今所见其唯一一首和歌作品。

4.《自然への追怀》

作于 1933 年 11 月 30 日，发表于改造社《文艺》1934 年 2 月第 2 卷第 2 期。

《自然への追怀》的中文本题为《自然底追怀》，发表于 1934 年 3 月 4 日上海《时事新报·学灯》，署名郭沫若。之后，又有过两个中文本刊出。一由济民翻译，以《自然之追怀》为题，刊载于上海《现代》月刊 1934 年 4 月第 4 卷第 6 期；一为刊载于汉口《西北风》半月刊 1936 年 10 月第 10 期的《我在日本生活》，署名郭沫若。

刊发《我在日本生活》的那一期《西北风》是"日本特辑"，所刊 22 篇文章均写与日本相关之人与事。郭沫若应该是得该刊约稿，因而将《自然への追怀》另冠一契合"特辑"之意的篇题发表。在文末，他附言道：

  本文是受日本文艺杂志编辑之托，我几乎已把留学十年间对于自然

---

① 《郭沫若致文求堂书简》第 35 号，文物出版社，1997 年 12 月。

的感慕完全写出来了。不消说自然也是有阶级性和时代性的，而且不仅贵族的自然和平民的自然有所区别，就是封建时代的自然，和资本主义的自然乃至现在所谓非常期的自然，皆各具备有它的特征的。

人间是自然的一部分，所以把它看做人事的自然也不是无理的。同时人事以外的自然，在某一范围内，也要受到人事自然的影响。古代的占星家已经唱出人天交涉的学说了。这也不能把它一概都贬为迷信论。近代优秀的占星家也说：人类……这种爱好是和太阳的黑点有关系的。再之，人为的……也已把自然现象——丰年变为灾害了。如果把这些理由详论起来，不消说限定的纸幅是不够的，也恐不是编辑先生之所望吧！总之，一谈起自然，不觉就受了古风的影响，因此我也就写了这篇畸形的古风的文章了。但我是说追怀，切不要把它解释做追慕，希望读者诸君明白这一点。

日本《文艺》杂志上发表的《自然への追怀》

郭沫若在流亡日本期间有大量自传的写作，《自然への追怀》是其中比较特别的一篇，即没有贯穿于他自传写作的历史序列中，而是围绕关于自然的追忆，专门记述了他留学期间诗歌写作一个方面的经历。但是这篇回忆散文无疑是关于其早期诗歌创作活动的一篇重要文献资料，文中所录11首诗，除1首外，均系郭沫若未入集的佚作。

这几个不同文本，在文字上略有差异，特别是文中所录若干首诗的诗句，在文字上有出入。对照比较几个文本，我以为应以初次发表在《文艺》上的日文本为准（该文本中的诗文部分全部为中文，而另外的文本明显有手民误植之处）。同时，还需要特别述及的一个情况是，在郭沫若纪念馆藏有一份郭沫若手稿，抄录了《自然への追怀》中的11首诗。该手稿写于郭沫若流亡日本期间，但究竟是在写作《自然への追怀》之前还是之后，无从判断。如若写在文章撰写之前，应该只是录出为撰文所用，但如果写在文章做成之后，则一些诗文词句的不同，似可视为斟酌后的修改。所以，在下面将《自然への追怀》中所录诗文与抄录稿文字有所不同的几首诗记录如下：

镜浦

（一）
镜浦平如镜，
波舟荡月明。
遥将一壶酒，
载到岛头倾。

（二）
飞来何处峰，
海上布艨艟。
地形同渤海，
心事系辽东。

（三）
白日照天地，
秋声入早潮。
披襟临海立，
相对富峰高。

文中该诗无题，篇题据抄录稿所加，其中第三首"白日"句，抄录稿作"旭日"。

吊朱舜水墓

一碣立孤冢，
枫林照眼新。
千秋遗恨在，
七日空哭秦。

文中该诗无题，篇题据抄录稿所加，"枫林"句，抄录稿作"楔林"。

晚眺

暮鼓东皋寺，
鸣筝何处家。

天涯看落日，
乡思寄横霞。

首句抄录稿作"暮鼓深山寺"。

游太宰府
艳说菅公不世才，
梅花词调费安排。
溪山尽足供吟啸，
犹有清凉秋思催。

文中该诗无题，篇题据抄录稿所加，"溪山"句抄录稿作"梅花满目供吟啸"。

中文本《自然底追怀》发表后没有收入郭沫若的任何一个（部）作品集，1963年始有人注意到这篇文章。郭沫若去世后，这篇文章作为佚文被学人收集考订，但关于其几个不同文本的情况，至今还存在有误见，需要予以厘正。

1963年11月出版的《中国现代文艺资料丛刊》第三辑上刊载有海英的一篇文章《郭沫若留学日本初期的诗》，文中以《我在日本的生活》为题辑录了这篇文章，并写道："这儿，我先抄出最近发现的一篇极珍贵的文章，是1936年郭沫若同志用日文写的，关于早年诗作的回忆。"后来即有人将《我在日本的生活》作为《自然への追怀》的另一中文本（见易明善《关于郭沫若生平活动的几点考订》，《文学评论丛刊》第11辑1982年2月）。迄今仍有郭沫若研究在用的一些资料中使用了《我在日本的生活》的文本，或是将其视为《自然への追怀》的另一个文本。这是错误的。《中国现代文艺资料丛刊》刊出的，实际上就是刊载于《西北风》半月刊上的文本（两文标题有一字之差）。当然，这个错误的出现，主要并不在于读到海英文章的学者，譬如《关于郭沫若生平活动的几点考订》一文作者的误解，而是原刊《郭沫若留学日本初期的诗》一文作者海英十分不严肃、不诚实的学术态度所致。

海英在《郭沫若留学日本初期的诗》一文中虽然抄录了这篇文章，但他自始至终都不提这篇文章刊载于哪一刊物以及刊期，这显然是非常不严肃的，也可以说是耍了一个手腕，而让读者误以为这是他从日本原刊刊物上发现并翻译成中文本（易明善在《关于郭沫若生平活动的几点考订》一文中就是这样认定的)。可以肯定,海英并没有看到《自然への追怀》在日本发表的文本,因为他根本不知道《自然への追怀》发表于日本改造社的刊物《文艺》1934年2月第2卷第2期,当然也不知道这篇文章写于1933年11月(刊登在《现代》月刊上济民翻译的《自然之追怀》的文本,他肯定也没有看到,因为该译文篇末注明有日文本发表的刊物、刊期)。他在自己的文中断言这篇文章"是1936年郭沫若同志用日文写的","刊载于一九三六年东京出版的日本《文艺》杂志",其实只不过是根据刊载《我在日本生活》的《西北风》出版于1936年10月,以及郭沫若在附言中说"本文是受日本文艺杂志编辑之托"而写这两点,揣测(错误的)了该文写作及在日本发表的情况。既然如此,海英当然也就不可能从日文本翻译《自然への追怀》,他只能是抄录了刊载于《西北风》的《我在日本生活》,但把篇题加了一个"的"字。

5. 《现代支那政治论》

系一篇时政文章,发表于改造社《改造》月刊1933年10月第15卷第10期。

6. 《天の思想——先秦思想の天道观》

1935年1月6日作讫。由日本岩波书店作为"岩波讲座·东洋思潮(东洋思想诸问题)"第八回配本,同年2月出版。①

文章分四部分:一、天の思想の起源,二、天の思想の利用,三、天の思想の转换,四、天の思想の归着。

文章考证、论述了先秦时代关于"天的观念"的起源、发展演进和它的归宿。认为:殷代"是已经有至上神的观念的,起初称为'帝',后来称为'上帝',大约在殷周之际的时候又称为'天'"。"殷人的至上神是有意志的一种人格神","同时又是殷民族的宗祖神"。这是"殷人的独自的发明"。周因袭了殷文化,"关于天的思想周人也是因袭了殷人的"。但是"周人根本在怀疑天,只是把天来利用着当成了一种工具"。周人提出了一个"德"字来,"要把人的力量来济天道之穷",这是关于天的思想的一大进步。春秋时代是政治上的争乱时代,也是思想上的矛盾时代。春秋末年,"新的统一是逐渐地出现了,在中国的思想史上展开了灿烂的篇页"。老子取消了人格神的天道观,"建立了一个超绝时空的形而上学的本体"——"道"。孔子融和了老子

---

① 饭田吉郎编《现代中国文学研究文献目录》增补版,郭沫若纪念馆藏资料(此作的日文手稿)。

和殷周传统思想,把天作为自然、自然界的法理,在天道思想上又是一个进步。墨子复活了殷、周的传统思想,是一种历史的反动。"中国的思想史上自从有老子、孔子、墨子这三位大师出现,在战国年间演出了一个学术的黄金时代,同时也是学派斗争得最剧烈的时代"。天道思想至此,"差不多是再没有进展的可能了"。到了《荀子》之后的《易传》,"一切先秦的天道思想在这儿也就告了一个归宿"。

中文本题为《先秦天道观之进展》,删去每节标题,署名郭鼎堂,由上海商务印书馆1936年5月初版发行;收入重庆文治出版社1945年3月初版《青铜时代》;后收入《沫若文集》第16卷;现收《郭沫若全集·历史编》第1卷。

7.《"易"の构成时代》

1935年3月10日作讫。发表于同年4月岩波书店《思想》杂志第155期。中文本题为《周易的构成时代》,由长沙商务印书馆作为"孔德研究所丛刊之二",1940年3月出版。该书同时有法文译本对照,书末附有陈梦家所作《郭沫若〈周易的构成时代〉书后》。该书(文)收入上海群益出版社1946年版《青铜时代》时,改题为《〈周易〉之制作时代》;后收入《沫若文集》第16卷;现收于《郭沫若全集·历史编》第1卷。

还是在1935年1月的时候,郭沫若就以《易》为题做过一次演讲。那是在1月26日,他应日本中国文学研究会①之邀,赴东京一桥学士会馆,参加该研究会第三次例会。他是被特别邀请的演讲人,做了关于《易》的演讲。②郭沫若讲述了中国文字形成的时间、八卦的由来、象形文字的转化与八卦之间的关系;推断了《易》的经部的构成,同时分析了老子、孔子、墨子、荀子,特别是荀子的思想与《易》的关系。③《"易"の构成时代》一文应该就是在这次演讲内容的基础上撰写而成。

---

① 日本中国文学研究会成立于1934年,是由"几个帝大(指东京帝国大学——笔注)出身的致力研究中国文学的青年所发起的"。研究会邀请过日本学者一户、辛岛骁、池田孝等演讲,介绍中国作家和中国文坛的情况,"中国曾轰动一时的大众语等问题,他们也拿来激烈的讨论过"。研究会办有《中国文学月报》,以介绍当代中国文学为主(见《日本的中国文学研究会》,东京《杂文》月刊1935年5月15日第1期)。

② 日本中国文学研究会的例会原仅限于与研究中国文学有关的人参加,这次例会因为通过《朝日新闻》发了预告消息,与会者有一百四十余人,结果临时改换了更大的会场。郭沫若的演讲生动有趣,会场里反应热烈(据吕元明《郭沫若在日本》,1983年2月《四川大学学报丛刊》第17辑)。

③ 据该次演讲日文稿(存郭沫若纪念馆)。

文章考证了"在儒家经典中是被认为最古,且最神圣的"《周易》的构成时代及其作者。否定了《周易》由伏羲、周文王、孔子"三位一体"所作的"定说"。文章分十二部分:

一,序说,"要讨论的问题"。

二,八卦是既成文字的诱导物,而"其构成时期亦不得在春秋以前"。

三,《周易》非文王所作。

四,孔子与《易》并无关系,"在孔子当时《易》的经部还没有构成"。

五,《易》之构成时代,由晋太康二年汲冢出土品"可以得到一个暗示":"魏襄王的二十年时,《易传》的'十翼'是完全没有的,《易经》是被构成了,但不仅一种","表明那种东西还在试作时代"。"汲冢所出的《周易》及《易繇阴阳卦》,都是孔子以后,即战国初年的东西"。

六,《易》之作者当是馯臂子弓。《易》学的传统有两种,一种出于《史记·仲尼子弟列传》,一种出于《汉书·儒林传》,"由时代与生地看来,这项思想上演进的过程,对于子弓之伪作《易》者的认定是最为适应的。子弓大约和子思同时,比墨子稍后"。

七,《易传》之构成时代,"我相信《说卦传》以下三篇应该是秦以前的作品。但是《彖》《象》《系辞》《文言》,却不能出于秦前。大抵《彖》《系辞》《文言》三种是荀子的门徒在秦的统治期间写出来的东西。《象》是在《彖》之后,由别一派的人所写出来的"。

八,《彖传》与荀子之比较,"可以知道,《说卦传》里面所有的各种假设是先秦时代的东西。荀子根据了那些假设以解释《易》理,《彖传》又是把荀子的说法敷衍夸大了的"。

九,《系辞传》的思想系统,"把道家的术语输入了的却是始于荀子,故而写出了这些《系辞传》的人们必然是荀子的后学"。

十,《文言传》与《彖传》之一致,"特别当注意的是两者所共通的'时乘六龙以御天'的一句","表示著了《彖传》和《文言传》一部分的作者的时代。而'乘龙以御天'是南方系统的思想,却又表示了作者的国别"。

十一,《易传》多出自荀门,"《易传》中有大部分是秦时代的荀子的门徒们楚国的人所著的。著书的时期当得在秦始皇三十四年以后"。

十二,余论,"作《易传》的人是无法决定的。但那些作者和子弓不同的地方是存心来利用卜筮以掩蔽自己的思想的色彩","我们研究《易传》,应该抛撇了那卜筮的部分,而专挹取它的思想的精华"。

8.《考史余谈》

1935年4月1日，刊载于日本《同仁》月刊第9卷第4号。文章反驳了王伯平对于《中国古代社会研究》的批评，并论述了秦一统中国之前，殷周各民族的发展及文化关系。该文既没有中文本发表过，在所有郭沫若著译篇目中亦无记载。文章写道：①

先前，同人杂志上译载的一篇王伯平的文章刊登在《读书杂志》还是其他什么刊物上的时候，我大致浏览了一下，还没有达到对我的研究进行批判的地步。他只是在我的书中任意捏造了对象在进行论述。完全是一心求利不顾其他的做法。他说"在易经时代农业已经发展到了使用犁、锹的阶段"，并举出"见舆曳其牛犁"这句话来反驳我的观点。这都是一些非常严重的错误。犁本应该写成"挈"，它是指牛一只角高、另一只角低（即歪着头）拼命拉车的情形。但是王伯平认为应该写成犁，使用的是锹，所以他认为是农业。王伯平根本就是由陈铭枢主持的AB团经营的神州国光社的一名伙计，不仅是他，那些在社会问题讨论集中发表的文章，都是毫无价值的。当然，这并不是说我的《中国古代社会研究》就没有任何需要修订的地方。

在秦朝以前，各民族的发展阶段都是不一样的。关于他们的发展过程和文化，虽然现在还不能说是非常确定的，但大致我是这样认为的：

首先是殷时代。殷这个名称是周人叫的，殷人把自己称作商，自始至终并非都叫做殷，山西的沁阳附近就是殷国的人们当年集居的地方。这里曾经叫做"衣"。正是"衣"这个地名才产生了后来的殷的叫法。殷国征伐原住民族夏而将势力范围扩大到了黄河流域，原住民族的夏国民众就向北部、东部或南部逃散。据说逃散到山东的形成了后来的杞国、南边的越国也是夏的后裔。由此我想逃散到北边的是不是形成了后来的蒙古呢？殷代的文化非常发达，成为了后来进一步发展的基础。人们都认为殷代的最后一个皇帝——纣王非常残暴，但是我觉得他实际上是一位野心家、是一位非常有才能的伟大的天子。他沿着黄河流域不断地向东南部扩大势力范围。但是，这期间，周偷袭了他的背后。在商纣王之前的帝乙时期就对东南部进行过大规模的讨伐，就是从这个时期开始，

---

① 译文由蒲仕江先生翻译。

周在殷的背后休养生息，得到了快速发展和壮大的机会，并最终在商纣王时期将殷朝灭亡。于是殷的民众就逃散到了现在的江苏、安徽长江以北，聚集在大致以淮水为中心的地方。这就是楚国，另外后来的徐、宋也都是殷朝的后裔。

周由于是一个野蛮民族，所以他采用了殷的文化，并根据自己的需要进行调控，在此基础之上创造出了周朝的文化，而在南方殷的文化得到了自由的发展。随着周朝的衰亡，这两种文化之间开始相互交流，到战国末期的时候，这两种文化已经实现了高度统一。但是还没有实现国家的统一，完成国家统一的正是楚国。楚国是当时的大国，从最近安徽的考古发掘中，我们可以了解到楚国的文化已经达到相当的高度，帝王的奢华毫不亚于图坦卡蒙（有的书上翻译的是图特卡蒙）。但是楚国和新兴的野蛮民族秦国进行战争并最终失败，由秦国实现了国家的统一。总的来说，在古代中国，一个新的国家必然会从西北地方兴起，这不仅是因为一个新的国家拥有新的能量，另外一个原因，我们看看地图就能知道，西北地方地势高，东南地方地势低，从地势高的地方向下进攻是很容易的，但是从地势低的地方向上进攻却是很难的。只有在现在，蒋介石之所以能从南方兴起，这都应该归功于近代武器吧。

《同仁》月刊是同仁会的会刊。这是一个以在中国及亚洲诸国普及医学、药学，改善公共卫生状况为目的而成立的医学同人会。

9.《武昌城下》

日文本发表于改造社《改造》1935年5月第17卷第5期。

回忆散文《武昌城下》，原应上海光华书局邀约所作，完成于1933年7月12日，有六七万字。但因光华书局拖欠版税之故，郭沫若未将文稿交其刊行。后又曾接洽上海良友图书公司出版，但良友欲更改书中一些内容，郭沫若亦未允。

据郭沫若自己讲：1935年，"日本的改造社请我把那精粹处提出来，用日本文缩写成一万五六千字的短篇，我也照办了，在该社出版的《改造》杂志五月号上所发表的《武昌城下》便是那缩写出来的东西。近来，并宣称是经过我的同意和删定的。译者究竟是谁，译文究竟怎样，我都不知道，究竟经过了怎样的'删定'，那可是出于我的想象之外了"。[1]

---

[1]《北伐途次·序白》，上海《宇宙风》半月刊1936年7月1日第20期。

这是郭沫若在看到发表出来的日文本《武昌城下》后写下的文字，他似乎对这一文本不甚满意。不过该文刊出后，《朝日新闻》《东京日日新闻》等报刊上倒很快有评论文章发表。

《武昌城下》的中文本1936年始由《人间世》半月刊发表，该刊于第1期（3月16日）、第2期（4月1日）连载两期。未刊部分续载于《西北风》半月刊第1期至第6期（1936年5月1日至7月16日）。

或许是因为不满意缩写的《武昌城下》，郭沫若后来"索性把这母体的《武昌城下》取了出来，改题为《北伐途次》"在《宇宙风》半月刊发表。从1936年7月1日第20期开始，一直连载至1937年2月毕。"这和缩写的日文《武昌城下》略有不同，因为后者是稍稍经过了一道创作过程的"。①

10.《丙子の字に就て》

《书道》杂志刊登《丙子字解》

作于1935年11月27日，发表于东京《书道》月刊1936年1月第5卷1月号。

《书道》月刊由日本泰东书道院出版部出版发行，创刊于昭和七年

---

① 《北伐途次·序白》，上海《宇宙风》半月刊1936年7月1日第20期。

（1932）二月。郭沫若在流亡日本期间来往颇多的中村不折是该刊编辑部的"协议员"。昭和十一年（1936）以干支纪年是丙子年，编辑部因以邀约郭沫若做了这篇文章。郭沫若在文中解"丙"字的原意是"鱼之尾"，"子"字的原意是"人间的赤子"。有意思的是，该期《书道》的封面设计，在刊名两侧对称绘有两鱼形刻纹。

殷尘（金祖同）后将该文译为中文，题作《释丙子》，刊载于上海《说文月刊》1940年第1卷第10～11期合刊。但译文颇多疏漏。译者自己亦谓："前年在日本时试译，不但文字风趣全失，间亦有失原文本意者。"在《说文月刊》刊出时，因无原文对照，故"无从重校一过"。

11.《万宝常——彼れの生涯と芸术》

发表于《日本评论》1936年1月第11卷第1期。该篇是郭沫若完成于1935年7月13日的《隋代大音乐家——万宝常》一文的日文译本，系郭沫若应日本评论社所约而译作。① 《隋代大音乐家——万宝常》一文中文本发表于上海《文学》月刊1935年9月1日第5卷第3期，收入上海北新书局1937年8月初版《沫若近著》，后收入《沫若文集》第12卷，现收《郭沫若全集·历史编》第4卷。

这篇文章是郭沫若唯一一篇论及中国古代音乐史的文字。作为中国古代音乐史上一位人物的万宝常，在郭沫若众多历史人物研究的对象中，也可谓独一无二了。虽然郭沫若是从"对于万宝常的物质生活之数奇怀着无上的同情，对于他的精神生产之湮灭尤其感着无上的义愤"，去撰写此文的；但该篇文章大量引述了古代典籍中有关隋代音律、音调、音乐史方面的专门性资料，从音乐史角度，从万宝常代表着当时由"新来的胡乐与旧有的古乐或准古乐结合"所产生的新的音乐流派——"合成派"的意义上，考察、论述了万宝常在中国音乐史上的地位。文章的写作应该与郭沫若翻译日本林谦三著《隋唐燕乐调研究》一书有关。

郭沫若在为《隋唐燕乐调研究》所写的"序"中说："我便从原稿的形式中替他迻译了过来。我自己所得的益处是很不少的。我自己对于音乐本是外行，关于本国的音乐的故实以前也少有过问，自结交林氏后算稍微闻了一些绪馀。"

1935年，郭沫若译就了《隋唐燕乐调研究》。在初稿译出后，他与林谦

---

① 其手稿现存郭沫若纪念馆。

三又用了八九个月的时间进行推敲、增改，使之精益求精。林谦三愿意他这部研究有关中国音乐史的著述能先以汉语发表，郭沫若也希望能藉此书使中国的学界在中外文化交流史的视野上去研究中国音乐史。这无疑都是很有见地的眼光。郭沫若于是开始联系书稿在国内的出版，后来交上海孔德研究所，由中法文化出版委员会编辑，上海商务印书馆1936年11月初版发行。与此同时，郭沫若自己又将《隋代大音乐家——万宝常》一文用日语译出并在日本发表。这在中国现代学术史和翻译史上算得上是一段佳话了。

12. 演讲词《中日文化之交涉》

1935年10月5日，郭沫若应东京中华基督教青年会总干事马伯援之邀，在位于神田保町的青年会礼堂做了一次题为《中日文化之交涉》[①]的演讲。该演讲词由陈斐琴、马皓分别记录，相继发表于10月16日上海《立报·言林》、10月28日《国闻周报》第12卷第42期（这一记录稿经作者校阅过）、11月1日东京《东流》月刊第2卷第1期。12月，该文以日文刊载于东洋协会的《东洋》月刊第38卷第12期，题目作《中日文化の交流》。

该篇演讲词虽使用中文，发表亦为中文本，但均系他人记录稿。刊载于《东洋》的日文本，则由作者本人整理后并译出。文章分为三部分：（一）中國文化の史的發展；（二）日本文化の史的發展；（三）资本主義文化を受へげれでから後、中國は何故に失敗したか。第三部分又以标题形式列出四个小问题。这些都是中文本所没有的。

该篇演讲词的中文本，最初收入上海北新书局1937年8月初版《沫若近著》，改题为《中日文化的交流》；后来收入《沫若文集》第11卷；现收《郭沫若全集·文学编》第18卷。

13.《雷雨》日文译本《序》

作于1936年1月23日，收东京サイレン社（中文作"汽笛社"亦有"鲛人"之意）1936年2月初版日文译本《雷雨》。中文本以《关于〈雷雨〉》为题，发表于东京《东流》月刊1936年4月第2卷第4期；后收入《沫若文集》第11卷，改题为《关于曹禺的〈雷雨〉》，删去结尾两段文字；现收《郭沫若全集·文学编》第16卷。

郭沫若为曹禺剧作《雷雨》所作的序言以中文撰写，但因是为《雷雨》日译本所作，故最初发表的文本为日文本。《雷雨》日文译本由影山三郎、邢

---

① "交涉"在这里应为日文，其义为"关系"。

振铎翻译，郭沫若所作序言由邢振铎译为日文。该译本共有三篇序文：第一篇序文由日本左翼剧作家秋田雨雀所作，第二篇即为郭沫若所作序文，第三篇是《原作者序》。

1934年7月，《文学季刊》第1卷第3期发表了曹禺的处女剧作《雷雨》，随后即有人想把这部剧作搬上舞台，但未能实现。1935年4月27日，"中华同学新剧公演会"（"初演记录"作"中华话剧同好会"）的"一群流浪在东京的爱好戏剧的青年"，在东京神田区的一桥讲堂将《雷雨》首次搬上舞台，由吴天、刘汝礼、杜宣导演，贾秉文饰周朴园，陈倩君饰周繁漪，邢振铎饰周萍，连演三天。① 同年秋，《雷雨》在国内上演。

郭沫若在《序》中写道："《雷雨》的确是一篇难得的优秀的力作。作者于全剧的构造、剧情的进行、宾白的运用、电影手法之向舞台艺术的输入，的确是费了莫大的苦心，而都很自然紧凑，没有现出十分苦心的痕迹。作者于精神病理学、精神分析术等，似乎也有相当的造诣。以我们学过医学的人看来，就使用心地要去吹毛求疵，也找不出什么破绽。在这些地方，作者在中国作家中应该是杰出的一个。他的这篇作品相当地受到同时人的欢迎，是可以令人首肯的。"序文认为，《雷雨》所表现的悲剧，是希腊式的命运悲剧，"它的悲剧情调不免有点古风"，这与它在表现形式和表现手法上"之新味"是有矛盾的。这正是"目前的悲剧的社会，尤其中国的社会之矛盾一般之一局部的反映"。同时，序文也批评了《雷雨》的作者对于"人生已可成为黑暗的运命之主人"这一点缺乏认识，"因此他的全剧几乎都蒙罩着一片浓厚的旧式道德的氛围气，而缺乏积极性"。

在文末，郭沫若针对日本读者特别写道：《雷雨》与"梅兰芳式的旧剧"有云泥之别，是中国新剧界难得的"优秀作品"，所以有值得介绍的价值。

14. 《日本文學の課題としての吾が母國》

应日本改造社《文艺》月刊邀约而作。作于1936年5月1日，发表于《文艺》月刊1936年6月第4卷第6期。中文本题名《我的母国·作为日本文学课题》，由菲戈翻译，并经郭沫若添校（补上发表时被删去之处），刊载于《文学丛报》月刊1936年7月第4期。又以《我的母国》为题刊载于《西北风》半月刊1936年7月第6期、8月第7期。

---

① 据《〈雷雨〉在东京公演》，东京《杂文》月刊1935年5月15日第1期；《中国留日左翼学生文化运动纪要》，《文史资料选辑》第109辑。

文中说:"日本同我国从任何方面说起来都是有非常深切关系的两个国家,……我国对于日本文学的赠与——不,日本作家描写过她的作品,在日本文学上已经不是少数。没有远溯来暴露我贫乏的日本文学的智识的必要,在近代,稍远一点的留下有鸥外先生和漱石先生的相当多量的历史小说和纪行文。稍近一点的,芥川龙之介、谷崎润一郎、佐藤春夫诸氏,都曾连续地渡过黄海把优美的写生的文章,来脍炙过人口。在文阵的另一翼,对于我国的'第三现实'用亲热的眼光凝视着而声援着的作家,如藤森成吉、前田河广一郎、村山知义诸氏,都还健在。"

文章认为:"到了近年,日本的'生命线'用尽全速力在进展着的时候,而文艺的和亲力的表现却非常减少了,……如果容许我揣测的话,怕还是因为外的阻碍和内的踌躇组成了偶力而招致了这文艺的和亲力的减退吧?"

"日本作家喜欢写我国的历史题材,或者取材于现代,而用想象装上血肉。……但是,像仅只有在古代希腊的环境里才能创造出来的希腊雕刻一样,想在现代日本再现随着古代中国从舞台上退场了的中国历史,无论是怎样一种想象力丰富的作家,都是一件困难的事业吧。"

"对于历史题材寄与以更多的趣味的这种趣向是从来被东方的历史观所累了的观念的残余。把想象的黄金时代设置在遥远的古代,而以为这个世界在一天天地趋向末日的这种反进化的旧史观支配着东方人的头脑,有二千年。"

"被帝国主义的大海啸所席卷着的我的母国,差不多在一切的分野上都呈现出总破产的状态,这是事实。可是在那儿正有伟大的,任何地方都得不到俨然的现实活着,在那儿有着片手翳着人道正义的旗帜,而片手做吗啡强制贩卖的吸血鬼的跳梁,有贴上礼义廉耻和新生活的商标而把民众的血液做商品的 Sinauthropus(北京猿人)的横行阔步,有许多袭击都市和农村的大洪水大饥馑大屠杀的悲怆的战慓,有从被战车、坦克车,轧杀着的大地的心底迸发出来的铁流的浩荡,有多次新生机的胎动、阵痛、流产、早产……一切人间的悲剧在那儿生灭,一切的人物的典型在那儿出没。实在是一副光怪陆离,惊人的未来派的画面。"

"现实的中国对于有才能的作家,诚是一个伟大的课题。"

文章赞扬中国作家在极其恶劣的环境下"用着了决死的努力",在创作中国的现代文学,呼吁:"来吧!日本的作家","带着丰饶的才能同优良的技术向更广大的世界飞跃"。"这不但是丰富日本文学的一条路,而且也是丰富世界文学的一条路"。

15. 《鲁迅を吊ふ》

作于 1936 年 10 月 22 日，系应东京帝国大学"帝国大学新闻社"之请所作，发表于东京《帝国大学新闻》1936 年 10 月 26 日第 644 期。后由陈北鸥译为中文，经郭沫若修改，以《坠落了一个巨星》为题，刊载于《现世界》半月刊 1936 年 11 月 16 日第 1 卷第 7 期，收入上海全球书店 1936 年 11 月初版《鲁迅的盖棺论定》。

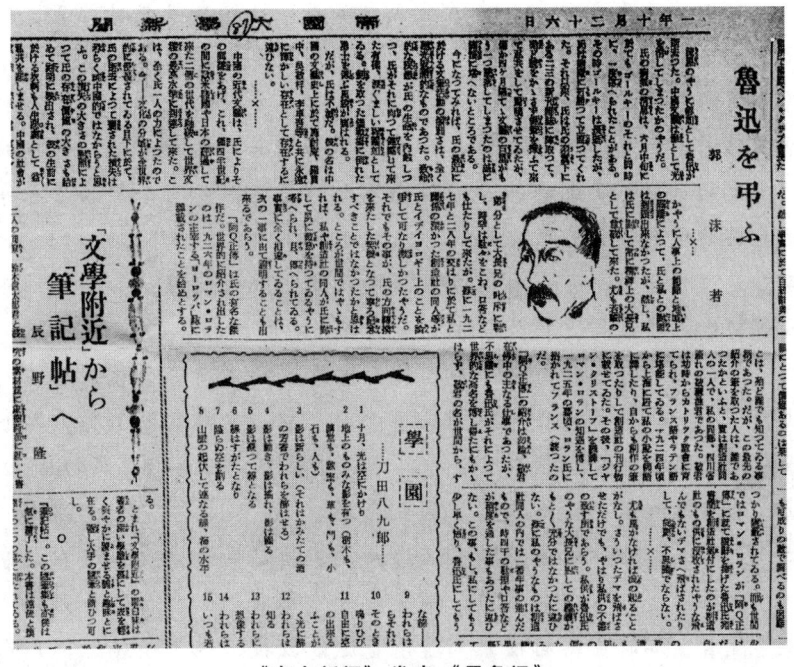

《帝大新闻》发表《吊鲁迅》

在鲁迅逝世后的两周内，郭沫若连续撰写了三篇悼念文章：《民族的杰作》《不灭的光辉》及这一篇。前两篇后来均收入《沫若文集》，惟此篇成集外佚文，将主要内容抄录如下：

> 流星似的，忽然地，鲁迅逝去了。中国文艺惨然地像失了光的一样。
>
> 鲁迅病了的消息在六月中旬曾一度同高尔基病的消息同时传来。那时高尔基死了，可是鲁迅却征服了病魔痊愈了。从那以后，鲁迅在他羽翼下的两三个新出的杂志上，布起阵营，几乎是不断期的挥起他的健笔，使我们非常惊叹；然而仅仅隔四个月，文艺的巨星又坠落了一个，这真是难忍的痛惜。

在现在看来，鲁迅最近的文笔活动的泼辣精神，完全是像太阳要下山时满天的红霞。致命的疾患不断地内蚀着他的生命，而他对于病菌健斗着的情况是可以令人流泪地活跃着的。真有拿着剑倒在战场上的勇士的风貌。

但是，鲁迅是不灭的。他的声名在中国文艺史上无疑地是和施耐庵，罗贯中，吴敬梓，李卓吾等一样地，作为永远光辉的存在而存在。

中国的近代文艺，由鲁迅而喊出呱声，仅仅在半个世纪里，突破了欧美诸国和日本所经过的二个世代，而到达了世界文坛的最高水准。这完全是由于鲁迅一个人的力量。在现在——文化领域全世界的地被侵凌着的目前，由鲁迅的逝去所招至的损失怕不会是纯中国的。由这种损失的重大的对照，鲁迅的存在价值的重大性才开始明显地反映了出来。而他生前的坎坷，作为人生悲剧，更加使我们悲痛。中国社会对他的待遇，实在是过于残酷；譬如就像我这样的人吧，如果能够预知到他的死之将要那样很快的来临，我是应该更多多呈送些精神的安慰的。

想起鲁迅和我的关系，实在是不可思议的淡泊。尽管是生在同一国土，同一时代，并且长时间地从事于同性质，同倾向的工作，却一次也没有得到晤面的机会，甚至连一次通讯也没有。若是用旧式的话来形容，鲁迅和我始终是"天南地北"的分处着。

在一九二六年以前，我在上海做文艺活动的时候，鲁迅在北京。一九二六年他受段祺瑞的压迫，被逐出北京的时候，我在做着广东大学的文学院长，那时曾商同校长，聘请鲁迅做教授，然而待鲁迅下广东时我已经参加北伐军出发了。此后鲁迅又从广东回到上海，始终一直做着文笔活动，我以亡命者之身，寄居于日本。今年常常传出鲁迅要来日本的消息，心里正期待着这次总可以遇到了吧，然而也终竟成为了画饼了。

……

就这样，由于人事上的龃龉，和地域上的隔离，鲁迅和我虽然到底没能会面，然而我对鲁迅总是尊敬着的，是把他当成着精神上的长兄。作为年青的弟弟的我，对于长兄的叱斥，偶尔发过些孩子脾气，更曾辩过些嘴，倒也是事实。尤其是在一九二七年和二八年之间，同我关系很深的创造社同人们，在意识沃戈基上和鲁迅激烈地论争过来。然而那次的论争似乎是成为了鲁迅转换方向的契机，论理应该是可以纪念的吧。而一般的人往往以为我和创造社同人对鲁迅素有敌意，不仅在作这样的想，而且在作这样的宣传。事实却完全相反。

……

俗语说，无风不起浪。使得有这样的谣言飞腾的，怕也终归是由于我们的不德所致吧。我们对于鲁迅的礼让，怕一定还没有充分。尤其是像我这样的人，在创造社同人里是最年长的，我的偶尔的闹孩子脾气和辩嘴，大约也是稍微过度了一点吧。这种事，假如我早一些觉悟，或是鲁迅能再长生一些时间，我是会负荆请罪的，如今呢，只有深深地自责而已。

鲁迅的逝去，真真是像流星似的忽然而来。由他的这样迅速的逝去，感到残留着的寂寞，更深刻地感到给我们遗留下的责任的重大。关于鲁迅的生涯，性格，思想，艺术的全面检讨；和他的生前功绩的正确评价，不久一定有适当的人慎重地完成出来。但由于鲁迅的有光辉的业绩所带来的中国文艺的效果和品位，应该怎样去继续，保持，发展，这对于我们后死者实在是一项过重的负担。中国文艺，是不好让它和鲁迅一同逝去的。鲁迅已经给我们留下了一个榜样。拿着剑倒在战场上吧！以这样的态度努力工作下去，怕才是纪念鲁迅的最好的道路。

16.《章太炎先生の金祖同に與へて甲骨文を論ぜし書を評す》

作于 1936 年 5 月 22 日，发表于日本《书苑》杂志 1937 年 7 月第 1 卷第 5 号，文前有编辑简要介绍郭沫若生平与学术著述的按语。这篇文章发表的情况比较特殊：在发表日文本的同时，以手迹影印刊出中文本，而中文本是没有篇题的。本篇后作为金祖同编撰《甲骨文辨证》一书（上海中国书店 1941 年 11 月影印出版）的序，才被称之为《甲骨文辨证·序》；曾刊载于重庆《说文月刊》1940 年第 2 卷第 6~7 期合刊；现收入《郭沫若全集·考古编》第 10 卷，题作《序甲骨文辨证》。

《书苑》杂志是有关书道（书法）与绘画艺术的一本刊物，由藤原楚水主编，东京三省堂株式会社发行。郭沫若与《书苑》杂志的关系，迄今尚不为人所知，所以关于这一篇《甲骨文辨证·序》发表的情况，迄今也没有准确的记述。该刊的"顾问及客员"中我们可以看到中村不折、河井荃庐、石田干之助以及钱瘦铁这样一些名字。前二人是当时的收藏家，收藏有许多中国金文、甲骨文、石鼓文的拓本资料，郭沫若在金文、甲骨的学术研究中与他们多有往来，得到过不少帮助。石田干之助是东洋文库的主任，郭沫若的

两种文本同时发表《章太炎先生の金祖同に與へて甲骨文を論ぜし書を評す》

古文字研究是从在东洋文库查阅资料开始的,他与石田干之助也是从那时开始了交往。钱瘦铁在日本期间治金石、绘画,有些名气,与郭沫若有往来,后来又在郭沫若秘密归国的过程中充任了一个重要角色。在这些人之间,应该有一个圈子,郭沫若应该也是进入到这个圈子里了,这从他与中村不折、河井荃庐等人交往的其他资料中也可以看到。

17.《共存できぬ医者と病菌——日本の豆まきにおもう》

这篇文章作于1964年2月4日,距离郭沫若在日本生活的时期,已经过去近三十年了,本不在本文梳理的范围之内,但因其撰写发表的情况很特殊,且这些信息尚未记录在案,譬如,郭沫若的年谱、著译系年等均无记载,故将有关信息披露于此。

该文系郭沫若应日本读卖新闻社之约所作，以日文发表于 1964 年 2 月 23 日《读卖新闻》。但文章原是用中文撰写，篇题作《立春前夜话撒豆》，不过当时没有中文本发表，此后在国内也没有正式发表。

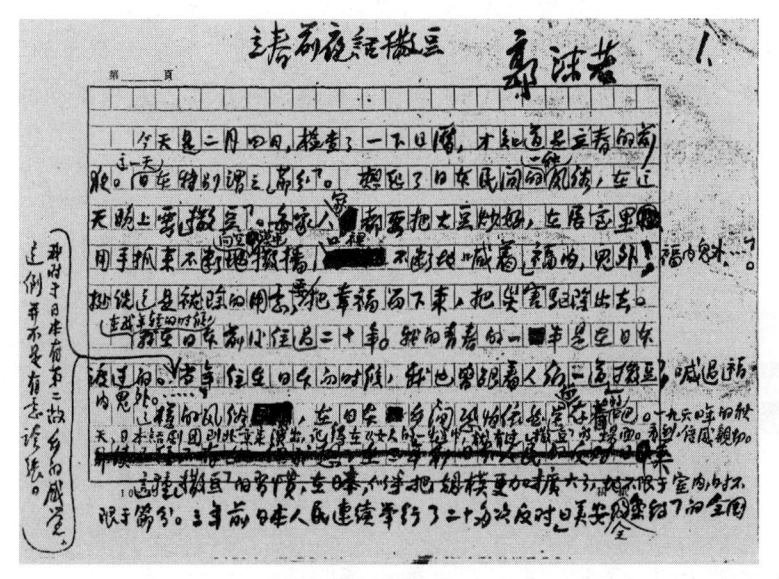

《立春前夜话撒豆》手稿

该篇文章应该说是自 1937 年 7 月抗战爆发，郭沫若归国后，我们目前所见到的他在日本报刊发表文章极个别的一例。文章写在新中国成立后，而且是在 20 世纪 60 年代，郭沫若的政治身份与前大不相同，他能以这样的方式撰写、发表该文，实在是一件很让人费解的事情。所以，在该文撰写的缘由，以及成文后发表的情况背后，应该有我们所不知道或者无从知道的背景资料。

这篇文章，在国内一直到 20 世纪 90 年代末尚无知晓，1998 年 6 月，我根据原作手稿的复印件，整理了这篇文章的中文本，以原篇题《立春前夜话撒豆》，刊载于《郭沫若研究》第 12 辑（文化艺术出版社出版）。这是一篇从日美关系、中美关系切入，阐述反对美国侵略政策、战争政策，推动世界和平运动的时政文章。文章之所以起了这样一个篇名，是因为郭沫若借一个日本民间的习俗而引出所论之意。

郭沫若撰文的 2 月 4 日，恰是这一年立春的前一天，在日本称之为"节分"。郭沫若由"节分"想到了日本民间的一个习俗，即在"节分"这一天晚上要"撒豆"："每家人都要把大豆炒好，在居室里用手抓来不断地向空漠中撒播，口里不断喊着'福内，鬼外，福内，鬼外……'"意在驱除灾害，留住幸福。文中写道："在我年轻的时候，我在日本前后住过二十年。我的青春的一半是在日本度过的。我对于日本有第二故乡的感觉，这倒并不是有意夸张。当年住在日本的时候，我也曾跟着人们一道'撒豆'，喊过'福内鬼外'……"然后，文章从日本人民一直不断地反对"日美安全条约"，就如同沿袭着"撒豆"的习俗一样，谈到保卫世界和平运动。这样生动的时政文章，似乎也只能从郭沫若那样丰富的人生经历中写出。

"诚哉女丈夫"

——为董竹君母女题诗

　　1937年6月末的一天，郭沫若位于市川须和田的家中来了一位访客——一个叫夏国瑛的年轻女子。夏国瑛携带有女作家白薇的介绍信，并带给郭沫若两册戏剧艺术方面的杂志。国内有人来访，郭沫若总是很高兴的，他像对朋友一样接待了夏国瑛。交谈之中，他得知夏国瑛是夏之时与董竹君的女儿。夏之时，郭沫若并不陌生，当年在四川保路运动中也是个风云人物，辛亥革命爆发后，他率"中华革命军蜀军"挺进重庆，成立蜀军政府，通电全国，宣布重庆独立。那时郭沫若正在成都读中学。董竹君的情况郭沫若不大知道，于是同夏国瑛谈起了她的母亲。

　　董竹君是夏之时的第二任夫人。她祖籍江苏海门，出生在上海，家境贫寒，父亲靠拉洋车养家糊口。董竹君曾被迫到青楼做了卖唱不卖身的"清倌人"，在那里认识了夏之时而跳出火坑。在嫁给夏之时后，与夏一起到日本留学，在日本生下他们的第一个孩子。董竹君带着孩子在东京御茶水的女子高等师范学校完成了学业。后来与夏之时离婚，独自带着三个女儿生活。她办过织袜厂、黄包车出租公司，都不成功，但她并不放弃。1935年3月，董竹君在上海办起"锦江"川菜馆，很快便在上海滩站住了脚。这就是后来的锦江饭店。听了夏国瑛讲述其母的这些经历，郭沫若大为赞叹。他在当天的日记中特别写下两句："闻君谈君母，诚哉女丈夫。"

　　不过，在须和田夏日的这一天，郭沫若当然没有料到，他很快就见到了这位"女丈夫"。

　　夏国瑛来访一周后，"卢沟桥事变"爆发，又半个月后，郭沫若"别妇抛雏"，于7月27日只身秘密归国回到上海。初到上海时，郭沫若住在沧州饭店，后来搬进一家捷克人开的公寓。朋友得知郭沫若归国的消息，纷纷前来探访。夏衍来看望郭沫若的那天还有两位女士到访，在《懒寻旧梦录》中，夏衍回忆了当时的情形："来探望他的还有两位女士，一位是锦江饭店的店主董竹君（她和沫若是同乡，现任全国政协委员），大概是看到这家公寓的饭菜不好吧，所以常常给他送来名厨烹调的四川菜，这使沫若非常高兴。他对我们说，他在上海这个十里洋场居然遇到了'漂母'。"①

董竹君在郭沫若甫一回国便到访，显然是由于不久前女儿夏国瑛在日本专程去拜访过郭沫若的缘故，因为此前他们并不相识。60年后，董竹君在自撰的《我的一个世纪》中，也记述了这件事。她是这样写的：

> 郭沫若同志在1937年抗战前夕，从日本回国。他住在上海高乃依路捷克人开的公寓。我怕有人暗害他，担心他的饮食安全，每天三餐特派锦江忠厚的职员邓明山负责专送了一个半月。郭老因此写过一首诗赠我，以志纪念，诗云：
>
> 患难一饭值千金，而今四海正陆沉。
> 今有英雄起巾帼，"娜拉"行踪素所钦。
>
> 惜这首诗的原稿（已裱好），在十年浩劫中，被抢走了。②

郭沫若赠诗的事是在8月间。

这一年秋天，郭沫若又一次见到夏国瑛时，为她也作七绝一首，并书一挂轴相赠。诗云：

> 善将妙手谱清音，海外曾听一曲琴。
> 今日悲秋甚寥落，哪堪儿女化商参。

诗后作跋语，写道：

> 国瑛今夏曾东渡，访余于须和田之寓庐，就四女淑子钢琴抚奏一曲，

书为夏国瑛

---

① 夏衍：《懒寻旧梦录》，生活·读书·新知三联书店，1985年。
② 董竹君：《我的一个世纪》，生活·读书·新知三联书店，1997年9月。

及今思之，殊有难言之隐痛。①

淑子是安娜与郭沫若唯一的女儿郭淑瑀，在所有儿女中行四，那时正在学习弹奏钢琴，家中的琴是为她购置的。郭沫若在诗中借忆及夏国瑛访须和田寓所的温馨往事，表达了对儿女浓烈的思念之情。"哪堪儿女化商参"，战争也许会使自己与留在日本的儿女像天上的参商二星，此现彼没，永远相隔，不能相见。这是郭沫若内心深处难言的隐痛啊。

郭沫若给董竹君的赠诗，董竹君早就披露过。郭沫若为夏国瑛所作的诗，却无人知晓。虽然那一幅挂轴几年前曾现身于一个书画拍卖会，但显然无人知道诗的来龙去脉。是啊，诗文中所涉及的人，恐都早已不在人世了。

抗战胜利后，郭沫若从重庆回到上海。1946年夏日的一天，他与董竹君同在一位四川军人张子钊家用餐，又挥毫书赠董竹君一挂轴，上题《沁园春》词一首，但不是为董竹君所作，而是前一年步毛泽东词《沁园春·雪》原韵写的两首《沁园春》中的第一首：

> 国步艰难，寒暑相推，风雨所飘。念九夷入寇，神州鼎沸；八年抗战，血浪滔天。遍野哀鸿，排空鸣鹏，海样仇深日样高。和平到，望肃清敌伪，除解苛娆。
>
> 西方彼美多娇，振千仞金衣裹细腰。把残钢废铁，前输外寇，飞机大炮，后引中骚。一手遮天，神圣付托，欲把生民力尽雕。堪笑甚，学狙公芋赋，四暮三朝。

落款写道：

> 右沁园春词一阕，用毛润之咏雪原韵
> 丙戌长夏书奉　竹君女士雅正　乐山郭沫若②

据董竹君说，新中国成立后，她把锦江饭店和所有家产都上缴国家了，但郭沫若题写的这一幅挂轴她一直保存着，直到晚年都悬挂在家中的客厅里。

---

① 据原件手迹照片录出。
② 董竹君：《我的一个世纪》，生活·读书·新知三联书店，1997年9月。

《谒见蒋委员长》子虚乌有？

在《郭沫若著译系年》（上海图书馆编）的1937年内，记载有郭沫若的一篇散文作品，题作《谒见蒋委员长》。其相关信息记录为：

载1937年9月下旬上海《申报》；
收入广州战时出版社版《抗战将领访问记》；
注：此篇系《在轰炸中来去》之第十节，收入《抗战将领访问记》题名《蒋委员长会见记》。

按照这些文字所述，这应该是一篇无写作时间而依据发表时间系年的文章（按照《郭沫若著译系年》的编写体例）。但是最关键的发表时间不详，遂使其实际上成为一条无出处、无根据的资料。

《郭沫若年谱》（龚济民、方仁念）也做了相似的记载。其在1937年9月24日条目中，于郭沫若见蒋介石一事的记述后写道："接见后曾作《蒋委员长会见记》，内容与《在轰炸中来去》第十节大致相同，收战时出版社版《抗战将领访问记》。"

事实上，在20世纪80年代的时候，曾在郭沫若研究者之间有过打问寻看这篇文章的事情，因为据说最初在《申报》发表出来的文字，与后来录入《在轰炸中来去》的文字有异（指关于对待蒋介石的态度）。之所以如此，一是因当时查找资料不及如今方便，二是在那时的郭沫若研究中，凡涉及带有负面含义的文献资料会比较引人注意。但这样的事情不曾见诸文字，也就一直没有人对于所谓的《谒见蒋委员长》一文说出个所以然。

《郭沫若著译系年》会记到"1937年9月下旬"这个时间信息，是因为郭沫若后来将《在轰炸中来去》的撰写署为这个时间（这一点下文再说），而郭沫若应召去南京见蒋介石是在1937年的9月24日。但是从这一天起的整个9月下旬，直至10月10日（《在轰炸中来去》开始刊载），上海《申报》上并未刊载过一篇题为《谒见蒋委员长》的文章，也即是说《郭沫若著译系年》的这一条记载恐怕是子虚乌有了，又或者是对于《蒋委员长会见记》一文的误传。

何以会是这样的状况并且至今未被厘清呢？应该主要是对于《在轰炸中来去》一篇撰写和发表的情况没有搞清楚的原因。实际上，无论《郭沫若著译系年》《郭沫若年谱》的编写者，还是《郭沫若全集·文学编》第13卷（《在轰炸中来去》收入该卷）的编辑，都没有对原始文献资料进行查考。

郭沫若在从日本回到上海后，直到应召去南京见了蒋介石的两个月内，陆续写了几篇散文记述他这两个月的活动：往淞沪战事的前线寻访，拜会北伐时期的老朋友等，《在轰炸中来去》是其中篇幅最长的一篇，共有14节，详细记述了他从上海到南京去见蒋介石又返回上海的经过，其中第十节是写面见蒋介石，两人谈话的情形。《在轰炸中来去》写成后，郭沫若并没有署写作时间，以后该文发表，出版单行本（上海抗战出版部1937年11月出版），收入《归去来》集（上海北新书局1946年5月出版）时，都没有署写作时间，直至1958年，郭沫若自己编订《沫若文集》第8卷时，才在文末署作于"1937年9月下旬"。这个由整理旧作而写下的日期应该大致不错，因为自1937年10月10日起，《在轰炸中来去》开始在上海《申报》连载发表。连载按文中小节，每日一节（只23日停载一次），至10月24日连载完毕。

《申报》为连载发表《在轰炸中来去》，还特别提前做了宣传介绍，于10月8日、9日两天连续刊发了预告，可谓隆重推出。其中10月9日的预告采用了郭沫若手书的篇题、作者署名（后连载时一直使用这一手迹）。预告中写道："郭沫若先生在淞沪战事爆发前夜返国，于上月十九日应蒋委员长电召往京，本篇即郭先生在敌机轰炸中往来京沪途中的纪行。作为归国后第一长文，书中对敌机轰炸的暴行、抗战期间的京市、首都军政的当局、淞沪的前线苏州，及其张（一麐）李（根源）二老，皆以极酣畅生动之笔，一一加以描写。我国抗战胜利的前途，从所叙的各方面，亦可获得充分的保证。发表权现为本报获得，即将开始在本报刊载，尚希关心抗战及爱好郭先生作品者注意及之。"

《在轰炸中来去》最初连载发表于《申报》的史实，在《郭沫若著译系年》《郭沫若年谱》《郭沫若全集·文学编》均无记载，它们都以上海抗战出版部1937年11月出版的单行本，作为《在轰炸中来去》的初次发表（《郭沫若全集·文学编》第13卷为此专以题注做说明）。这大概就是所谓《谒见蒋委员长》一文的由来：由于不知（其实是没有查考）《在轰炸中来去》初次发表的情况，将在《申报》连载的记述见蒋介石经过的《在轰炸中来去》传成了《谒见蒋委员长》，之后，恰好又有《抗战将领访问记》一书将《在轰炸中来去》的第十节单独抽出来，以《蒋委员长会见记》为题收入书中，以讹传讹，《谒见蒋委员长》便又成了单独的一篇文章。

那么有无可能郭沫若当时将《在轰炸中来去》第十节单独成文在其他报刊又发表过呢？从《申报》的预告可以看到不会有这样的情况，因为《申报》得到的是"发表权"。所以《在轰炸中来去》连载于《申报》后再面世，就是抗战出版部出版的单行本。

至于在《申报》发表的文本与作者编订《沫若文集》第8卷时用的文本之间确实是有些不同，主要是在第十节做了文字的删改。以下将该小节删削到句子和段落部分的初刊文本节录出来，可与收入《沫若文集》的文本有个比较，其中括弧内的文字为删削部分。

  我也同样地感觉蒋先生的精神比从前更好了，眼睛分外的有神，脸色异常红润而焕发着光彩，这神彩就是在北伐的当时都是没有见过的。我见过些西安事变后的蒋先生的像，觉得很有憔悴的神情。（抗战以来的局面不用说是异常繁剧的，念到蒋先生的健康，我自己是暗暗地怀着几分的忧虑。但这忧虑，完全是杞忧。由我自己的眼睛已经证明了。）

  ……

  "目系而道存"，储蓄在脑里所想说的话顿时也感觉着丝毫也没有说的必要。因为蒋先生的眼神充分地表明着钢铁样的抗战决心，（蒋先生的健康也充分地保证着钢铁样的抗战持久性。）……（蒋先生是我们最高的领袖，他既有持久抗战的决心，那他对于抗战必如何能持久的物质条件［例如孙总理三大政策所暗示］，必已高瞻远瞩，成算在心。不然，他是不会有那样的清明，那样的宁静的。）

在蒋说到郭不必出席会议，只消做文章，研究学问一段后：

  （这样的恳切实在是使我感激。而且在这简单的几句话里面还给予了我一个今后工作的途径：学行兼顾。我看，在凡百方面这个途径恐怕都是必要的。)

本节最后一段文字：

(又是一次暖和的握手，依然是满面的喜色，分外发着光彩的眼睛。)

此外还有个别词字，以及有些将"蒋先生"改作"蒋"，将原称呼人物的表字，改作姓名或官衔等文字易动。

两相对比而言，初刊文本那样的文字，在抗战期间其实是很寻常的，那一时期的时势使然，说不上是多么恭维，甚至阿谀蒋介石（如有些人所谓）。而到了1958年，当编订《沫若文集》时，作者删改这些文字，也是势在必然的。

厘清了《在轰炸中来去》写作发表的情况，还得顺带说一下郭沫若两篇与《申报》有关的文章：《全面抗战的再认识》及《惰力与革命》。

《全面抗战的再认识》发表于1937年9月17日《申报》，《惰力与革命》发表于同年10月10日《申报》。《惰力与革命》是郭沫若应约为《申报》撰写的专论。《申报》在抗战爆发之初的那一阶段，特别延请了郭沫若、邹韬奋、章乃器、胡愈之、郑振铎、金仲华、张志让、陈望道、沈志远等一批文化界著名人士为该报写专论，所论涉及抗战期间社会政治、军事、经济、文化等各个方面。郭沫若的两篇文章即是在这种情况下撰写的。所有这些情况，在《郭沫若著译系年》《郭沫若年谱》《郭沫若全集》等有关郭沫若创作活动的文献资料中，都是未曾被记载下来的。

缙云诗文缘

重庆在抗战期间是大后方，也成了一个文人荟萃的都市。北碚是许多学校、文化部门聚集之地，北碚的缙云山、缙云寺，便成了文化人时常寻访、出游的去处。

1939年9月初，在乐山沙湾老宅为父亲守丧两个月的郭沫若返回重庆。几天后，卢子英邀往北碚游览，并请他在嘉陵江三峡实验区署做了当前战争形势的报告。在卢子英陪同下，郭沫若游览了北温泉、缙云山、缙云寺，这是他初次到北碚、缙云山。为记这次游缙云山、缙云寺，郭沫若以《七用寺字韵》为题，作有一首七言诗，写道：

> 麓有温泉山有寺，缙云氏犹遗姓字。相传旧有相思竹，寺号相思犹足异。峻崇不敌峨与岷，石像古远香色闇。四天王像余半身，背负龙子驯乎驯。罗汉摩崖不计载，仅存十五尊犹在。中无伏虎与降龙，余一浑如泥入海。秋初往访谢公卿，批萝戴网见之惊。山崩石坠像颠倒，刻者永远佚其名。①

缙云山虽然"不敌峨岷"崇峻，但缙云寺的悠久历史和传说，缙云寺遗存的石刻造像、摩崖罗汉，令郭沫若不禁生出思古之幽情，大为感慨，留下深刻的印象。

在缙云寺，郭沫若还应邀到汉藏教理院，做了题为《燃起佛教革命烽火》的讲演。②汉藏教理院是由太虚法师创办并主持的，郭沫若与太虚法师此

---

① 诗文据手迹，见《郭沫若书法集》，四川辞书出版社，1999年11月。
② 讲演词发表于《海潮音》月刊1939年第20卷第12期；《觉音》（1939年）第12期。

前是否相识，没见到相关史料记载，但他们之间是有文字缘的。那就是太虚曾就郭沫若关于佛教思想的观点专门撰写过一篇文章《评郭沫若论文化》。

郭沫若在作于20世纪20年代的《中国文化之传统精神》和《论中德文化书》两文中曾经论述到佛教思想。他在比较我国传统思想文化与外来传入的佛教思想文化的关系时认为："我国的文化在肯定现世以图自我的展开，而佛教思想则在否定现世以求自我的消灭。"儒家思想"是动的，是进取的精神"。道家思想的"无为""恬静"，也并非不进取，是任由"人类的创造本能自能自由发挥而含和广大"的"活静"。"活静与死静不同：活静是群力合作的平衡状态，而死静则是佛家的枯槁寂灭"。①

太虚认为，郭沫若是受梁漱溟"死静"说的影响，曲解了佛教思想。他在文章中写道："自梁漱溟说佛法为'反身消灭'之后，不少的人皆受了他的暗示，动不动都看成佛法是以消灭人生世界为究竟的。郭沫若的中国文化之传统精神与论中德文化书，对中国的儒、道文化，原有许多说得很好的地方；但因不彻了大乘佛法的缘故，其论佛法亦受了梁漱溟的影响，说佛法为死静、为否定现世以求自我的消灭；故根本与孔、老的进取活动，及肯定现世以求自我的展开者不同。其实，孔、老能破除迷信的神，而理想化曰道、曰易。佛尤能彻底破除神的迷执，而谓之阿赖耶。孔、老善言生生，而佛则从缘生明即无生，从无生而明即缘生，故曰生无生，无生生，同明生生，不过孔老为素朴的，佛为批评的。死于其批评的无生句下，非善知佛者也。"②

太虚法师在佛教界是一位与时俱进的人物，他一直坚持佛教革命的主张。郭沫若当年未必读到太虚评论他的见解的文章，那时他正在北伐军旅中，但他对于太虚主张佛教革命这一点，想必是了解的，所以，他会把"佛教革命"作为在汉藏教理院讲演的主题。郭沫若在讲演中首先称："对于佛教素来都是抱着一种研究的态度、尊敬的态度。"然后以他所见到的事实，批评当前的佛教"堕落了！腐败了！和尚们都是些有名无实，大多数做了酒肉朋友！他们不但是对于佛教的真理不懂得，就连经文的句读，能够弄得清楚的，实在是很少很少！"他认为，"佛教当然是有整顿改革之必要"。"这种不景气的现

---

① 《论中德文化书》，1923年6月《创造周报》第五号。
② 《评郭沫若论文化》，《海潮音》月刊1927年第8卷第11、12期合刊。

象,须要加以大大的改革,把佛教的真理发扬光大,才可适应现代需要佛教的社会人心"。针对社会现实中佛教界那些"堕落了!腐败了"的现象,郭沫若以儒家思想和西方哲学思想做比较分析,主张"在人的生活上,不可偏执'道心',也不可太偏执'人心',要使人心和道心调和即'中',方可达到平衡的发展,也就是中庸之道"。

转过年来(1940)6月的一天,郭沫若与田汉、应云卫、左明等人一起往北碚游览,陪同他们的是正住在北碚的《弹花文艺丛书》主编赵清阁。他们先访问了育才学校,校长陶行知亲自接待他们参观,然后一行人又登缙云山,游缙云寺。郭沫若返回城里后作五绝一首,并题写条幅赠送赵清阁。诗云:"豪气千盅酒,锦心一弹花。缙云存古寺,曾于共甘茶。"①

郭沫若在重庆期间,一度与当时的法国驻渝领事、对中国文学深有研究的杨克维及夫人"过从很密"。也是在这一年的7月31日,郭沫若偕杨克维夫妇、郑用之,以及魏鹤龄夫妇再游缙云寺。寺中正在展示太虚法师率佛教参观访问团出访缅甸、尼泊尔、印度、锡兰等国所携回之法物及纪念品。在观看这些展品后,郭沫若从留言册上发现了田汉此前来参观时所作的一首诗:"太虚浮海自南洋,带得如来著武装。今世更无清净地,九天飞锡护真光!"吟咏一番,郭沫若即步田汉诗韵,作和诗一首。

郭沫若的和诗云:"无边法海本汪洋,贝叶群经灿烂装。警报忽传成底事?顿教白日暗无光!"诗成作跋语,谓:"廿九年七月卅一日,偕法国总领事杨克维夫妇,用之鹤龄夫妇来游,见此册前有寿昌题诗记,遇警报,正拟用其原韵和之,锣声忽传,继而有飞机声,又有轰炸声甚近,盖炸北碚也,日光忽为暗淡。"②

郭沫若在缙云山再次留下诗文是1942年7月。那是他前往缙云寺拜访太虚法师所作,诗题为《奉和太虚法师》。诗云:

> 内充真体似寒泉,淡淡情怀话旧缘;长忆缙云山下路,堂堂罗汉石惊天。③

两人在那里"淡淡情怀话旧缘",应该是忆及了20年代的那段关于佛教

---

① 赵清阁:《行云散记》,《作家在重庆》,重庆出版社,1983年8月。
② 田汉诗载《觉音》1940年第17期。郭沫若和诗并跋亦载《觉音》1940年第17期,另据手迹补正跋语识文的疏误。
③ 《奉和太虚法师》载《海潮音》月刊1942年第23卷第8、9期合刊。

思想各自主张的文字缘吧。

这些有关郭沫若行迹的记载，多未记入现有的郭沫若年谱中，而几篇诗文，均不曾收入郭沫若的作品集，甚至有不为人知者，当然也就没有记录在他的著译系年中。而所有这些史料，对于郭沫若生平史迹的叙述都是很重要的，特别是他与佛教思想及与太虚法师相关的几项资料。

《铭刀》的创作与《烽火》脱期

在《潮汐集·汐集》（1959年11月作家出版社初版发行）中收有郭沫若抗战期间创作的一首五绝《铭刀》，上海图书馆编《郭沫若著译系年》将其创作的时间系于1939年5月，但没有记载该诗发表的事项。这一创作时间的确认，显然是依据郭沫若在该诗文末所署写作时间而来。《铭刀》收入《郭沫若全集·文学编》第2卷，仍沿用了这个时间。在《郭沫若年谱》（龚济民、方仁念编）中，《铭刀》则不是依创作时间，而是根据其发表时间——1938年7月1日记入谱文。发表的刊物为《烽火》，并且发表时的诗题不是《铭刀》，而为《偶成》。应该说，郭沫若自己将《铭刀》或称《偶成》的写作时间记错了，起码是将年份记错了。那么，该诗究竟创作于何时？郭沫若为什么会将时间记错？诗题又为何做了改动？

《偶成》发表于1938年7月1日在广州出版的《烽火》第17期，是篇题为《诗两章》的诗作之一首，另一首为《题〈石墨留真〉册》。《烽火》是由文学社、译文社、中流社、文季社联合办的旬刊，茅盾为发行人，巴金为编辑。每月逢1日、11日、21日出版。《烽火》在第17期以前，一直能按时出版，从第17期开始脱期。第17期应该在1938年6月11日出版，但迟至7月1日才出版。不过，编者在当期刊物上对脱期一事未做说明，刊物上两处关于出版时间的记录却并不一致：封面上刊期下署"七月一日广州初版"，版权页则记为"二十七年六月十一日初版"。后者显然在延期出版的情况下未做（或疏于）改动。《烽火》第18期又脱期了，这一次编者刊出一则《敬告读者》的启事，谓："广州常遭敌机轰炸，印刷工作不时停顿，本刊未能按期出版，敬祈读者原谅。"巴金后来写过一篇文章《在轰炸中过日子》，专门讲述了《烽火》旬刊由按时出版，到"变成了无定期刊"之间种种办刊的辛苦和艰难。

不过，从《烽火》开始脱期的第 17 期应该出版的时间，即 6 月 11 日，我们是不是可以做这样的推断：郭沫若交《烽火》发表的《诗两章》，应该正是创作于 5 月。他在将《偶成》编入《潮汐集》时所署写作时间的月份是对的（他应该不会无端地有一个关于月份的记忆），只是年份记错了。

诗题的改动，大概是因为编《潮汐集》的缘故。在《汐集》中还收有郭沫若一首也是于抗战期间（1942 年 4 月 1 日）创作的《偶成》（七律），相近年代写成的诗同收一诗集中，诗题上需要做个区分吧。

当然，也还有另一个可能：郭沫若后来曾单独将《偶成》发表过，所以重拟了诗题。这种情况在他是有的，譬如，《归国杂吟》之六（收入 1938 年 1 月出版的《战声集》作此题），于同年 7 月又发表于《民族诗坛》第 1 卷第 3 辑（武汉独立出版社）时，诗题名《睡起》（这一发表的情况，迄今尚无记载，直到最近才被注意到）。如果《偶成》真是如此，那也是有待发现的。

"大笔信如椽"

——吊寒冰诗

1941年3月16日的《国民公报》上发表了郭沫若的一首悼诗《敬吊寒冰先生》。《郭沫若著译系年》上记载有此诗的发表事项，但将诗题错记作"敬吊寒水先生"。把该诗所悼念者的名字都搞错了，估计《系年》并不知该诗内容之所以然。

2008年第3期《郭沫若学刊》以"郭沫若佚文四篇"为名，又刊登了郭沫若的这一首旧体诗作为一篇佚文。钩沉史料，应说是件好事，但学刊对于所刊诗文除出处外，未着只言片语的注释，是为一个遗憾。因为该诗如无必要的注释，今人根本不解其意。

这里先将《敬吊寒冰先生》诗文抄录如次：

  战时文摘传
  大笔信如椽
  磊落余肝胆
  鼓吹动地天

  成仁何所怨
  遗惠正无边
  黄桷春风至
  桃花四灿然

余曾见有释读该诗者，其实只是读而未释：解诗题之"寒冰先生"就是寒冰先生，"文摘"即文章等。可见释读者并不知道郭沫若诗所敬吊者何许人也。如果连这一点都不弄清楚，则对诗文所写当然也就不知所云，那释读只能叫望文生义。

寒冰者，孙寒冰也。1903年出生于江苏省南汇县，原名锡琪，复旦大学商科毕业后留学美国华盛顿大学。1927年回国后在复旦大学任政治学教授。1936年时，身为复旦教授的孙寒冰，决心创办一个杂志，选载国内外各种报刊文章，使读者能够从一本杂志获得大量的知识，纵览世界大势。他给这本杂志取名《文摘》，拟办成月刊，每期的篇幅定在200页左右。因为当时日本帝国主义侵略中国的局势已经日趋严峻，孙寒冰为《文摘》确定的编辑方针是："暴露敌人阴谋，促进全国团结，为抗战做准备"。

1937年1月，由孙寒冰任主编的《文摘》创刊号出版，大受读者欢迎。因供不应求，再版五次，总发行数达五六万册。《文摘》是中国第一本文摘类杂志，孙寒冰称其为"杂志的杂志"。

抗战爆发后，《文摘》改为《文摘战时旬刊》，编辑方针亦改为"宣传抗战必胜，日本必败"。上海沦陷后，复旦大学由上海迁往重庆北碚，孙寒冰因患伤寒滞留上海，《文摘》则转移到武汉出版。病愈后，孙寒冰只身到广州，用汉口寄来的纸型发行《文摘》广州版。武汉、广州沦陷后，《文摘战时旬刊》被迫停刊。孙寒冰辗转到达重庆，仍在复旦大学任教，在十分困难的条件下成立了复旦大学文摘出版社，《文摘战时旬刊》得以继续出版。1940年5月27日，日机轰炸重庆时，孙寒冰与复旦大学其他六名师生一起不幸罹难，被安葬于北碚东阳坝。

郭沫若悼诗中"战时文摘传，大笔信如椽"句，即是赞扬孙寒冰办《文摘战时旬刊》，宣传抗战事。"黄桷春风至"句中的"黄桷"是指重庆北碚的黄桷镇，复旦大学迁渝后，先时校区设于此镇（后在东阳坝建校区）。诗的下半阕自是咏叹孙寒冰在重庆遇难事。

抗战期间用寺字韵作佚诗考

一

　　1938年12月29日，郭沫若从贵阳乘飞机抵达重庆。这是他走出夔门二十六年之后首次回到四川，从此开始了抗战期间他在重庆近八年的生活。转过年来的1939年2月底，郭沫若告假两周返回故乡沙湾省亲。① 7月，因"父病殁"，郭沫若回家奔丧，并在家为父亲守丧至9月初，方"返重庆"。② 10月16日，郭沫若又一次"回沙湾营葬父丧"。③ 至12月上旬经乐山返回重庆。④

　　几次返乡期间，及回到重庆以后，郭沫若写下若干首旧体诗。其中有一首用寺字韵作的七言诗，郭沫若录入写于1941年7月所作的《龙战与鸡鸣》一文中（载香港《笔谈》半月刊1941年9月16日第2期）。后以《登乌尤山》为题，收入1959年11月作家出版社初版的《潮汐集·汐集》。郭沫若在编订《潮汐集》时为此诗作注，道："当年重庆诗人盛行用寺字韵，叠相倡和，成为风气。余亦偶为之，今仅存此一首。"并于诗末署写作时间为"1939年9月"。那么，这应是他第二次返乡，又于9月初回到重庆之后所作。

　　《登乌尤山》一诗因录入《龙战与鸡鸣》一文，又收入《潮汐集》，所以为人们所知，但郭沫若为其所写的注文，却没有引起多少注意：没有注意到"当年重庆诗人盛行用寺字韵，叠相倡和"这一历史情节，没有注意到郭沫若

---

① 《先考膏如府君行述》。
② 《五十年简谱》，《郭沫若全集·文学编》第14卷。
③ 《五十年简谱》，《郭沫若全集·文学编》第14卷。
④ 《家祭文》。

也曾"为之",虽今仅存一首,但仍应有可能找寻到另外的佚诗。所以,当另外一首也是郭沫若在当年返乡之后所作的咏凌云山"苏子楼"的七言诗,被披露出来之后,鲜有人意识到这应该就是郭沫若所说当年以寺字韵所作诗中的另一首。而当七首郭沫若用寺字韵所作的七言诗,书于同一卷轴上,以手迹影印见之于世①已经十余年之后,仍然无人注意到这一组因韵而作的诗。除此之外,余还见有一首从未被提及的寺字韵诗。

郭沫若返乡为父亲八十六寿诞祝寿全家合影

在这总计八首寺字韵诗中,有六首诗作迄今尚未被记入郭沫若生平及创作的任何文献中(包括年谱、著译系年、旧体诗词系年等),是为佚诗。

抗战期间,郭沫若写作了大量旧体诗词②,这成为他在抗战期间文学写作的一个重要方面,但却是在很大程度上被忽视了的一个方面。在这些旧体诗词作品中包含了有关郭沫若生活、工作、社会活动、思想情感、人际交往,以及时局变化、政治形势、社会状况等诸多历史文化信息。即使不论其文学价值的大小,它们对于郭沫若研究的文献史料价值也是毋庸置

---

① 见《郭沫若书法集》,四川辞书出版社,1999年11月。
② 我在一篇考订郭沫若流亡日本期间若干旧体佚诗的文章中论到,郭沫若在流亡日本期间少有新诗创作,而是主要写作旧体诗歌。这实际上成为他在抗战期间大量创作旧体诗词的开始。

疑的。

郭沫若用寺字韵所写的八首诗都是感怀之作，其中七首作于1939年（下文将逐篇考订），在数量上达到其全年所作旧体诗词数量①（包括这七首）的四分之一还要多。这从统计学意义上标示了其对于郭沫若1939年诗歌创作的分量，但这并不是最主要的。这些用寺字韵作的诗（包括七首之外的那一首，作于1940年1月初），能在某种程度上让我们从另外的角度去了解1939年的时局与郭沫若。

我们先看一看郭沫若书于同一卷轴的七首寺字韵诗，这是题写在给予立群的一幅书卷上。七首诗的文字并书卷落款抄录如次：②

初用寺字韵③书怀：

秀弓寺射弓已寺，尝从猎碣考奇字。先锋后劲复中权，宋拓良与今石异。排除万难归峨岷，立言未减当年间。东书不观事奔奏，深知野性实难驯。海外漂流十二载，沟壑随缘元尚在。耻食周粟入西山，誓不帝秦蹈东海。犹然俯首拜公卿，只为神州锋镝惊。豹死留皮供践踏，谁顾区区身后名。

再用寺字韵：

绥山之麓福安寺，中有明碑安磐字。碑言古镇号南林，旧隶峨眉县亦异。叔平夫子来涪岷，相与辨之言间间。南疑楠省邑境革，合乎故训殊雅驯。抗战以来逾二载，剩有蜀山犹健在。四方豪俊会风云，一时文藻壮山海。刻章戏署南林卿，见者为之心目惊。实则卿乡原不二，思源只记故乡名。

三用寺字韵：④

雨余独上蚩（乌）尤寺，遍山尽见某翁（赵熙）字。凤苟如鸡麟如羊，毛角寻常何足异？树间隐隐现（见）来岷，水光山色香间间。李冰功德（业）逾海通，竟使濛水为之驯。尔来已阅（越）二千载，堆趺犹

---

① 几种有关文献（年谱、著译系年、旧体诗词系年）的记录，均不完全，亦不准确，也不相同，约在十六七至二十首（《石池》作一首计）之间，多有缺失。这里据我所整理的数字计算，但因一些诗作尚未完成确切考订，故只取约数。
② 据《郭沫若书法集》中识文，个别存疑之字，另注说明。七首诗中，除第三首、第四首外，均无另外的篇题。
③ 书卷上原夺此字，郭沫若于该首诗文末注"题夺一韵字"，识文不另。
④ 括号内文字，为收入《潮汐集》中《登乌尤山》的文本。

有凿痕在。江流万古泣鬼工，鞭笞（挞）鼋鼍入沧海。汉代子云与长卿，谅曾骨折并心惊。只今尔雅高台古，无人能道舍人名。

四用寺字韵：

苏子楼临大佛寺，壁间犹列东坡字。洗砚池中草离离，墨鱼仍自传珍异。秀挺峨眉锦濯岷，近乎仁智神殊闲。勇哉南来大渡河，蛟鼍（龙）出殁势难驯。一别重过三十载，石佛崖尨依然在。感此人工并化工，蔚成苏子才如海。不遇蔡章与惠卿，亮节何由令世惊；薰莸自古难同器，赢得千秋万岁名。

五用寺字韵：

无边浩劫及祠寺，机阵横空作雁字。由来倭寇恣暴残，非我族类其心异。国都播迁入蜀岷，至今和战交争闲。愞者遁逃黠诡随，欲驱豪杰化柔驯。岳坟沦陷近三载，会之铁像应仍在。素审敌仇似海深，近知奸恶深于海。南都北阙伪公卿，婢膝奴颜宠若惊。何时聚敛九州铁，铸像一一书其名。

六用寺字韵：

厅务闲闲等萧寺，偶提笔墨画竹字。非关工作不需人，受限只因党派异。殊途同归愧沱岷，权将默默易间间。百炼钢成绕指柔，鸿鹄狎之如婺驯。中原板①荡载复载，阋墙兄弟今仍在。才闻敌破五台山，又报南侵入北海。应战仓惶召六卿，邕宁一失众心惊。竟教民妇犹资敌，练民空自有其名。

七用寺字韵：

麓有温泉山有寺，缙云氏犹遗姓字。相传旧有相思竹，寺号相思犹足异。峻崇不敌峨与岷，石像古远香色闲。四天王像余半身，背负龙子驯乎驯。罗汉摩崖不计载，仅存十五尊犹在。中无伏虎与降龙，余一浑如泥入海。秋初往访谢公卿，批萝戴网见之惊。山崩石坠像颠倒，刻者永远佚其名。

廿九年一二八纪念之前夕书此　　立群其保之　　沫若

三十五年前在重庆曾为寺字韵十三首，此卷存其七首，余六首如石沉大海矣

一九六五年二月十五日　　沫若

---

① 据手迹，识文阙此字。"板""荡"，出自《诗经》，意指政局混乱、社会动荡。

从落款处文字可知，这一卷题诗书于 1940 年 1 月（当在下旬）。1965 年 2 月，郭沫若又看到此卷后，补志了一段文字。其中"三十五年"应系"二十五年"之误。这段补志文字表明，郭沫若在 1959 年编订《潮汐集》时，没有记起这一卷题诗，于立群应该也没有记起该诗卷。所以，郭沫若只将曾录入《龙战与鸡鸣》的《登乌尤山》一首诗收入《潮汐集》，并以为当年用寺字韵所作"十三首"诗仅存此一首。一卷题诗完整地保存下郭沫若当年所作的七首"用寺字韵"诗，实在是一件幸事。

另外的一首诗是"书奉"马衡的，为：

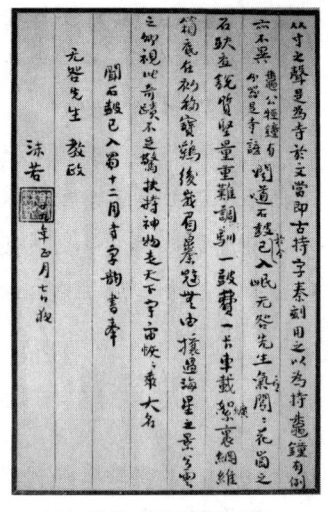

十二用寺字韵书奉马衡

十二用寺字韵：

从寸之声是为寺，于文当即古持字。秦刻用之以为持，竈钟有例亦不异（竈公䥫钟有分器是寺语）。石鼓于今已入岷，无咎①先生言闾阎。花岗之石跌坐锐，质坚量重难调驯。一鼓费一卡车载，犷裏网维箱底在。初移宝鸡后峨眉，暴寇无由攫过海。星之景兮云之卿，视此奇迹不足惊。扶持神物走天下，宇宙恢恢乘大名。②

二

关于这八首诗撰写的情况几无资料说明，其中六首诗除手迹外，迄今无任何文字记载。有文字记载的两首诗，亦有疏漏处。所以需要为之做一番考证，首先要确定它们写作的时间，以及文字的变动。

题写于书卷的七首诗的写作时间，在郭沫若落款文字中实际上标示出一个大致的范围：自 1938 年 12 月 29 日他到达重庆，至 1940 年 1 月末（"一·二八事变"纪念日前）书此诗卷之间，也就是约略在 1939 年间。从诗文的内

---

① 无咎，即马衡。
② 诗文据手迹。

容，我们可以逐篇做一个比较确切的写作时间的考订。

第一首，《初用寺字韵书怀》起首四句："秀弓寺射弓已寺，尝从猎碣考奇字。先锋后劲复中权，宋拓良与今石异"，应该可以让我们考订该诗的写作时间。诗为感怀而作，引起郭沫若感怀之物、事是什么呢？就是这几句诗文写到的"石鼓文"。

"秀弓寺射"出自《石鼓文·田车》"宫车其写，秀弓寺射"句。这是《石鼓文》中第七石的刻辞，郭沫若谓："此石叙猎之方盛。"① "猎碣"是"石鼓文"的另一称谓。"尝从猎碣考奇字"，所咏就是郭沫若自己之事：他在流亡日本期间的1932年，即从东京"文求堂"所见拓本开始对"石鼓文"进行研究，1933年写成《石鼓文研究》，并拟出版。但又觉得有两个重要拓本"尚未得阅，故研究亦不能说完成"②，遂将出版之议搁置，仅将该文收入《古代铭刻汇考四种》③ 一书中。1936年夏，郭沫若以机缘故，从日本收藏家河井荃庐那里借阅到明代锡山安国所藏《石鼓文》的三种最善拓本，即第三句诗所写到的：先锋（本）、后劲（本）、中权（本），最后完成了《石鼓文研究》的书稿。安国所藏的三个拓本均为北宋拓本，所以诗的下一句道："宋拓良与今石异。"

《石鼓文研究》书稿完成后，郭沫若将其寄给上海孔德图书馆沈尹默，但迟迟未能出版，这大概成了他心里一直惦记的一件事。但何以会在几年后触动了郭沫若写诗的感怀呢？显然是该书出版之事。

《石鼓文研究》由长沙商务印书馆1939年7月影印出版，为"孔德研究所丛刊之一"，而出版之事的确定，应该在几个月之前，所以，郭沫若在1939年4月10日撰写了《石鼓文研究·序》。可以想见，正是这篇序的撰写（其中回顾了研究石鼓文的经过），触发了郭沫若的感怀之情，那么，以《初用寺字韵书怀》写于4月间，应大致不错。

为什么不是更晚一些？这要与下一首诗的写作时间联系起来看。郭沫若既以数字为几首诗排了序，则其写成时间之先后当依此顺序。（逐篇考订之后，亦可证此）

---

① 《石鼓文研究》，《郭沫若全集·考古编》第9卷，科学出版社，1982年9月。
② 1933年4月6日致田中庆太郎信，《郭沫若致文求堂书简》第84号，文物出版社，1997年12月。
③ 《古代铭刻汇考四种》，1933年12月由东京文求堂书店影印出版，《石鼓文研究》为其中第三种。

背井离乡二十余年之后，首度回到四川，郭沫若的思乡之情当更急切，于是，到达重庆刚刚两个月，他便于2月底告假两周返乡省亲。《再用寺字韵》一首的撰写，应与此次返乡有关。

"绥山之麓福安寺，中有明碑安磐字。碑言古镇号南林，旧隶峨眉县亦异。叔平夫子来涪岷，相与辩之言阆阆。"诗中写到的福安寺，就是郭沫若故乡沙湾绥山脚下的那座茶土寺。明代安磐作有《福安寺记》，刻石于寺中，开篇之句便是："福安寺在三峨山之麓，旧名南陵镇，后负崇岗，前临沫水。"① 郭沫若在近三十年后，能记起家乡风物的这种细节处，或者说这些风物的细微之处能引发郭沫若的感怀，必定是在他重返故里，重睹家乡风物之后才有可能。所以，《再用寺字韵》之作，应与郭沫若返乡省亲之行相关，但不是在返乡期间，而是又回到重庆之后。"叔平夫子来涪岷，相与辩之言阆阆"句可证此。

"叔平"，马叔平，即马衡。身为故宫博物院院长的马衡，为故宫文物西迁事于1939年春来到重庆。"叔平夫子来涪岷"应该说的即是马衡此行。之后，马衡到巴县、乐山、峨眉等地考察、安排文物搬迁事宜，但他到乐山约在5月间，郭沫若那时是在重庆的，所以，诗中所记二人为福安寺安磐碑记上文字之意"相与辩之"，应该是在马衡初到重庆那段时间、郭沫若省亲返回重庆之后。郭沫若在《石鼓文研究·序》中提到：沈尹默为《石鼓文研究》出版亦作有序文，"托叔平先生转致且传语云书已印就"。可见，马衡到达重庆后去拜访郭沫若当在4月初，那么这首《再用寺字韵》亦应写在4月间，只是序在《初用寺字韵书怀》之后。

1939年7月初，郭沫若的父亲病逝，他即告假，于11日"回家奔丧"，并在家为父亲守丧，至"9月初返重庆"。②《三用寺字韵》一首的写作，显然是缘于这一次的返乡之行。故郭沫若在将该诗以《登乌尤山》为题收《潮汐集》时，自注写于9月。

编入《潮汐集》的《登乌尤山》，文字与《三用寺字韵》略有不同。其相异者，上文已用括号标出。"遍山尽见赵熙字"之"赵熙"原作"某翁"，

---

① 见《福安寺记》，载《乐山历代文集》，乐山市市中区编史修志办公室出版，1990年12月。安磐乃明嘉靖年间人，福安寺（茶土寺）中安磐碑记的刻石早已磨损、剥蚀，字迹难以辨认，于是才会有郭沫若与马叔平"相与辩之言阆阆"。而郭沫若谓"碑言古镇号南林"，异于《福安寺记》中"旧名南陵"，也当是出自碑文难辨之故，而以口传之误吧。

② 见《五十年简谱》。

显系当年不便直道赵熙其名。其他几处文字易动非关文意,惟首句何以原作"蚩尤寺",不得其解。

《四用寺字韵》一首,咏凌云山苏子楼,从其内容看,也应是因 7 月这次返乡而作。那么写作时间,当于《三用寺字韵》一诗略后一点,亦在 9 月间。

《四用寺字韵》一首曾见之于若干文献资料记载,但非依据刊出本,篇题有作《题苏子楼》者,有作《咏东坡楼》者,还有作《重游大佛寺》者,均非郭沫若所署。《郭沫若著译系年》(上海图书馆编) 将《题苏子楼》和《重游大佛寺》作为两首诗先后系于 1939 年间,则显然属错记了。这首诗的文本可见者,尚有郭沫若曾为张肩重①、尚承祚、于立群(此书卷之外)、常任侠等人书写的草轴等,个别文字略有不同,然无关诗文之意的改动。②

事实上这首诗在那些文献资料记载之外,是曾经发表过的,但不知何故这一史实似乎完全被遗忘了。该诗以《六用寺字韵题嘉定苏子楼》为篇题,发表于 1940 年 1 月 28 日《新蜀报·蜀道》第 28 期。

既然以"六用寺字韵"的序列为题发表,那应该说明,在该诗与《三用寺字韵》一首之间,原本还有两首寺字韵的诗作,其写作的时间应该也是在 9 月间,而诗的内容多半亦应与郭沫若的返乡之行有关。

《五用寺字韵》起句"无边浩劫及祠寺,机阵横空作雁字",应该是写日本侵略军轰炸重庆的情景。日军从 1938 年末起,开始对重庆持续不断地进行轰炸,其中 1939 年 5 月 3 日、4 日连续两天轰炸市中心区,且大量使用燃烧弹,给重庆造成巨大的损失,罗汉寺、长安寺即毁于大火之中。郭沫若诗句记述的应该就是这次大轰炸。

事实上,他在 5 月 12 日曾写过一首《惨目吟》,就是为书"五三、五四大轰炸"之所见,"以志不忘"③。但此一首寺字韵诗当非作于同时,因诗中"南都北阙伪公卿,婢膝奴颜宠若惊"句,显然说的是另一件事:汪精卫欲成立伪政府之事。汪精卫 1938 年出逃河内之后,在 1939 年间加紧了他卖国求

---

① 书赠张肩重一幅题字的文本(包括题记),是多被引用的,但该文本出自张肩重回忆文章中的抄录本,未见附印手迹。
② 郭沫若以同一首诗书赠不同的人,或在不同的时间书赠他人时,常有文字上的易动,原因不一,且这亦是郭沫若旧体诗作收集、整理的一个难点问题,需另文讨论。
③ 见《惨目吟》题记。《惨目吟》后收入作家出版社 1959 年 11 月初版《潮汐集·汐集》。

荣的活动。9月19日,他由沪赴宁,与北平伪临时政府主席王克敏、伪维新政府主席梁鸿志会晤协商,达成在南京成立伪中央政府的协议,并确定了平、沪、宁三地人员组成比例。这正是郭沫若怒斥的"南都北阙伪公卿"。故这首《五用寺字韵》大致写在10月间(这也考虑到其序列在第六首之前)。

《六用寺字韵》一首中记道"才闻敌破五台山,又报南侵入北海。应战仓惶召六卿,邕宁一失众心惊"。这是先后发生在1939年间的战事。前事略过,11月间,4日,日本侵略军在北海登陆,15日,从钦州湾登陆,随即分兵三路北上进攻南宁,24日,南宁沦陷。"邕宁一失众心惊",诗人当然也与"众心"同,诗当写于11月末。

"麓有温泉山有寺,缙云氏犹遗姓字。"《七用寺字韵》的写作,应与郭沫若1939年内的一次北碚游有关。诗中所咏当是北碚的温泉、缙云寺。缙云寺坐落在北碚缙云山中,始建于南朝,因山中有相思岩、相思竹、相思鸟之故,唐宣宗曾赐书"相思寺"的匾额,所以后人曾称该寺作相思寺。缙云寺所存古物中有出土的石刻天王半身残像,据传是梁或北周时所刻。这些都为郭沫若诗中写到。

郭沫若游北碚是在9月间,蒙卢子英邀请并陪同游览,其间,还受邀往嘉陵江三峡实验区署做战争形势的报告。现在已知的,与这次北碚游相关的郭沫若诗作有两首,均收入《潮汐集·汐集》。一首《晨浴北碚温泉》署作于"1939年9月",从文辞看,应作于出游期间。一首《游北碚》署作于"1939年10月",为答谢卢子英而作,故有"感君慷慨意"句。郭沫若知道北碚和那里的温泉是在当年出川之时,但得游此地却成"廿六年"后事。这自然给他留下许多感兴:"半世劳尘想,今宵发浩歌。"(《游北碚》)所以,他会又作一首诗记这次北碚游。因序在第七,且用"秋初往访谢公卿"这样回记前事的口吻,《七用寺字韵》一首当大致写在12月间(且不会转过年去,不然,"秋初"之前还应有一时间限定词)。

《十二用寺字韵》一首,是郭沫若"闻石鼓已入蜀",于1940年1月7日"书奉无咎先生教正"的。这首诗的写作时间与书卷上《四用寺字韵》一首曾发表的时间及其排序情况,是一个很有意思的情况。前者略先于郭沫若为于立群题写书卷的时间,后者以《六用寺字韵题嘉定苏子楼》为题抄录给《新蜀报》刊出,与为于立群题写书卷,几乎就在前后脚之间。那么这是不是表明,郭沫若写成书卷,并重做排序的七首寺字韵诗,实际上是他从此前一年所作"十三首"(至少是十二首)寺字韵诗中特别整理出来,以为留存的呢?

三

　　对于题写在书卷上的七首诗的写作时间大体可以做出这样一个考订①，虽然我们无法使其更为精细一些。但是我们可以看到，这七首诗与《十二用寺字韵》的写作，基本上贯穿于1939年全年。郭沫若说以寺字韵作这些诗，是随当时重庆诗人的盛行之风，但我们看他的这几首诗，都是有感而发，绝非仅为风雅之事的泛泛唱和之作。并且从中可以看到郭沫若在1939年间经历的一些事情，以及他在精神心态上的一些变化。

　　《初用寺字韵书怀》可称为一首明志诗。郭沫若在1937年从日本秘密回到国内的前后写过若干首诗，以表达他在民族危亡之际毁家纾难、舍生取义的一腔报国之志。这些诗真切地反映了他在面临关乎人生大节的选择时那种慨当以慷的精神心态。但是回国以后，他所面对的就是一个非常具体的政治环境了。当时，全国上下结成了最广泛的抗日民族统一战线，但其中毕竟包含着不同党派、不同政治势力、不同社会阶层的利益和诉求。此时的郭沫若乃一介文人，但他实际又同时具有国共两党政治背景的因素，所以，以什么样的身份和方式投入抗战之中，在开始时是让他颇为踌躇的。就任军事委员会政治部第三厅厅长，郭沫若是经历了一番思想斗争的，也因此而遭到一些非议，譬如，指他对蒋介石前倨而后恭。《初用寺字韵书怀》就是郭沫若借诗以明志：

　　"东书不观事奔奏，深知野性实难驯"。"耻食周粟入西山，誓不帝秦蹈东海"。伯夷、叔齐不食周粟而入首阳山、鲁仲连宁蹈东海不帝秦，郭沫若以此喻其亡命海外的经历。但归国之后，他之所以"犹然俯首拜公卿"，只因为神州陷入战争的烽火之中。"豹死留皮，人死留名。"② 郭沫若反其意道："谁顾区区身后名。"

　　1939年，抗日战争进入第三个年头，战争进入相持阶段，政治军事形势都发生了许多变化，与抗战初期相比有了很大不同。这必然会反映并影响郭

---

① 每首诗的写作时间，均大致可以系于某月份之内，实际上还不能完全排除其前后跨月份的可能性，但一首诗写作时间的含义，可以是一个写作的过程（与"作讫"这样的概念毕竟不同），故做此处理。如有另外的史料发现，可以更精细地为之系年，当续作考订。

② 出自《新五代史·王彦章传》。

沫若的精神心态，他所担当的社会角色以及三厅的工作。

这里可以先简单列出1939年的一系列大事记：

前一年12月末，身为国民党总裁的汪精卫出逃越南，公然叛国投敌。

转过年来1939年1月，国民党五届五中全会确立了"溶共、防共、限共、反共"的政策，并成立了"防共委员会"。

4月，汪精卫与日本首相平沼订立《汪平协定》，纵容日军在中国进一步的军事占领。

6月，国民党军队包围并杀害新四军平江通讯处全体人员，制造了"平江惨案"。6月30日，国民政府颁布《限制异党活动办法》。

7月7日，中共中央发表《为纪念抗战两周年对时局宣言》，提出"坚持抗战，反对投降；坚持团结，反对分裂；坚持进步，反对倒退"的三项政治口号。

9月1日，德国进攻波兰，英国、法国相继对德国宣战，第二次世界大战爆发。9月中下旬，汪精卫与伪临时政府主席王克敏等在南京商定成立伪中央政府事宜。

12月，蒋介石命胡宗南进攻陕甘宁边区，掀起第一次反共高潮。

在这一年中，日本侵略军在各个战场仍是进攻态势，又有大片国土沦丧。从前一年12月起，日军还正式开始对重庆进行战略轰炸。1939年5月3日、4日，日军连续轰炸市中心区，给重庆市造成了巨大的人员财产损失。从1939年春季起，已经西迁至成都（经由陆路）、重庆（经由水路）的故宫文物，开始陆续运往为其选定的存放之地——岷江上游的乐山、峨眉，至9月间"始移运完竣"。军事委员会政治部在这一年开始调整总部和各级机构。

把郭沫若八首寺字韵诗的写作置放在这样的时代背景上，可以非常清晰地看到，上列1939年大事记中的大多数事件及与之相应的时局，都直接、间接地记录或反映在郭沫若的诗文中。如果将这八首诗视为一组诗，它们实际上是记录了一段历史的一组诗。

初到重庆时郭沫若对于三厅的工作似乎还是心气很高的，从《初用寺字韵书怀》明志的诗句中就可以看出来。重庆作为抗战大后方的中枢之地，各方豪俊云集，人才济济，呈一时之盛，郭沫若用了赞叹的诗句描述这番情景：

"四方豪俊会风云,一时文藻壮山海。"亦足见其当时乐观、昂扬的情绪。但是,随着政治时局的变化,郭沫若的心境也在逐渐改变。既有对抗战已逾二载,"至今和战交争阋"的不满,也有对汪伪卖国行径的愤怒,还有对于"阅墙兄弟今仍在"的深深忧虑。

《六用寺字韵》表达的心绪有点复杂。"厅务闲闲等萧寺,偶提笔墨画竹字。非关工作不需人,受限只因党派异。殊途同归愧沱岷,权将默默易闉闍。百炼钢成绕指柔,鸿鹄狎之如婺驯。"原本同仇敌忾的抗日民族统一战线,因国民党排斥异己、"防共""反共"而致矛盾冲突,作为一厅之长的郭沫若居然是"厅务闲闲"。这种状况让他既无奈又愤慨,指斥国民党这种做法阻塞言路,愧对世人(沱岷二江尚且殊途同归)。

《六用寺字韵》一首写在 11 月末,从春季慷慨激昂的感怀(《初用寺字韵书怀》),到初冬之际的无奈与愤慨,在不足一年时间里,郭沫若心境的变化却呈云泥之别。他个人这种心境的变化,折射出这一年间政治时局的变化。面对这样的局面,郭沫若是心有不甘的,百炼钢成虽可化作绕指柔弱,鸿鹄的高远志向又岂可驯服!这似乎预示了他在下一年的政治去向(辞去三厅厅长之职)。

国事之外的家事,是郭沫若在整个 1939 年间很重要的活动和个人经历,三次返乡,并居家守父丧前后近四个月时间,所以七首寺字韵诗中会有三首的写作与返乡之事相关。① 弱冠之年远去异国他乡,"将届知命"之际才得重返故乡,浓浓的乡情当然会是诗的主调,这种乡情主要是通过对于家乡山水风物的赞美和咏叹来表达的。

但是与此同时,在"烽火连三月"的战争年代,乡情中也必然饱含着忧国忧民的情志:"抗战以来逾二载,剩有蜀山犹健在","薰莸自古难同器,赢得千秋万岁名"。乡情与抗战情怀相融相济,构成这几首诗作的一个特点。

抗战期间,文化界的一件大事是故宫文物的南迁、西迁。在国民政府决定临时迁都重庆之后,已经南迁至南京的故宫文物开始从陆路、水路西迁入蜀。走水路的文物溯江而上先至汉口,复经宜昌运到重庆。走陆路的文物先由陇海线运至宝鸡,再经汽车运往陕南南郑县,再转运至成都。1939 年春,这些文物又分别经水陆两路从成渝两地起运,运往为其勘定的最后存放地。《十二用寺字韵》一诗写到的就是从陆路移运文物之事。或许是文字音韵古意

---

① 郭沫若在三次返乡期间还作过多首诗,但不在本文的考察范围之内。

的巧合，也可能是有意为之，郭沫若因得知故宫文物石鼓已经移运入蜀的消息而写的这首诗，正好呼应了《初用寺字韵书怀》一首的因石鼓文而起兴。他在诗中为故宫文物在蜀中得以安全存放，"暴寇无由攘过海"，而感到宽心；更对文物经蜀道移运过程中的艰难发出由衷的赞叹："扶持神物走天下，宇宙恢恢乘大名。"

按郭沫若 1965 年的话说，当年他用寺字韵所作诗之"余六首如石沉大海"，以他当年时有为人题诗、题字的情形而言，佚失的诗作，应该还有被发现的可能，《十二用寺字韵》一首即是如此。如是，我们于尚佚失的五首寺字韵诗或许仍能找寻到一二，那当可获得更多的历史文化信息。

在将抗战后期所写的一些诗作编成《蜩螗集》时，郭沫若谦称那些诗，"作为诗并没有什么价值，权作为不完整的时代纪录而已"。① 这里所整理的几首用寺字韵诗作，自然也可"作为不完整的时代纪录"，但这是历史叙述的文本所难以见到的纪录。

附记：

书稿交付录排之际，又找寻到郭沫若于 1939 年 12 月 31 日所作寺字韵诗两首《叠用寺字韵赠别西北摄影队》：

> 纯阳洞外喇嘛寺，一塔嶙峋列梵宇。电影制片厂其邻，精神时代全相异。初由武汉迁入岷，斩山刊崖声闻闾。防空洞深营三窟，敌机虽暴如鸦驯。惨淡经营几二载，辛勤换得巍峨在。列宿明迷光丽天，方人聚集江湖海。感心最是梦莲卿，寄子远举俗尘惊。欲把风云写塞上，艺功当与佛齐名。

> 远征将访百灵寺，帜题西北影队字。于时凛冽届隆冬，雪地冰天风俗异。艺界勇者辞涪浥，抗战建艺气殊闻。不入虎穴焉得子，岂得甘心羊兔驯？此去凌寒将半载，不教耳鼻徒健在。若无伟绩震寰区，抚抱坚冰眠瀚海。众情慷慨迈苏卿，我亦瞠然自叹惊。三唱诸君万万岁，千秋青史垂芳名。

当时中国电影制片厂为摄《塞上风云》，组织了西北摄影队往塞外工作。在摄影队即将出发之际，郭沫若"赋此志感，兼以赠别"。诗曾刊于 1940 年 1 月 31 日上海《电影周刊》。

---

① 《蜩螗集·序》。

为《和平》中文版作"介言"

1949年4月，第一届世界保卫和平大会在法国巴黎与捷克布拉格同时召开。因为当时的法国政府限制中国代表团入境，郭沫若率领中国代表团出席了在布拉格分会场举行的会议。郭沫若在大会上发表演说，介绍中国人民为保卫世界和平，反对煽动新的世界大战而与帝国主义所做的斗争，呼吁全世界爱好和平的人民更紧密地团结起来。会后《和平》杂志创刊。

《和平》杂志原版为法文，杂志社也设在法国巴黎。后相继出版有英文、德文、俄文、西班牙文、葡萄牙文、阿拉伯文、罗马尼亚文、匈牙利文等文字版。世界保卫和平大会执行局一直希望能有中文版出版，但中国和大一直在中国主要报刊上刊出"保卫世界和平专刊"（朝鲜战争爆发后改为"抗美援朝专刊"），专刊将《和平》杂志发表的重要言论和消息都做了选译后刊出。

为了加强与世界和平理事会执行局的联系，为使世界和平运动的情况更广泛地为中国和亚洲人民所熟悉，中国保卫世界和平大会决定从第24期起，出版《和平》杂志中文版。

郭沫若于1951年4月29日作《"和平"杂志中文版介言》。写道：

"和平"杂志是一九四九年第一届世界保卫和平大会之后诞生的，是全世界爱好和平的人民的喉舌。

……我们现在决定自"和平"第二十四期起出中文版，使和平的凯歌更加高扬起来。

侵略集团的战争贩子们是害怕和平的，他们天天在叫嚣战争，然而在战争中所表现的除极端的残暴与卑怯之外，战斗力却等于零。因此，它们事实上也害怕战争。

我们是拥护和平的，谁敢破坏和平，我们便不惜为保卫和平而战。我们的抗美援朝的爱国运动，就是这种精神的表现。因此，我们既不害怕和平，也不害怕战争。

正义所在就是胜利所在，和平阵营的扩大与巩固一定会战胜侵略者的一切罪恶阴谋。

第 24 期《和平》杂志上刊登有报道在柏林召开的世界和平理事会第一届会议的消息，有约里奥·居里撰写的文章《和平宫》，著名诗人尼鲁达（聂鲁达）创作的诗《伐木者醒过来》等。

为中国科学技术大学做广告宣传

1959 年，新中国迎来成立十周年的诞辰。宣传媒体当然会有许多新中国成立十年社会主义建设事业各方面成就的宣传报道。人民画报社想到要报道一年前建立的中国科学技术大学，于是联系了科技大学。时任科技大学党委书记的郁文，商请兼任校长的郭沫若亲自撰文介绍科技大学，并为郭沫若准备了一些资料。郭沫若很快写成一文，遂于 5 月 21 日致信郁文。

郁文同志：

  人民画报所需要的文章，我草拟了一篇，送上，请您斟酌。

  敬礼！

郭沫若
五月 21 日

所附来资料送还。①

郁文即将郭沫若文章的手稿寄送人民画报社。画报社 22 日收到郭沫若手稿，当日就"打字发稿"。因为刊登文章的标题拟用郭沫若手迹，所以编辑部在退还作者手稿前，从原稿上剪下了标题。② 郭沫若这篇文章题作《中国科学技术大学》，配有一组照片，刊发于《人民画报》1959 年第 12 期。手稿原件现存中国科学技术大学，但已无篇题。郭沫若的文章（刊发文本对原手稿文本个别字词有所修改）写道：

  中国的科学研究是有历史渊源的，谁都知道，促进现代文明发展的

---

① 据原信手迹。
② 据《人民画报》编辑部致郁文信。

三大发明,指南针、火药、活字版,是中国很早以来的发明。

但中国受到长期的封建制度的统治,更加上百年来殖民主义的残酷摧残,中国的生产落后了,因而科学的发展也就受到很大束缚。

1949年,中国人民革命胜利了,中国人民的生产力得到解放,中国的科学技术也得到解放。今年我们就要迎接人民中国光荣的新中国成立十周年,十年来中国生产事业的跃进,中国科学技术的跃进,是特别惊人的。

生产事业的跃进和科学技术的跃进有相互的因果关系。大规模的社会主义建设事业特别需要大量的科学技术人才和高度的科学技术水平。反过来,有了大量的科学技术人才和高度的科学技术水平也就可以保证社会主义建设事业的进展。

因此,我们的国家对于科学技术人才的培养是特别重视的。我们已经有了不少的综合大学和专业学院,但我们在去年却又创建了一座直属于中国科学院的中国科学技术大学。

大家都知道,目前是原子能的时代,是电子计算机的时代,是人造卫星宇宙火箭的时代。人类已跨进了进一步征服自然,征服宇宙的领域。人类已经能够进一步解放并控制自然的力量为人类幸福服务。

我们的社会主义事业,终极的目的就是要不断地提高人民的物质生活和文化生活水平,因而我们要不断地扩展科学的基础。

中国科学技术大学建立的目的就是为了适应目前的时代而担当建设的任务。

这个大学直属于科学院,有它的特别便利的地方。科学院有不少的高级研究人员、高级专家可以到大学里来任课,大学的学生可以到科学院的各个专业研究所去实习,教学与研究是紧密地结合着的。

大学毕业生主要即成为科学院的未来的研究人员,在专业培养上可以进行有目标、有系统、有计划的布署,因而可以免掉多走弯路。

当然,我们所需要的人才是社会主义的建设人才。因此,我们的学生不仅希望他在科学技术上要有专长,而且希望他在思想品质上也要端正。教育和生产劳动相结合,这是我们的总方针。我们所培养出来的人才必须是工人阶级的红色专家。在这个目标上,我们和全国的综合大学、专业学院乃至各种各级的任何学校都没有两样。

我们的教育方针是正确的。十年来我们已经训练出了大批的社会主义建设人才，中国科学技术大学也必将顺畅地执行着它的任务，训练出一批又一批德才兼备的科学尖兵，为国家建设服务。

世界的科学技术水平是在不断提高的，我们也必须不断提高。我们要在不太长的时期中赶上世界的科学水平，使中国科学的新的发明发现，不愧于我们的祖先，对于世界和平和人类幸福，能够有不断的贡献。

如今的大学校长为自己的学校用各种方式做宣传，已经不是稀罕事了，但当年像郭沫若这样亲自撰文为科学技术大学作宣传报道，似乎还是绝无仅有的。

还有一点：大概因为文章刊载于"画报"之故，这篇短文迄今没有为任何有关郭沫若生平、著述的文献资料所记载。

"遗香犹自透尘埃"

——纪念河上肇的佚诗文

"我最初来此的生活计划，便是迻译《社会组织与社会革命》一书，……我译完此书所得的教益殊觉不鲜呢！我从前只是茫然地对于个人资本主义怀着憎恨，对于社会革命怀着信心，如今更得着理性的背光，而不是一味的感情作用了。这书的译出在我一生中形成了一个转换时期，把我从半眠状态里唤醒了的是它，把我从歧路的彷徨里引出了的是它，把我从死的暗影里救出了的是它，我对于作者是非常感谢，我对于马克思列宁是非常感谢"。"我现在成了个彻底的马克思主义的信徒了！马克思主义在我们所处的这个时代是唯一的宝筏。"这是1924年8月，郭沫若在《孤鸿》（给成仿吾的信）上所写的两段文字①。河上肇与《社会组织与社会革命》一书，在郭沫若的人生道路上是一个重要的路标，翻译河上肇的书，成为他人生经历的一个重要节点。

其实郭沫若在九州帝国大学医学部留学时，就已经接触过马克思的社会主义学说②，但他当时只是将马克思的学说作为近代以来西方思想文化的一个思想派别去认识和了解的，那时更吸引他的是泛神论、生命哲学，是斯宾诺莎、柏格森、尼采……然而，在对于中国社会与现实有了比较切实的观察和了解之后，郭沫若从阅读和翻译河上肇的《社会组织与社会革命》过程中，认识到马克思主义学说可以为中国的社会革命提供思想武器，所以他宣称自己成为"马克思主义的信徒"。

---

① 《孤鸿》，《创造月刊》1926年4月第1卷第2期。
② 参见向坂逸郎《郭沫若与福井准造的〈近世社会主义〉》，《郭沫若研究》第7辑，文化艺术出版社，1989年6月。

郭沫若通过翻译河上肇的著作认识、接受马克思主义学说，并不是照本宣科、机械复制，而是经历了一个思考、学习的过程，所以他能看到河上肇著作的不足之处："作者只强调社会变革在经济一方面的物质条件，而把政治一方面的问题付诸等闲了。"他认为，河上肇经济学理论中不赞成早期政治革命的见解，"不是马克思的本旨"。郭沫若应该是把他的看法写信转达给河上肇了，所以，"后来原作者河上肇博士曾经写过信给我，说他自己也不能满意，在初版刊布后便嘱出版处停止了印行"。①

郭沫若虽与河上肇有过书信往来，但不曾谋面。郭沫若所译中文本《社会组织与社会革命》，由上海商务印书馆1925年5月出版，河上肇收到这一中文译本是在一年多后。1926年11月10日，河上肇在一封来信的信封上写下一行文字："今日得到《社会组织与社会革命》的中文译本，我正抱病家居，友人榉田民藏君访我于病榻……"② 而此时，郭沫若已经投笔从戎，参加国民革命军北伐，置身于中国"社会革命"的实践之中去了。

对于河上肇，郭沫若一直心怀崇敬之情，并且将其留在文字记忆中。除了给成仿吾的信和在《创造十年续编》中记述翻译《社会组织与社会革命》经过的文字，郭沫若还多次撰写诗文，表达对于河上肇的景仰和感怀之意，以为纪念，但这些诗文几乎不为人知，因从未刊出，甚至不曾披露过。

大革命失败后，郭沫若以被通缉之身，作为政治流亡者在日本警察宪兵监视下羁留千叶县市川。1937年，已是他流亡日本的第十个年头。这一年春，郭沫若开始撰写《创造十年续编》③。就在他写罢翻译《社会组织与社会革命》那段经历之后不久，报纸上刊登了河上肇出狱的消息。

原本是京都帝国大学教授的河上肇，在1932年加入日本共产党后不久，就遭逮捕入狱并被判刑5年。河上肇作为政治犯在狱中服刑，至1937年6月服刑期满出狱。6月15日，报上发表了河上肇在狱中所写的"手札"，其中说道：自己是斗争场里的一名残废兵士，年老力衰，实不能胜荆棘之路矣。今后将隐居，希望自己不要成为他人的障碍。住在市川市乡间的郭沫若是从

---

① 《创造十年续编》，上海北新书局，1938年1月。
② 参见《河上肇全集》第24卷。
③ 《创造十年续编》，写作时以此作篇名，在《大晚报》连载发表时改作《创造十年续篇》，北新书局初版印行时又作前题，收入《沫若文集》时则用后一篇题。

报纸上得知此事的，读后，感慨不已，遂作七绝一首，云：

> 斗争场里一残兵，
> 不堪荆棘莽纵横。
> 长水高山增景慕，
> 前人多曾仰先生。①

诗成一个月后，郭沫若只身一人秘密归国。大概因为这个原因，这首诗至今仍在尘封之中。不过，郭沫若在回到上海之初，作过一首七律《有感》，起句便是"十年退伍一残兵，今日归来入阵营"②，想必他还记着河上肇的"手札"，但是他毫不犹豫地选择了"归来入阵营"。

郭沫若在七绝诗中的感慨不无惋惜之意，显见是针对河上肇"手札"所言。但事实上，河上肇在入狱服刑期间，一直坚守马克思主义信仰，不屈不挠。政府当局曾以发表"转向"声明为条件，许其减刑或假释，但遭到河上肇拒绝。他表示："涵养热爱真理的精神，对人类进步来说是基本的问题"，是"科学者至高无上的天职"。他斥责背叛本身就是一种极卑劣的行为。他说："如果我因不合时流便改变自己的信仰，力求安全便符和于雷同无知的人们，那就有辱天之使命。"刑满出狱后，河上肇虽声称将远离社会而隐居，但他明确表示，这并不意味改变了自己的信仰。他说："我的学问上的信念（对马克思主义的真理性的确信），实际上毫无动摇。"1946年1月13日，河上肇逝世，终年68岁。他走完了一个"求道者"艰难坎坷的人生路。

1950年，商务印书馆重新排版印行《社会组织与社会革命》一书，郭沫若写了一篇"序"。他在"序"中说："马克思主义在日本的传播，不能否认，河上肇博士是有功劳的。就是中国初期的马克思主义者也有不少的人是经过他的媒介才和马克思主义接近的。""我自己就是一个活的人证。我自己的转向马克思主义和固定下来，这部书的译出是起了很大的作用的。"郭沫若在这里实际上说到了马克思主义在中国传播、介绍过程中的一个史实：河上肇和他的著作在当时对于中国进步知识分子产生了很大影响。据日本学者实藤惠秀考察，在20世纪20年代到30年代的中国，国外社会科学方面的书籍

---

① 据手迹抄录。
② 诗作于8月7日，发表于1937年8月25日上海《救亡日报》，后为《归国杂吟》之四。

被译为中文的有 374 种，其中河上肇的著作 18 种，居于首位。但这样的史实，后来很长时间内是不被提起的。

1954 年 1 月 30 日，在河上肇逝世 8 周年之际，郭沫若在一斗方上题字："东方的先觉者卓越的马克思主义的斗士河上肇先生永垂不朽！"① 次年，郭沫若率中国科学代表团访问日本，他在京都期间，于既定的行程安排之外，特意登门拜访了河上肇先生的夫人秀。在与秀夫人的交谈中郭沫若说："我今天所以能具有进步思想，是从翻译河上先生的书开始的。现在，我不能见到先生，感到遗憾。"②

1957 年 1 月 9 日，郭沫若以自由体形式创作了一首赞颂河上肇的诗：

> 凡是实事求是的科学家
> 凡是以人民为本位的爱国主义者
> 对于马克思主义
> 只要他肯接近
> 必能有深切的了解
>
> 河上肇先生就是这样的人
> 他是由纯粹的科学家
> 由纯粹的爱国主义者
> 而进展为马克思主义者的
>
> 因而他能以革命家的风度
> 捍卫科学
> 捍卫人民利益
> 发挥出高度的献身精神
> 不屈不挠、怡然理顺而至于死
>
> 河上肇先生留下了优良的典范
> 他的后继者是会愈来愈多的

---

① 据手迹。
② 刘德有：《随郭沫若战后访日》，辽宁人民出版社，1988 年 9 月。

我们相信

在不太长的未来

理想的社会一定会在日本出现。①

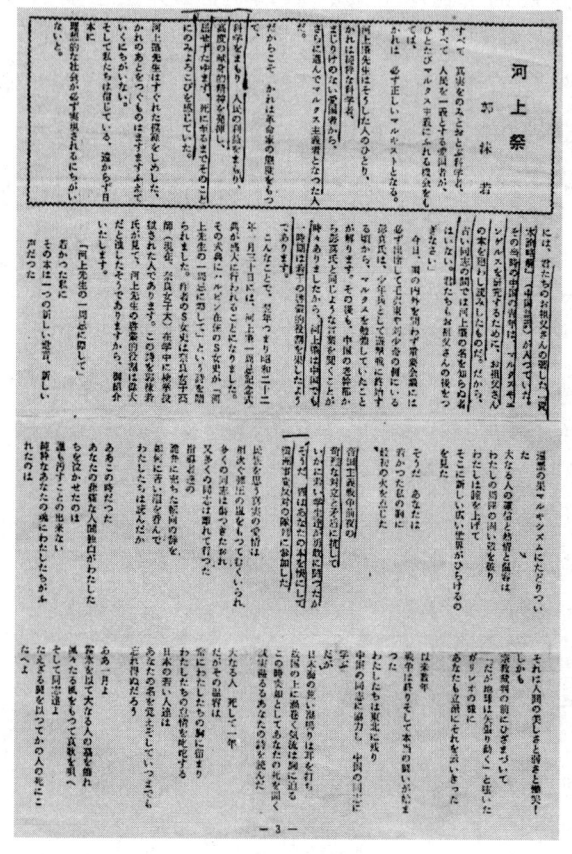

诗《河上祭》

    1961 年，是河上肇逝世的第十五周年，日本京都大学特别举行了纪念会，出版了纪念刊。纪念刊上以日文翻译刊登了郭沫若所写的那首自由体诗，题作《河上祭》。② 郭沫若在这一年 4 月还创作了一首七绝（无题），以为纪念。诗写道：

    丹砂粉碎丹仍在，

---

① 该诗现存郭沫若纪念馆。
② 见"京都大学河上祭第十五回资料"。

铁链锻成铁愈铮。
流水高山心向往，
遥遥海外听钟鸣。①

同年 10 月，在日本东京成立了"东京河上会"。郭沫若致信表示祝贺，并衷心祈愿"日本人民摆脱外来势力的干涉，真正获得独立、自由、和平、民主的生活"。② 转过年（1962）的 6 月 23 日，郭沫若又为"东京河上会"题词："纪念河上先生，应把先生的精神移诸实践。愿共同努力，消除战争根源的帝国主义。"③

1964 年初，郭沫若从一日本友人处得知，《河上肇著作集》将要出版④，遂于 1 月 23 日书寄该友人七律一首，以为祝贺。他在诗中赞誉了河上肇髋骨坚贞的一生：

闻河上肇著作集将出版书寄日本友人

东风吹送玉笙来，
传道寒梅二度开。
髋骨久经凌雪虐，
遗香犹自透麈埃。
满园桃李欀三径，
遍地春雷动九垓。
纵有焚坑教荡扫，
天难晦蚀地难埋。⑤

这首诗在当时未曾被披露，郭沫若逝世之后，日本友人白石凡在《郭沫若先生と河上肇博士》一文（收日本雄浑社《郭沫若选集·郭沫若诗集》）中写到此诗，并附有除落款外诗文部分的手迹图片，但白石凡在文中将"遗香犹自透麈埃"句的"麈埃"误识为"尘怀"⑥，同时，文中也未曾说明诗题写的时间。

---

① 手迹藏郭沫若纪念馆。
② 《东京河上会会报》第一号。
③ 见一海知义《河上肇と中国の诗人たち》，日本筑摩书房，1979 年 8 月。
④ 《河上肇著作集》全 12 卷，由筑摩书房 1964 年 6 月开始出版发行。
⑤ 录自手迹图片。
⑥ 已有人以误识读的该句诗用作文章的篇题。

七律《闻河上肇著作集将出版书寄日本友人》手迹

  从20世纪20年代到30年代再到河上肇去世后的50年代、60年代，郭沫若一次次在诗文中写到河上肇，这让人们从一个侧面看到了河上肇当年对于郭沫若的影响是非常之深刻的，他留给郭沫若的记忆也是久远的。

  郭沫若一生撰写纪念他人的诗文非常之多，但延续几十年，多次为同一人撰写纪念诗文者，鲁迅之外，仅有河上肇。

交往篇

与郑伯奇的书信交往

在关于郭沫若留学时期史迹的叙述中,他与郑伯奇之间交往的情况只有一些比较粗略的记述。尽管郑伯奇"是有意识地要成作家的,努力作剧本送来"①,在前期创造社的活动中他似乎并不是一个引人注目的人物。然而,在创造社成立前后一段时间,郑伯奇与郭沫若交往的情况,可能远比我们知道的要多,他是郭沫若的一个重要的朋友。

一

关于最初与郭沫若相识、交往的事情,郑伯奇早在20世纪40年代就写过一个长篇回忆文章《二十年代的一面——郭沫若先生与前期创造社》。以后,他又陆续撰写过几篇回忆创造社的长文,可以说都由此而来。在郑伯奇的回忆中,他与郭沫若相识于1920年春,是经由田汉(寿昌)的介绍。他们开始是以通信的方式交往。

在此之前,郑伯奇是从郭沫若一首被译载于日本报纸上的新诗知道了这个名字。后来不断地读到郭沫若在《时事新报》上发表的诗作,他为这些新诗所"倾倒"。与此同时,正与郑伯奇同住在东京的曾慕韩(曾琦),常常向他提起昔日同窗郭开贞的聪明好学,使他对远在冈山六高就读的郭开贞生出仰慕之心,并为无法结交而遗憾。

1919年7月少年中国学会成立以后,郑伯奇加入了该学会,与田汉相识。

---

① 陶晶孙:《记创造社》,《牛骨集》,上海太平书局,1944年出版。

1920年3月中旬，田汉利用春假的时间从东京前往福冈，意欲去会郭沫若，他们在往来通信中已经成为知交，但还未见过面。田汉先到了京都（乘火车去福冈途经京都），在那里住了三天，会见了郑伯奇等几位朋友。这时，郑伯奇才从田汉口里得知，他所"倾倒"的那位诗人与他心仪的郭开贞是同一个人。郑伯奇告诉田汉说自己很喜爱读郭沫若的诗，并愿意与其结识，田汉应允为他做介绍。

在郑伯奇的记忆中，田汉离开京都去福冈的那天，他去车站送行，返回的路上，看到几个小伙子打棒球的情景，由是，突然感到：

> 一种"力的感觉"袭击了我的身体，动的韵律和诗的辞句，在我的脑海中，起了发酵作用。我赶快回到下宿处，急忙展开了"卷纸"，将这些断断续续的言语录了下来，在这些长短不齐的行子前面，我加上了"别后"两个字，这是我冒渎"缪司"的第一遭。我马上把清写出来的稿子，加了一通信，寄给在沫若家中作客的寿昌。我希望他也给沫若看看，并望他们肯加以修改。回信很快就来了。诗中的字句有几个地方略经移动。沫若却直接附信给我，鼓励我发表。那首拙诗就在这种鼓励之下，送到《少年中国》上去登出来了。这可算作自己最初的文艺写作，而实际是这样开端的。
>
> 从此，自己和沫若便通起信来了。两人的结交意外地非常容易，而且，经了几次通信之后，相互的了解便很迅速地加深了。自己写点东西，总先求他指正，然后发表。他对于这未曾见面的新朋友，常常很恳切地予以批评和鼓励。有时候，他也寄来一些尚未发表的新作品，使我得先睹为快。①

之所以详细引录郑伯奇回忆文章中的叙述，是因为这些文字比较详尽地记录了他与郭沫若结识并开始交往的经过。同时，又因为在他的回忆中有一处重要的细节似乎存在疏误，而这关系到他们相识的时间问题。

郑伯奇在田汉离开京都赴福冈那天去车站送行，返回的途中所见，使他写出了《别后》一诗，他将诗稿寄给在福冈郭沫若家中做客的田汉看，同时请他转郭沫若看。郑伯奇很快接到田汉回信，同时有郭沫若附信鼓励他发表。

---

① 郑伯奇《二十年代的一面——郭沫若先生与前期创造社》，重庆《文坛》半月刊1942年3月第1期起连载，后收入《参差集》，西安大陆图书杂志出版公司，1946年6月。

郑伯奇记录的这一历史细节，实际上也就是他与郭沫若结识的开始。田汉是3月19日到达福冈，24日离开福冈返回东京，即是说，郭沫若看到郑伯奇寄来的《别后》诗稿并给他写下第一封信，当在3月20日至24日之间的几天内，那么3月下旬应该记为他们初次结识的时间。

看到诗稿《别后》，是郭沫若给郑伯奇写下第一封信的缘起，然后二人开始了通信往来。然而，却正是在这一重要细节中存在疏误。《别后》的确如郑伯奇回忆所记，是他创作发表——至少是发表在《少年中国》上的第一首诗，但《别后》发表于1920年3月15日出版的《少年中国》第1卷第9期。这肯定地说明，郑伯奇与郭沫若之间因《别后》的创作发表而开始通信交往的这一历史情节，是不可能发生在1920年3月下旬田汉与郭沫若在福冈会面期间。

郑伯奇回忆与郭沫若相识的开始，一是经田汉介绍，一是与《别后》的创作发表相关，这涉及的一人一事应该不会有误。郭沫若也说过认识郑伯奇是由田汉介绍，而《别后》是郑伯奇创作的第一首诗，得郭沫若鼓励才拿去发表，这一细节他当不至于记错，那就意味着事情发生的时间可能被误记，至少应该是在1920年3月中旬以前。会往前到什么时间呢？

郭沫若结识田汉是经由宗白华介绍。田汉1920年2月9日写了给郭沫若的第一封信，郭沫若于当月15日复信。这一来一往的两信可算是二人订交。那么郭沫若经田汉介绍与郑伯奇相识的事情，也就只可能发生在2月中旬至3月上旬这不足一个月的时间之内。我们可以把这个时间确认在更小的范围里。

郭沫若在致田汉的第一封信中就为他介绍了成仿吾，希望他们也成为朋友（从这里实际上可以看到当时这些留日学生之间认识交往的流行方式。郭沫若、宗白华、田汉之间，田汉与郑伯奇之间都是以这样的方式彼此认识并交往的）。田汉在2月18日回复郭沫若这一封信时，提到了郑伯奇："我春假预备到京都访郑伯奇兄，到福冈来访你们哩。"接着，在2月29日给郭沫若的长信中写到自己腹稿中的一个剧本时，又一次提到郑伯奇，说道："此剧的情节对郑伯奇兄说过。"虽然田汉没有写到要为郭沫若介绍郑伯奇使他们相识这样的话，但这却是他在与郭沫若开始通信往来的一段时间内，唯一在信上提到过的朋友，且明显的是志趣相投的朋友。那么，我们有理由推断，接下去会发生的事情：或是郭沫若主动问起郑伯奇的情况，或是田汉向他介绍了郑伯奇，进而郭、郑二人得以借通信结识。

当然，这一推断还要有一个前提条件，即在那段时间内还有我们尚不知道的郭沫若与田汉之间往还的书信。那么是不是有呢？我以为应该有。上述几封郭沫若与田汉往来的书信都是收入《三叶集》的，从行文上看，时间彼此相衔接，其间应该不会有《三叶集》中未收录的信函。但从田汉 2 月 29 日致郭沫若信、郭沫若 3 月 6 日复信田汉后，到 3 月 19 日田汉抵达福冈之前的两周内，再无二人的通信收入《三叶集》，事实上《三叶集》中所收他们二人之间往来的书信到此为止。但这并不能说明这期间二人没有信函往来。田汉在 2 月中旬即有了春假期间去会尚未谋面的郭沫若的打算，春假即放，田汉也确定了去福冈的具体行程，他与郭沫若当然就此要有书信往还。这个条件也具备了，则分析推断下来，郑伯奇与郭沫若经田汉介绍以通信方式相识，应该开始于 1920 年 3 月上旬。他们二人相互谋面，则是在一年多以后的 1921 年 6 月初。

二

从郑伯奇的回忆文章可以看到，他与郭沫若在相识不久后，即保持了经常性的书信往来，不过遗憾的是，这些往来书信却没有一封存留下来。能够在某种程度上一补这一缺憾的是郑伯奇留下有一本 1921 年的日记[①]。从中可以一窥他与郭沫若最初通信以及交往的情形，而这一年，恰好也是他们二人交往经历中很重要的一年。

郑伯奇这本日记写于印制有"大正十年日记"封面和固定格式的日记簿上，是他 1921 年全年基本上完整的日记（有几个月中有若干缺失日期的情况）。在每一天日记的文末，郑伯奇都简单地记下了当天收到何人来信与致信给谁的情况。做一个数字上的统计，我们可以得到这样一个结果：

在 1921 年内，郭沫若总计致郑伯奇信 33 封，郑伯奇总计致郭沫若信 33 封。这一年之中，从 7 月至 9 月间约有两个月时间他们是同在上海忙于编辑《创造》季刊创刊号的事情，郑伯奇日记也还有一些缺失部分，那么实际上也即是说，在 9 个多月的时间之内，两人互通书信 66 封。即使不考虑日记中关于收发信件的情况有可能漏记，这也应该是一个能够使两人之间书信往来称作频繁的数字了。

---

① 该日记现藏郭沫若纪念馆。

我们再具体地看一下 6 月 1 日之前，即郭沫若去京都与郑伯奇初次见面前的五个月中他们二人往来书信的数字：

1 月，郭沫若致郑伯奇信 4 封，郑伯奇致郭沫若信 5 封；

2 月，郭沫若致郑伯奇信 3 封，郑伯奇致郭沫若信 5 封；

3 月，郭沫若致郑伯奇信 4 封，郑伯奇致郭沫若信 2 封；

4 月，郭沫若致郑伯奇信 4 封，郑伯奇致郭沫若信 1 封；

5 月，郭沫若致郑伯奇信 3 封，郑伯奇致郭沫若信 4 封。

以这几个月的数字与年平均数相比，郭、郑二人通信的频繁程度要更高，几乎达到一周一次书信往还，不亚于郭沫若、田汉、宗白华三人在《三叶集》那段时间书信来往的情形。考虑到这已经是进入 1921 年的情况，可以推测，郭沫若与郑伯奇在相互熟悉之后的 1920 年那段时间里，其书信来往的疏密程度，至少也应该是这个样子。

从这些统计数字去看郭沫若与郑伯奇的书信交往，使我们能够对这一交往获得一个概括性的认识，但毕竟无法深入了解他们之间交往的内容及与之相关的更多的历史信息。郑伯奇日记中并没有书信内容的详细文字记载，但有一些与郭沫若书信有关的只言片语，可以让我们对于他们二人交往的情形获得一些具体的认知。

1921 年 1 月间，郭沫若的留学生活中发生了一件不大不小的事情：他意欲转学京都的文科大学去学文学。说事情不大，是因为此议后来作罢；说事情不小，是因为它以一种非常具体明确的方式，表明了郭沫若弃医从文的人生选择。郭沫若决定弃医从文是有一个发展过程的，但他认真考虑起转学之事，无疑是在这一过程中达到一个临界点。尽管此议最终被搁置，但人们可以看到郭沫若在 1921 年接下去的所有与文学相关的活动，无不表明他已经铁定了决心去走文学之路。

过去我们根据《创造十年》和郑伯奇的回忆文章，只大约知道郭沫若在 1921 年初的这段时间曾写信给郑伯奇，商量想转学去京都的事情，由于成仿吾的劝阻而作罢。《郭沫若年谱》推断是在 2 月间。在郑伯奇日记中恰好可以找到郭沫若寄来这封信的记载。其 1 月 13 日的日记中写有："来信，郭沫若，商转学事"，"复信郭沫若，劝转学"两句话。郑伯奇在 13 日收到这封信，那么郭沫若寄信的时间当在 11 日。紧接着，在 17 日，郑伯奇又写信给郭沫若。郭沫若则在下旬亦有两信致郑伯奇，郑伯奇收到这两封信的时间分别是 21 日、26 日，并在 27 日有回信给郭沫若。

郑伯奇支持郭沫若转学文学这一点很重要。虽然他是怎样"劝转学",以及1月份之内两人的这几封来往书信的具体内容我们无从知道,但是可以推断,其中商量转学之事必是信中应有之议。从前面的统计数字也可以看到,1月是两人书信往来最频繁的一个月。

另一件似乎与此并不相干的事情,能让我们更完全地看到正在发生的事情。

这一年的1月,郭沫若以生病为由,向就读的医学部提出休学三个月的申请。申请得到批准,休学时间为从1月25日起的三个月内。①

在《创造十年》中郭沫若没有提到休学之事,他这样记述了那段时间的经历:"我听了仿吾的劝告,打消了转学向京大的念头,但我的烦闷并没有因而打消。我在二三两月间竟至狂到了连学堂都不愿意进了。一天到晚踞在楼上只是读文学和哲学一类的书。……愈和这些书接近,便愈见厌弃医学,回国的心事又抬起了头来。"这段文字很清楚地表明,在学校批准的休学期内,郭沫若确实是处于休学在家的状态,并且并非因病之故。他于3月31日启程回国。

郭沫若何以在这时提出休学申请呢?与他意欲转学及同郑伯奇通信等情况联系起来,我们应该可以对事情发展的过程和因果关系得出这样的解读:

郭沫若认真考虑起转学文学的事情,至少在1921年1月初之前已经有了一段时间,并且应该就此与郑伯奇在通信中讨论过,所以他会在1月10日左右给郑伯奇写信,具体提出并商量转学至京都之事。郑伯奇立即回信表示赞同,可能还会有些具体的建议,故有"劝转学"之语。郑伯奇的意见显然促使郭沫若决定把转学之事付诸实施,于是,他一方面向医学部递交了休学申请,一方面做2月往京都一行的准备(郭沫若在1月18日致田汉的信中说:"我在二月间拟往京都。"《南国月刊》1930年3月第2卷第1期)。在这往后的一个多月时间里,他与郑伯奇频繁通信应该也是与商议转学事有关。日本的大学一般在2月结束前一学年的学业,3月放春假,4月初新生入学,新学年开始。郭沫若在1月提出转学,2月准备去京都,显然是想在新学年开始前

---

① 九州帝国大学的档案资料中保存有两件相关的原始资料,一件为郭沫若休学申请的批准件,参见武继平《郭沫若留日十年》,重庆出版社,2001年3月;一件为郭沫若在九州帝国大学医学部学籍簿的登记册页,上面"备考"栏内注明:"十年(大正十年,即1921年——笔者注)1月25日起休学三个月",参见蔡震《"郭沫若与日本"在郭沫若研究中》,《新文学史料》2007年第4期。

就落实此事。由于成仿吾的劝阻，转学之议最终作罢，拟订的京都行自然也被取消。但学校批准的休学期仍在执行中，所以在得到泰东书局有意改组编辑部的消息后，郭沫若与成仿吾于3月底同去了上海。

自1918年邂逅张资平时便心存了办一个纯文艺刊物的梦想起，郭沫若已经交往了一些志同道合的朋友，但他在认真考虑转学文学时，却首先想到与郑伯奇联系以付诸实施。这一方面可能是因为尚在三高读预科的郑伯奇就是准备以文学作为本科攻读的专业，另一方面也足以说明二人的交往关系在此时是十分密切的，郭沫若的想法能够得到郑伯奇全力支持。在转学的问题上如此，在组织文学社团办刊物的事情上也是如此。

郑伯奇2月27日的日记记载了接到郭沫若一封来信的情况，信上谈的是组织文艺社团之事。郑伯奇写道："沫若来信，对于联合同人组织文艺团体的事也不甚积极的样子。我信此事必要，所以春假想下实地再宣传一番。我想沫若、寿昌、凤举诸人总可以担编辑的责任，其次供稿的人也不下十人。若每月一册太忙，隔月或三月一册，断无不能行之理。并且可以藉此可以号召些同志。我想成与不成，春假得再去试一番。"

2月底时，郭沫若的转学之议已经作罢，组织文艺社团和办刊物的事情也都还没有眉目，这正是他在《创造十年》中说的"烦闷而动摇着的时候"。大概他在给郑伯奇的信中写到了这种情绪，所以郑伯奇会感觉他"不甚积极的样子"。郑伯奇的态度则是积极支持，而且很有信心。他写在日记中的那番话，应该也写在回复郭沫若的信中了。

5月，郭沫若在上海终于争得泰东书局愿意出版丛书和刊物的许诺。他为联系朋友们具体进行此事而返回日本，6月1日首先便去了京都，而一到京都则直接先去找到郑伯奇。这是他们第一次见面，彼此都留下了深刻印象。郭沫若觉得郑伯奇与信上给他的感觉大不一样："他信上写的字迹异常纤细，就像姑娘们的笔迹一样，那知一看见他才是一个矩形的面孔，身子比我还高，我觉得他可以称为东方的兴登堡。"[1] 郑伯奇则感觉郭沫若"那广额、巨颅、宽阔的胸围、方整的身材都表示了健康的精神和坚强战斗的性格。尤其通过近视镜放射出来的那一双炯炯的目光"，显示着"他不是一个感伤的诗人，而是一个勇敢的斗士"。[2] 对郭沫若的这次来访，郑伯奇非常高兴。从6月1日

---

[1] 郭沫若：《创造十年》。
[2] 郑伯奇：《忆创造社》，《文艺月报》1959年5月第5号起连载。

起往后连续几天的日记中,他都在记事之外特意写了"兴奋"两字。

郭沫若首先找到郑伯奇,显然因为他们之间已经有着密切的通信关系,而且郑伯奇对于组织文学社团、创办刊物非常积极。在京都逗留期间,郑伯奇为郭沫若联系了几位朋友,并在一起聚谈,三天后,郭沫若又去了东京。就是在东京期间召开的一次同人聚会,成为创造社正式活动的开始。

到了夏季,当郭沫若只身在上海忙于编辑"创造社丛书"和《创造》季刊的稿子时,郑伯奇特意利用暑假时间返沪,帮助他工作,后来才有郁达夫接手。

三

郭沫若与郑伯奇通信往来中时有相互寄送文稿(包括其他人的文稿),以听取对方的评论意见。这应该是他们二人书信交往的一项重要内容,郑伯奇在回忆文章中写到了。在他的日记里留下一些这方面情况的记载,印证了这一点。下面摘记几例:

1921年1月初,郭沫若写成了《女神之再生》的初稿,他立即把稿子寄给郑伯奇。郑伯奇于7日接到郭沫若的信和稿件,8日就给郭沫若写了回信,信中还写了自己"对于文学的见解及以后从事的计划",之后,在23日又将《女神之再生》初稿寄往成仿吾处。郭沫若在听取了郑伯奇、成仿吾、郁达夫几人的意见后,将原写成散文的《女神之再生》改作为诗剧才发表。

1月下旬,郑伯奇收到成仿吾的小说《放浪人的新年》的稿子,他读过后写了一点感言,于2月4日一并寄给郭沫若。郭沫若读后题诗一首。之后,成仿吾也是在看了几个朋友的评论后对小说做了修改,然后连同几位朋友写下的文字一起发表出来。

3月23日,郑伯奇同时给郭沫若、成仿吾发出信函,其中附寄了他写的诗稿。在那天的日记中他还记到郭沫若对于他诗作的评价:"我的诗,沫若称为冲淡。"

5月16日,郑伯奇给郭沫若连发两信,并有诗稿随寄。次日,他又给郭沫若发出一信,并"原稿二件"。

像这样的事情我们虽然大多难知其详,但以前两例的情况来类推,我们不难想象,这样的书信交往,对于郭沫若与郑伯奇(其实同样也反映出成仿吾、郁达夫、田汉等人的情形）在踏上文学之路的过程中的意义。同时，它也使我们从一个侧面看到，创造社作为一个同仁文学社团，其成员之间文学创作活动的一个特点。这与文学研究会是很不相同的。

  从郑伯奇的个性看，他不是一个能张扬的人，无论是做事还是与人相处。他对自己的评价是，"独创性太少""不善应酬""事事顾忌，一事都不能成"。这都是写在他日记中的话，可能有点过甚其词。但长期以来，在人们描述前期创造社的活动中，他不是一个被特别关注的对象，与此大概不无关系。

  从郭沫若与郑伯奇最初交往的这些尽管显得零碎的资料中，我们是不是可以读出一些被忽略、被遗忘了的历史信息呢？看来七十余年前，在编辑出版那套《中国新文学大系》的时候，由郑伯奇负责编选"小说三集"，并撰写那篇后来成为论述创造社经典之论的《导言》，其实是很合适的选择。

"诗友"之交吴芳吉

近查阅吴芳吉的一些文献资料,发现郭沫若一首佚诗,及几则与二人相关的史料,颇有学术价值,撷拾于此。

《女神》中有《春蚕》一诗,这是谈及郭沫若的诗论,还有论及其泛神论的思想倾向时常要被提及的。收入《女神》的《春蚕》是经过修改的文本,原诗作成后没有单独发表,郭沫若只将诗抄示给吴芳吉。这个史实,见之于郭沫若1920年7月26日致陈建雷的信。该信刊载于《新的小说》1920年9月1日第2卷第1期,信中亦抄录了《春蚕》,我们便也借此读到了《春蚕》原作。虽然如此,对于郭沫若特意将该诗抄示之对象的吴芳吉,研究者们并未注意过,甚至从未在郭沫若研究中提及。

个中原因大概有二:一是缺少相关史料;二是吴芳吉尽管也是一位现代史上的诗人,但迄今为止并没有被记入现代文学史,于是也就不为人知。

在郭沫若生平文献史料(包括年谱、传记等资料)中另一则与吴芳吉相关的史料,是郭沫若1942年4月所作一首五言诗《题吴碧柳手稿》。那是郭沫若在重庆北碚北泉公园观看北泉公园图书馆举办的白屋诗人遗稿展览后所作。① 白屋诗人即吴芳吉,于1932年因病去世。诗是怀念故人的,已收入《潮汐集》。

郭沫若佚诗,及与吴芳吉相关的这几则史料如下:

(1) 1920年6月中旬,郭沫若致信吴芳吉。信中评说吴芳吉所作诗《笼山曲》《明月楼》等篇为"有力之作","《吴淞访古》一律最雄浑可爱",《婉容词》则让人能寻出感伤之泪。

---

① 李萱华:《郭沫若在北碚》,《抗战时期的郭沫若》,四川省社会科学院出版社,1985年9月。

据吴芳吉 1920 年 6 月 14 日日记载:"得郭沫若自日本福冈来书,评吾《笼山曲》《明月楼》诸诗为有力之作,而《吴淞访古》一律最雄浑可爱。《婉容词》一首,使之另受一番感伤,寻出一种 sentimental 之眼泪云。"①

郭沫若在二十年后所写的《题吴碧柳手稿》中有句:"明月楼何在?婉容词有笺。"足见吴芳吉诗给他留下了很深的记忆。

(2) 1920 年 6 月下旬,郭沫若得吴芳吉长信。

据吴芳吉 1920 年 6 月 18 日日记载:"午后作一长函复郭沫若。"②

(3) 1920 年 6 月,郭沫若赠吴芳吉《三叶集》。

吴芳吉说:"凡是诗人都是以'万物皆神'的人。The Pantheist 最近同乡诗友郭沫若君以其《三叶集》相示,其集中已先我说及。"③

(4) 1920 年 7 月 25 日,郭沫若得吴芳吉信,介绍其结识陈建雷。

此信函从郭沫若致陈建雷信④可知。据吴芳吉日记记载,他于 1920 年 5 月下旬结识了在宁波《新佛教》杂志任编辑的陈建雷,是"由《新群》引入的朋友"之一。⑤

(5) 1920 年 8 月初旬,郭沫若作诗《送吴碧柳赴长沙》寄吴芳吉。诗云:

"洞庭古胜地,
屈子诗中王。
遗响久已绝,
滔滔天下狂。
愿君此远举,

---

① 贺远明、吴汉骧、李坤栋选编《吴芳吉集》,巴蜀书社,1994 年 10 月。
② 贺远明、吴汉骧、李坤栋选编《吴芳吉集》,巴蜀书社,1994 年 10 月。
③ 吴芳吉:《谈诗人》,《新人》月刊第 1 卷第 4 号,上海泰东图书局,1920 年 8 月。
④ 郭沫若:《论诗》,《新的小说》1920 年 9 月 1 日第 2 卷第 1 期。
⑤ 贺远明、吴汉骧、李坤栋选编《吴芳吉集》,巴蜀书社,1994 年 10 月。

努力轶前骧。
苍生莫辜负，
也莫负衡湘。
君有句云：三日不书民疾苦，文章辜负苍生多。"①

该诗作为附录诗文，编入《吴芳吉集》。诗未署写作时间，编者也没有做任何注释。据诗题以及诗意，可知诗是为送吴芳吉赴湖南长沙应聘明德学校所作。吴芳吉应聘明德学校事，据其《自订年表》记："民国九年"，"长沙明德学校校长胡公子靖，以湘战渐平，求师来沪。因新化谢祖尧君与某有故，邀往。……秋七月朔，与祖尧弘度入湘。"②"七月朔"即七月初一，是为公历8月14日。吴芳吉从上海赴长沙，郭沫若在日本福冈遥送吴芳吉诗。

"三日不书民疾苦，文章辜负苍生多"句，出自吴芳吉诗《戊午元旦试笔》。

以上这几则史料的内容不算多，但对于郭沫若研究，应该是很有学术价值的文献资料。

其一，《送吴碧柳赴长沙》一诗是迄今尚无记载的郭沫若的一首未刊佚诗，而且是在他新诗创作高潮期内，少见的一首旧体诗作（或者以后还能有新的发现）。这是很有意思的一个史实。

其二，这几则史料记述了郭沫若人际交往方面尚为空白之处的一些史事、史迹。

1920年，郭沫若正处在新诗写作的高潮期，与他诗歌写作活动相伴的有一个朋友交往的圈子。这个朋友圈与医学专业没有关系，他们是一些爱好文学、艺术、哲学的同道者。郭沫若与宗白华、田汉三人的交往就是这样一个圈子（当然并不只三人），并因那本《三叶集》的小书，留下了许多宝贵的史料。这个交往圈往后延伸，就是郭沫若与创造社同人的交道往来。这些史实是郭沫若生平活动中非常重要的内容，它们是一直以来人们所熟知的，可是也就仅限于此了。

在上述几则史料中，我们依稀看到郭沫若当时人际交往中有另一个朋友圈：吴芳吉、陈建雷与郭沫若的交往（是否还有其他人，尚不能断言）。这一

---

① 载贺远明、吴汉骧、李坤栋选编《吴芳吉集》，巴蜀书社，1994年10月。
② 载贺远明、吴汉骧、李坤栋选编《吴芳吉集》，巴蜀书社，1994年10月。

个朋友圈的结成,与宗白华、田汉、郭沫若三人相互结识的经过并通信往来的情况如出一辙,时间也在前后脚之间。宗白华、田汉、郭沫若相互结识在1920年1月,《三叶集》的那些信函是三人自1月至3月间的往来书信。吴芳吉与陈建雷相识在5月,郭沫若与吴芳吉何时相识没有文献记载(吴芳吉日记是残缺不全的),但6月间两人的通信,显然并非初识的文字往来。吴芳吉将陈建雷介绍给郭沫若,三人相互结识,这是在1920年7月。现在所能见到的郭沫若致陈建雷的两封书信①,都是他在三人结识后所写。那么,这些可以关联起来的史料,至少让我们可以粗略地看到一段历史情节的大概,或者说看到三人交往的开始。

这两个不同的朋友圈,时间上虽有先后,但实际上是并行的两个圈子。它们在郭沫若当时的文学交往中都表现为重要的存在,不过在前一圈子内讨论的问题面比较宽泛:文学、艺术、哲学、爱情等等,后者则集中在诗论、诗歌创作问题的交流,按吴芳吉所称他们为"诗友"。

其三,郭沫若与吴芳吉的文学交往,实际上是一个新诗写作者与一个旧体诗写作者互为"诗友"、彼此引为同道的交往。这是郭沫若当时人际往来中的"另类",对于了解他的诗歌观念和诗歌写作,提供了新的值得深入思考的启示。尽管郭沫若与吴芳吉互致的书信我们还没有见到,但从这几则史料,结合郭沫若给陈建雷的两函书信,还是可以读出郭沫若诗歌观念不为我们所知的一面。

这里先要看一下吴芳吉其人、其诗。吴芳吉在20世纪20年代前后是颇有诗名的,郭沫若在信中评说的《笼山曲》《明月楼》《婉容词》都是吴芳吉的代表作。但吴芳吉一直被排斥在现代文学史之外,因为他对新文化运动、新文学持保留甚至反对的态度,并被视为以旧体诗词形式写作的诗人(现代文学史记史的这种荒谬,是另外需要研究的问题)。吴芳吉诗作的内容都具有鲜明的现实性,表达的是忧国忧民的情思,形式上基本沿用传统格律诗的体裁,以五言、七言为主。不过他对于旧体诗词形式有所创新,吸收了曲、鼓词、歌谣、弹词以及英语诗歌的语言、音律、表现手法等,独成一格,后被称为"白屋诗体"。吴芳吉论诗,主张诗"无文话白话之分","诗之佳处,不在文字与文体之分别,乃在其内容的精彩"②。他称一些脱离现实,不能反

---

① 分别刊载于《新的小说》1920年9月1日第2卷第1期、1920年10月1日第2卷第2期。
② 吴芳吉:《提倡诗的自然文学》,贺远明、吴汉骧、李坤栋选编《吴芳吉集》,巴蜀书社,1994年10月。

映时代的新诗是"伪诗"。批评"因为要做白话,连修辞也不讲究",不问"文学的美",既看不到形式上的"外美",也看不到精神上的"内美",认为,"美虽有庄严、神秘、宏壮、激烈、安静、慈悲种种不同,而诗之必要有美然后得以成立,总是不能非议的。今日的新诗,只知写实,不知写美,实为进步上之大缺陷"。①

事实上,吴芳吉并非一个文化守旧者。当"文学革命之声震海内"时,吴芳吉"心知旧诗之运已穷,穷则必变。吾非老师宿儒,本无固守之义。顾新人所作,以突变过甚,料其无成。吾非博士名流,不必随俗俱迁。乃决意孤行,自立法度,以旧文明的种子,入新时代的园地,不背国情,尽量欧化,以为吾诗之准则"。② 但是他的主张和诗歌创作,遭到一些"新人"的"诋骂",这是在1919年。应该正是在这样的情势下,他与同样主张要"唤醒沉潜着的民族精神",将"中华文化之传统精神"阐扬光大的郭沫若,具有了精神共鸣。

我们可以看到,郭沫若与吴芳吉讨论诗歌创作,在两个问题上见解非常投契:一是对于"美"的追求,二是认同于以泛神论作为诗人的"宇宙观和人生观"。

前者,从郭沫若给陈建雷的信中看得很清楚。他借《春蚕》一诗告诉陈建雷,"你可知我两人论诗的宗旨,大概是相同的了"。即在他主张的"诗学排斥功利主义",诗歌创作是在"创造你的'艺术之宫'"这一宗旨上。后者,吴芳吉在《谈诗人》一文中有清晰的记述:"凡是诗人都是以'万物皆神'的人。The Pantheist 最近同乡诗友郭沫若君以其《三叶集》相示,其集中已先我说及;但我与他的意思稍不同的:他以诗人的'我',列于神以外;吾则以诗人的'我',本是神之一体。所以诗人也是个神。"③

对于诗歌审美的追求,主张艺术首先应该是艺术,是郭沫若当时文艺观的核心内容之一,曾被曲解为唯美主义。他引吴芳吉为论诗的同道,当然是很自然的事情。

对于泛神论思想的推崇,则是郭沫若当时一个很突出的思想倾向,但泛神论在他并不是一种哲学思想,而是诗学,是艺术观。这就是他在与宗白华讨论诗歌创作问题时论到的,"诗人与哲学家底共通点是在同以宇宙全体为对

---

① 吴芳吉:《谈诗人》,《新人》月刊第1卷第4号,上海泰东图书局,1920年8月。
② 《自订年表》,载贺远明、吴汉骧、李坤栋选编《吴芳吉集》,巴蜀书社,1994年10月。
③ 吴芳吉:《谈诗人》,《新人》月刊第1卷第4号,上海泰东图书局,1920年8月。

象，以透视万事万物底核心为天职；只是诗人底利器只有纯粹的直观，哲学家底利器更多一种精密的推理。诗人是感情底宠儿，哲学家是理智底干家子。诗人是'美'底化身，哲学家是'真'底具体"。"诗人虽是感情底宠儿，他也有他的理智，也有他的宇宙观和人生观的。那么，自然如你所说的：'诗人底宇宙观以 Pantheism 为最适宜'的了。"① 吴芳吉同样是以泛神论作为诗学、艺术观，他在文中所说与郭沫若意思的不同之处，即"诗人也是个神"的观点，事实上与郭沫若在《少年维特之烦恼序引》中所说是完全相同的。郭沫若写道："泛神便是无神。一切的自然只是神的表现，自我也只是神的表现。我即是神，一切自然都是自我的表现。"② 不过，《少年维特之烦恼序引》的写作要略晚（1922 年）一些，郭沫若或许从与吴芳吉的文学交往中受到一些影响亦未可知。

在这两个彼此认同的见解之外，郭沫若与吴芳吉在诗学主张上相通的还有一点更值得注意，因为这是我们以前一直忽略，或者说根本没有考虑的一个方面：郭沫若并不反对、排斥旧体诗歌的形式。或者应该说，他的诗歌理论和创作，并不是以诗体的新旧形式来区分的。在这一点上郭吴二人见解相同。

一直以来，我们只看到郭沫若在诗歌形式的问题上主张"绝端的自由"，并把这理解为是对诗体（新旧）形式的褒贬选择。但看他评论吴芳吉的诗，并未考虑其诗体的形式因素，而是从诗的内容和审美特征上大为赞誉。相反，他在给陈建雷的另一封信中却说："我看《学灯》中很登载了些陈腔腐调的假新诗，所以我对于新诗，近来很起了一种反抗的意趣。我想中国现在最多的人物，怕就是蛮都军底手兵和假新诗的名士了！"郭沫若所称的"假新诗"，正是吴芳吉斥之的"伪诗"。事实上，郭沫若与吴芳吉、陈建雷（其任编辑的《新佛教》所刊诗作亦多为旧体形式的诗）的诗友之交本身，就可以表明郭沫若对于旧体诗形式的一种态度。

那么，我们是不是应该这样来理解郭沫若在诗歌形式上主张绝端自由的本意：诗歌创作不应受形式（无分新旧）束缚，但不是不要形式。诗的形式构成，要依情绪的"自然流泻"而定（也无须分新旧）。所以，吴芳吉要远去长沙应聘，郭沫若会作一首五言诗相送，大概因为他觉得这种旧体形式的

---

① 见田寿昌、宗白华、郭沫若《三叶集》，上海亚东图书馆，1920 年 5 月。
② 郭沫若：《少年维特之烦恼序引》，上海《创造》季刊 1922 年 5 月创刊号。

诗最宜表达送别之情意（这种题材也的确是古典诗词所长于表达的）。其实，郭沫若在《女神》时期的创作中，也有一些旧体形式（包括词、曲、歌谣），或是借鉴旧体形式的诗作，如《怨日行》《游太宰府》《少年忧患》《纪事杂诗六首》《日之夕矣》等①。只是它们没有收入《女神》集中，研究者也避而未论而已。

郭沫若后来在为自己的诗集《凤凰》作序时，曾说："我感觉着旧诗是镣铐，新诗也是镣铐，假使没有真诚的力感来突破一切的藩篱。"② 这显然是沿袭了与吴芳吉论诗时的见解，从同一问题的反面来说诗的新旧体形式。

---

① 参见《〈女神〉及佚诗》，人民文学出版社，2008 年 6 月。
② 《序我的诗》，载《凤凰》，重庆明天出版社，1944 年 6 月。

与胡适不尽是争锋

郭沫若与胡适的关系,在他的人际交往中是被曲解得比较厉害的一个方面,似乎他们之间从一开始就势呈水火,以后又因为政治上的分野而终于势不两立。究其原因,大概主要由于创造社初起之时,郭沫若和郁达夫等人与胡适之间发生的那场笔墨官司,使得人们对于他们之间的关系首先就有了一个互不相容的成见,20世纪30年代二人的学术观点多有相左,再加上后来他们确实在政治上走上了不同的道路,所以,对立便成了描述两人关系的关键词。然而,他们相识的开始并不全是文学史描述的那样。

郭沫若与胡适初次见面,是在1921年。胡适是年夏应商务印书馆编译所高梦旦之邀往上海。高梦旦想请胡适进商务,主持编辑所工作,所以请他先来考察一番。这一年的8月5日,郭沫若的新诗集《女神》由泰东图书局出版发行。8月9日,在上海一家餐馆的饭局上,郭沫若初识胡适。两人对这次会面,都有文字记述。胡适在当日的日记中写道:

> 周颂九、郑心南约在一枝香吃饭,会见郭沫若君。沫若在日本九州学医,但他颇有文学的兴趣。他的新诗颇有才气,但思想不大清楚,工力也不好。①

即使还没有看到诗集《女神》,胡适显然读了不少郭沫若发表在《时事新报》上的新诗作品,1920年前后正是郭沫若新诗创作的"爆发期"。胡适写在日记中的这段话,表达的应该是他初见郭沫若的印象和想法。

---

① 曹伯言整理《胡适日记全编》,安徽教育出版社,2001年10月。以下所引胡适日记文字,同此,不另注。

郭沫若在《创造十年》中所记有所不同，他写道：

"大约是带着为我饯行的意思罢，在九月初旬我快回福冈的前几天，梦旦先生下了一通请帖来，在四马路上的一家番菜馆子里请吃晚饭。那帖子上的第一名是胡适，第二名便是区区，还有几位不认识的人，商务编译所的几位同学是同座的，伯奇也是同座的。……这要算是我们自有生以来的最大光荣的一天，和我们贵国的最大的名士见面，但可惜我这个流氓，竟把那样光荣的日期都忘记了。"

"那时胡适大博士受了商务印书馆的聘，听说就是梦旦先生亲自到北京去敦请来的，正在计划着改组商务编译所的大计。大博士进大书店，在当时的报纸上早就喧传过一时。"

"博士到得很迟，因为凡是名脚登场总是在最后的——光荣到了绝顶的是，他穿的也是夏布长衫。他那尖削的面孔，中等的身材，我们在那儿的像片上早是看见过的……"①

《创造十年》是郭沫若在流亡日本期间撰写的，那时他主要从事学术研究，与胡适在学术上多有歧见。《创造十年》的回忆文字已经明显带有情感化的臧否色彩，话有些刻薄，但并没有恶语相向，无非有那么点文人相轻的意思罢了。

其实胡适与郭沫若初次见面时彼此关于对方的印象和认知，也只存在于各自的心里，并没有表现在交往中。他们相识的开始和交往，应该说是一种很寻常的文人之间的来往。所以我们在胡适几天后，即 8 月 12 日的日记中，看到的是一则很平淡的记事："到编辑所，朱谦之与郭沫若来谈。"朱谦之、郭沫若大概是为出版朱谦之的《革命哲学》一书（郭沫若为书作序）之事去拜访胡适。

转过年去，（1922 年）9 月 17 日，胡适在《努力周报》上发表了一篇"编辑余谈"《骂人》，针对郁达夫在《夕阳楼日记》中批评余家菊在一本书中翻译的错误，指郁达夫的改译"错误百出"，并谓郁达夫和创造社成员"浅薄无聊"②。郭沫若在 10 月 3 日写了《反响之反响》一文，其中第一部分是"答《努力周报》"，针对胡适《骂人》一文对郁达夫的批评，认为

---

① 《创造十年》，上海现代书局，1932 年 9 月。
② 见《努力周报》1922 年 9 月 17 日第 20 期。

"以'公道'自任的"胡适，实际上是攻其一点，不及其余。同时对胡适译文中的错译，又一一指摘，让读者去辨别"究竟谁是谁非，谁错谁不错"。于是，创造社作家与胡适之间展开了一场关于翻译问题的历时数月的笔墨官司。这也成为文学史特别记述的创造社成立后进行的几场论战之一。

为一篇文章的一些误译而大起干戈，似乎是一桩小题大做的事情，几十年后看那些尖刻激烈的文字，颇觉有些滑稽，一方虽只是文坛上的初出道者，一方却已是名重一时的学者，两方的争执，却不免有点像学子们互不服气一逞口舌之快的幼稚。

胡适大概看不过创造社青年的孟浪，而郭沫若等人组织创造社，本就是要挑战文坛权威和偶像的，胡适自己送上门来，岂有不应之理。如果仅仅从这些干仗的文字去判断胡、郭之间的关系，当然不免偏执。但事实上，一直以来的文学史叙事恰恰就是把这场隔空骂仗的笔墨争锋定格在文坛上，借以记述郭沫若（包括创造社）与胡适的关系，可待到争论的事情过去，却没有了后话。而胡适与郭沫若（包括郁达夫、成仿吾等人）真正有接触，实际上是在笔墨官司之后，这又应了"不打不成交"的老话。所以，要真正了解郭沫若与胡适在交往之初的关系，需要看一看笔墨官司之后的事情。我们不妨梳理一些文献资料，那是真实的历史存在。

胡适在1923年4月1日的《努力周报》上又发表了一则"编辑余谈"，其中写道："努力第二十期里我的一条《骂人》，竟引起一班不通英文的人来和我讨论译书，我没有闲工夫来答辩这种强不知以为知的评论。"这其实有点竖起免战牌的意思了。郭沫若并未罢休，12日即写了一篇《讨论注译运动及其他》，借讨论吴稚晖提倡的注译运动，反讥胡适，道："你北京大学的胡大教授哟！你的英文诚然高明，可惜你自己做就了一面照出原形的镜子！你须知通英文一事不是你留美学生可以专卖的，……假使你真个没闲工夫，那便少说些护短话！我劝你不要把你的名气来压人，不要把你北大教授的牌子来压人，不要把你留美学生的资格来压人。"① 这一来一往，已经不是关于翻译问题的争执了，虽仍针锋相对，却已见收兵之兆。

4月下旬，胡适从北京来到上海。5月15日，他给郭沫若、郁达夫二人写了一封信，并请亚东书局遣人送去。信中写道：

---

① 载《创造》季刊1923年5月第2卷第1期。

"我这回南来，本想早日来看你们两位，不幸在南方二十天，无一日不病，已有十天不曾出门一步了。病中读到《创造》二卷一号，使我不能不写这封信同你们谈谈我久想面谈的话。"

"我是最爱惜少年天才的人；对于新兴的少年同志，真如爱花的人望着鲜花怒放，心里只有欢欣，绝无丝毫'忌刻'之念。但因为我爱惜他们，我希望永远能作他们的诤友，而不至于仅作他们的盲徒。"

"至于我对你们两位的文学上的成绩，虽然也常有不能完全表同情之点，却只有敬意，而毫无恶感。我是提倡大胆尝试的人，但我自知'提倡有心，而实行无力'的毛病，所以对于你们尝试，只有乐观的欣喜，而无丝毫的恶意和忌刻。"

"后来你们和几位别人，做了许多文章，很有许多意气的话，但我始终不曾计较。""至于就译书一事的本题而论，我还要劝你们多存研究态度而少用意气。在英文的方面，我费了几十年的苦功，至今只觉其难，不见其易。我很诚恳地希望你们宽恕我那句'不通英文'的话，只当是一个好意的诤友无意中说的太过火了。如果你们不爱听这种笨拙的话，我很愿意借这封信向你们道歉。"

"如果你们不见怪，我很诚恳地盼望你们对我个人的不满意，不要迁怒到'考据学'上去。你们做文学事业，也许有时要用得着考据的帮助。……考据是一种公开的学问，我们不妨指出某个人的某种考据的错误，而不必悬空指斥考据学的本身。"

"最后，我盼望那一点小小的笔墨官司不至于完全损害我们旧有的或新得的友谊。"

"此信能不发表最好，倘有赐复，请寄亚东图书馆转。"

这是一封主动示好的信，胡适虽然还是用了"前辈"（与年龄无关，依留学或出道时间的先后而言）的口气表达自己的看法，但希望捐弃嫌隙，相互和好乃至成为"诤友"的意愿是真诚的。郭沫若接读信后的第二天就给胡适写了回信，信中说：

手札奉到了。所有种种释明和教训两都敬悉。先生如能感人以德，或则服人以理，我辈尚非豚鱼，断不至因小小笔墨官司便致损及我们的新旧友谊。目下士气沦亡，公道凋丧，我辈极思有所振作，尚望明晰如先生者大胆尝试，以身作则，则济世之功恐不在提倡文学革命之下。最后我虔诚地默祷你的病恙痊愈。①

郭沫若是以包括郁达夫、成仿吾几人的"我辈"的口吻复信胡适，接受了胡适的诚意，并对作为新文学"前辈"的胡适表达了恰如其分的谦恭和希望。至此，笔墨官司一事揭过。

事实上，像这样的笔墨争锋，在当时的文坛上并不是什么了不得的大事，只是后来文学史叙述的那一套模式（把各种论争作为文学史脉络的一种基本构成），放大了争执的文学史意义，也放大了它对于当事者之间人际关系的意义。

在这之后，胡适逗留上海期间，曾与郭沫若等人有几次往来，他都清晰地记在日记中。我把它们摘录出来，并辅以那时与胡适在一起的徐志摩的相关文字，看看郭沫若与胡适最初交往的情形。

10月11日日记载：

"饭后与志摩、经农到我旅馆中小谈。又同去民厚里692访郭沫若。沫若的生活似甚苦。"②

徐志摩本日的日记中亦有相关记载，且更详尽："午后为适之拉去沧州别墅闲谈，看他的烟霞杂诗，问尚有匿而不宣者否，适之赧然曰有，然未敢宣，似有所顾忌。……适之翻示沫若新作小诗，陈义体格词采皆见竭蹶，岂《女神》之遂永逝？""与适之经农，步行去民厚里一二一号访沫若，久觅始得其居。沫若自应门，手抱襁褓儿，跣足，敝服（旧学生服），状殊憔悴，然广额宽颐，怡和可识。入门时有客在，中有田汉，亦抱小儿，转顾间已出门引去，仅记其面狭长。沫若居至隘，陈设亦杂，小孩屡杂其间，倾跌须父抚慰，涕泗亦须父揩拭，皆不能说华语；厨下木屐声卓卓可闻，大约即其日妇。坐定寒暄已，仿吾亦下楼，殊不话谈，适之虽勉寻话端以济枯窘，而主客间似有冰结，移时不涣。沫若时含笑啼视，不识何意。经农意噤不吐一字，实亦无从端启。五时半辞出，适之亦甚讶此会之窘，云上次有达夫时，其居亦稍整洁，谈话亦较融洽。然以四手而维持一日刊，一月刊，一季刊，其情况必不甚愉适。且其生计亦不裕，或竟窘，无怪其以狂叛自居。"③

---

① 两信均收《胡适来往书信集》上册，中华书局，1979年5月。
② "志摩、经农"，徐志摩、朱经农。
③ 《徐志摩日记》，林漓编《徐志摩文集》，海天出版社，2000年8月。

10月13日日记载：

"沫若来谈。前夜我作的诗，有两句，我觉得不好，志摩也觉得不好，今天沫若也觉得不好。此可见我们三个人对诗的主张虽不同，然自有同处。"

"沫若邀吃饭，有田汉、成仿吾、何公敢、志摩、楼□□①，共七人，沫若劝酒甚殷勤，我因为他们和我和解之后这是第一次杯酒相见，故勉强破戒，喝酒不少，几乎醉了。是夜沫若、志摩、田汉都醉了。我说起我从前要评《女神》，曾取《女神》读了五日。沫若大喜，竟抱住我，和我接吻。"

徐志摩10月15日的日记亦记到13日饭局之事："前日沫若请在美丽川，楼石庵适自南京来，故亦列席。饮者皆醉，适之说诚恳话，沫若遽抱而吻之——卒飞拳投罾而散——骂美丽川也。"②

10月15日日记载：

"与志摩同请沫若、仿吾等吃夜饭。田寿昌和他的夫人易漱瑜女士同来。叔永夫妇也来。"

徐志摩本日日记亦写到饭局上的话题："今晚与适之回请，有田汉夫妇与叔永夫妇，及振飞。大谈神话。"

10月18日日记载：

"到郑振铎家中吃饭。同席的有梦旦、志摩、沫若等。这大概是文学研究会和创造社'埋斧'的筵席了。"

以上这些出自胡适，以及徐志摩日记中关于胡、郭交往的文字记载，是很有价值的文献资料。胡适在10月13日日记中写到，"我们三个人对诗的主张虽不同，然自有同处"，说明抛开笔墨争锋的褊狭，胡适发现作为诗人，他与郭沫若是可以彼此相通的，这就是文人相交时有了同道、知音的那种感觉吧，虽然只是部分的。而那一天接下去在郭沫若宴请胡适饭局上的那一幕，则更是耐人寻味的。

在宴席上郭沫若抱住胡适亲吻这个场景，是至今流传甚广的一则文坛趣事，人们一直也只是把它当作文人轶事的一个段子看待。但是仔细琢磨胡适记述的文字，这一情节本身其实包含了很严肃的历史内容：胡适不再端着教授的架子、留美的身份，很"诚恳"（徐志摩当时的感觉，应该是真实的）地坦承"从前要评《女神》，曾取《女神》读了五日"，表明他对于新出道的

---

① 日记手稿如此，据徐志摩日记所载，应为（楼）石庵。
② 《徐志摩日记》，林漓编《徐志摩文集》，海天出版社，2000年8月。

郭沫若，实际上并非不屑一顾，像他在文中所写，而是认真看待的。郭沫若听闻此话后抱吻胡适的举动，可能有点醉态，但其实表明，他应该是很在意胡适对于《女神》，对于他的诗歌创作的评价和认可的。

从这样的记述文字中，我们可以看到真实的郭沫若与胡适交往之初的关系，尽管有那样一个戏剧性的开场，还是可以称之为文友吧，虽然不是"诤友"。

郭沫若与胡适的关系被曲解，其实不只是在我们的文学史叙述中，为不少人称道的胡颂平撰《胡适之先生年谱长编初稿》（台湾联经出版事业公司1984年5月初版），从另外的方向上，或出于另外的动机，同样曲解这一关系。

《胡适之先生年谱长编初稿》记录了胡适与创造社的笔墨之争，但对胡适1923年5月15日给郭沫若、郁达夫写有长信一事却只字不提（该长编中对胡适的许多书信是全文录入的），这也是将一件史事弄成有头无尾。而该长编对于胡适1923年赴沪期间与郭沫若、郁达夫、成仿吾等人在笔墨争执了结后的几次会面，是这样记述的：

（10月11日）张东荪借张君劢处请客。饭后，先生同徐志摩、朱经农去民厚里121号访郭沫若。成仿吾亦在座，主客之间甚枯窘。
（10月13日）郭沫若请先生与徐志摩、楼石菴等吃饭。
（10月15日）先生与徐志摩回请郭沫若，有田汉夫妇、任鸿隽夫妇及徐新六等人（以上三条均见《徐志摩全集》第1集589~590页）。

比较一下胡适日记中所记，两者文字表达的内容和含义有很明显的不同。"长编"只用最简单的文字记述了有这样三次会面，唯一能够传达出历史场景中真正含义的，是撰写者"主客之间甚枯窘"的一句话，一句言外有意的话。括号内系"长编"为三条谱文所注出处，非常可笑，甚至可称拙劣。胡适自己的日记，明明都有记录，而且是详细得多的记录，撰写者不引用，徐志摩日记相关的记述也详细得多，撰写者亦不引用。胡颂平自己撰写的几行文字，虽然记录了几件基本史事，但以其主观取舍，实际上模糊，甚至改变了事情真正的含义，隐去了胡适主动向郭沫若和创造社示好，而郭沫若等人亦积极回应这一真实的历史情境。史实变得面目不清。

当然，因为学术理念、政治立场的不同，特别是两者后来又纠缠在一起，郭沫若与胡适交往之初的关系没有能够发展下去，终于还是成了论敌，但这改变不了当初的历史。

"上海交游"，识谷崎润一郎

　　1955年郭沫若率领中国科学代表团访问日本期间，在东京由朝日新闻社安排了一个座谈会。座谈会的嘉宾是郭沫若、谷崎润一郎、内山完造以及朝日新闻社的白石凡。座谈会开始以后，实际上成了郭沫若与谷崎润一郎的"对谈"，历史、文学、婚姻家庭、和平问题、社会主义等，他们的谈话涉及了广泛的话题，座谈会持续了三个小时。① 朝日新闻社之所以请来谷崎润一郎，不仅因为他是日本著名作家，还因为他与郭沫若在三十年前就相识了。

　　《随郭沫若战后访日》一书中记述的这一情节，并没有为郭沫若研究所注意，所以直至拙著《文化越境的行旅——郭沫若在日本二十年》出版（2005年3月）时为止，所有的郭沫若传记和年谱，对于郭沫若与谷崎润一郎曾经有过的交往均没有任何记载（郭沫若的自传当然也未曾写到与谷崎润一郎的相识）。这应该说是一个很大的缺憾。

　　郭沫若与谷崎润一郎的相识，其实是一件非常有意思的史事，因为谷崎润一郎曾用一个作家敏锐的观察力和生动的文笔记录下了他初次与郭沫若相见的场景，那是格外富于生活实感的一个历史场景。谷崎润一郎笔下的郭沫若，是迄今所能见到的仅有的一件关于青年郭沫若"素描"式的史料，它让我们能够对于郭沫若获得一种直观的、感性的认知。

　　郭沫若留学时期的大正年间，日本文坛呈现为自然主义、唯美主义和白桦派的理想主义三足鼎立的局面。谷崎润一郎是唯美派的一个代表作家，郭沫若说他那时就在《改造》《中央公论》上读到过谷崎润一郎的作品。当郭沫若在创造社初期的文学活动中标榜"生活的艺术化"，追求以文学涵养"优

---

① 刘德有：《随郭沫若战后访日》，辽宁人民出版社，1988年9月。

美淳洁的个人"时,其中所表达的富有唯美倾向的主张,应该多少是受到过谷崎润一郎的启发的。大约在那之后不久,谷崎润一郎也知道了新起在中国五四文坛的郭沫若这个名字。郭沫若在当时的日本文学界被一些评论者称作"中国的森鸥外"。谷崎润一郎还知道,郭沫若娶了一位日本女性,在福冈读书时就有了家室,"常常为柴米油盐所困扰,是与贫穷斗争过来的"。他评价郭沫若的文章,"受日语的影响很大"。认为,郭沫若写诗也写小说,语言方面还通晓英语、德语,"在这一点上越发可以称为'中国的森鸥外'"。

1926年1月,谷崎润一郎到上海游历了一趟,逗留了一个月左右时间。他在1918年曾到过中国,并试图寻访一些中国新文学家,但大失所望。这一次的上海之行使他如愿以偿,结识了一批中国的新文学家,郭沫若当然是给他留下深刻印象的一位。回国后,谷崎润一郎写了一篇游记——《上海交游记》,连载于日本《女性》杂志1926年5月、6月、8月第9卷第5期、第6期,第10卷第2期,真实地记录下他在上海的交游经历,与郭沫若的相识,留下一份珍贵的史料。

谷崎润一郎是1月中旬到达上海的,不久,他就从自己的经纪人那里得知上海内山书店的老板与中国的新文学家常有交往,在他那里可以听到中国新文坛的种种消息。于是,谷崎润一郎去了位于北四川路的内山书店,并认识了内山完造。内山完造给他介绍了三位中国作家作为新文学的代表人物:郭沫若、田汉、谢六逸。内山完造介绍前两人,显然是考虑到谷崎润一郎的文学倾向,而谢六逸那时正在翻译日本古典文学名著《万叶集》《源氏物语》。在与内山完造的交谈中,谷崎润一郎不仅了解了中国新文学的一些情况,而且得知上海的报纸报道了他到上海的消息,已有中国作家希望内山完造介绍他们与自己见面,内山完造也有意为他安排一次与中国作家见面的聚会。谷崎润一郎当然非常高兴。这可以说是出乎他的意料,他感觉着"好像是一个梦"。

聚会是在内山书店的二楼举行的,因为会场不大,不能满足所有想来的人,只邀请了十几位圈内人。那天傍晚,谷崎润一郎走进内山书店,一眼便"看见在火炉前面有一位身穿黑色西服、戴着眼镜、弯着腰的青年人,那就是郭沫若君。他有着一幅圆圆的脸、宽宽的额头,一对柔和的大眼睛,不柔顺的硬头发松散地直立着,就好像每一根都能清楚地数得过来似的从头顶上放射出来。由于稍微有点驼背,从体形上看像个老成人。"聚会的话题主要围绕关于日本文学作品的翻译和中国文坛与剧场的现状。谷崎润一郎希望尽可能多地收集一些翻译作品带回去。郭沫若、田汉介绍说有许多日本文学译作，但它们大多还只是翻译者手中的译稿，因为书局不肯出版单行本，只能在同人杂志上发表，而这些杂志的生命往往是短暂的。谷崎润一郎感觉，中国文坛的状况与日本"新思潮"时代的文坛相似。郭沫若感慨道："剧坛方面也与日本的那个时代相同。所以，我们即使写出剧本，无论如何不能指望在剧场上演，只有外行人偶尔进行的小规模的试演罢了。"

聚会大约在十点钟时散了，谷崎润一郎觉得谈话还未尽兴，便邀郭沫若、田汉一起边散步边交谈，到了他在一品香旅馆的住处。他们又一起边饮绍兴酒边继续谈话，郭沫若与田汉谈起了现代中国青年的种种苦闷。在交谈中，谷崎润一郎显露出他对中国认识的肤浅，郭沫若颇不以为然，说道：

> 日本和中国不同。现在的中国还不是独立国家，日本借来资金是自己使用。在我们国家，外国人可以随便出入，无视我们的利益和习惯，他们自行在我们国家的土地上建造城市，开办工厂。我们虽然看到这一切，却无可奈何，只能任其践踏。我们的这种绝望地、静静地等待着自灭的心情，决不单单是因为政问题和经济问题。日本人因为没有这样的体验，所以不会理解。可是，这使我们青年的心情多么暗淡啊？所以，一发生对外事件，甚至连学生也大事骚动，就是这个缘故。

> 日本的所谓中国通没有谈过这些事，中国人虽然在经济上是伟大的人种，却没有政治上的能力。不仅没有，他们还是极端的个人主义者，认为政治不算什么。国家的主权被外国人夺去了，他们还心平气和的勤奋地工作，连续不断地储钱。在这方面，中国人虽然有弱点，也有在变化中的坚强之处。中国自古以来虽然多次被外国人征服，但是中国民族不但没有衰弱反而发展了。而征服者却被中国的固有文化征服，结局是被溶于"中国"这口坩埚之中。

> 不过，以前的入侵者都是比我们文化低的民族。中国与比自己文化高的民族相遇，这次是历史上的第一次。他们分别从东南西北向中原入侵。不只是经济上的入侵，而且干了各种坏事，引起我们国家的不安。他们贷款给军阀并卖给军阀武器，同时又建立被称为租界的中立地带。如果不这样，就不会发生今天国内的动乱，乃至战争持续不断。中国从前也有过战争，可是，像今天这样的野蛮人的侵略，与单单内乱的性质是不同的，这一点我们是亲眼所见的。不，这次不只是我们，而且全国

人民都有了一种以今天的野蛮人为对手、必须真刀真枪地与之对抗的觉悟。我想，国家这一观念恐怕没有比现在更加深入人心了。

曾经去过南洋一带的谷崎润一郎认为，那里商界华人的情况并非如此，他们掌握着当地的经济命脉，权力大得惊人；但他们对中国的现实却不放在心上，甚至忘了祖国的语言。郭沫若反驳他说：

  南洋的中国人现在已经觉醒了。他们到底还是以国家为靠山，在白种人的压迫下开始醒悟了。所以，他们这时都送子女回祖国接受教育。广东开展抗英运动时，他们积极地出钱支援。我们文学创作者虽然拿不出钱来，但是，我们要用笔把这种郁闷之情写成诗歌、小说，用艺术的力量向全世界的人诉说。这样做，就是为使通情达理的人理解中国的苦恼的最有效的办法。

在"一品香"的交谈一直持续到深夜。谷崎润一郎后来说，他能理解郭沫若、田汉他们"郁积在胸中的烦恼"，也尊重郭沫若表达的那些见解。1月29日，欧阳予倩和田汉在徐家汇路的新少年影片公司发起组织了一次"文艺消寒会""以破年来沉闷的空气"。他们邀请了谷崎润一郎。

谷崎润一郎到达"文艺消寒会"会场时，第一个见到的又是郭沫若，他正站在阳台上挥舞着帽子。参加"消寒会"的人很多，挤满了客厅，椅子都不够用了。因为多是文艺界人士，许多人登台献艺：小提琴演奏、舞剑、大鼓说唱、民谣小曲……突然，郭沫若跳上椅子，拍着手说："诸位，谷崎君还有拿手好戏哪！"搞得谷崎润一郎不知所措，急忙把郭沫若从椅子上拉下来，郭沫若又跳上去，谷崎又把他拉下来。最后，谷崎润一郎只好以讲话代演节目，由郭沫若为他翻译。这一晚，谷崎润一郎酩酊大醉，郭沫若把他送回了旅馆。

谷崎润一郎的这次上海游历是他难以忘怀的，他感觉："在日本文坛上，像我今天这样在中国受到如此规模的欢迎，恐怕是谁也不敢想的……它一定会使我的朋友吃惊的。"回到日本以后，他曾托朋友将自己新出版的一本小说《吃蓼的虫》带给郭沫若。①

流亡日本的十年间，郭沫若在千叶县深居简出，谷崎润一郎那时定居在

---

① 以上所录，均出自谷崎润一郎《上海交游记》。

京都，他们之间没有再见过面。不过谷崎润一郎还是一直关注郭沫若的消息。"我间接地听到一些关于郭沫若氏在千叶县暂住的事，以不参与政治活动为条件被允许留在日本的事，以及他在搞与政治无缘的学术研究的事。" 1937 年郭沫若秘密回国，谷崎润一郎马上就从报刊上得知了郭沫若回国前后发生的那些事情，还从受郭沫若嘱托的朋友那里听说了他怎样为留在日本的妻儿安排著作版税的事宜等。但是他们何以未能再次见面呢？

郭沫若在当时的处境，使他采取一种"隐于市"的生活方式是很自然的。谷崎润一郎却是觉得"由于双方的立场太不一样了，所以既没有前去访问，也没有写信"。① 他一直是一个远离政治的作家。

直到 1955 年 12 月 6 日，在东京帝国饭店举行的那场座谈会上，郭沫若与谷崎润一郎于初次相识后才第二次见面。他们互致问候以后，郭沫若问起村松梢风的近况，问起佐藤春夫、志贺直哉是否健在；谷崎润一郎则问及田汉和郭沫若的诗歌创作。虽然他们交谈的话题非常广泛：从诗歌创作到历史研究，从日本的大化革新到中国的经济建设，从政治变革到道德习俗的演进，从汉字简化到女性化装、婚礼仪式的从简，但谈话更像是在各自说话。不过当郭沫若谈到汉字将来可能走拼音化之路时，他们发现了一个共同的话题。谷崎润一郎担心古典作品怎么阅读，郭沫若说："可以把优秀的古代作品全部译成现代语，就像谷崎先生把《源氏物语》译成现代日语那样。"

显然，郭沫若还记得谷崎润一郎在 20 世纪 30 年代用现代口语翻译日本古典文学名著《源氏物语》一事。从 1934 年开始，谷崎润一郎倾八年时间完成了《源氏物语》今译，在日本文坛颇得赞誉，他因此获得日本政府颁发的文化奖章。或许不是巧合吧，郭沫若也在 1935 年 1 月中旬完成《〈离骚〉今言译》，从而开始了他以现代汉语翻译屈原作品的工作。后来断断续续至 1953 年，他最终完成了《〈屈原赋〉今译》。

三个小时的座谈结束后，郭沫若留谷崎润一郎共进午餐，请他吃了"鸡素烧"。告别时，他对谷崎润一郎说："明年 4 月我来招待你。乘飞机来，快得很。"②

谷崎润一郎在与郭沫若交谈的时候说过："我也非常想去中国呀！"在郭沫若之后，他从田汉那里又接到过访问中国的邀请，但在他逝世前到底还是

---

① 谷崎润一郎：《昨天今天》。
② 刘德有：《随郭沫若战后访日》，辽宁人民出版社，1988 年 9 月。

未能再一次访问中国。他曾在 1957 年拜托内山完造给郭沫若带话，说明自己不能前往中国是由于健康状态和交际繁忙的原因。可是究其实，还在于政治的隔膜。谷崎润一郎不太情愿被邀请后的访问，更不喜欢在众人面前的演讲或是与政治家会面之类的事情。"当可以从东京直接去北京，能看些喜欢的东西，只和喜欢的人见面的时候，我想我会作考虑。"①

中国五四新文学与日本近现代文学之间有过密切的交往，郭沫若与谷崎润一郎的相识正是基于这样的历史背景而发生的，但他们相识以后的交往，却又有些耐人寻味的东西在里面，见证着两国文坛交往的一个侧影。

---

① 谷崎润一郎《伊豆山》。

在东洋文库，结交林谦三

郭沫若一生的译著卷帙浩繁，其中有一部非常特别的译作——译自一个日本青年研究中国古代音乐史的著作。这就是林谦三著的《隋唐燕乐调研究》。郭沫若翻译这部著作是在流亡日本期间。与此相关的是，郭沫若最早的雕像，即是由林谦三在那时创作的。这是一尊青铜雕塑胸像，如今存放于东京都三鹰市亚非图书馆的"沫若文库"。在亚非图书馆二层，辟有一间"中国室"，室内常年展出"沫若文库"的部分藏品，正中摆放的即是这尊雕像。在这部译著和这一尊青铜雕像之间，连接着两个人的友情与交往。

林谦三原名长屋谦三，1899年出生于大阪市一个造船技师的家庭。他就读于东京美术学校雕塑专业，1924年毕业。林谦三曾在1927年到朝鲜参观学习古代美术，由是，对东方古典音乐发生了浓厚的兴趣。《隋唐燕乐调研究》就是他研究中国古代隋唐乐调、乐谱，及其与西域各国的音乐和传入日本的唐乐调之间关系的一部学术著作。

郭沫若与林谦三相识是在1928年，这在他为《隋唐燕乐调研究》所写的"序"中有记载。但郭沫若那时开始专心研究中国古代历史，林谦三则专攻美术，兼习音乐史，两人的术业可说相去甚远，他们缘何相识？而郭沫若又为什么会去在自己完全陌生的学术领域翻译一部研究音乐史的著作？这一直是让人不解的事情。在还没有找到可以直接说明史实的资料时，我曾推测："林谦三以学美术而研究中国古代音乐史，必然需要学习和具有中国古代历史、古代文献、典籍等方面的知识，郭沫若应该是他一个非常合适的学界朋友。他之所以请郭沫若将《隋唐燕乐调研究》译成汉语，不会无缘无故，一定是在撰写书稿的过程中，他们已经有着很多学术上的相互请益、交流。"① 后来，在查阅郭沫若《甲骨文字研究》手稿（现藏郭沫若纪念馆）时，意外地发现了一段文字资料，记录了郭沫若与林谦三相识交往的开始和缘由。

我们现在所能看到的《甲骨文字研究》中《甲骨文字研究序录》一篇，与手稿的文字实际上有所不同，它删掉了手稿结尾的两段文字，并且其中最后一段文字在原稿中即已为郭沫若自己所删去。两段文字所叙，都已经不关涉书稿本身的内容了，这大概是它们被删掉的原因。其中倒数第二段的文字主要是说在东洋文库查找甲骨文资料时，曾蒙文库主任石田干之助给予很大方便，因而表示感谢的话。郭沫若在这里提及的，显然是他在1928年9月间专门往东京的东洋文库查阅资料的事情。这段集中跑东洋文库的工作持续了"一两个月"。②

手稿最后一段文字被作者用笔墨划掉了，幸运的是，墨线涂抹下的文字依然清晰可见。这段文字是这样的：

> 同在库中研究之林谦三君，于无心之中得成益友。林君乃日本青年雕刻家，其研究之题目为汉时代中西艺术之交涉，而主眼尤在音乐。茶余饭后每就所得者相与谈论，恒乐而忘疲也。余深有感于林君之奋发，无形之中受其鼓励者不少。今当搁笔，余甚望其研究之早观厥成。

这段文字是与前段文字衔接的，所以"库"即指东洋文库。它清楚地告诉我们，郭沫若与林谦三是同在东洋文库查阅资料时相识，并且成了"益友"。从字里行间还可以看到，郭沫若对于林谦三的为人、为学之道颇为赞赏，在与林谦三交往中获益不少，所以引为"益友"。

当然，郭沫若这段文字不曾示人，但他后来在为林谦三的《隋唐燕乐调研究》所写的"序"中还是把这些意思都表达出来了。他说，对于林谦三的"为人很谦和""为学及专挚"，是十分"感佩的"，"我便从原稿的形式中替他迻译了过来。我自己所得的益处是很不少的。我自己对于音乐本是外行，关于本国的音乐的故实以前也少有过问，自结交林氏后算稍微闻了一些绪馀"。③ 应该正是东洋文库的那段交往，结下了后来的文缘。

---

① 见《文化越境的行旅——郭沫若在日本二十年》，文化艺术出版社，2005年3月。
② 见《我是中国人》，《海涛》上海新文艺出版社，1951年8月。
③ 《隋唐燕乐调研究·序》，上海商务印书馆，1936年11月初版。

事实上，郭沫若在翻译《隋唐燕乐调研究》的同时，撰写了一篇研究历史人物的论文《隋代大音乐家万宝常》。作为中国古代音乐史上一位人物的万宝常在郭沫若众多历史人物研究的对象中，可谓独一无二。虽然郭沫若是从"对于万宝常的物质生活之数奇怀着无上的同情，对于他的精神生产之湮灭尤其感着无上的义愤"，去撰写此文的；但文章从音乐史角度，从万宝常代表着当时由"新来的胡乐与旧有的古乐或准古乐结合"所产生的新的音乐流派——"合成派"的意义上，考察、论述了万宝常在中国音乐史上的地位。① 这是郭沫若介入到音乐史领域的历史人物研究。郭沫若对于万宝常发生了研究的兴趣，他这篇论文题意的确立，必定与林谦三、与翻译《隋唐燕乐调研究》有关。而他在论文中大量引述的古代典籍中有关隋代音律、音调、音乐史方面的专门性资料，也应该是林谦三研究"隋唐燕乐调"所曾需要参考或使用的。

1935年，郭沫若译就了《隋唐燕乐调研究》。在初稿译出后，他与林谦三又用了八九个月的时间进行推敲、增改，使之精益求精。林谦三愿意他这部研究有关中国音乐史的著述能先以汉语发表，郭沫若也希望能借此书使中国的学界在中外文化交流史的视野上去研究中国音乐史。这无疑都是很有见地的眼光。

郭沫若于是开始联系书稿在国内的出版。他在1935年9月20日致信叶灵凤时特别表示，可以将此书稿交现代出版社出版，并且说："因为是学术研究的东西，我可以把稿费放低出售，（依原稿纸计算，每张六百字，价四元，此乃最低价。）但印刷纸张要讲究。"② 然而，现代出版社不愿意出版此书。郭沫若又在11月15日致容庚的信中特意介绍：林谦三"专心研究中国古代音乐十余年，通英、法、印度诸国文字，著有《隋唐燕乐调研究》一文，于中国外国历来研究之成绩均一一加以检点，而别创一新说明，极有价值"。他表示可以不署自己的译者之名，询问《燕京学报》能否发表该文。③ 几经周折，郭沫若后来将这部书稿交沈尹默在上海主持的孔德研究所，由中法文化出版委员会编辑，上海商务印书馆1936年11月初版发行。有意思的是，与此同时，郭沫若自己又将《隋代大音乐家万宝常》一文用日语译出，发表在1936年1月出版的《日本评论》杂志第11卷第1期上。这在中国现代学术史和翻

---

① 《隋代大音乐家万宝常》,《沫若文集》第12卷，人民文学出版社，1959年6月。
② 孔令境编《现代作家书简》，花城出版社，1982年2月。
③ 《郭沫若书简——致容庚》，广东人民出版社，1981年5月。

译史上算得上是一段佳话了。

林谦三非常感激郭沫若为翻译、出版他称之为自己"处女作"的《隋唐燕乐调研究》所做的一切。为表达自己的谢意，他决定为郭沫若塑一尊雕像。在创作过程中，林谦三多次请郭沫若到他在西原的雕刻工作室来做模特。当郭沫若四十五岁生日到来之际，塑像完成。完成时，由郭沫若亲手在雕像的背面用压刀镌刻了诗句："巧薄天工，化我为铜。影未尝动，瞑绝时空。"①

1936 年夏，郭沫若从河井荃庐那里借阅到明代锡山安国十鼓斋《先锋本》《中权本》《后劲本》三种石鼓文拓本的照片资料，他分几次送到林谦三的工作室，由林谦三翻拍成胶片，再由林谦三请朋友放大洗印出来以供研究用。郭沫若凭借这几种拓本资料充实完成了《石鼓文研究》，后交由孔德研究所出版。在书稿出版前，他曾致信沈尹默，在说到这批拓本资料弥足珍贵时写道："此邦人士中得窥其全豹者仅一二人，在中国除旧藏者及弟而外，恐当以足下为第三人矣。"② 郭沫若研究金文甲骨，经常会有拓片资料需要翻拍，所以请林谦三帮忙之事，当还有其他，只是没有被文字记录下来吧。

关于郭沫若与林谦三的交往，我们能够知道较为详细的，就是译书与塑像这一来一往两件事情的经过。虽然如此，我们可以感觉到，他们二人在那时的交往过从应该是很亲密的。林谦三曾偕其母亲一起去须和田走访郭沫若和安娜，这样的生活细节当可印证这一点。

1936 年底，郭沫若应《宇宙风》编者之索要，寄去一张近照，刊登在 1937 年 4 月《宇宙风》合订本第 3 集上。在这张照片的背面，郭沫若题写了这样一段话：

> 此张乃日友林谦三兄（Hayasi Kengo）为余制胸像时在其制作室中所摄。右侧即林君，余则"对影成三人"已了。林君于雕刻外复擅场音乐，有《隋唐燕乐调研究》之作，已由余从原稿中迻译为中文，不日将出版之。

看来郭沫若也是用心良苦，借此在为林谦三，为《隋唐燕乐调研究》的出版做广告宣传了。

---

① 菊地三郎：《万马齐喑的亚洲学——四十年亲历漫谈》；日本沫若文库建设委员会编《沫若文库》，朝日新闻社，1956 年 6 月 5 日出版。
② 《石鼓文研究·重印弁言》。

助傅抱石东京办画展

郭沫若与傅抱石1933年春在日本东京相识。那时傅抱石刚到东京，入东京帝国美术学校作研修生。他与郭沫若之间的交往和友谊从一开始就是围绕着诗、画、书法艺术展开的。傅抱石在日本学习了两年多时间，期间最重要的一件事是在东京成功地举办了个人画展。这个画展的举办，得到郭沫若的大力支持。

《郭沫若年谱》（龚济民、方仁念）中关于郭沫若帮助傅抱石在东京举办画展之事有两条谱文记载：其一，1934年5月，"在东京银座的松坂屋为傅抱石主持《书画个展》的开幕式，并协助举行记者招待会，在会场亲自担任翻译，还曾为展出的许多作品亲笔题款题诗。展览会结束后，又'劝抱石再开一次个展'……"其二，1935年，"本年为傅抱石在东京举行的个人书画作品展览会列名主催，以至所有学术界、艺术界名流均来参观……"

按照这两条谱文记载，傅抱石于1934年、1935年在东京举办了两次个人画展，而且1934年5月项下的那句"劝抱石再开一次个展"，似乎还成为1935年画展的佐证。然而，这两条谱文说的其实是一件事。

所谓傅抱石在1934年5月举办画展一事，主要根据郭沫若在《竹阴读画》一文中的记述推断而出。在《竹阴读画》中，郭沫若是这样写的："抱石在东京时曾举行过一次展览会，是在银座的松坂屋，开了五天，把东京的名人流辈差不多都动员了。"① 郭沫若只记有傅抱石办过一次画展，没记具体时间。在文章的前一段文字中倒是有一个时间的记载："二十三年二月三日"，

---

① 《竹阴读画》，《郭沫若全集·文学编》第10卷第302页。人民文学出版社，1985年9月。

但这是郭沫若与傅抱石回忆起"二十三年二月三日,是旧历的大除夕",他们曾一同在东京中野留学生监督家中晚餐之事。"二十三年"即 1934 年,显然,谱文的编撰者把这一时间推断为画展举办的年份。但将这样两件在文字叙述上完全读不出有时间接续关系的事情推断在同一年发生,应该说是太随意了。

郁风写有《"能师大众者 敢作万夫雄"》一篇回忆文章,其中记到 1935 年傅抱石在东京举办画展,这是对的,但没有更准确的时间记录(这也是第二条谱文之依据)。可以校正并准确考订傅抱石画展一事的资料依据是《郭沫若致文求堂书简》中的几封信函。

查《郭沫若致文求堂书简》,1935 年 5 月 9 日,郭沫若在写给田中震二的一张明信片上写有"明日参观傅氏展览会前,将顺过府上,届时再谈"的话。① 这里所说的傅氏展览会即应指傅抱石画展。此前的 4 月 16 日傅抱石曾有一信给郭沫若,谈及请田中庆太郎、河井荃庐等人写评论文字或评语,以及郭沫若为其题作已交付摄影等事。郭沫若在接到傅抱石信的当天(17 日),即在给田中庆太郎的信中转托田中帮助傅抱石所请之事。这些应该都是在为画展做准备工作。5 月 31 日,郭沫若在致田中庆太郎的信中特别写道:"傅君个人展览,承蒙鼎力相助,傅君之收获,当超乎金钱也。日后仍望关照。"②从郭沫若给田中震二的信和《竹阴读画》中"我去看他的个展时是第二天"的记载推断,傅抱石的画展应该是在 1935 年 5 月 9 日揭幕。但这里还存在一个疑问,以郭沫若与傅抱石的私交,从他为傅抱石多幅展出之作题诗题词并为筹备画展给予了许多帮助这种情况而言,他似乎不会不参加画展开幕式,那么画展开幕的时间则是 5 月 10 日,而郭沫若在《竹阴读画》中所说第二天去看画展的记忆可能有误。当然,前一天出席揭幕式,第二天再一次去看画展也是有可能的。看来这一点只能存疑。

傅抱石在成功举办了个人画展之后不久,即因母亲病重而匆匆回国,未能再返日本继续学业。除这一次画展之外,他在日本期间没有举办过第二个画展。至于《竹阴读画》中"劝抱石再开一次个展"的话,是郭沫若在这篇文章中所记 1943 年 10 月 17 日往访傅抱石时所说的话(文章中表述得非常清楚),与东京那次画展毫无关系。另外,谱文中使用了"以至所有学术界、艺

---

① 《郭沫若致文求堂书简》第 186 号,文物出版社,1997 年 12 月。
② 《郭沫若致文求堂书简》第 188 号,文物出版社,1997 年 12 月。

术界名流均来参观"这样表述的文字,也大失严谨。一个"以至"把郭沫若出席了画展和"东京的名人流辈差不多都"到场这样两个本来并无逻辑关系的事情,改变成了由于郭沫若列名"主催","以至所有学术界、艺术界名流均来参观"这样的因果关系,这是对历史叙述的极大失真。

逢文求堂田中庆太郎

在流亡日本的近十年间，郭沫若与东京文求堂主人田中庆太郎的交往，应该说是他人际关系中最重要的部分，仅从一件史实即可看出这一点：郭沫若在此期间所编纂撰写的学术著作总计有15种，其中9种由文求堂出版。这样一个简单数字的背后，应该有着丰富的历史文化信息。但是很长时间以来，郭沫若与田中庆太郎和文求堂之间关系的详细内容并不为人们所知，同时，人们却又对这一交往关系存在很深的误解。

从描述郭沫若在日本十年亡命史（这之中存在着许多空白处）的角度说，考察他与田中庆太郎和文求堂交往的关系史是必不可少的，而这，首先需要拂去历史的尘埃，廓清历史的误读。

笔下隐曲

郭沫若与田中庆太郎和文求堂交往的关系在此前之所以被人们误解，大概主要出自两个方面的原因：郭沫若自传的文字描述与金祖同笔下的文字记录。

以田中庆太郎是郭沫若流亡日本期间交往最多，也最为重要的一个人物这一史实而言，他应该是郭沫若在自传中重笔写到的人物。但事实是，在郭沫若笔下，写到田中庆太郎的文字却仅有屈指可数的几处。郭沫若写自己的传记或回忆文章，当然有取舍所经历过的人、事的自由，但从他这种经意或不经意的"从略"中，实际上给读者传递的是一种具有臧否意味的信息。即使不说是显得轻慢，至少也会令人感觉着几分蹊跷。郭沫若回忆起初次在文

求堂见到田中庆太郎时的场景,是这样写的:

> 店主人姓田中,名叫庆太郎,字叫子祥,把文求堂三字合并起来作为自己的别号,也叫着救堂。(这是有点类似于儿戏,实际上救字并不是"文求"二字的合书。)年龄在五十以上。他是连小学都没有毕业的,但他对于中国的版本却有丰富的知识,在这一方面他可远远超过了一些大学教授和专家。他年青时候曾经到过北京,就全靠买卖上的经验,他获得了他的地位和产业。大约在日本人中,但凡研究中国学问的人,没有人不知道这位田中救堂;恰如在上海,但凡研究日本学问的中国人,没有人不知道内山完造的那样。我在当天走进这文求堂的时候,就在那餐桌后面,发现了一位中等身材的五十以上的人。没有什么血色的面孔作三角形,两耳稍稍向外坦出,看来是经过一种日本式的封建趣味所洗练过的,那便是这位书店老板了。①

描写田中庆太郎外貌的这段文字显出暗示的意味,带着些揶揄的感情色彩。它们仿佛在表达作者并不喜欢他写到的人。

如果说郭沫若笔下的文字,让人们还只是能去猜测,甚至想象他与田中庆太郎的关系;那么,对此有着明确解读的,就是殷尘(金祖同)的那本《郭沫若归国秘记》。人们大概也多是据此书的说法对这一关系做出认定和评判的,因为金祖同在书中实际上是借郭沫若之口,来述说其与田中庆太郎的关系:

> 他有些憎恨这个"田中救堂"。
>
> 因为救堂对待鼎堂和内山对待鲁迅的意气相似,出版商的那副气焰是卑不可当的。不过据他平时告诉我,救堂的人格不及内山多了。虽然我们不能说内山待鲁迅一些私意没有,而救堂却是满肚子怀着鬼胎的……
>
> 十年来,鼎堂在居留日本的过程中,除非万不得已,偶尔向他去商量一二次外,他是不常去的。此外就是关于印行他的著作事件,因为这对于救堂是有利的。
>
> 有一次他曾想把他的大女儿嫁给我,他千方百计地设法,想怎样来

---

① 《我是中国人》,《郭沫若全集·文学编》第13卷。

解决我是一个有妇之夫的重婚问题，为了这，有一个时期他的一家同我非常的接近，非常的亲热，常常叫他的儿子到市川来，甚至他的大女儿也常常来，后来，当他发觉"重婚"是不可能的时候，他们就立刻对我冷淡许多了。①

在金祖同看来，田中庆太郎与郭沫若的关系，一言以蔽之，全然是一个书商与一位学者之间的出版与金钱、剥削与被剥削的关系。郭沫若"憎恨"这种不得不与一个心怀"鬼胎"的商人去打交道的关系。

在郭沫若流亡日本期间人际关系谱中这样重要的一页，真是如金祖同所写的那样吗？这番描述真是郭沫若自己讲给金祖同的吗？这也许本身是个谜：或许它只是出自金祖同之笔，在当时的历史情势下（抗战期间），郭沫若默认了这样的说法。或者郭沫若与田中庆太郎之间确曾发生过龃龉，这在出版商与著作者这层关系上也是可以想象的，郭沫若当然会心存不悦，也是因了战争的缘故，这种不悦被放大了。还有可能是田中庆太郎对那场战争的态度，决定了郭沫若与田中庆太郎都必须忘却他们在此之前的交往史，不然，何以郭沫若归国之后，他留在日本的家眷得到的是此前他并不熟识的岩波书店老板岩波茂雄的照拂（包括资助孩子们上学），而非来自文求堂田中庆太郎的关照。

当然这些只能是揣测。

但是，抗日战争这一历史背景的存在，是翻阅这些文字进行解读时必须要考虑到的。因为这个背景因素之于郭沫若是非同寻常的：他有一个与日本女性结合而成的家庭；他能够结束被通缉的流亡生活回国，是因为国民政府欲有所"借重"；他回国后又在抗战宣传的大舞台上同时为国共两党所"借重"。可以想象，置身在这一历史场景中，要去述说一个有郭沫若这样身份和经历的中国人与一个日本人的交往（尽管主要发生在战争爆发前），应该是有些尴尬或两难的吧！

此前就有过这样一件事，可以让我们从旁看到这一点：郭沫若在日本时与容庚在古文字学术研究上"同声相应同气相求"，1929 年起就建立了密切

---

① 殷尘：《郭沫若归国秘记》，言行出版社，1945 年 9 月。《郭沫若归国秘记》新中国成立后虽未再版，但 1984 年印行的《郭沫若秘密归国资料选》（四川社会科学院文学研究所抗战文艺研究室编，内部出版）中收录了此书（略有文字删削），且在郭沫若研究界广为人知，并作为史料在诸如郭沫若的年谱、传记中使用。

来往（书信）、互通有无的关系。1931年9月初，郭沫若在给容庚的一封信中，向容庚求借一些拓本、照片等研究资料，容庚应允，且已备好准备邮寄。正当此时，"九一八事变"爆发，容庚当即致信郭沫若，慷慨激昂地写道："正欲作书与足下，写完前三字而小鬼出兵沈阳之耗至，血为之沸，故一切拓本照片均停寄。国亡无日，兄尚能寄人篱下作亡国寓公耶？关于东省消息，在日人颠倒是非或为所蒙蔽。兄试思，无故出兵占据我城市，杀戮我人民，宁有理由可书？故弟所希望于兄者惟归国一行，日人之为友为敌便可了然。""兄不忍于蒋氏之跋扈而出走，独能忍于小鬼之跋扈而不回国乎？"① 朋友这样的责问，对于郭沫若在处理日本人际关系时，应该是有一种道义与心理压力的，虽然事后容庚与郭沫若仍然继续着如常的交往。而且，只要郭沫若的日本人际关系背景依然存在，即使他后来"别妇抛雏"回国抗战，那仍然会对他构成一个潜在的压力。

郭沫若将他记述自己流亡日本生涯的一篇文章题作"我是中国人"，其实是耐人寻味的。作为一个爱国者，这个标题当然首先真确地表达出当时身为一介"弱国子民"的中国人生活在日本的那种切身感受、切肤之痛。同时，这个标题又让人感觉到，它是郭沫若在着意向人们诉说、剖白他的心迹。

好在战争的迷雾已经远去，现在来考察郭沫若与田中庆太郎的关系，可以不必再顾及历史的阴影。而真正能解读郭沫若与田中庆太郎关系内涵的，应该是保存下来，并已整理出的两百余封"郭沫若致文求堂书简"②。这些书简，使人们对于郭沫若与田中庆太郎交往的关系，可以有比较多的了解了。虽然仅根据两百余封郭沫若的书信而没有与之相应的资料，似乎还难以对这一交往关系的始末有一个完整的了解，但是至少关于郭沫若与田中庆太郎之间到底维系一种什么样的关系，我们可以从中获得比较真确的解读。

文求堂主人

在考察这一批书简之前，有必要了解一下田中庆太郎和他的文求堂书店。田中庆太郎1880年出生于京都，1899年毕业于东京外国语学校（今东京外国

---

① 1931年10月4日容庚致郭沫若信，据原信手迹。
② 《郭沫若致文求堂书简》，1997年12月由文物出版社出版。

语大学前身）中国语学科。田中庆太郎的上辈即经营书店，因书店是文久元年（1861年）开的业，故取名为文求堂。1901年，文求堂由京都迁至东京。田中庆太郎1908年后有一段时间在北京购置了房子，长驻中国，一面学习中国古代典籍方面的知识，一面搜求善本书籍。文求堂就是以经营汉籍古书而闻名于日本汉学界。

在那些经常光顾文求堂的日本汉学家眼里，田中庆太郎是"一位聪明的商人，同时也是一位有很高教养的人"。他精通汉籍的版本学，也通晓中国书画。著名的汉学家内藤湖南称："在今天的东京，学者之中对于古书的鉴赏能力而言，没有一人能与'文求堂'主人相匹敌。"①"田中先生是个很重友情的人。无论是同行业者之中，还是先生以及学生等等，受过他亲切帮助的人特别多。""他又是一位有时什么也不怕，想说的话什么都敢说，还能辛辣批评的具有自由意志的人。"② 田中庆太郎是日本中国文学研究会的支持者，对于研究会设立事务所、出版会刊等给予了很多帮助，他与竹内好、松枝茂夫、增田涉这些中国文学研究会的年轻人有着很好的关系。

文求堂在学者们或有志于汉学的年轻学子们眼中除了是一处购书之地，还是一个聚谈、交往的场所。石田干之助说，文求堂像个学者俱乐部，青年学者在这里能见到许多"学界文坛的老前辈"，"也就得到了接触珍贵的高论卓说的机会"。一位外地学者开玩笑地说，"如果上京的话一是去东洋文库拜读，二是到文求堂来听讲，都是绝对不能少的。"③ 在经销图书之外，文求堂也做出版方面的事。它历年所出版的书有两百余部，但主要是与汉学和中国语言学有关的著作，其中就包括郭沫若的《两周金文辞大系》等九部著作。田中庆太郎认为，"出版就是把喜欢的事情做出来"。所以有人说："为了出版，无视盈亏，大都承诺下来的人，除田中先生以外，今后不会再有了。"④ 实际上，文求堂的经营主要是靠汉籍销售而非出版，"比起出版来，文求堂还是在古书店上更有名些"。

这些关于田中庆太郎和文求堂的描述、评价，都出自那些对其怀着珍视之情的日本汉学家之口，也许不免溢美之词。不过，从《郭沫若致文求堂书简》中我们大体上也可以获得相似的印象。将"书简"中涉及郭沫若与田中

---

① 反町茂雄：《"文求堂"和它的主人》，《日本古书通信》1951年10月15日第59号。
② 斋藤兼藏：《回忆田中先生》，《日本古书通信》1951年10月15日第59号。
③ 石田干之助：《追悼文求堂田中庆太郎翁》，《日本古书通信》1951年10月15日第59号。
④ 斋藤兼藏：《回忆田中先生》，《日本古书通信》1951年10月15日第59号。

庆太郎之间关系的方方面面加以梳理之后,我们可以于此关系得到一个完全不同于金祖同描述的解读。如果用一个词来概括这一关系的内容与实质,那就是"朋友"而且那是一种交往非常密切的朋友关系,是两家人之间可以相互登堂入室的朋友关系。这一关系贯穿在郭沫若与田中庆太郎交往的各个方面。

写书、出书

郭沫若在文求堂第一眼见到田中庆太郎的情景,在他笔下虽然带着揶揄的味道,但接下去两人之间的接触,是一个顾客与书店店主寻常的接触:郭沫若选中了一本急需的书,却无力买下,于是提出以身上仅有的几元钱做抵押,把书借回去看一两天。田中庆太郎踌躇了一下,委婉地拒绝了,对于顾客唐突提出的要求,他做出的反应没有什么不合适之处。在一般情况下,顾客与店主的接触至此也就结束了。但田中庆太郎让寻常的书店询问有了后续发展,他告诉了郭沫若"一个更好的门路"。

郭沫若这样记下了下面的情节:"他告诉我:要看这一类的书,小石川区的东洋文库应有尽有。你只要有人介绍,便可以随时去阅览的。那东洋文库的主任是石田干之助,和藤森成吉是同期生啦。"① 显然,在田中庆太郎提示郭沫若,藤森成吉与石田干之助是同期生之前,他们之间应该已经有了很长时间的交谈。如若不是郭沫若详细讲述了他在日本留学的经历,曾做过他老师的藤森成吉这个名字是没有可能在他们的交谈中出现的。也即是说,在初次接触中,田中庆太郎对于郭沫若的情况和正在从事的学术研究就有了了解。这应该就是他们交往下去的基础。

郭沫若正是在田中庆太郎的提示下,得以在东洋文库充分阅览了那里所藏文献资料,这对于他关于中国古代社会的研究大有帮助。他也从此开始了与田中庆太郎的交往。

从《郭沫若致文求堂书简》中见到的最早的一封书信写于1931年6月28日,随后几封信的内容都是商议《两周金文辞大系》的编纂出版事宜。此时,郭沫若与田中庆太郎之间的关系应该已经是很密切的了。此前两年多的时间

---

① 《我是中国人》,《郭沫若全集·文学编》第13卷。

中他们有着怎样的来往，我们不得而知，但这并不妨碍我们去了解在他们交往中最为重要的一个方面：郭沫若编撰著作的出版事宜。

在文求堂的第一次见面，当然不会让田中庆太郎马上对郭沫若在学术方面的能力、水平有多少了解。但是随着交往愈多愈深，他肯定对于郭沫若在古文字领域的学术研究渐渐有了很高的评价，继而就有了出自一个出版人的职业期待。田中庆太郎乐于助人，但并不是慈善家。作为一个经营汉籍兼营出版的商人，应该说他是有独特的眼光和魄力的。他能识人、识才，也很了解汉学研究领域的学术动向，所以才会对郭沫若有了出版的职业期待。金祖同写的那本小册子也承认这一点："在我刚把《两周金文辞大系》纂成的时候，也就是我在日本生活最窘困的时候，我不能忘记他以三百元买我这一束稿子，使我能在日本立足，识我于稠人之中，那不能不说救堂是个世故很深而具有锐利眼光的人。"① 田中庆太郎这种期待，不单是从经济方面的考虑，还体现着一种学术方面的眼光。

就郭沫若而言，流亡日本初期是他人生经历中最为困难的时期，要靠一支笔，而且是在一个全新领域里进行的学术研究来养家糊口，他需要来自出版商的大力支持。但是他所求的不是别人的帮助、施舍，他有充分的自信：对于自己能力的自信，在学术上开辟新说的自信。他正是以这样的自信面对与"文求堂"主人的交道往来，而且对田中庆太郎给予了朋友式的充分的信赖。

郭沫若的才气、学识和他沉潜于远古史迹研究的那番执着和毅力，田中庆太郎的识人、识才和作为一个经营汉籍兼营出版的商人所葆有的独特眼光、魄力，既是他们两人相识，进而结成朋友关系的初始机缘，也是维系他们这一朋友关系的终极动因。所以，在郭沫若与田中庆太郎的关系交往中，郭沫若编撰著作出版事宜的商讨、操作，成为最主要的一个内容。但这又不是一般作者与出版商之间那种简单的你拿书稿我出版的关系方式。从所能见到的最早的那封郭沫若致田中庆太郎的信函中可以看到，他在编撰书稿的过程中就开始得到田中庆太郎的帮助和支持。《郭沫若致文求堂书简》的两百余封书信中的大部分，都记载有田中庆太郎和文求堂在这方面的"行经"。其内容包括：参考书、工具书的借阅、提供、购置，拓片、图片的摄制、翻拍，资料的查找、核对、抄录等等。在书简中，关于书籍版式、开本、用纸的考虑，

---

① 殷尘：《郭沫若归国秘记》，言行出版社，1945年9月。

图片、图版尺寸大小的商定等内容也是很多的。

　　文求堂主要经营与中国古代典籍有关的图书，从中国购进图书的渠道非常畅通，而且具有极好的信誉。这为郭沫若提供了一个很大的便利，即借阅、委托代购所需书籍。在两百余封书简中，有好几十封信函都记载有借书、还书、购书、代购书刊、代订书刊之类的事情。郭沫若只要有所需，似乎一纸信片，田中庆太郎就会为他或寄到或遣人送到。在编纂《两周金文辞大系图录》时，郭沫若曾向田中庆太郎一次便开列出所需书籍八九种，且有版本要求，说："尊处如有，乞寄下；缺者，请设法函购。"① 有时他急需什么书，就会在信上写下"急欲一阅"样的字句，而田中庆太郎也会在第二天把书寄出。文求堂经营古旧书，田中庆太郎自己也有不少明版、宋版的善本藏书。后来文求堂歇业拍卖时，这些藏品很为行内人看好。郭沫若在1955年访日时也曾问起文求堂的这些藏书，并且希望它们能够回归中国。大概田中庆太郎让他看过不少藏书。

　　"昨蒙展示珍藏……谢甚谢甚。"这是郭沫若1932年10月27日致田中庆太郎信中的话。提及的珍藏，不知是不是指文求堂所藏的石鼓文拓本。郭沫若就是看了文求堂的藏本后，才写了《石鼓文研究》。在他编纂的几种书籍中，有些拓片资料就是由田中庆太郎提供的，这在"书简"中也有所记载。

　　"请就《缪篆分韵》之类著书，考汉篆'宽'字之结构，抄示为祷。""日前查核'太行山'时，似见府上有地理辞典，乞据以查核'河内'地名。"② 这是分别在两封信函中郭沫若写到请田中庆太郎帮助查抄资料的事情，这样的要求，在"书简"中时有所见。"五日夜手书奉到。查考迅速周密，感佩无似。此问题务请彻底解决，终究是一种见识。"③ 这封信是郭沫若写给田中震二的。虽然我们不知信中言及的问题是什么，但田中震二显然在查找资料之外还做了考证研究的工作。"剪报所载消息极有价值，诸多费心，感甚。"④ 这应该是郭沫若为感谢田中庆太郎提供的剪报资料所写的致谢信。从书简中可以看到，当郭沫若在资料方面有这样的请求时，田中父子总是尽力而为。这当然已经不是出版商与著作者的关系可以囊括的。文求堂和田中庆太郎实际上成为郭沫若从事撰述工作的一个可以信赖的资料室。

---

① 《郭沫若致文求堂书简》第120号，文物出版社，1997年12月。
② 《郭沫若致文求堂书简》第12号、第5号，文物出版社，1997年12月。
③ 《郭沫若致文求堂书简》第73号，文物出版社，1997年12月。
④ 《郭沫若致文求堂书简》第9号，文物出版社，1997年12月。

《石鼓文研究》发表后，马叙伦写下万言长跋"驳击"郭沫若的说法，郭沫若"拟撰文反驳"，于是特别请田中庆太郎"枉过面谈"。《两周金文辞大系》出版后，有人著文指摘其内容有误，郭沫若写了答文，寄田中庆太郎说："另函奉上《答〈两周金文辞大系〉商兑》。拟收为《之馀》附录，写得极温和。不解之处甚多，若沉默，则似默认错误，故仍以答复为好。务请老兄过目。若以为不发表为宜，请即置留手边。"① 这样的事情表明，郭沫若在学术问题上也把田中庆太郎看作一位可以交流的对话者，而且很重视他的意见，不只把他视为一个出版商。因此，他们之间在出书的合作上就有了更重要的内容。

商讨选题

"顷颇欲决心于中国文学史之述作，拟分为三部，商周秦汉为一部，魏晋六朝隋唐为一部，宋元明清为一部。期于一二年内次第成书。此书如成，需要必多。特憾家计无着，不识有何良策见教否？"② 这是郭沫若1931年9月20日致田中庆太郎信的主要内容，他就自己拟定的一个著述选题征询田中庆太郎的意见。记载这类内容的信函，在《郭沫若致文求堂书简》中还有数封。这样的商讨是他们两人之间在郭沫若撰著出版关系方面的一个延伸，正是这样的延伸，使他们之间著作者与出版商的关系变得非同寻常，具有了一种学界朋友的内涵。

郭沫若拟述作中国文学史，看来田中庆太郎并不赞同，因为这个选题没有进行。田中庆太郎未必不确信郭沫若在这方面的学术能力，而是有他考虑的着眼点，即出于出版方面的考虑。但是显而易见，他的选择并不只是为了赚钱，而体现出一种经营的方针。从文求堂历年所出书目看，它的所长或者说田中庆太郎的兴趣所在，是有关中国古代典籍、版本书、考古、古文字方面的编纂、著述。如果单纯从获取利润的角度考虑，出版中国文学史应该比出版金文甲骨文方面的撰述有着更好的市场预期，作为出版商的田中庆太郎不会看不到这一点。那么应该说他的经营方针，融通着他一以贯之的学术文

---

① 《郭沫若致文求堂书简》第38号，文物出版社，1997年12月。
② 《郭沫若致文求堂书简》第3号，文物出版社，1997年12月。

化的眼光和魄力。

　　一年之后,郭沫若的一封信函中又提到一个撰述选题:"昨日晤谈,甚快。卜辞之选,初步考虑,拟限于三四百页范围内……拟取名《卜辞选释》。尽可能选成兼有启蒙性与学术性之读物。"郭沫若在信中还就田中庆太郎如同意这个选题,列出拟请他帮助商借的图书、资料。信的结尾写道:"以上诸点,请酌。"① 这一撰述计划得到田中庆太郎的赞同、协助,很快便完成并出版了,即《卜辞通纂》。从这封信中可以看出,《卜辞通纂》选题的提出、确定和完成出版,从一开始田中庆太郎就参与其中,而且郭沫若很看重他的意见,应该说其中也融进了田中庆太郎的辛劳。

　　《两周金文辞大系图录》得以编纂的缘起也与此相似。从郭沫若1933年12月11日致田中庆太郎的信看,提起编纂该图录(初时作《两周金文辞图版》)的想法,或许还是出自田中庆太郎的意见。后来关于"图录"的编纂方式,郭沫若也与田中庆太郎有具体的商议。② 1936年10月5日,郭沫若在致田中庆太郎的信中写了这样一段话:"今稍得闲,拟自刘氏拓本中遴选二千片左右,按照尊意编成四百页上下一书,未知其后有何考虑?盼示。"这里所说的应该就是次年4月完稿的《殷契粹编》一书。从文辞之意可知,《殷契粹编》得以成书出版,田中庆太郎之"尊意"和"考虑",是非常重要的因素。③

　　作为一种历史回顾,如果把这两类事情联系在一起,似乎还展现出另一层因果链接的意义。以郭沫若的学识,他撰写一部中国文学史是毫无问题的。田中庆太郎若给予支持(在生计上、出版上),此事也会做成,但耗费的时日肯定不短。从先秦开始迄于明清的一部文学史,郭沫若预计的一二年时间,恐怕是难以完成的。这样一来,是否还会有《卜辞通纂》《古代铭刻汇考》《两周金文辞大系图录》《殷契粹编》这些著作的相继问世呢?

　　当然这是一种假设,但显而易见的是,郭沫若如果在1931年就转移了他当时学术研究的关注点,至少是会因此分散了他专注于古文字和古代史研究的时间精力,那么奠定了他在这一学术领域地位的那些著作总要少了二三吧。郭沫若当时不会想到这一点,生计问题对他就是一个很大的压力。田中庆太郎或许也没有意识到这点,而只是出于文求堂经营方针的考虑对这两类选题做出不同的选择。但在事实上,他们之间这种关于撰述选题的商榷和达成的

---

① 《郭沫若致文求堂书简》第29号,文物出版社,1997年12月。
② 见《郭沫若致文求堂书简》第122号,文物出版社,1997年12月。
③ 《郭沫若致文求堂书简》206号,文物出版社,1997年12月。

默契，使得郭沫若在近十年的时间内能在既定学术领域专心研究。这是田中庆太郎与郭沫若的关系中尤其值得珍视的一点。

学界交友

与做学问的事业相关，郭沫若在流亡期间走进一个新的交往圈，结交了许多日本学界人士。

郭沫若虽然曾有留学日本十年的经历，但那是作为一个学医的学生，所以与日本历史、考古学界素无交道往来。他所从事的历史学、金文甲骨之学的研究著述，于这方面学界的交道往来就是必不可少的了。田中庆太郎在这方面给予他很大帮助。

郭沫若是经常光顾文求堂的，而并非如金祖同书中所言除万不得已才去，"书简"中这方面行止的记述就有许多。当时在东京第一高等学校任教的长泽规矩也记得："郭沫若先生常来文求堂。"文求堂对预定要来的客人，会为他们安排午饭。"我和郭氏多次一同吃午饭。"① 从田中庆太郎的经历中可以看到，他在日本汉学界和历史学、考古学界有着非常广泛的交往，文求堂也是个"谈笑有鸿儒，往来无白丁"的去处，所以学者们、青年学子们才会把那里视同一个学术沙龙，不时地"到文求堂来听讲"。郭沫若在文求堂当然会结识许多日本学者。"书简"第 4 函里提及这样一件事："昨日得晤各位，快甚。"虽然我们不知道这"各位"是何许人，但推测起来，郭沫若晤见的应该是一些学界朋友。事实上，从郭沫若开始古文字研究时起，他得以与日本学界一些从事考古、中国古代历史研究的学者的相识，都是直接、间接地经由田中庆太郎的介绍。像中村不折、河井荃庐、长泽规矩也，也包括石田干之助。

1932 年 11 月，郭沫若为寻访古文字资料曾有一次京都之行，这是他流亡日本期间重要的一次学术走访。在京都之行中，郭沫若访问了京都帝国大学的考古学教室。这次走访，让他结识了内藤湖南、梅原末治、水野清一这些京都学派的学者。郭沫若的京都行是得到田中庆太郎大力帮助的。

在郭沫若决意京都一行后，田中庆太郎曾欲陪同前往。（郭沫若写于 10 月 30 日的信中有这样几句打油诗："老兄能西下，再好也没有。已得老婆同

---

① 长泽规矩也：《回忆起来的人们》，《日本古书通信》1974 年 11 月 15 日第 5367 号。

意，说走便可以走。只待老兄方便，不问什么时候。"）后来不知何故，田中庆太郎无法同去，郭沫若便希望有田中震二同行，又谓，如果"震二弟亦有不便，或无愿去之希望，请勿勉强。能得老兄介绍书，仆一人独去亦无妨事也"。① 后来郭沫若是偕田中震二同往京都的。从郭沫若几封有关京都之行的事致田中庆太郎的信中可知，田中庆太郎的出面或介绍，对于他这次学术走访是非常重要的前提，不然，他的京都之行恐怕很难如愿。

郭沫若与这些日本学者的交往对于他的学术见解产生了什么影响，我们无从判断，但他从这些学者那里得到的学术资料的支持，是可以从他的著作中看到的。在这方面的往来中，田中庆太郎担当了一个中间人的角色，当然不是掮客式的中间人，而是双方都信赖的朋友。所以，郭沫若常常无须自己出面商求借阅、翻拍、使用他人的藏品、著作，把它们交由田中庆太郎去操作就行了。《郭沫若致文求堂书简》中即有许多有关这类事情的记载，像为编撰《卜辞通纂》请田中庆太郎商请河井荃庐、中村不折允用其藏品②，为编纂《两周金文辞大系图录》请田中庆太郎翻拍梅原末治著作中所收铭文等等。③《石鼓文研究》一书的编纂撰写，更是与河井荃庐的交往密切相关。

从研究金文、甲骨文时起，郭沫若就同时在研究石鼓文。他对于石鼓文的新发现，还引起了一些学者和收藏者对石鼓文的重视。他曾在文求堂看到一套石鼓文拓本的照片，便着手研究，并很快写成《石鼓文研究》一文。但郭沫若知道还有些重要的拓本资料他未能看到，"研究亦不能说完成"，于是暂时搁置下来。后来，通过田中庆太郎，郭沫若与河井荃庐开始有了交往，从河井荃庐那里借阅并翻拍了他一直想看到而未能全看到的那些拓本，就是著名的明代安国所藏《石鼓文》三种拓本：先锋本、中权本、后劲本，最终完成《石鼓文研究》一书。该书后作为"孔德研究所丛刊之一"，由长沙商务印书馆于1939年7月出版。

经济往来

郭沫若和田中庆太郎既然有作者与出版人的这一层关系，经济上的往来

---

① 《郭沫若致文求堂书简》第47号，文物出版社，1997年12月。
② 见《郭沫若致文求堂书简》第29号，文物出版社，1997年12月。
③ 见《郭沫若致文求堂书简》第108号，文物出版社，1997年12月。

就是必不可少的。而且，郭沫若流亡日本时期是靠稿酬、版税维持家庭生计，除在国内发表文章、出版著作获得一部分收入，在文求堂出版著作则是其获取经济收入的另一个主要来源。所以，经济关系是郭沫若与田中庆太郎之间非常重要的一层关系。金祖同之所以把这层关系解读为剥削与被剥削的关系，其所依据的，即是在《郭沫若归国秘记》中记述下的那桩被无意间发现的事情。书中这样写着：

> （鼎堂的著作）普通每版五百部，抽版税一成五，（就是百分之十五）可是鼎堂的名著虽是轰动一时，却不见他们再版，难道五百部竟销不完吗？这是很使他疑心的一回事。记得前年——一九三七年的夏天，我和鼎堂去看他的时候，适巧他们家里因为儿子田中震二之丧，都不在店里，却给我们意外发现了一个秘密，使鼎堂气得饭都吃不下似的，那就是被我们检到一部没有贴上版税的《卜辞通纂》。当时鼎堂为了十年来的感情不愿意丧于一旦，所以没有发作。①

此事是否属实，尚无其他资料可为佐证。田中庆太郎是否靠有意压低（漏记）版税甚或其他手段（隐瞒印数）来出版郭沫若的书以大赚其钱，也没有可资说明的材料，难以以意度之。但金祖同书中有一个问题必须指出，即他所叙述的这件事如果确实发生过，也不可能发生在"一九三七年的夏天"，因为田中震二之丧是在 1936 年秋。郭沫若在 1936 年 9 月有一封致田中庆太郎的信，大概是与他这一天，包括金祖同的行迹不无关系。"本星期日（廿日）震二君忌辰将踵谒叶山尊府。今朝接金祖同君函，谓廿日来市川。若于贵店得见金君，乞转告上情。可改为廿一日下午。"② 也就是说，田中震二忌辰这一天，郭沫若应该是去了叶山田中家的府邸，而不是文求堂。同时，他把金祖同来访改在次日。如果把金祖同在书中所谓"田中震二之丧"理解为震二的周年忌也是不可能的，那时他与郭沫若都已经回国了。

事实上《郭沫若归国秘记》一书类似的错记还有多处，包括把郁达夫 1936 年访日记为 1937 年。所以如将书中所述作为信史，是需要以其他资料以为佐证的。

关于《卜辞通纂》的版税，倒是有一封郭沫若写给田中庆太郎的信谈及

---

① 殷尘：《郭沫若归国秘记》，言行出版社，1945 年 9 月。
② 《郭沫若致文求堂书简》第 205 号，文物出版社，1997 年 12 月。

此事，那是在商议这一选题的时候（初作《卜辞选释》）。郭沫若明确表示："至于版税请老兄酌情处理，年末支付亦可。迄今自老兄处已取用书籍多种，今后仍拟陆续取阅。书款望于年末扣还。"① 从这封信中看不出《卜辞通纂》版税的具体税率，但在《郭沫若致文求堂书简》中也还有几处说到稿酬、版税等事项，如第 132 函的内容是商谈《两周金文辞大系图录》一书的版税。信中写道："印数似以限定三百部为宜。去年《金文丛考》出版时，尊函中'手写本较之铅字印刷，著者需负担部分印刷费'云云一节，当犹记得，印税率望按 25% 计算。闻不日枉过，届时详谈可也。"《卜辞通纂》与《金文丛考》《两周金文辞大系图录》同样都是手写本影印，估计印税率当在伯仲之间，而不至是"一成五"。当然，郭沫若与田中庆太郎"详谈"的结果如何，我们不得而知；25% 的版税率是高是低，该书其后的实际印销数，以及文求堂与郭沫若之间如何计算版税（按最低起印数，或按实际销售数），结算版税等等，也属难于断定之事，不能妄加揣测。不过，从郭沫若写给田中庆太郎的这些有关商谈稿酬、版税事宜的信函来看，"文求堂"出版郭沫若书稿的印数、版税，并非田中庆太郎一手遮天或是一笔糊涂账，而是一书一议，经过商定。我们现在看不到，也不知道他们之间有无签订过出版契约，像这样的商定，至少可称为君子之约吧。

郭沫若与田中庆太郎之间经济往来的关系，是他们二人关系中颇为费解的部分。虽然如此，我们还是可以从旁解读一下这一关系。

郭沫若在文求堂所出版的著作，都是很专门的学术性、资料性书籍，文求堂也许可以赢利，大赚其钱的可能性却微乎其微。从文求堂的经营业绩看，在其存在的近百年内（至其歇业的 1954 年）共出版两百余部书，显然出书只是它一项小小的业务，而且未必都盈利。田中庆太郎应该是靠书店业务赚钱的。所以，那些经常出入文求堂的日本汉学家们说田中庆太郎做出版，只为的是做他愿意做的事，别人不愿意出的书，他也会接受下来等等，大概并非溢美之词。他出版郭沫若的书，也应该包含这样的考虑吧。即使有赢利的预期和操作，只要是君子赚钱，取之有道，那也是无可非议的商业行为。其实，理解郭沫若与田中庆太郎这一层关系的实质，是不应该把经济往来之外的因素加入其中的。

在"书简"中有关经济上、物质上往来的记述，倒是多有这样的内容：

---

① 《郭沫若致文求堂书简》第 29 号，文物出版社，1997 年 12 月。

"请惠假常用毛笔一枝"①；"小型原稿纸将用尽，请印一二百张掷下为盼"②；"子女之学费、月票等开支较多，如方便，请预假印税二百元"③ 等等。郭沫若曾同白扬社签订过一个出版合同，并预支稿酬600元。但后来书稿未成，他似也不愿意继续此事，合同延期后的时限又到了，预支的稿酬必须退还。他请田中庆太郎为其"解燃眉"之急，是田中帮他分两次还清这笔款项。④ 郭沫若那时举家生计全靠他的著述稿酬、版税，不免捉襟见肘，甚至要寅吃卯粮。他有所需，田中庆太郎还是随时给予帮助的，虽然大多只是"预支"的关系。

登堂入室

在郭沫若的信函中有一些他写给田中庆太郎的诗，更可见他们交往之深。有一封郭沫若给田中庆太郎的信中写有"御歌拜诵"之句，显系指诵读了田中写给他的和歌。所以，可以推测他们之间是有诗文往还的。1932年岁末，郭沫若写了一首七律寄田中庆太郎：

江亭寂立水天秋
万顷苍茫一望收
地似潇湘惊肃爽
人疑帝子剧风流

寻仙应仁谢公屐
载酒偏宜苏子舟
如此山川供啸傲
工尽足藐王侯第⑤

这样寄情写志的诗，自然不是为一般交际场合中的朋友唱酬而作。

---

① 见《郭沫若致文求堂书简》第4号，文物出版社，1997年12月。
② 见《郭沫若致文求堂书简》第137号，文物出版社，1997年12月。
③ 见《郭沫若致文求堂书简》第155号，文物出版社，1997年12月。
④ 参见《郭沫若致文求堂书简》第211号、第217号、第218号，文物出版社，1997年12月。
⑤ 《郭沫若致文求堂书简》第45号，文物出版社，1997年12月。

相对一尊酒
难浇万斗愁
乍惊清貌损
顿感泪痕幽

举世谁青眼
吾生撼白头
人归江上路
冰雪满汀洲

这是郭沫若1933年初写给田中庆太郎夫妇二人的两首无题诗中的一首。① 前一日，郭沫若在雪中往访田中庆太郎，相谈竟日，"因白鹰而倾心，为研辰而破笑"（白鹰乃一酒名——作者注），故归家后于清晨写下两首诗寄田中庆太郎夫妇。诗中抒写的显然是一种流亡异国他乡的漂泊感、孤寂感，如同他在另两首诗中写到的："小庭寂寂无人至，款款蜻蜓作对飞"，"柔管闲临枯树赋，牢愁如海亦连天。"② 郭沫若将他的这种感受、情绪，不止一次地写在给田中庆太郎的诗中，一定是把这作为一种情感上的慰藉、精神上的交流。

在郭沫若写给田中庆太郎的诗中，他与人交往时那种热情个性的展露是不消说的，同时也可以品出田中庆太郎绝不是一个呆板、拘谨的人，也就是说，他们之间具有一种很随意、很放松的朋友关系。"岩斋夫子剧能谈，口角流沫东西南。姻缘虽是前生定，说破全凭舌寸三。舌底无端恼御寮，红线良缘是解消。如此老人充月下，人间何处赋桃夭。"啮斋即是田中庆太郎。这首诗中谈及的应该是一个私人生活的问题，郭沫若完全用着戏谑的口吻，诗题就叫作"为舌祸问题嘲啮老"③。在另外一封信中，郭沫若告诉田中庆太郎，"小生消夏之法：晨四时起床，扫除，自炊，日译《战争与和平》二十页，大小便随意。倦时读读自己做的文章，想一想理想上的人（两性不论）。夜十时就寝，就寝前洗一次凉水澡。如此如此。"④ 看来，他们相互能够以文字进入到对方的私生活中去。还有一封信，郭沫若给田中庆太郎写了这样一段话："余亦欲每日踵府拜访，如田所君那样，然问题不能唯心地解决，此固马克思

---

① 《郭沫若致文求堂书简》第76号，文物出版社，1997年12月。
② 《郭沫若致文求堂书简》第91号，文物出版社，1997年12月。
③ 《郭沫若致文求堂书简》第80号，文物出版社，1997年12月。
④ 《郭沫若致文求堂书简》第28号，文物出版社，1997年12月。

主义之精髓也。"① 与田中庆太郎谈论到马克思主义，这与那"经过一种日本式的封建趣味所洗练过的"文求堂主人形象的描写，几乎是风马牛不相及了。像这些文字的往还，若非深交，恐不能也。

在郭沫若致田中庆太郎的信中"昨谈甚快"这样的字句，多有出现。他写在1932年2月21日的一封信中有这样一段话："日前厚扰，得以畅吐胸膈，为四五年来未曾有之快事。"这应该是一次面对面的倾心交谈。郭沫若"得以畅吐"的也许是心结，也许是郁闷。"四五年"，也就是从他流亡日本开始到写下这封信时的全部时日。能使他倾诉四五年来的"胸膈"，且因之大快于心，那么，田中庆太郎即便只是作为一位倾听者，在倾诉者的眼里也决非等闲辈的朋友。以郭沫若流亡日本时的处境和心境，能得这样畅吐倾谈者，他应该是获得了精神上的满足的。

郭沫若与田中庆太郎之间随意、密切的关系，还延伸到两个家庭之间的走动、往来。"园中牡丹盛开，暇请偕晴霭夫人及诸女公子来游。"晴霭即是田中庆太郎夫人岭子。② 在郭沫若的"书简"中，像这样记载了两个家庭相互往访的邀约和往访之事就有多处。其中既有郭沫若和田中庆太郎夫妇之间相偕过访，也有他们女儿之间的互相往来，还有田中庆太郎的"高堂雨中奔波"，去看望郭沫若、安娜的记录。③

在"书简"中多次记下了两家之间互赠物品，提到的有酒、衣服、火腿、鲑鱼等等。虽然多是些日常生活起居所需食、用之俗物，倒也说明两家之间的这种往来不是刻意在交际，而是随心随性的生活的一面。所以，郭沫若在田中庆太郎的女儿出嫁之际赠送贺礼时，还特别说明是将他人赠送自己的礼物转赠柳子以为纪念。④

田中庆太郎夫妇都喜欢书画。晴霭夫人曾专门为郭沫若作画，画扇面，郭沫若也为她的画题诗、题字。在"书简"中除了可以看到郭沫若为晴霭夫人所画扇面而写的答谢诗《画意》之外，还有他步晴霭夫人所写的和歌《岚之歌》韵，用日文和的一首狂歌："秋空澄碧晓岚吹　果木凋零落叶飘"。⑤ 这应该是迄今所见郭沫若第一首以日本诗歌格律形式创作的诗。

---

① 《郭沫若致文求堂书简》第78号，文物出版社，1997年12月。
② 《郭沫若致文求堂书简》第16号，文物出版社，1997年12月。
③ 见《郭沫若致文求堂书简》第66号、第103号，文物出版社，1997年12月。
④ 《郭沫若致文求堂书简》第160号，文物出版社，1997年12月。
⑤ 《郭沫若致文求堂书简》第35号，文物出版社，1997年12月。

"书简"中有两首打油诗颇为有趣,是记郭沫若为田中庆太郎夫人问诊之事。其中一首写道:"月华偶被乌云著,误把乌云当成月中兔。幸只打诊未投方,不然已把夫人误。世间正苦竹薮多,从今不敢攀黄而问素。"① 这是郭沫若为"谢诬腹之罪"而作。显然,他为田中夫人打诊的是一个涉及田中夫妇隐私的事。他们之间可以这样轻松、诙谐地言及此事,恐怕至交不过如此。

田中庆太郎的二子田中震二是田中家人中与郭沫若来往最多的。他与郭沫若似是一种亦师亦友的关系,他帮助郭沫若做了不少资料方面的工作。田中震二在二十六岁时因病不幸早逝,他的墓碑是由郭沫若题写的。这也是郭沫若与田中庆太郎一家关系的一种标志吧。

与中国的人际交往习惯有所不同,在日本人之间,即使是朋友,也不意味着可以随意相互登堂入室。能交往到这样的程度,必定是很亲密的关系。郭沫若与田中庆太郎两人、两家之间,应该算是能彼此登堂入室了。

大概因为彼此很熟悉,很随意了,郭沫若受别人嘱托请田中庆太郎帮忙的事,也时有发生。20世纪30年代初在东京留学的傅抱石,于1935年5月成功地举办了第一次个人画展。郭沫若为这次画展帮了傅抱石很大的忙,其中最主要的一点就是请田中庆太郎鼎力相助。田中喜爱书画,在东京的美术界广有交往,文求堂的座上客中美术界的人士就特别多。郭沫若记得,画展揭幕那天,东京美术界的名流差不多都到场了。想必田中庆太郎是出力不小,至少从"书简"中可以看到郭沫若请他为傅抱石的篆刻托请河井荃庐写评语的记载。所以画展结束后,郭沫若特别向田中庆太郎致谢。事实上,郭沫若多次为傅抱石托请田中庆太郎帮助其办事:为书稿《摹印学》出版的事,为他欲结识河井荃庐的事,向文部省询问助学金的事等。② 这一方面说明郭沫若器重傅抱石,另一方面也表明郭沫若与田中庆太郎之间有一种不见外的朋友关系,否则,他断不会次次向田中庆太郎开口。

"妻弟佐藤俊男顷日来京求职,兹特专诚绍介,如有方便尚乞加以提挈是幸。"③ 这应该算是郭沫若为安娜之弟佐藤俊男写给田中庆太郎的一封介绍信。1934年,来日本访问的周作人、徐祖正想要拜访中村不折,找到郭沫若。郭

---

① 《郭沫若致文求堂书简》第22号,文物出版社,1997年12月。
② 分别参见《郭沫若致文求堂书简》第184号、第166号、第92号、第198号,文物出版社,1997年12月。
③ 《郭沫若致文求堂书简》第6号,文物出版社,1997年12月。

沫若虽与中村不折相识，但还是转请田中庆太郎为他们介绍，去拜访了中村不折。① 留日学生杨凡想办一个日语补习学校，郭沫若也赞成他的想法，并且拟出一个初步计划，两次（仅就所见）致信田中庆太郎商及此事。② 诸如此类的事情，在"书简"中还记录有一些。这也从侧面说明，在旁人眼中，郭沫若与田中庆太郎有着很好的关系。

从总体上说，郭沫若流亡日本期间的人际交往并不广泛，而且他也不能不取着低调，或者说他宁愿与这个社会保持着一定程度的疏离。所以同田中庆太郎之间的关系就格外显得重要。从以上的方方面面看，郭沫若与田中庆太郎保持着很密切的交往，但我们在解读他们这种个人交往关系的时候，其背后的一些因素是不能忽略的。田中庆太郎的女婿增井经夫在谈及郭沫若流亡日本时期的心境时，曾用了"苦涩"一词，应该是比较贴切的。郭沫若与田中庆太郎的关系中大概也包含有这样的成分。这"苦涩"并非来自田中庆太郎，或是这一关系本身，是隐蔽在其背后的种种历史因素使然。

近代以来，中日两国一个崛起、一个衰落的历史所形成的倚强凌弱的政治关系，日本社会普遍的对于中国人的歧视（最典型的就是所谓"支那人"的称谓），郭沫若作为政治流亡者而又携有一个中日混合家庭的居留身份，文求堂作为推出他著述的主要出版者（当然也就是其经济上的主要来源）等，这些因素交错起来，必然会使郭沫若在与这个社会、与这个社会中的人（包括田中庆太郎）交往的时候，时时都会有一种寄人篱下的感觉。当一种感觉和感情不能不同时包含有民族的、伦理的、道义的、经济的种种成分，而又无法使其相互认同时，郭沫若的内心世界一定是很复杂的、敏感的，甚至是脆弱的。

1937年7月，郭沫若秘密归国，原本已经准备由文求堂重新出版的《甲骨文字研究》被搁置了。战争期间直到战后，郭沫若与田中庆太郎和文求堂再没有任何联系。1951年9月15日，田中庆太郎去世，两年后他的长子乾郎也去世。此时，田中家族中再没有人具备经营文求堂这样一个书店所需要的专业知识和经验，文求堂终于在1954年歇业闭店。当郭沫若于1955年底再次来到日本时，他只能到叶山（那是田中家的宅邸所在地，他在30年代曾多

---

① 见《郭沫若致文求堂书简》第152号、第154号，文物出版社，1997年12月。
② 见《郭沫若致文求堂书简》第158号、第196号，文物出版社，1997年12月。

次去过）高德寺田中庆太郎的墓地，去祭悼这位老朋友了。

在发掘、梳理过郭沫若与田中庆太郎关系的方方面面之后，我们可以看到，若从考察郭沫若生平经历的角度而言，这样一种关系已经远远超出两人之间的范畴，它包含了能让我们真切了解郭沫若十年流亡生涯中真实生存状态的诸多历史信息。

"邂逅知音"?

——与西园寺公望

  所谓郭沫若与西园寺公望的交往，是郭沫若在流亡日本期间最富有传奇意味，也最令人琢磨不定的一桩人际关系。直到今天，许多文章著作在叙述到郭沫若抗战爆发之际秘密归国一事时，仍把这一交往关系作为蒋介石的幕僚们向其进言的重要说辞，以说服蒋介石解除对郭沫若的通缉令，使其可以归国。历史的真相究竟如何呢？

  1934年，上海的一家报纸《社会新闻》在其第7卷第4期上一处并不起眼的版面上刊载了一篇豆腐块大小的报道：《郭沫若受知西园寺》，作者署名"天"，显然是个化名。文章的内容如下：

    诗人郭沫若，年来寄居扶桑千叶，久已与实际政治脱离关系，而从事著译。但国内出版市场，极端萧条，且郭之著作，大半禁止发行，故郭诗人国内之生财资源，几已完全断绝。郭家非素封，亦无储积，在此无可奈何之际，只得在日本杂志卖文，以痛骂中国当局为条件，换得若干稿费。日本当局，以其能反对中国当局也，故认为可收之顺奴，乃由外务省于庚子赔款中，月给以百五十元津贴，故郭氏近来生活，颇为安定。此外尚有一事，可告读者，即郭之《中国古代社会研究》一书，在日本早有译本，最近西园寺公将该书阅读一遍，颇为嘉许，认为天才之作，故特在其别墅，宴请郭氏，由西园公亲自招待，盛赞其天才。郭氏经此一番迷汤，尤其五体投地，愿为天皇效劳云。

  这是迄今所能见到的唯一一段当年见诸文字的，关于郭沫若与西园寺公望关系的记载。有关郭沫若与西园寺公望交往的传言是否即因此而出，不好断言，但这样一则消息报道，尽管刊登在并不醒目的报纸版面上，应该也会引起相关人士的注意。毕竟西园寺公望乃非同寻常之辈。

西园寺家族是日本最古老的公卿之一清华家族的后裔，西园寺公望三岁即继承公卿名位，幼年时代是作为明治天皇的游玩伙伴度过的。他22岁留学法国，专攻政治学，10年后回国，任文部大臣等职务。后作为政友会的总裁，在明治39年和44年两度担任总理大臣。西园寺公望是历经三朝（明治、大正、昭和）的政界元老，在昭和时代，当日本军部势力逐渐发展到左右政坛的过程中，唯一有可能与军部势力抗衡的政界人士只有他。

与西园寺公望在日本政坛这样显赫的地位相比，郭沫若当时只是一介布衣，且安居于东京之外的乡下做学问，两人之间即使有往来，也未必会有什么新闻效应。但是以郭沫若被国民政府通缉的政治流亡者这一身份，而与日本政界元老西园寺公望联系起来，则肯定是要引人注意的，虽然交往之事看起来似乎无关政治。

但是，这则消息报道的真实性怎样呢？

《社会新闻》在郭沫若流亡日本期间多次刊登过有关他的消息报道，造谣诽谤之事时有之，像"中共东京支部报请中央批准开除郭沫若党籍"这样的消息，就出自该报。不过在大多数情况下，其诽谤之言总是夹杂在内容亦真亦假的报道中。这篇《郭沫若受知西园寺》的报道应该也是如此。

把郭沫若说成是领取日本政府津贴的文化汉奸，当然是造谣，但把他与西园寺公望这样身份地位的人联系起来，却未必无中生有。而如果确有其事，则此消息的来源应是出自日本。曾经多年旅日的学者武继平先生，经多方查找，在1933年1月6日的《东京新闻》查到一篇题为《在爱妻国度里晴耕雨读　通过著述得园公知遇——支那流亡诗人　舍弃革命志士之梦》的报道。该报道是用这样的文辞开篇的：

"西园寺公与支那革命诗人——他们的关系像邂逅知音一样谐调，支那流亡诗人通过著述得园公知遇，颇为温暖的一段缘分。"然后介绍了郭沫若在北伐期间的经历，以及家人和流亡日本后的情形。在叙述到郭沫若从事中国古代社会研究、古文字研究时写道："这个流亡革命家的辛苦劳作，在日本也意外地得到了知己。""园公老当益壮，求知欲越发旺盛。当东京一家书店送来郭沫若所著的四册《金文丛考》的时候，他读了，而且竟然当晚就读完了三分之一。园公给作者寄去最高级别的感谢信。""他还曾亲去作者陋舍探望。"

在20世纪30年代初即与郭沫若相识的日本学者增田涉，在一篇文章里曾经写道："他（指郭沫若——笔注）的金文也得到西园寺公望的承认（西园寺给了赞扬）。我曾从当时作为郭氏资助者的文求堂田中庆太郎那里听说。"① 这说的显然是同一件事。田中庆太郎是出版《金文丛考》的文求堂书店老板，给西园寺公望送去《金文丛考》的那家东京的书店，应该就是文求堂了。

《东京新闻》上这篇报道的真实性如何，如以增田涉的文章互为印证，应该大致是不错的。该文报道中写到的另一件史事，似也可间接得到印证，即文中说："犬养前首相已经熟读了他的前一部作品《两周金文辞大系》，临死前还从上海发行所预订了他的下一部著作《甲骨文字研究》。"犬养，即犬养毅，1932 年时在日本首相任上。5 月 15 日，日本海军少壮派军人发动政变，袭击首相官邸、警视厅，犬养毅遇害。这被称作"五一五事件"，日本政党内阁时代因之结束。5 月 16 日，郭沫若有一封致文求堂田中庆太郎的信，信中特别写道："木堂先生遭遇不测，实堪遗憾也。"② "木堂"为犬养毅号。若无关联（当然不仅仅是《两周金文辞大系》由文求堂出版这样的关联），郭沫若肯定不会在信中与田中庆太郎说起犬养毅，且直称其号。

总之，《东京新闻》的报道虽然在关于郭沫若经历的叙述上有不确切之处，但有关其在日本情况的报道，应该是可信的。从标题上看，上海《社会新闻》报道的消息应该就是来自《东京新闻》的这篇报道（都是强调因学问而得知遇），但叙述的内容，除了西园寺公望读过郭沫若的著作这一点，其他却不相同，包括西园寺公望所读的是哪部著作都说法各异，那显然就是《社会新闻》自编的，而且其报道已经是旧闻了。

《金文丛考》出版于 1932 年 8 月，《东京新闻》的报道发表于 1933 年 1 月，所以文中所说郭沫若与西园寺公望交往的情况，是发生在 1932 年的事情，从那以后，他们之间还有过什么关系，再未见有文字记载。有一位日本学者曾给我讲到过这样一则"民间史料"：在日本的"二·二六事件"（这是在 1936 年 2 月 26 日，日本发生的又一次兵变）中，西园寺公望庇护过郭沫若。郭沫若在"二·二六事件"时，曾被当地警宪部门"审讯"③，但当天便回家了。这之中是否有西园寺公望"庇护"，无从证实。这一说法只流传于民间（千叶市川）。

---

① 增田涉：《郭沫若素描》，日本《中国》月刊1969年4月号。
② 《郭沫若致文求堂书简》第17号，文物出版社，1997年12月。
③ 郭沫若《五十年简谱》记："日本'二·二六'事件发生，受日本宪兵审讯。"

《社会新闻》关于郭沫若"受知西园寺"的报道,在当年似是流传甚广,所以后来一直有人拿它说郭沫若回国之事。当然,《社会新闻》的报道实际上又暗藏杀机。郭沫若在归国以后写的一篇文章里特别说起过这个传闻,他写道:"我可以坦白地再说几句话:西园寺公望看过我的书是事实,看后向人称赞过也是事实,但他和我并没有一丝一毫的直接关系。我不愿意借他来抬高我的身价,我也不愿意拿我去抬高他的身价。他固然是日本元老,而且是值得尊敬的一位国际政治家,然而说到古器物学的研究上,他究竟只是我的一名爱读者而已。"① 郭沫若在这里显然是隐去了一些事情,原因自是不言而喻:这已经是在抗战中了。

---

① 《在轰炸中来去》,《郭沫若全集·文学编》第 13 卷。

作《雷雨》序：与秋田雨雀

秋田雨雀是日本无产阶级戏剧运动的代表人物。郭沫若与秋田雨雀的相识和交往，正是与"戏剧"和"无产阶级文艺"两个因素相关。有关他们之间交往的原始资料并不多，但是包含了不少历史文化信息。

早在郭沫若流亡日本之初的1928年11月，秋田雨雀任所长的日本"国际文化研究所"创办了一个《国际文化》，麦克昂被列名为该刊撰稿人。麦克昂是当时郭沫若与创造社作家一起倡导无产阶级革命文学时所用的笔名。但那时他与秋田雨雀并未相识。

日本的无产阶级戏剧运动始于20世纪20年代后期。在1926年印刷公司工人大罢工时，秋田雨雀主持的先驱座为了支援罢工斗争，组成了"皮包剧场"。之后，他们与东京筑地小剧场中具有社会主义倾向的成员以及戏剧家村山知义等人，又共同组织了前卫座，在筑地小剧场上演了藤森成吉、村山知义、久保荣等一批左翼作家的剧作。1929年，日本无产阶级剧场同盟（即"普罗特"）成立，开始在全国范围内通过演剧，向广大工农阶级及都市的劳动阶层进行革命的启蒙教化。到了1934年，随着日本当局镇压无产阶级文艺运动，"普罗特"被解散。郭沫若是在这之后才与秋田雨雀相识，但之前，他显然已经关注到秋田雨雀和他的无产阶级戏剧活动了。

1935年10月，东京《剧场艺术》创刊号上发表了郭沫若写给LM的一封信，题作《雁来红——给LM君的一封信》[①]，信写于9月6日。LM，即梁梦廻，是留日中国学生。《剧场艺术》是由中华（留日学生）戏剧座谈会的一批左翼文化青年邢振铎、梁梦廻、杜宣等人在东京创办的刊物，梁梦廻系编

---

① 这是郭沫若的一篇佚文。

辑之一，为创刊号约稿，联系了郭沫若。郭沫若的信是复信，信中写道：

> 尔①们能和秋田雨雀氏时常亲近是很好的行动。秋田氏我虽然还不曾见过面，但我是敬仰着他的，他一向的行径就有尔所说的那几句话的精神。他能够苦干，而且能认清目标苦干。单是"苦干"，向反的一方面也是可以适用的，要紧的是目的意识，是为什么。秋田氏的态度是大可以做青年人的模范的。

不久之后，缘于另外一个留日学生左翼文学社团质文社的邀约，郭沫若与秋田雨雀初次见面。那是在一次座谈会上。《质文》月刊约秋田雨雀撰写了一篇文章，又请他来杂志社座谈。"座谈时，郭先生也从千叶赶来了。他们还是第一次会见，谈得很投机"。②

转过年来的1月，郭沫若与秋田雨雀分别为日译本《雷雨》撰写了"序"。曹禺的《雷雨》发表后并未得机会上演，直到1935年4月27日，由"中华同学新剧公演会"的"一群流浪在东京的爱好戏剧的青年"，在东京神田区的一桥讲堂将《雷雨》首次搬上舞台（吴天、刘汝礼、杜宣导演），并连演三天。③ 同年秋，《雷雨》在国内上演。《雷雨》在日本演出后，邢振铎与日本剧作家影山三郎将剧本译为日文，译本由东京サイレン社（汽笛社）于1936年2月初版发行。郭沫若是用中文为该译本写的"序"，由邢振铎译为日文。该序言的中文本发表于东京《东流》月刊1936年4月第2卷第4期，题作《关于〈雷雨〉》。事实上，日译本《雷雨》有三个"序"（原作者序亦在译本中），且均出自剧作名家，这让日译本《雷雨》成了《雷雨》版本中独一无二的。

郭沫若与秋田雨雀相识后，应该是不时有相互走动来往的，尽管郭沫若作为政治流亡者一直深居简出。在秋田雨雀的日记中，我们可以看到一些他们往来的文字记载。譬如，他在1936年2月21日的日记中记到：上午，郭沫若来访，藤森成吉亦在座。午餐郭沫若邀一起去吃中国料理的四川家常菜。下午，三人同往藤森成吉位于池袋的寓所。④ 在藤森成吉寓所，他们观赏渡边

---

① 郭沫若在流亡日本期间所写文字中，偶有以"尔"作"你"用的情况。
② 臧云远：《东京初访郭老》，《悼念郭老》，三联书店，1979年5月。
③ 《〈雷雨〉在东京公演》，东京《杂文》月刊1935年5月15日第1期；《中国留日左翼学生文化运动纪要》，《文史资料选辑》第109辑。
④ 《秋田雨雀日记》第3卷，日本未来社，1966年2月。

华山的绘画和题诗，评论到渡边华山的诗在平仄上有些问题。①

　　1937 年 4 月 2 日的日记中记到：晚，往银座参加为凤子演出话剧《日出》举行的聚餐会，并一起合影留念。在座的有郭沫若、新居格、近藤、平林、堀口大学、望月百合子、小林千代子等人。② 这又是一次与曹禺剧作有关的活动。凤子是在 3 月初应留日学生组织的"国际戏剧协进会"邀请，来日本参加该会准备之中的《日出》的排演。此前，凤子参演了复旦大学毕业生组织的"戏剧工作社"排演的《日出》。3 月 20 日晚，凤子在东京一桥讲堂主演了《日出》。③ 4 月 2 日的这次聚餐会是为庆贺凤子演出成功而举行的，那一张合影留念的照片也保存了下来。

---

①　藤森岳夫《たぎつ瀬》，日本中央公论事业，1968 年 8 月。
②　《秋田雨雀日记》第 3 卷，日本未来社，1966 年 2 月。
③　凤子《雨中千叶》，1981 年 8 月 16 日《光明日报》。

同《台湾文艺》的联系

郭沫若曾有一封致《台湾文艺》的信，以《鲁迅传中的误谬》为题，发表于《台湾文艺》1935年2月第2卷第2号。该信后作为佚文收录于《郭沫若佚文集》①中。郭沫若致信《台湾文艺》是为订正增田涉《鲁迅传》(《台湾文艺》译载了该文）中传言，罗曼·罗兰评价《阿Q正传》的文章落于创造社之手而被毁弃之史误所写。有关这一史事，已为文坛所知。但在此事之外，当时流亡日本的郭沫若缘何与《台湾文艺》有联系，倒是一件让人觉得很突兀且至今在其生平史迹中也未曾被述及的事情。

台湾在甲午战争之后就处于日本殖民统治之下，但在新文化运动和五四新文学影响下，台湾在同一时期也产生了新文学，20世纪20年代是它的开拓期。郭沫若作为新诗人的文名，在这一时期即已为台湾文坛所知（当时的报纸上有报道）。到了30年代，台湾新文学进入到发展期，已经有了一批活跃的作家、评论家，他们需要有各自的阵地和专门的队伍，于是文学社团、文学刊物在台湾各地应运而生。与此同时，台湾反对日本殖民统治的政治运动，因遭到严重打击，从合法活动而趋于地下活动，"这使台湾知识分子必然的要找出路，一方面，自由主义思潮的澎湃是控制不住的，由于客观情势的要求，台湾知识分子自然而然的对建立新文学这一条路认真地站起来，大家并且认为有组织文学团体的必要"。②

在这样一种政治文化情势下，1934年5月，于台中举行了一次台湾文艺大会，出席大会者有百余人。"这在小小的台湾可谓空前的盛况"。借这次大

---

① 王锦厚、伍加伦、萧斌如编，四川大学出版社，1988年11月出版。
② 赖明弘《台湾文艺联盟创立的断片回忆》，《台北文物》1954年12月第3卷。

会之机，赖明弘等组织了一个文艺团体"台湾文艺联盟"。这是台湾全岛文学界第一次联合成立的一个社团组织，它打破了地域、派别的界限，在当时引起很大反响。赖和、赖明弘、赖庆、张深切等人被推选为常务委员。联盟成立的同时，即拟定创办一个刊物。11月5日，作为"台湾文艺联盟"机关刊物的《台湾文艺》创刊。刊物创办之初，负责编辑的赖明弘即想到要向郭沫若约稿，只是苦于无缘相识。

这一年9月，赖明弘前往日本东京，期间结识了从台湾赴日本留学的蔡嵩林①，知其与郭沫若相识，遂请蔡嵩林做介绍，给郭沫若写了一封信。信写于11月19日，信中写道："要首先向先生恳请佳稿，以增全台湾同胞之杂志台湾文艺之光辉。窃思我们素来最为敬仰之先生，尤其是能够理解殖民地将要建设大众的新文学之精神的先生，也许所乐应鄙人等之恳求吧。"关于台湾的新文学，信中介绍说："台湾之新文学运动，是跟随着中国之新文学革命而抬头起来。虽然已多年，但为诸种种困难之客观情势，至今还是在微微不振之状态。这是我们最为痛感者。但台湾新文学虽然尚未见良好的收获，也已有新文学的形影可观了。至少，对于旧文学之宣战可谓得着胜利，对民众培养了理解新文学之精神了。我们坚决地相信我们台湾的新文学，一定能够如同历史的演进不断地发展，将有未可限量的前途可以期待。"赖明弘在信中还发表了对于文坛正在进行的"大众语文"讨论的见解。

郭沫若收到赖明弘的信后，立即以明信片回复一信，显然对台湾新文学很感兴趣。信写道：

> 你们的信接到，尤其是赖君的长信，我是很愉快的阅读了的。台湾有台湾文艺诞生是极可庆贺的消息，我是渴望着拜读。台湾的自然、风俗、社会、生活……须得有新鲜的观察来表现出来。
>
> 赖君关于所谓"大众语文"的批评是极正确的，目前的中国正是"黄钟毁弃，瓦釜雷鸣"的时代，让他们去无事忙好了，纵横中国的大众和他们没有关系的。我大抵每天都是在家的，你们得空的时候可以来谈。
>
> 沫若　十一月二十一日②

---

① 蔡嵩林曾拜访过郭沫若，并写有《郭沫若先生的访问记》，刊载于《先发部队》1934年7月15日第1号。
② 见《郭沫若先生的信》，《台湾文艺》1935年2月第2卷第2号。

郭沫若在信中明确表达了邀约之意，于是，赖明弘、蔡嵩林便与郭沫若联系约定去拜访他。在这期间，恰好《台湾文艺》（创刊号）从台中邮寄到东京，赖明弘立即奉寄一本给郭沫若。不久后的一个周日——12月2日，赖明弘、蔡嵩林二人专程前往市川，拜访寓中的郭沫若。在交谈中，他们的话题既有台湾文学，也有大陆文坛。交谈的时间不是很长，因为先后还有两拨客人到访郭沫若。这次拜访和那本寄赠的刊物，引出了《鲁迅传中的误谬》一文的撰写和在《台湾文艺》的发表。

赖明弘在拜访郭沫若之后写有《访问郭沫若先生》一文，详细记述了访问的经过，文中还以对话形式记录了他们交谈的话题：

"近年来为什么很罕有先生创作？"
"没有发表的地方。"
"上海岂不是有文学、现代等的文艺杂志？"
"是，可是文学有党派性，即××一派为中心的。现代很胆小，他们出版业者极力逃避政府的干涉，所以没有舞台可以发表。"
"中国现在的左派作家有在活动吗？中国左翼作家联盟现在怎样？"
"大都受政府的压迫，陷于无可如何的状态了吧。"
……
"创造社一派的作家，岂不是还在活动吗？"
"是，虽然还在活动，可是离散了。"
"先生怎么不再写些小说？"
"我亦想要写，不过我想写的是中国民众现在的写实底生活，可是我远离了故乡多年。现在的中国民众底具体的生活，不能够在目前看见，所以现在搁起笔来。虽然幼时在中国，可是现在的中国之情势不比当时了。"
"先生不想回国吗？"
"那是未定的，我的生命不会现在就死去，大约还能再回国一趟吧。哈哈哈。"
"听说丁玲被政府暗杀了。是真的吗？"
"我却没有确实知道。议论纷纷，也有人说她现在转向了。听说什么在拥护政府的杂志国民文学，最近丁玲女士在执笔云云。但是，实在转向与否，丁玲女士早前的功绩仍然是存在着。"

"先生,台湾的文学从哪一条路走去好呢?"

"我想还是以写实主义,把台湾特有的自然、风俗,以及社会一般民众的生活,积极的而大胆地描写表现出来。台湾的特殊环境,我们是不能够知道的,只好广泛而率直地表现出来。别抱什么难解的观念,尽量去努力。"

"对于旧诗应取排斥的态度吗?"

"对于旧诗,不取排斥的态度,以诱导的方法,使其感化合流我们如何?不消说,我是局外者,不知道你们的内容。若从合法底纯艺术的立场说,即不在话内。可是若从非合法的政治底立场说,必须以诱导他们旧诗人来合流为上策。"

"我们的团体是合法的纯文学团体,并没有政治底色彩。可是对于旧诗,岂不是采取排斥的态度,才是建设新文学的精神吗?"

"那是不必说的,对于旧诗我也是反对的,但是不单旧诗,凡一切旧的形式,不合现代的内容,都要改革,我们都有再新创造的必要。……我们对于一切的语言,必须以新的感情来创造活泼泼而具有新的生命才好。"

"中国的新文学杂志如现代、文学,对于旧诗似乎完全排斥它。"

"是,文学或现代对于旧诗是绝对排斥的。"①

因为还有别的客人,赖明弘与蔡嵩林对郭沫若的拜访,谈到这里就结束了。二人觉得这次访问"很有收获","沫若先生的话,很有益于台湾的文坛"。

事实上,从这些谈话中我们也可以了解到郭沫若当时对文坛和文学创作的一些看法。而与《台湾文艺》和赖明弘有关的这几篇书信、文章,则是郭沫若流亡日本期间很有价值的史料。

---

① 原文发表于《台湾文艺》1935年2月第2卷第2号。赖明弘这篇访问记以对话方式记述的这一部分的文字表达,显得不够顺畅,个别"的""底"使用不当径予删削。

于细微处看历史

——从鲁迅的书账说起

鲁迅与郭沫若是中国现代文学史、文化史上两个非常重要的人物，但他们二人在鲁迅生前却"未尝一面"。尽管如此，对郭沫若而言，与鲁迅的关系仍然是他人生行旅中非常重要的人际关系，因为他们之间的关系，实际上包含、记录了许多历史文化信息。

在正史上，他们先后是被视为新文化运动的两面旗帜的。但是讲到二人的关系，文学史却在有意无意之间，总是把他们有交集的时候，就置放于相互争斗的情势之中去叙述，所以，这就给后人留下了很大的学术想象的空间。于是，将二人做笔墨官司的那些文字，或微言大义，或咬文嚼字地解读一番，就可以推论出一个鲁、郭关系如何如何的说法，而且在大多数情况下，还内含着一个评说是非的标准，即对待鲁迅的态度如何。

一直以来，文学史是把大大小小的论争作为一个贯穿始终的线索去记述历史的，一些人也总是把关于鲁迅与许多同时代人的关系的考察放在"骂与被骂"的语境中，述及鲁迅与郭沫若关系的典型场景就是相互"笔墨相讥"。这样的叙述方式是不是该颠覆一下姑且不论，至少我们可以把已成习惯的那种选择目光移动一下，去看一看一些历史细节处有些什么内容，是个什么样子。

鲁迅是个做事非常仔细，不耽琐细的人，他的日记中，每年都会有一纸书账，记载一年中他人所赠书籍，但主要是他自己所购书籍的明细，包括书名、数量、价格、购买日期，最后会有一个全年购书款的总汇，以及月平均购书用款的记录。其中记载有鲁迅所购郭沫若（书账上并未写明作者）流亡

日本期间出版的著作的情况。我将其梳理一过，罗列如下：①

1931 年：
甲骨文字研究二本　李一氓赠　5 月 14 日（5 月上海大东书局出版）
1932 年：
两周金文辞大系一本　8.00　1 月 22 日（1 月 10 日文求堂书店出版）
金文丛考一函四本　12.00　8 月 8 日（8 月 1 日文求堂书店出版）
殷周（青）铜器铭文研究二本　5.00　10 月 27 日（1931 年 6 月上海大东书局出版）
金文馀释之馀一本　3.00　12 月 3 日（11 月 6 日文求堂书店出版）
1933 年：
卜辞通纂四本　13.20　5 月 12 日（5 月 10 日文求堂书店出版）
古代铭刻汇考三本　6.00　12 月 20 日（12 月 10 日文求堂书店出版）
1934 年：
古代铭刻汇考续编一本　3.50　5 月 28 日（5 月 20 日文求堂书店出版）
1935 年：
两周金文辞大系图录五本　20.00　3 月 23 日（3 月 5 日文求堂书店出版）
两周金文辞大系考释一函三本　8.00　8 月 28 日（8 月 20 日文求堂书店出版）

其中"本"的数量实际是该书卷数，括号内出版时间是我所标出的。粗看之下，这不过是一些乏味的文字和数字，像任何一本账簿一样。但仔细琢磨，发现其中包含了一些颇有意思的信息。

鲁迅知道郭沫若在从事古文字研究，大概是从得到《甲骨文字研究》的赠书②开始的。《甲骨文字研究》恰好也是郭沫若流亡日本期间古文字研究的第一部著作。从该部著作开始，直至 1937 年 7 月归国时止，郭沫若所编撰完成的古文字研究著作共有 12 种。其中 10 种入于鲁迅书账中，且 9 种为鲁迅自己购得。另外两种：《殷契粹编》编纂于 1936 年，出版于

---

① 见《鲁迅全集》第 14 卷、第 15 卷，人民文学出版社，1981 年版。
② 鲁迅 1931 年 5 月 14 日日记记载："晚雨。李一氓赠《甲骨文字研究》一部。"李一氓是秉郭沫若意，为鲁迅送去赠书的，因为《甲骨文字研究》在上海大东书局印行一事是由他联系进行的。

1937年,《石鼓文研究》成书于1935年,出版于1939年,那时鲁迅已经辞世。也即是说,鲁迅生前购买了郭沫若所有已经出版的古文字研究著作。从上列括号内标明的出版时间(笔者标注)可以看到,鲁迅都是在书出版后即购入,且都是自己去买的,这在其当天日记中均有记载。只有《殷周(青)铜器铭文研究》一种例外,是于该书出版一年多后方购得。该书由大东书局出版而非日本文求堂,大概鲁迅没有注意到该书的出版信息,后来才知道了,于是托周建人将该书买来,这在他1932年10月27日的日记中有记载。①

鲁迅如何评价郭沫若的这些学术著作,没有看到相关的文字记载,但这纸书账至少表明他看重郭沫若在古文字领域的研究,而不会是为了与郭沫若打笔墨官司买下这些书。② 顺便说一下,在鲁迅的书账中似乎没有他购买过当时文坛上大大小小哪一位作家著作的记录(赠书者例外)。

与此或可说相关的有一个历史细节,发生在日本。1936年11月,郭沫若与到访日本的郁达夫一同参加了日本改造社为编译出版日文本《鲁迅全集》举行的一次编辑会议。改造社社长山本实彦就一份已拟定的鲁迅作品目录,请郭沫若发表意见。郭沫若仔细看过该目录后提出几条建议,其中之一,是希望借出版全集的机会,把鲁迅搜集的墓志铭整理出版,"这一定是很好的历史研究的资料"③。这个提议未被采纳。这并不奇怪,不要说当时在日本,就是在国内,之后的几十年间,又有几人意识到鲁迅一生所搜集的这些碑拓的学术价值呢?郭沫若应该是凭着他作为学者的学识与对鲁迅作为一个学者的认知,而看重这些"朴学式的"东西的。也所以,他尽管并不很喜欢鲁迅小说的创作手法和风格,但是非常推崇鲁迅的学术著作《中国小说史略》,称:"王国维的《宋元戏曲史》和鲁迅的《中国小说史略》,毫无疑问,是中国文艺史研究上的双璧。不仅是拓荒的工作,前无古人,而且是权威的成就,一直领导着百万的后学。"④ 郭沫若自己的学术计划中也有过一个撰写一部多卷本中国文学史的考虑,

---

① 该日日记记载:"夜三弟来并为代买《殷周青铜器铭文研究》一部二本,价五元,赠以酒一瓶。"书账中作"殷周铜器铭文研究",与郭沫若《殷周青铜器铭文研究》书题相差一字,从此段日记可知,系笔误,掉一"青"字。
② 余曾对一年轻的博士(研究鲁迅)示以这纸书账,问其有何感触,彼答曰:"鲁迅先生为了了解论敌,……"余瞠目,继而摇首叹息。
③ 郭沫若:《达夫的来访》,上海《宇宙风》半月刊1937年2月第35期。
④ 郭沫若:《鲁迅与王国维》,上海《文艺复兴》1946年10月第2卷第3期。

从商周秦汉而至宋元明清。① 只是当时他的金文甲骨研究著述所费精力和时间甚多，无暇他顾，终未能着手进行。

治学于中国古代史与金文甲骨研究，使得郭沫若在诗人的激情、浪漫之外兼有学者的思想与睿智。比之于文坛上的文友，他对鲁迅有独到的文化认知（当然是在人们把评说鲁迅纳入一种政治文化的话语模式之外），尽管他们对待传统思想文化的态度有很大的不同。譬如，他对于鲁迅与庄子关系的认识。

郭沫若认为，鲁迅早年"颇受庄子的影响"。他从鲁迅著作在词汇（常用庄子独有或创用的语汇）、语法方面与《庄子》的联系，从《庄子》的故事、寓言中攫取创作题材，以及鲁迅从文学史的角度对于《庄子》"文辞之美富"的赞颂等方面，论述了这种影响。同时，他又从鲁迅对于庄子思想的认知和阐释，论到其一方面受庄子思想影响，一方面又"想尽力摆脱"这种影响。②

郭沫若当年对鲁迅的这一认知，可说是见他人所未见。这应该与他偏爱《庄子》和自己的创作经历有关。郭沫若少年时代即熟读并喜爱《庄子》，到日本留学接触了西方的泛神论思想之后，对于庄子思想又有了现代意义上的"再发现"，所以他读鲁迅早期的文章著述，会敏感到其中庄子的影响。在他从鲁迅著作中所梳理的十余种"庄子所独有或创用的语汇"中，许多也是他自己所常用或化用的，譬如，那列为第一种的"曼衍"一词，鲁迅在《人之历史》《科学史教篇》《文化偏至论》《摩罗诗力说》中多有使用，郭沫若在编《创造》季刊时则写过许多"曼衍言"——一些关于艺术与人生的警言、诗句或寓言。鲁迅《故事新编》中的《出关》取用了《庄子·天运篇》的故事，《起死》的开篇出自《庄子·至乐篇》一段寓言；郭沫若在同时期创作的历史小说《鵷鶵》取材自《庄子·秋水篇》。

诸如此类，能够把鲁迅与郭沫若联系在一起的历史细节，其实还有许多。只是与"笔墨相讥"的喧闹场景相比，它们被忽略不计了。但是把若干这样的历史细节纠集在一起考察，它们显然昭示着在鲁迅与郭沫若的"笔墨相讥"之外，他们又有着相通的一面。

鲁迅有一首诗《无题》是人们熟悉的："万家墨面没蒿莱，敢有歌吟动地哀。心事浩茫连广宇，于无声处听惊雷。"诗作于1934年5月，是书赠到访

---

① 郭沫若与文求堂老板田中庆太郎讨论了这个计划。参见《郭沫若致文求堂书简》第3号，文物出版社，1997年12月。
② 郭沫若：《庄子与鲁迅》，重庆《中苏文化》半月刊1941年4月第8卷第3、4期合刊。

的日本作家、文艺批评家新居格的一纸条幅，当时并未发表①，收入《集外集》后才为人知。

一年后的 5 月，流亡日本的郭沫若，为正在日本留学的青年画家傅抱石的一幅画作写了一首题画诗，也无诗题。诗写的是画意："银河倒泻自天来，入木秋声气未摧。独对苍山看不厌，渊深默默走惊雷。"② 诗成后，至今也未发表过，只在 1936 年郁达夫到访日本时的一次筵席上曾书一斗方赠增田涉。文字略有改动：将"入木秋声气未摧"改作"入木秋声叶半摧"，"独对苍山看不厌"改作"独对寒山转苍翠"。③

比较这两首诗，不能不令人惊讶。诗中所抒写的诗人的心境是那么相似，对现实境遇的描述和感觉，对未来的期待和坚信，可说是异曲同工。两诗结尾一句，亦均典出《庄子·在宥》篇中的"渊默而雷声"。更值得玩味的是，1961 年 10 月，由黑田寿男率领的日中友好代表团访华期间，毛泽东亲笔题写了鲁迅的《无题》一诗赠给代表团，他认为诗义比较难懂，特意嘱郭沫若将诗译成日文。郭沫若不但将诗译为日文，同时还翻译成白话文，并步鲁迅韵做了一首和诗。④ 若以这两首诗而言，鲁迅与郭沫若之间的相通，可称得上是"同声相应，同气相求"。

郭沫若曾经说道，"中国文坛大半是日本留学生建筑成的"，"中国的新文艺是深受了日本的洗礼的"。⑤ 这里所谓的"日本留学生"，是指曾留学日本的创造社作家、周氏兄弟和语丝社作家，这一支撑起新文学大半壁江山的作家群体。郭沫若的这一说法很有见地，因为他从这一作家群"日本留学生"的身份特征切入，思考了他们的留学经历带给新文学一些什么的问题。这实际上也就是关于五四新文学与日本近代文学关系的问题——一个在很大程度上被新文学史忽略了的内容。当然，这一留学经历的文化背景，也就必然会对鲁郭关系的形成发生影响。

有两个似乎并不相关的历史细节：鲁迅在日本弘文学院留学时曾写过一首打油诗，诗形状似侧置的金字塔（以竖版排字看），即第一句一个字，从第

---

① 见鲁迅 1934 年 5 月 30 日日记（《鲁迅全集》第 15 卷），该诗后收入《集外集》（1935 年 5 月上海群众图书公司）。
② 傅抱石这幅画作现由台湾收藏家蔡辰男收藏。该画作已编入《郭沫若题画诗存》（山西教育出版社 1997 年 11 月出版）。
③ 见增田涉《郭沫若——亡命前后》，日本《中国》月刊 1969 年 4 月第 65 号。
④ 译鲁迅诗一事，见于郭沫若《翻译鲁迅诗》一文，载 1961 年 11 月 10 日《人民日报》。
⑤ 郭沫若：《桌子的跳舞》，《创造月刊》1928 年第 1 卷第 11 期。

二句起每句递增一字。① 郭沫若在九州帝国大学留学时创作的自由体新诗中有一首《雷雨》，诗形状似倒置的金字塔（也以竖版排字看），即诗的前半部分每句递增一字，后半部分每句递减一字，首尾句均是一字。② 在其他现代作家或诗人的笔下还从未见有这样的诗作，鲁迅、郭沫若怎么会不约而同地写出这种形式的诗呢？也许只是巧合，但他们应该是见过这样形式的诗。我疑其与日本明治时代出现的口语体诗歌创作有关联（这种表现为一种建筑美的形式，只能出自使用方块汉字的文字）。当然，这需要考察，但是无疑，日本社会、日本文化的背景，应该是了解，特别是解读他们之间关系的非常重要的因素。

1906 年 3 月，鲁迅申请从仙台医学专门学校退学，他"决计要学文艺了"，因为"中国的呆子、坏呆子"，不是医学所能医治的。1921 年 1 月，郭沫若向九州帝国大学医学部递交了一份休学三个月的申请，以生病为由，实际上是决定弃医从文。他先是准备到京都大学转学文科，未果，便返回上海投身文学活动。年内，《女神》出版，创造社成立。相隔十几年的这两个历史场景本不相干，但实际上都与他们人生旅程中的日本体验密切相关。所以，他们最终会纠集在一起。

郭沫若与鲁迅之间发生笔墨官司，都是因为当时文坛上的事情，鲁迅去世，鲁、郭之间当然也就不会再有这样的"笔墨相讥"。此后，每年在鲁迅祭日到来之际，郭沫若都会撰写纪念鲁迅的文章（新中国成立后就更不必说了）。但有人偏偏以为这是郭沫若在鲁迅生前身后对于他的态度发生了剧变，言外之意或许是谓之虚伪、作秀吧。这是很奇怪的逻辑。事实上，当年在鲁迅逝世后，就有人借郭沫若撰写纪念鲁迅的文章说过更难听的话，譬如，田军的《致郭沫若君》，大意是说："鲁迅是被他的敌人逼死了的"……"郭沫若就是鲁迅的敌人"云云。又有好事者告郭沫若道：鲁迅的《女吊》，"落尾几句分明是在骂人"。几十年过去了，还屡有人在文章中引《女吊》"……这些人面东西"，说是指郭沫若。把《女吊》作如是解的人莫不是以为，鲁迅刚说过："我和茅盾，郭沫若两位，或相识，或未尝一面，或未冲突，或曾用笔墨相讥，但大战斗却都为着同一的目标，决不日夜记着个人的恩怨。"③ 月余后即可拐着弯骂郭沫若为"人面东西"。这岂不是把鲁迅拖入虚伪中去了？

---

① 见沈飚民《回忆鲁迅早年在弘文学院的片段》，1961 年 9 月 23 日《文汇报》。
② 《雷雨》，1920 年 9 月 7 日上海《时事新报·学灯》。
③ 《答徐懋庸并关于抗日统一战线问题》，《鲁迅全集》第 6 卷。

郭沫若当年就写了辩驳的文章①，他当然不能任人在自己身上泼污水。有一个历史细节亦可让我们去了解当年郭沫若的心境。

鲁迅逝世时，尚流亡在日本的郭沫若是在当天傍晚从日本报纸的报道中得知噩耗的。他连夜撰写了一篇祭文，就是后来以《民族的杰作》为题发表的那篇文章。这篇文章的手稿保存下来了，是所有可见的郭沫若（文章）手稿中绝无仅有的一件。非用稿纸起草写就，而以毛笔书写在一帧约三尺阔的日本纸（专作书画用，类似中国的宣纸）上。文章亦无标题。显然，这并不是为发表，或哪家报刊约了稿而写的。这是郭沫若骤闻噩耗，出于对一个非常尊敬的人真挚的感情所用的一种表达感情的方式，祭奠的方式，是很古典的方式。所以，在几十年后得见这一件手稿时，我的第一感想就是：郭沫若那时如果能够回国，他一定是要携这一纸祭文，亲至鲁迅葬礼或墓前诵读拜祭。不经意之间流露出来的感情和呈现出来的状态，应该是最真实的。

鲁迅去世后，有些人（也是出于崇敬之心吧）把他捧得很高，郭沫若也用过"民族的杰作""大哉鲁迅"这样的颂扬之辞，但在具体评价鲁迅的时候，他是用平实的、言之有据的文辞。于是有人骂他是"猫式恭维"者。郭沫若谓，"并不以此介意也。鹪鹩巢林不过一枝，鼹鼠饮河不过满腹，余对鲁迅之认识并不深广，特一枝之巢，满腹之饮，想鲁迅如在，亦当不至以此为侮耳。在余之意，似宜视鲁迅为让大众共巢共饮之深林与大河，不必圣之神之，令其不可侵犯也。"② 这倒称得上是知人之识。

一纸鲁迅的书账，自然不是能够拿来大做什么文章的，上述的那些资料，也多是历史进程中的细节，但我们若把许多这样的细节纠集在一起的时候，我们应该会在习见的场景、习惯的思考之外发现历史。历史的真实，未必不存在于细枝末节处。

---

① 见《答田军先生》，载 1937 年 1 月 25 日上海《大晚报》。
② 郭沫若 1941 年 11 月 23 日致林辰信，《鲁迅研究月刊》2003 年第 10 期。

"十年神交,握手言欢"

——彦堂与鼎堂

1928年的仲夏,携一家人流亡日本,避居在千叶县市川市乡下的郭沫若又被一种写作的欲望扰动了。他已经沉寂了近半年的时间,其间主要精力都用来读书,不仅读文学的书、文艺理论的书,而且广泛地涉猎了哲学、经济、历史等社会科学方面的书籍。这一方面是因为远离了国内的生活现实,他很难再有文学创作的冲动,另一方面则是与创造社同人们开展的文化批判运动,迫使他要大量阅读社会科学方面的理论书籍。

从这样的阅读中,郭沫若接受了辩证唯物主义的方法论,他生出一个雄心勃勃的念头:"运用辩证唯物论来研究中国思想的发展,中国社会的发展,自然也就是中国历史的发展"。也"想就中国的思想,中国的社会,中国的历史,来考验辩证唯物论的适应度"。于是,他首先想到要把小时候背得烂熟的《易经》做一番研究。

在东京神田街的旧书店,郭沫若花六个铜版买到一本日本版的《易经》,还是明治时代水户藩的藩学读本,开始了对于中国古代社会的学术研究。他很快便写出了《周易的时代背境与精神生产》一文,在上海《东方杂志》上连载,初秋之际又完成了《诗书时代的社会变革与其思想上的反映》的初稿。

但这时,郭沫若却犹豫起来,因为他内心产生了怀疑:《易经》《书经》《诗经》这些先秦典籍,在它们流传的过程中当然是已经失真了的,那么,仅仅依据这些文献资料去研究古代的中国社会,怎么能够得到令人信服的结论呢?

"我要寻找第一手的资料,寻找考古发掘所得的,没有经过后世的影响,而确确实实足以代表古代的那种东西。"郭沫若这样想着。他开始往上野图书馆寻找考古发掘资料，查阅到罗振玉编著的《殷虚书契前编》，初次接触了甲骨文。不过，郭沫若并不知道，就在此时，远在千里之外的河南安阳小屯殷虚，正在进行着一次重要的考古发掘，主持这一发掘的是一位叫董作宾的学者。

董作宾在小屯殷虚主持的这次发掘，是中央研究院历史语言研究所在这一年成立后进行的首次重要的考古发掘，专门发掘调查殷虚的甲骨。

事实上，甲骨文的发现才仅仅三十年时间。那是在 1899 年，人们偶然从被卖到中药铺做药材的龟甲上发现有未曾见过的文字刻辞，于是开始对那些散落各处的甲骨进行收集整理，开始有了甲骨之学的研究。但三十年间从未为此做过考古发掘，所以 1928 年春，历史语言研究所成立后立即着手要在小屯殷虚对甲骨进行有计划的科学发掘，董作宾被先期派去安阳调查甲骨文出土情况。

经过实地考察，董作宾了解到二三十年间盗挖殷虚的情况日益严重，而出土的甲骨被古董商大肆收购用来发财，大量流散到海外。但是"甲骨挖掘之确犹未尽"，组织对殷虚进行发掘，已经到了刻不容缓的时候了，"迟之一日，即有一日之损失"。于是，他向研究院提交了《殷虚甲骨调查报告发掘计划书》并获得通过。到了秋天，由其主持在小屯殷虚进行了第一次试发掘，收获颇丰，共得甲骨 854 片。董作宾从中遴选了 381 片，摹录发表《新获卜辞写本》，为甲骨文研究提供了最新的重要资料。

一年后，史语所又在小屯陆续进行了第二次、第三次发掘，直至 1937 年抗战爆发，一共进行了 15 次考古发掘，董作宾 8 次参加了发掘工作。这些事情，避居在日本乡下的郭沫若当时是不知道的，他在差不多已经写成《中国古代社会研究》之时，才从主编燕京大学学报的容庚那里知道了小屯殷虚的发掘，知道了董作宾的《新获卜辞写本》，并从容庚处借到该书。得阅这些新的卜辞写本资料后，郭沫若又为《中国古代社会研究》撰写了《殷虚之发掘》等三篇"追论及补遗"文章，时在 1930 年 2 月。

这可以说是郭沫若与董作宾间接发生了关系，他对董作宾主持的殷虚发掘及《新获卜辞写本》的发表，大为称颂，赞其："足为中国考古学上之一新纪元，亦足以杜塞怀疑卜辞者之口"。①

郭沫若与董作宾直接有交集，已经到了 1932 年夏秋之际，那时他开始着

---

① 《殷虚之发掘》，《中国古代社会研究》上海联合书店，1930 年 3 月。

手编撰《卜辞选释》（成书后作《卜辞通纂》）。他与董作宾第一次联系是请董为他找寻一殷虚陶器上的刻文，董作宾很快亲自用素缣摹录了该陶文并寄到日本。素昧平生，初次联系就得到这样实实在在的帮助，郭沫若很感动，于是，特意写了一首七绝并且手书一条幅，赠送给董作宾。诗是这样写的：

> 清江使者出安阳，
> 七十二钻礼成章。
> 赖君新有余且网，
> 令人长忆静观堂。①

郭沫若用《庄子》中写宋元君事的典故，极力赞誉董作宾在1928年秋所主持的安阳小屯殷虚发掘甲骨文之事，称其发掘出土了大量甲骨，好比余且网捕到大白龟一样。郭沫若一开始进入甲骨文研究领域，就非常推崇王国维的研究，而他又以董作宾为王静安之后最有影响的甲骨文研究者，所以，他在诗的结句会写到"令人长忆静观堂"。

这首七绝的创作和题写的条幅，记录了郭沫若与董作宾最初交往的事情，是弥足珍贵的史料。事实上，在这首诗发现之前，人们并不知道郭沫若与董作宾最初是怎样开始交往的。更有意思的是，短短四句诗，关联到后来被学界称作"甲骨四堂"中的三人，即王观堂（国维）、董彦堂（作宾）、郭鼎堂（沫若）。

就是从这时起，郭沫若与董作宾隔着浩瀚的东海开始了密切的文字往来。这是一种推心置腹的学术交流的往来。在得知小屯殷虚第二次发掘出大龟四版的消息后，郭沫若急切地想看到大龟四版上的刻辞，经过董作宾和主持第二次发掘工作的李济的帮助，他很快就得到了大龟四版的拓片。在接到邮寄来的拓片的那天，郭沫若兴奋不已，当即给好友田中庆太郎写了一封快信，告之："三千年前大龟四片已从北平寄到。请来一游，将奉以龟之佳肴也。"②后来他又将李济、董作宾"以新拓之大龟四版及《新获卜辞》之拓墨惠假，并蒙特别允许其选录"之事专门记入《卜辞通纂·述例》中。

与董作宾相识时，郭沫若刚刚开始编撰《卜辞通纂》，于是，他与董作宾的文字往来，差不多全是关于《卜辞通纂》的。是年冬，郭沫若从董作宾来

---

① 有关此诗的发现、考订，见《流亡期间若干旧体佚诗考》一节。
② 《郭沫若致文求堂书简》第57号，文物出版社，1997年12月。

信中得知其有甲骨文断代研究之作，分世系、称谓、贞人、坑位、方国、人物、事类、文法、字形、书体十项，很感兴趣。这也是他准备撰述的问题，他本计划在《卜辞通纂》书成后，附以一卜辞断代表。郭沫若遂复信董作宾讨论甲骨文断代问题，很快，转过年（1933 年）来的 1 月末，他就得到董作宾寄示其《甲骨文断代研究例》的三校稿本。读后，郭沫若"以其体例綦密"，决定自己原拟作的卜辞断代表，"不复论列"。① 他称赞《甲骨文断代研究例》："如是有系统之综合研究，实自甲骨文出土以来所未有。"同时，又与董作宾讨论彼此意见相左的"阳甲与沃甲之互易""帝乙迁沫事之有无"二事。

其实，《卜辞通纂》此时已经付印了。郭沫若在读过董作宾《甲骨文断代研究例》稿本后，发现自己在编纂甲骨刻辞时因王襄《簠室殷契征文》一书拓片不精，疑为伪品而摒弃未用之误，特选取董作"足以证佐余说"的"仅见之例"，译录数片以作补充。他将这些事情都记入 2 月 8 日夜所作的《卜辞通纂·后记》中。

但事情还没有结束。郭沫若在《卜辞通纂·后记》中论及董作宾《甲骨文断代研究例》所引"五示""虎祖丁"二辞，"因未见原契，故多作揣测语"。董作宾得知后，摹录了那两片甲骨刻辞，于 3 月中旬寄给郭沫若。郭沫若特作《书后》，"爰揭之于次，以补余书之未备"。董作宾大概是考虑到《卜辞通纂》已在影印制作中，随后又将两片甲骨刻辞的照片直寄郭沫若。郭沫若收到照片很高兴，因"书尚在印刷中，爰一并采入"。他也为此又写了一段《书后补记》的文字，特别表示："余于此对于彦堂之厚谊深致谢意。"②

《卜辞通纂》由文求堂出版后，郭沫若给田中庆太郎开列了一个二十人（处）左右的赠书名单，请他代为寄送，其中国内学者唯有三人（处），其中之一即为住在上海曹家渡小万柳堂的董作宾。郭沫若请田中庆太郎寄给董作宾的赠书有三部，包括赠历史语言研究所的一部③，可见董作宾在郭沫若心中的分量。

与董作宾的交往，是郭沫若流亡日本期间重要的学术交往之一。他们二人之间的这一交集又完全在学术领域，是纯粹的学者之谊。在开始交往后的

---

① 《卜辞通纂·后记》："本书录就，已先后付印，承董氏彦堂以所作《甲骨文断代研究例》三校稿本相识。"
② 《卜辞通纂考释·书后》，东京文求堂书店，1933 年 5 月初版。
③ 参见《郭沫若致文求堂书简》第 83 号，文物出版社，1997 年 12 月。

许多年间，他们只是神交、文字交。这同郭沫若与容庚交往的情况相似。他与董作宾初次见面，已经到了十年后抗战期间的1942年。

那时，他们二人都辗转到了四川：郭沫若在重庆市内天官府主持文化工作委员会的工作，董作宾任职的中央研究院历史语言研究所则搬迁到宜宾南溪县的李庄小镇。董作宾在一次去重庆市参加学术会议后拜访了郭沫若。他后来以文字记述了这次见面："三十一年春，访沫若于渝，十年神交，握手言欢。"

这次见面，让董作宾感慨万分："昔疑古玄同（钱玄同——笔注）创为'甲骨四堂'之说，立厂（唐兰）和之，有'雪堂（罗振玉——笔注）导夫先路，观堂继以考史，彦堂区其时代，鼎堂发其辞例'之目，著在篇章，脍炙学人。"但此时，"甲骨四堂"中"观堂墓木盈拱，雪堂老死伪满。惟彦堂与鼎堂，犹崛然并存于人世，以挣扎度此伟大之时代也"。而鼎堂"屏置古学，主盟文坛"，只彦堂犹"抱残守缺，绝学自珍"。郭沫若为二人的见面欣喜异常，当即又赋绝句一首相赠：

> 卜辞屡载正尸方，
> 帝乙帝辛费考量。
> 万蠕千牛推索遍，
> 独君功力迈观堂。①

诗中"正尸方""帝乙帝辛"是甲骨上的刻辞，"万蠕千牛"意指刻有卜辞的甲骨（"蠕"为龟，"牛"指牛胛骨）。郭沫若显然回忆到编撰《卜辞通纂》时与董作宾的交谊。"独君功力迈观堂"，他对于董作宾的评价当然是很高的，但其中也不免含了几分人事沧桑的慨叹。

抗战胜利后，随着国内政治形势的变化，郭沫若与董作宾之间的关系，不再是单纯的学者之交，也就不复再有"握手言欢"的心绪了。不过在学问上，董作宾还是对郭沫若持一贯的评价。1948年中央研究院推选院士时，正在美国的董作宾于2月2日给胡适写过一封信，信上说："春间中研院邀院士，您必出席，关于考古学方面，希望您选思永或沫若，我愿放弃，因为思永兄病中，应给他一点安慰，沫若是外人，以昭大公，这是早想托您。"② 思

---

① 诗与董作宾所写文字，均见《跋鼎堂赠绝句》，收《董作宾全集》。
② 耿云志主编《胡适遗稿及秘藏书信》第37册，黄山书社，1994年。

永,即梁思永。董作宾之所以写这封信,是因为在胡适所推荐的考古组院士人选名单中,他是排在第一位的。董作宾希望胡适推选郭沫若,虽然有"以昭大公"的考虑,但作为候选院士提名,他首先认可的当然还是郭沫若的学术水平和学术成就。

新中国成立,董作宾去了台湾。从此,在世的甲骨二堂分处海峡两岸。

郭沫若在50年代以后,对于董作宾的态度,在政治上有所指责,并且显然将政治上的臧否带入学术评判中。这或许是时势所至,但总是让人遗憾的事情。有一次,郭沫若在与杨树达通信讨论殷虚甲骨刻辞时讲到董作宾,谓:"董某妄人耳,其说未可尽信也。"① 杨树达在读到郭沫若信中此语时,颇不以为然,他在当天日记中写道:"记《卜辞通纂》曾言读董断代研究例,拍案叫绝,今乃斥为妄人,鼎堂真妙人哉!"②

董作宾则可说是真正从未介入过政治的一位纯粹的学者,所以,他到台湾后仍然对于郭沫若在古文字研究上的学术成就葆有高度评价。在他的全集中,还收录有《跋鼎堂赠绝句》的小文,收录有郭沫若赠他的绝句(那时海峡两岸还处在政治上完全对立的状态下),实令人感喟不已。

---

① 郭沫若1953年9月19日致杨树达信,《积微居友朋书札》,湖南教育出版社,1986年7月。
② 《积微翁回忆录》,上海古籍出版社,2006年12月。

书信篇

《樱花书简》厘正补遗[①]

郭沫若于1913年6月在成都考取天津陆军军医学校，是年秋，告别父母家人，乘船走长江水路出夔门，复经陆路北上京津。但他没有入军医学校就读，年底，在大哥郭开文的资助下，赴日本留学，于1914年1月13日到达东京。此后，直至抗战期间的1939年初才有机会重返故乡。在这二十余年间，他与父母家人的联系全靠书信往来。其间，从乘船离家到1923年1月止，郭沫若寄回的家书有六十余封得以保存下来，其中66封经乐山文馆所整理、考订、编辑，以《樱花书简》为题，由四川人民出版社于1981年8月出版。另有一封家书收入肖玫所编图片集《郭沫若》（文物出版社1992年11月出版）。这些家书无疑是郭沫若留学日本时期最为珍贵的一批史料，对于了解、研究郭沫若留学期间的生活状态、思想变化、弃医从文的经历等，具有极为重要的学术价值。

《樱花书简》（以下简称"书简"）自出版以来一直为学界所用，从未疑其有无疏漏。事实上，这些书信的落款处基本未署书写年代，而书简又多未保留信封，有封套者也多为函套分离的情况，故在书写时间的判定上尚有需要斟酌之处。作为郭沫若生平史料，"书简"（包括其中写到的人、事）当然

[①] 本节最初成文于2004年，是《樱花书简》整理出版二十余年后，首次指出其中史误，并对这些史误（信函书写时间）逐一进行考订而写成的文字，曾以《樱花书简正误》为题，附录于《文化越境的行旅——郭沫若在日本二十年》（文化艺术出版社2005年3月出版）一书中。当时主要根据《樱花书简》一书出版的文本进行考证，订正了其中九封信函书写时间的舛误。之后，才陆续得见这一批文献史料主要部分的原貌，包括若干信函封套的图片。据此，又将郭沫若早年的这些家书梳理一遍，对于收入《樱花书简》中信函的疏误（又发现的）与未曾录入《樱花书简》的相关史料（信函封套等）所包含的信息，陆续增写了五条（涉及五封信函）考订的文字，以及关于另外五封遗失书简信息的补遗文字。

是编撰郭沫若年谱的重要资料，迄今已出版的几种郭沫若年谱，即是根据"书简"所判定的时间将这些资料入谱的，如果对这些家书书写时间的判定有误，谱文自然就会大有出入。而且因为时间顺序的关系，实际上还要涉及对郭沫若留学期间一些重要的经历如何判定（譬如，他是何时告知父母与安娜婚恋之事的）。

查考、比对"书简"与原稿手迹、原信封套，分析书信内容以及相关史料，可以发现"书简"中对多封信函书写时间的判定有误，且有遗漏之书简，根据原书编排顺序做正误考如次：

（1）第9函

"书简"作1914年8月1日。

正：1914年7月31日。

考："书简"谓此信是有封套的，封套背面写有"八月一日，日本寄"的文字，与书信落款时间"八月一日"是一致的，也注意到"宜昌""重庆府""嘉定府"三枚邮戳的日期，断定此信写于1914年，这是正确的。但该封套正面两枚日本邮戳的信息被忽略了。一枚"TOKIO"（当时东京的拼法）邮戳的日期无法辨认，一枚收寄邮局（邮电所）的邮戳名称模糊不清，日期却可以辨认："3.7.（××）"，"3"为大正三年，即1914年，"7"为7月，这是很清晰的。日子的数字不甚清晰，但为两位数，似是"31"。郭沫若将写信时间署为早于邮寄（邮戳）时间一天的情况，在"书简"中不止一两次。这封信函的书写时间不会是8月1日。

（2）第24函

"书简"作1915年5月。

正：1915年5月23日。

考："书简"以该信"无封套，无书写时间"，但信中提及"于月之七日，乃同吴鹿平君趋归上海"事（即郭沫若与同学为抗议日本对华提出"二十一条"返回上海一事），断定信写于1915年5月，这是不错的。但是我在所见到的，保存下来的郭沫若这批早年家书资料中，找到了应该是这一函书信的封套，可以确定该信准确的书写时间。

不过这一寻找是很曲折的，因为不能见到原物，只能依据原物图片来考订，而该封套正、背两面的图片，又是杂乱无序地分散在一批书信封套的图片之中，先要考订出完整的封套。被考订出的两张图片的情况是这样的：

为封套正面的图片：文字为信函的寄达地址、收信人等信息，以及邮票、收寄邮局的邮戳。两枚邮戳中一枚有"驹达"二字，这是郭沫若租住在东京本乡区期间邮寄信件的一个收寄邮电所所用邮戳，但邮戳上的时间看不清了。另一枚邮戳的文字为"TOKIO"，时间为"24.5.15"。在已见的日本邮戳中，时间的表示均用三组数字，但有两种方式。一为：（大正）年、（公历）月、日（自左至右）；一为：（公历）日、月、年（自左至右）。这一枚东京邮戳上的日期表示为第二种方式，即1915年5月24日。

为封套背面的图片：文字为寄信人的姓名、地址等信息："日本东京本乡区真砂町二十一番地富喜馆　郭缄五月廿三日"。封套背面依邮路顺序有汉口、万县、重庆、嘉定府四地的四个邮戳。其中万县的日期最为清晰："四年六月十二"，嘉定府："四年六月（日期不清）"。另两枚的日期均难以辨认，但这已经足够了。"四年"是民国四年，即1915年。郭沫若从日本寄出信函，到达万县（四川境内），大致都在近二十天时间。

那么，1915年6月12日到达万县的信，应该正是从东京5月24日寄出的信，所以这两个分别为封套正、背面的图片显示的实为同一信封。郭沫若这一时间段书写寄出的信函中，唯有第24函是没有（找到）封套的，则可以断定，此封套即为该信函的封套。同时，该信函的内容亦可印证这一点。郭沫若等人从上海返回东京后，因已经退了原租住房，只能另觅他处。他在信上写了"已移住处"，在"本乡区追分町三十一番地富喜馆"，但尚不知房主姓氏，所以告家中，信函"由李君转交"，不要寄此处。从前示封套背面文字可以看到，郭沫若将地址仍写为原住处，却又写了新住处所在的"富喜馆"，显见只是为署一个邮寄而非收信地址而已。如此，写在封套背面的"郭缄五月廿三日"，当可作为该信书写时间。

（3）第34函

"书简"作1916年2月11日。

正：1916年1月9日。

考：以信中所言"云南变故"事，断作1916年，确。以署"正月九日"为阴历，换作阳历2月11日有误。日本自明治维新后改农历纪年为公元纪年，"正月""初几日"这样的用法仍保留在公历纪年元月之内的称谓中。"书简"中署时间的用法基本为阳历，如使用阴历，则特别标明"阴历"。信中谓："年假已完，明日便又开学矣"，确实表明为1月中的事。日本学校（也包括其他部门、单位）的年假（或称冬假）一般是在年底一周至次年1月初的两周内，3月下旬后还有春假，2月是没有这样的假期的。

"书简"在其"说明"中屡以"正月""初×"解为郭沫若按家乡（中国）习惯使用旧历的说法，有误。事实上，郭沫若在日本期间（包括后来的流亡时期）所写书信，乃至其他文字中以"正月""初×"等署明时间的，如无特别标明，均为公历。

（4）第43函

"书简"作1917年1月15日。

正：1916年1月15日。

考：信谓："本日校内前学期成绩发表，男名列十二，……日人同学多为男贺……"应为初到六高那一年的情景，"前学期成绩"即谓第1学期（1915年9月入六高后那一学期）成绩。第36函（1916年4月）写有"校内第二学期成绩发表，因少怠惰竟降至十九名"云云，当与此信前后衔接（当时日本学校分为三个学期）。又，关于欲寄家中"欧战写真帖"以开通风气事与第41函（1916年12月）所言欲择新闻杂志寄归家中，确相关联，但从词句之意看，应在41函前而非其后，所以第41函中方有"年来疏忽，未曾一次寄归"句。

另外，此信起首一句便写道："今日为阴历十二月十一日也。"虽然未说明是农历的哪一年，但公历1917年1月15日为农历丁巳年十二月二十二日，而非"十二月十一日"，这也证明此信不可能写于1917年。而公历1916年1月15日，则正好是农历丙辰年"十二月十一日也"。

（5）第48函

"书简"作1917年6月12日。

正：1917年6月11日。

考：该明信片邮寄邮戳有"冈山6，6，11"字样，系大正6年6月11日。大正6年即1917年。郭沫若自署"六月十二日"，当系误记。

"书简""说明"中相当部分的时间（年、月），是据信封上邮戳的寄到时间断定，这在考订的逻辑上并不合适。这类情况的信封上大多同时有在日本发寄的邮戳，应首先据此判断，如无发寄邮戳，方可据寄到的邮戳考订（估计考订者不知邮戳上所用日本大正纪年的方法，该纪年以1911年为大正元年，月、日则仍以公历纪年为准）。

（6）第49函

"书简"作1917年4～5月间。

正：1917年6月23日。

考：信中"第二学年试验已于今日完毕"，是为 1917 年，不错。但以信中有"已入初夏"的文字断为四五月间，是不知日本学校之校历故。四五月间乃春假后刚开学不久，断不会有学年考试（应在暑假之前）。信中"今日"即信末署 23 日，恰呼应了 48 函（1917 年 6 月 12 日）所说："校内于十八日开始试验，二十三日竣事"，信当为 6 月 23 日所写。

（7）第 50 函

"书简"作 1917 年 6 月 23 日。

正：1914 年 6 月 23 日。

考："书简"的"说明"讲此函有封套，上写有"冈山市……六月廿三日发"等字样，且有宜昌府"六年七月三日"、重庆府"六年七月七日"的收信邮戳，是为 1917 年。因以断此信写于该年 6 月 23 日。

以信封断写于 1917 年，不错。但据此信未整理时的原状看，信纸与信封是分别置放的，因而信封有可能不是该信寄出的函套。又，第 49 函已考订写于 1917 年 6 月 23 日，此信中虽有"兹复奉得三哥、四姐及儿妇书"句，但并无特别事情需立即复信，故同一日内应不致再写有第二封家书。信中有"暑来……元弟七妹二侄想必归家矣"，似为询问暑假中元弟七妹等归家事。第 6 函（1914 年 6 月 6 日）中有"暑假将至，姊妹们想当回家耍也；七妹归时可与我写封信来甚好，二侄女亦不妨写一信来……"第 7 函（1914 年 6 月 21 日）中又有"暑暇在迩，想弟妹二侄女等均各归家矣"这样的内容，此信似与该二函在时间上有接续关系。当然，这样的内容也可出现在 1915 年以后各年暑假将至时写下的信函中，但问到元弟暑假归家事，则应只在 1914 年，因为元弟于该年暑假毕业从成都返回家乡后即未再外出就学（只当年夏末曾有两月赴省，旋又返家），执意居家。另外，以"书简"中所见，1914 年 6 月已有两封家书，这与此函中"本月内已有两禀肃呈矣"，恰相吻合。故断此信写于 1914 年 6 月 23 日为好，而原作为此信的信封则系第 49 函所用（该信函原注无封套）。

（8）第 54 函

"书简"作 1918 年 3 月 1 日。

正：1916 年 1 月 19 日。

考：此信所署时间"正月十九日"，信中没有特别内容表明是用阴历日期，应为公历 1 月 19 日，与第 34、第 60、第 64 等函同（"说明"将后两函的"正月"断为公历岂非自相矛盾）。

此信是写给济苍弟（元弟郭翊昌）的，信中写有希望济苍弟能于暑中伴二老登峨眉山的内容，及"忆前岁梦中登临得句云：'俯瞰群山小，天空我独高'"句，"说明"因以与第 49 函（1917 年 6 月）给父母的信中询问"二老峨眉之游能成行否"之事联系起来，断定写于 1918 年。

然而，第 49 函所询问之游峨眉事，在当年 8 月（见第 52 函）已有结果："峨眉之游，适今岁世乱年荒，竟不能成行，殊歉然也。"那么，转过年来的 1 月（即假设此信写于此时）再提暑中游峨眉之议，当直陈其事，不会用此信中泛议"峨眉天下秀"，"登峨眉为最宜"这样的口吻。以此信中对济苍弟所发游峨眉之议与第 49 函直接询问父母"峨眉之游能成行否"的相关内容联系比较，此信反应写在前。从生活逻辑上说，也应该是先有对家中兄弟伴父母游峨眉的建议，然后才会有了父母游峨眉的具体安排。至于分别用"前岁"和"昔日"两个时间副词来叙述"梦中登临得句"，在分别写给父母和济苍弟的信中，其实是同样的含义，并不构成时间上的接续关系。

此信开头的一句询问之词值得注意："教读之余，旧笔尚时温习否？"据郭宗瑨说，郭翊昌（济苍）曾有半年时间在沙湾小学任过校长，并教过课，时在 1915 年（见《樱花书简》第 154 页）。郭宗瑨讲的半年时间是在其入学发蒙之初，应该就是 1915 年 9 月至 1916 年 1～2 月之间的那个学期。那么只有在这一时间段，郭沫若致济苍弟的信中才会用"教读之余"的询问之词。

综合这两点，此信当写于 1916 年 1 月 19 日。

（9）第 55 函

"书简"作 1918 年 3 月 31 日。

正：1919 年 3 月 31 日。

考：这在"书简"中是被认为郭沫若最先提及与安娜结婚成家之事的一封信。但是，对比此信与第 56 函（1918 年 5 月 25 日）中同样言及与安娜结婚成家事之说辞，显然此信应写于第 56 函之后。"悲的是孩儿不孝，贻忧二老，玉卿函已遵命详细答复了，是男误了人，也不能多怪，还望父母亲恕儿不孝之罪。"这词句的口吻和表达的意思，应该是早已告知家中此事，并不止一两次地与家人在信中说到此事后才会写出的。而第 56 函中所写："男不肖陷于罪孽，百法难赎，更贻二老天大忧虑，悔之罔极，只自日日泪向心头落也……"一大段文字的语气、内容，表示的悔愧之意，虽不能断为第一次向家中言及此事，却可断为"书简"中最先说到此事的一封信。另外，此信中"和儿渐渐长大"一句与第 56 函中特别向父母亲介绍了和儿的生辰，何以取名,"正长得肥满大样可爱"等文字联系比较,亦可说明:第 56 函是初次告知父母亲和儿的情况,此信则必写于第 56 函之后。第 56 函写于 1918 年的时间断定是可以肯定的,因而此函写在 1918 年 5 月之后,而函末署明的 3 月 31 日也就意味着不会是在 1918 年。

因为郭沫若在信中写到吴鹿苹于日内回国一事,所以"说明"断此信为 1918 年的理由,实际上主要是依据吴鹿苹毕业回国时间在 1918 年的说法。另外,还据信中有"和儿渐渐长大","近来战争已平息"句,断定非写于 1918 年之前,这倒是不错的。吴鹿苹大学毕业那年回国,是据吴本人的"介绍",但"吴在日本帝大学应用化学三年,即 1918 年毕业"的推断,却有模糊不确之处。日本大学有春季、夏季毕业两种情况,吴如毕业于 1918 年春季,旋即回国,郭沫若在 3 月 31 日写下此信还是可能的,但吴若毕业在该年夏季,则其回国且准备于 9 月返日的安排(见信文),绝不可能开始在 3 月底还差着一个学期学业的时候,并且当毕业之际尚在国内逗留。以吴鹿苹在帝大就读三年计,他是何年何月入学的呢?"书简"第 27 函其实有准确的说法:"吴鹿苹亦于本期本科毕业,下期则入大学也。"郭沫若该信写于 1915 年 7 月 1 日,因可知吴于 1915 年 9 月进入大学。三年之期,吴应毕业于 1918 年 7 月前后,其回国之行当然在此一时间段之后。此函写于 3 月 31 日,只能是吴鹿苹毕业转过年来的 1919 年。

(10)第 57 函

"书简"作 1918 年 7 月 2 日。

正:1919 年 7 月 2 日。

考:此信内容与吴鹿苹回国事相关,故"说明"将其书写时间断定在 1918 年,仍是据吴鹿苹大学毕业回国的年份。如上文所析,那有一个推断上的含混、疏漏,所以应该正其为 1919 年。同时,此信内容中有两点亦可作时间考订的依据,进一步确证其书写的时间(同时也进一步确证了对第 55 函的正误)。

其一,信中说:"学校自前月十八日放假后,男每日往院中去治疗耳疾。本校学生治病,不取分文,只可惜医的人都是助手……"1918 年与 1919 年只一年之差,但恰是郭沫若从冈山六高毕业进入九州帝国大学医学部之际。信文在这里所提到的医院,应该是指大学的附属医院。那么,这里所写的"学校""本校",应为福冈的九州帝国大学而非冈山的第六高等学校,也就是此函应是郭沫若 1918 年 9 月进入九州帝国大学医学部就读后所写,并且只能是在 1919 年或其后。

其二，信中写到，"自从廿一日起，男每日便往病理教室实习，……"这是一个表明郭沫若写此信时已在九州帝国大学就读，而非冈山六高的关键依据。六高是帝大的预科，所设科目均系基础课。查郭沫若在六高三年学习成绩单所列科目，有数学、物理、化学、动物植物、英语、德语、拉丁语、"国语"（即日语）、修身、体操，涉及试验的科目有动植物试验、物理试验、化学试验。没有病理学的课程（实际上也不可能有）。而根据郭沫若在校那一时期九州帝国大学医学部学生必修课程设置及课时安排的规定，可以查找到如下安排：第 1 学年第 3 学期（即春假后至暑假前的学期）开始有"病理学总论"课程，每周 2 课时，第二学年第 1 学期每周 4 课时；第 2 学年第 1 学期开始有"病理学实习"课程，每周 6 课时。这确证了"往病理教室实习"是在九州帝国大学。当然，按上述九州帝国大学医学部规定，郭沫若所谓的"往病理教室实习"如是指"病理学实习"课程，则应在第 2 学年的第 1 学期及其后，即 1919 年 9 月之后。这意味着署作"7 月 2 日"的此函可能写于 1920 年或更晚。但考虑信中措辞并非课程的准确称谓，亦可理解为与"病理学总论"相关的实习，同时，结合信中写到的吴鹿苹回国之事，则此函应写在 1919 年而不是更晚的年份。

（11）第 59 函

"书简"作 1918 年 11 月 27 日。

正：1915 年 11 月 27 日。

考："书简"认为此信书写的确切年代尚待查考佐证，但暂定为 1918 年。原因有二：一是郭沫若至 1918 年 3 月的家书中，屡劝元弟东渡留学，在此信中却写有"吾弟既决家居，则兄辈省定之缺，吾弟可好为替补之也"。似为放弃劝学之意，此信后亦未再提元弟留学之议。二是以信中"又有改途教育之倾向"句之"又有"，系指元弟 1915 年曾任沙湾小学校长之事。

以原因一的推断方式其实也可以反过来说，此信写在元弟决意家居之初（1914～1915 年），之后才有了郭沫若作为兄长的一次次劝学之议。原因二则显然是错会了"又有"之意。从上下文可知，"又有改途教育之倾向"句，是接着元弟先有函"言志在学工，并以实业相劝勉"，而"今岁六月"复有函"教为调查北京师范内容"，于是，郭沫若以为元弟"又有改途教育之倾向"。"又有"非指元弟曾从事过教育之事，而是改变了学工的志向。

这封郭沫若写给兄弟郭开运的信，通篇都是对其所做的居家的选择表示理解，并作劝慰、勉励之辞，其辞其意应出自郭沫若留学日本初期的笔下，亦即郭开运辍学返回故里之初。这可以联系那时的一些信函对照分析。从书简第4、第8、第9、第10、第11、第14、第16函等信函的内容中可知，在从郭开运1914年暑期毕业前开始，到他毕业返乡，复往成都，不久即重回故里且"决意居家"这段时间里，郭沫若对元弟今后的志向、安排十分关切，屡屡提出自己的建议。在1914年11月16日的家书（第16函）中写有"元弟决意居家，也难强夺其意，总之学业总不可荒疏"的词句。这是郭沫若在接到郭开运10月26日从成都的来信后写回家中的。郭开运在短短两三个月之间便做出居家的考虑并从成都返乡，想必作为兄长且多次劝元弟去日本留学的郭沫若会更加关切于此的。所以这第59函的书写时间应该与此时相关联，而不至相隔了几年之后再重提此事。

仔细比较第16函"元弟决意居家"和第59函"吾弟既决家居"以及郭沫若对此表示的意见，前者是初决之意，后者显系心意已定，则第59函当在第16函发出后隔有一段时间才会写下，即不会写于1914年的11月27日。恰好"书简"中收有一封写于1914年11月27日的信，信中也写到元弟家居事。根据郭开运1915年下半年起曾任沙湾小学校长，但半年后即去职的史料，结合第59函中"忆前处北京，弟亦有函矣，言志在学工，并以实业相劝勉。今岁六月，弟亦有函矣，教为调查北京师范内容，则吾弟又有改途教育之倾向，而今则所言又如是矣，勇退之情，亦何甚耶"一段文字，两者正相呼应契合，而且，这里还透露出郭开运已有辞去教职之意，故此函当写于1915年11月27日。

（12）第62函

"书简"作1920年3月。

"书简"对这一封信函书写时间的判定，不能称之为"误"，但仅确定其写于3月，是为不完整，应为1920年3月15日。

此信有时间落款："阴历正月二十五日夜灯下"，但没署年份。"书简"根据信中写到"安娜已于今晚分娩，又得一男"一事，断其书写年份为1920年，这是不错的，但以《创造十年》的叙述文字为据，不如以郭沫若1920年3月30日致宗白华的信为依据更严谨、准确。该信中清楚地记有郭沫若二子博生出生的时间和出生的情况，《创造十年》则写于1932年，且文中只笼统写了"在一九二〇年的三月尾上"这样一个时间概念。郭沫若在给宗白华的信中一开始便写道："十五日傍晚我又得了一个豚儿。"3月15日正是农历庚申年正月二十五日,即此信的落款时间。

由于"书简"未将此信的撰写时间完整判定,《郭沫若年谱》(龚济民、方仁念)据该书误将此信撰写时间系于3月25日,于是连带着,郭沫若次子的出生之日,也被错记。

(13) 第66函

"书简"作1923年1月22日。

正:1923年1月21日。

考:这一封家书,是郭沫若为第三个儿子"佛生"出生,"母子均无恙"而专寄的家报。落款处没署年份,"书简"据《创造十年》所述,断定写在1923年是不错的,此信之前几天的一封家书(第65函)亦可为印证。该信告父母亲说:"富子大约在这两三日之内临盆,一切都已准备好了。"但是"书简"将此一封信落款所署日期"阳历正月廿一日"误识读作"阳历正月廿二日"(据原信手迹)。这个日子因是"佛生"的生日,郭沫若在信中特别说到是查了旧历为"全月五日属午",即(癸亥年)腊月初五,亦正为阳历(1923年)1月21日。

《郭沫若年谱》(龚济民、方仁念)据"书简"将此家书误系于1月22日的同时,将郭沫若三子的出生日期也错记了日子。

(14) 遗漏的一封书信(残简)。

在"书简"中序列第8函的1914年7月28日家书后,编者将一纸残简作为该函家书的"附笺",以说明文字的形式置于文末:

> 另外发现有一页笺纸,从纸张类型、墨迹光泽质量、书法情趣分析,与这封信相同,时间也是"七月二十八日",信纸边上写有"回信仍交东京"六字,无上款,无封套。可能是这封信的附笺。现全文抄录如下:
>
> "昨夜梦中,得见阿父母颇带愁容,男想梦幻难信,且逢凶化吉,阿父母必甚安康也。男甚顽健,请毋劳挂虑。男开贞跪禀,七月二十八日"。

这是需要做一点辨析的。

"书简"将这一纸信文断定为第8函的"附笺",而且没有将该段信文列入信函正文项内,似乎是过于草率了。即使断定其为第8函家书的"附笺",也应将其作为第8函家书文字的一个组成部分,第8函家书才能构成一完整的文献资料。仅记入说明文字,当然会造成史料的缺失。譬如,在三寰出版社1992年影印出版的《樱花书简》中,就没有这一纸残简信文的影印件,那么从该书就读不到完整的家书资料。此其一。

其二，从这一纸残简的情况和文字内容来看，它并不是第 8 函家书的"附笺"，应是另外一封信函的残简。

首先，从内容看，残简所写之事是"昨夜梦中"所见，而非第 8 函家书写毕后又想到什么事情需要附言。写梦中所见（且就在昨日），都是表达思念亲人之意，应该是写在信函的正文中（"书简"中有若干封信都有这样的内容），不会信写成后才想起，去补一"附笺"。

其次，从残简的情况看，竖行书写的信纸右边写有"回信仍交东京"几字，而同样竖行书写的第 8 函家书，在信文末，也就是信纸接近左边处亦有一行文字："家函仍交东京"。若以残简为第 8 函家书的"附笺"，"回信仍交东京"几字显然就是多余的。此外，残简的那段文字后，书写者郑重署以"男开贞跪禀，七月二十八日"，这也不符合人们的书写习惯，因为第 8 函家书落款处已经署有"男开贞跪禀，七月二十八日"。

其实"书简"中有许多封家书都在信文后有另外附言的文字，看看它们是如何写的，就可知这一残简应该不会是第 8 函家书的"附笺"。所谓从"纸张类型、墨迹光泽质量、书法情趣"上的辨别（按照"书简"的说明），在六十余年前（以《樱花书简》1981 年出版计）书写于一两年或两三年之间的信件中，其实是无从判断的，何况郭沫若所写家书所用字体，在接连两信中就截然不同的情形，在"书简"中也时时可见。

我以为这纸残简有可能是一封书信的后半部分，前文佚失了。该信的书写年代，以"回信仍交东京"而言，应是在郭沫若住在东京但有短暂外出的年份。如此，该信只可能写于 1914 年或 1915 年的暑假期间。"书简"第 8 函既写于 1914 年 7 月 28 日，那这一封署为"7 月 28 日"的残简，只能是写于 1915 年的暑假期间的一封家书。

郭沫若于 1915 年 7 月 1 日领到一高预科的毕业文凭，即被分派至冈山第六高等学校，但他是在 9 月初才到达冈山的，暑假期间仍住在东京。两个月的假期，又是在一个阶段的学业毕业后的假期，他应该是有可能外出旅行的，若在这期间给家中写信，会特意嘱咐"回信仍交东京"吧。

再看由郭沫若自己在信上排出序号的 1915 年的家书情况：第 4 号家书是"书简"中列第 29 函的那一封，第 8 号家书是"书简"中列第 32 函的那一封。两函之间的第 30 函（写于 7 月 20 日）、第 31 函（写于 9 月 7 日），应是郭沫若自己排序的第 5 号、第 6 号、第 7 号三函中的两封家书，还缺失一封家书。那么署为"7月28日"的这一残简，应该正是缺失的这函家书。

补遗：若干佚失的家书

在所能见到的郭沫若早年家书原始资料中，许多信函的封套与信是分别置放的，其中有一些信封值得做些考证，它们没有相对应的信函，也即是说这关系到已知郭沫若家书之外的若干信函的信息，虽然信函本身可能已经佚失了。

其一，为一函封套的背面。写有"日本东京小石川大塚洼町二四 户村方郭"等邮寄者信息。这是郭沫若初到东京时的住地。封套盖有三枚邮戳，分别为："宜昌三年五月廿五""重庆府三年六月二日""KIATINGFU（嘉定府三字已难辨）三年六月初六"。这几枚邮戳的时间是相互衔接的，从这几个时间可以前推该封信函在日本的邮寄时间，约在1914年5月10日前后。

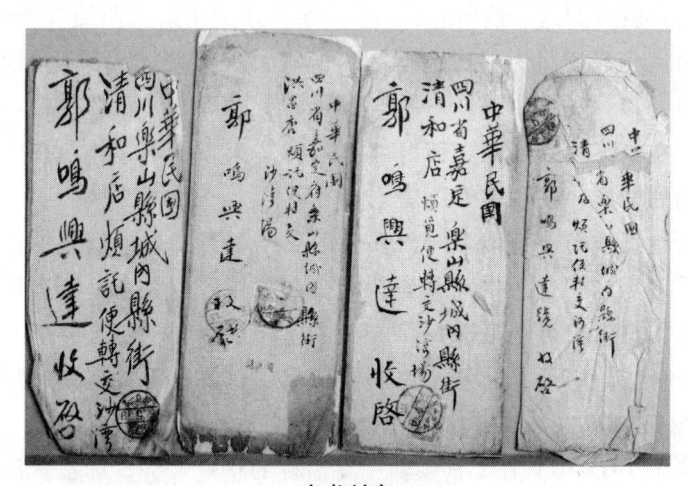

家书封套

"书简"中所收录家书，在1914年3月14日（第5函）与6月6日（第6函）两函之间为空白，可以推断，这一封套为写于1914年5月10日前后一函家书的封套。

其二，为一函封套的背面。有"五月廿日"字迹，盖有三枚邮戳，两枚可辨。"宜昌"一枚日期"六月二日"（年份不清），"嘉定府"一枚日期"五年六月十四"，即1916年6月14日。从字迹、邮戳日期，以及封套样式看，这应该是郭沫若一封早年家书，且是自日本寄回的家书所用封套，"五月廿日"为寄信日期。

"书简"中所收录家书，在1916年5月至8月间都是空白，可以推断，这一封套为写于1916年5月20日（或19日）的一函家书的封套。

其三，为一函封套的背面。写有"日本冈山第六高等学校　郭开贞家报　二月四日"等邮寄者的信息。封套盖有四枚邮戳："宜昌府六年二月十九""万县六年（月份不清）廿四""重庆府六年二月廿（另一数字被遮挡）""嘉定府六年三月初三"。从这些文字和邮戳相互接续的日期，可认定这应是自日本邮寄于1917年2月4日的一封信函的封套。

"书简"中所收录家书，写于1917年1月末至2月的，只有2月24日一函（第45函），可以断定，这一封套为写于1917年2月4日（或3日）的一函家书的封套。

其四，为一函封套的背面。写有"日本冈山市第六高等学校郭开贞"字样。盖有三枚邮戳，两枚可辨认："宜昌府六年五月一日""嘉定府六年五月十日"。这些文字和邮戳日期显示，此封套为郭沫若早年家书所用封套，该信函应于1917年4月内寄出。

"书简"中所收录家书，在1917年4月至5月间仅有写于4月11日的一张明信片，可以推断，该封套所寄信函为写于1917年4月中旬的一封家书。

其五，先看一函封套正面，写有收信者地址商号等文字，收寄邮戳："冈山6.5.19"，即1917年5月19日。再看一函封套背面，写有"日本冈山第六高郭开贞"字样，盖有四枚邮戳，两枚可以辨认："宜昌府"一枚日期"五月卅一"（年份不清），"重庆府"一枚日期清晰可见"六年六月五日"，即1917年6月5日。从邮寄、邮路时间的衔接，以及字迹的情形看，这两函封套实为一封套的正背两面。

"书简"中所收录家书，在1917年5月间发出的仅有5月5日发出的一张明信片（第47函），可以断定，这一封套为写于1917年5月19日（或18日）的一函家书的封套。

以上考订的五函封套，都无相应书信可寻（会不会有些残简留存在哪里，保存这一批郭沫若早年家书文献资料者或许知道，外人则不得而知了。此外，是否还有其他像这些封套一样与那一批家书相关的史料存放在一起，也是外人不得而知的），但从这些封套记载的历史信息，我们至少可以知道，郭开贞在这些年月日期里还给家里邮寄过书信。

张琼华书信之误读

关于张琼华，在早年郭沫若的生平史料中，除了《黑猫》里面所写到的那一幕结婚场景，几乎就再没有什么为人们所知的了，《樱花书简》中却记有一封被称作她写给丈夫的信。虽然这只是一纸残简，且没有编入正文，但应该也是很难得的史料。

《樱花书简》收录的郭沫若1914年6月6日的家书，一开始就说道，"顷奉五哥来函中，附儿妇一纸，得谂"。在关于这函家书的"说明"中，《樱花书简》的编者提供了一段文字资料：在整理郭沫若这批早年家书资料的过程中，发现的一纸"残信底稿笺"。《樱花书简》的编者疑其出自张琼华之手，认定其即为郭沫若此函家书中所言五哥书信中附来的"儿妇一纸"，并将残信文字附录于注释中。①

不过，这应该是对于史料的误读。

首先，张琼华写给郭沫若的书信是寄往日本的，如有原信得以保存下来，应该是保存在与郭沫若在日本期间有关的资料中，不可能存留于乐山沙湾郭家的老屋。当然，《樱花书简》的编者在这里可能把一个意思表达错了，也就是说，其所谓"即这封信中所提及的'附儿妇一纸'"，应是"即这封信中所提及的'附儿妇一纸'的底稿"的意思。

其次，即使这一残简系底稿，也不能简单地断定它是附于"五哥来函中"那一纸张琼华书信的底稿。张琼华有书信给郭沫若的事情，在"书简"中另外的信函也有提及，譬如，1915年7月20日郭沫若写给郭开运的信中亦写道："八嫂来函亦读悉。"（八嫂即张琼华）② 1918年5月25日写给父母亲的

---

① 见《樱花书简》第6函及"说明"（2），四川人民出版社，1981年8月。
② 见《樱花书简》第30函，四川人民出版社，1981年8月。

家书中说："今日接到玉英（张琼华）一函。"① 故残简究竟是郭沫若在哪一封家书中提及的张琼华来信的底稿，还要考察其文字内容与相应的郭沫若家书的文字内容，才好做出判断。

《樱花书简》在注释说明中抄录了残简的文字，其中写道："妻回娘家，每年至多两次，皆各有喜事才回。又于今十月妻返娘家也，因为胞弟少辉完婚，妻待酒过后急返沙湾。"（此处识文有错漏，见下文）"又于今十月妻返娘家也"一句很清楚地表明，张琼华这一纸书信，如果确实写了的话，是写在某一年的十月之后。张琼华在这里可能讲的是阴历十月，但无论阴历还是阳历，写在十月之后的信函，都不可能是郭沫若在1914年6月6日家书中提及收到的"儿妇一纸"。

其三，事实上，《樱花书简》没有完整地考察作为原始资料的那一纸"残信底稿笺"，也就难以准确解读该资料的历史信息。《樱花书简》注释说明中所录文字，只是该原始资料的一小部分。

该"残信底稿笺"共有三页，竖行书写。第一页起首写有"尚武夫子安履"云云一段文字，显然是不满意这段文字，所以书写中断了，下面有书写者随意、散乱写下的几个字词。这一页的左半页上书写者另起笔写道："敬启者于前五月收到华笺壹札……"这些文字与第二页、第三页均为前后词句相接续的文字。至末句"无如事长纸短，碍难尽录"，应该说信稿已写成，只差落款处的一二文字。

从整个资料的内容、书写文辞、删改增添文字的情况、遣词造句的特征等各方面综合分析，这是一纸书信的文字，为张琼华所写，且只是为书写一信所打的草稿。这些情况都是可以肯定的，不必"疑出自"什么。当然，真正的问题并不在于此。

我谓其为误读史料的关键在于：尽管有这一书信草稿的存在，也可以认定其为张琼华所写，但其究竟是否最终落笔为一纸书信，并寄往日本郭沫若处，是一个有待证实的事情。如不能或未能（以目前的情况看，这种可能性是最大的了②）查找到，或证实有这样一函写成并寄出了的书信，则这一"残信底稿笺"是不能称之为张琼华给郭沫若的一封书信的，只能称为拟作书信草稿（区别于留底之稿）。

---

① 见《樱花书简》第56函，四川人民出版社，1981年8月。
② 郭沫若于抗战开始归国后，其在日本生活期间的文献史料均留在日本的家中，由安娜保存。新中国成立后，一部分被送回郭沫若处，一部分留在日本，现在保存在亚非图书馆"沫若文库"。在所有这些资料中，尚未闻见有张琼华的书信。

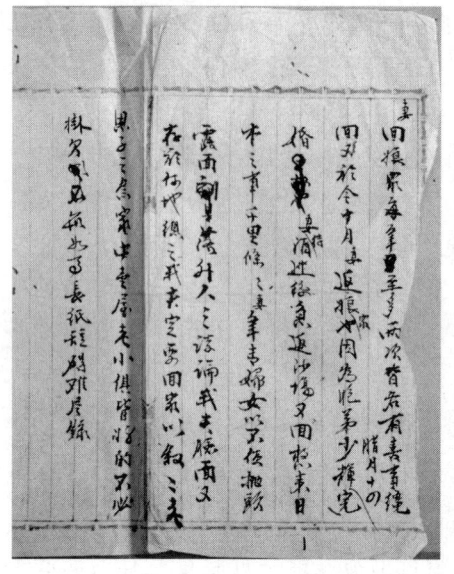

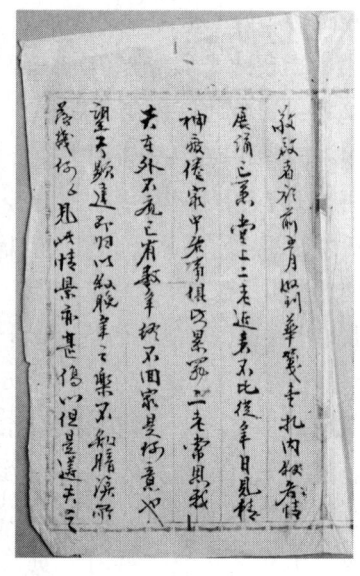

张琼华拟作书信草稿

虽然如此，作为张琼华手写留下的文字资料，其内容还是有史料价值的，其中包含着一些历史信息，故将其录出如次①：

> 敬启者：于前五月收到华笺壹札，内叙各情展诵已悉。堂上二老近来不比从年，日见精神疲倦。家中各事俱劳累罢，二老常思我夫，在外不觉已有数年，终不回家是何意也？望夫显达即归，以叙晚年之乐，不知暗泪所落几何。（妻）见此情景亦甚伤心，但是遵夫之命侍奉二老格外留心。于去岁大姑孃、三嫂、云妹于归，今岁七妹、二姑孃俱各于归。又买田地，家中凡百样银钱俱用完了。想二老对于儿媳之德恩同沧海。（其）② 于元弟夫妇所住房圈③乃二娘的，妻房圈乃从年房圈，一则以好侍奉翁姑，二则妻独自一人如若迁移，夜晚恐无安稳之眠。至于信内所云妻将来定有好处，妻不解好处从何而出，请详示知。见信之后，我夫看何日定决归家，先给一音，不然明年尹尧根同尹二妹进京之时，妻意欲一同来京，不知我夫可允来否？再者，近年以来，妻偶得一疾，心痛

---

① 据手迹。原稿无标点，亦未分段。
② 从前面一段弃置的文字看，应系"其信所云房圈"之意，当是郭沫若家信中询问了家中住房情况。
③ 房圈，即房间，当地发音读如"圈"。

或五日壹次，十日壹次，以无定准。至于妻回娘家，每年至多两次，皆各有喜事才回。又于今十月妻返娘家也，因为胞弟少辉腊月十四完婚，妻待酒过后急返沙（湾）场。又回想来日本之事，千里条条（迢迢），妻年青妇女，以不便抛头露面，落外人之谈论，我夫脸面又存于何地。总之，我夫定要回家，以叙二老思子之念。家中一屋老小俱皆好的，不必挂欠。无如事长纸短，碍难尽录。

这一纸草稿的书写时间，从其文字内容而言，以"二老常思我夫，在外不觉已有数年"，及"又回想来日本之事"的文句推断，草稿落笔应在1913年（郭沫若离家）之后两三年，但在1916年夏之前（郭沫若1916年8月与安娜相识后应不会再提张琼华往日本事），则其时间当在1916年初前后。张琼华笔下有些地方遣词用字不大合适、文辞不甚通畅，这倒也可说明此草稿非他人代笔（郭沫若所得家书，即多由郭开运代笔）。事实上，在"残信底稿笺"上中断作废的一段文字中，

张琼华与婆婆杜夫人

张琼华说到"前五月收到华笺时，二老令妻回音壹局，因为写字艰难未回音"。可知，写信这样的笔墨之事，对于张琼华确非易事。

"事长纸短"，从这一纸其实已不算短的文字稿中，我们可以获知一些有意思的史实：张琼华不仅"在读书"（《黑猫》中语），而且是有文字书写能力的，至少信函是可以书写的；她的字，笔迹清秀，写得也不错。文中写到张琼华的日常生活，以及沙湾老屋内家人的情况等，特别是其中还传达出郭沫若似曾有让张琼华去日本的考虑这样的情况。

我们知道张琼华给郭沫若写有书信，至今未能得见一封，确为一遗憾之事，但有一封张琼华之父张文宣写给郭沫若——也就是岳丈给女婿的信保存下来，也算是难得了，值得做些考察，说道一番。我先将原信文字书录如次①，再做分析。

---

① 据手迹。原稿无标点。

（尚）武贤婿惠览：闻府上喜事，未能亲身到府拜贺，只得谨具微仪，着人来府，愧甚，歉甚。外带来大女马尾缎衫一件查收。如喜事过后，请婿来舍消耍几日，可与郑老四说明日期，好备夫驾来迎。

原件因信纸有损毁，抬头称谓夺一字，从信函内容看，应系"尚"字，则信是写给"尚武"的无疑，"尚武"乃郭沫若青少年时所用表字。信的内容完全是关于亲家之间往来之事：郭家有喜事，身为姻亲的张文宣因事不能亲往道贺，遂着人送贺仪至郭家，顺便给自己的大女儿，也就是张琼华带去一件衣衫交付女婿，同时请女婿得闲来家中"消耍"。信的落款时间没有年份，只署"阴历十一月二十七日"。郭沫若与张琼华成婚是在公历 1912 年 3 月初，即夏历壬子年正月十五前后，而他考取天津陆军军医学校离开家乡并且接着东渡日本，是在 1913 年，即夏历癸丑年的夏季，这即是说，张文宣给郭沫若写此信的"阴历十一月二十七日"，只能是壬子年冬月二十七日，那是公历 1913 年 1 月 4 日。

这个日期提示了一个涉及郭沫若自传中所记行迹的问题。以此信书写的时间而言，可以断定：郭沫若在 1912 年末至 1913 年初的那个冬天的寒假里，是从成都的学校返回沙湾家中度过的，因为老丈人显然是不会在女婿还驻留成都时给他写那样一封信并捎去给女儿的衣衫的。但是在郭沫若所作《五十年简谱》中，他这样记述了自己在那个寒假的行踪："岁暮，中学毕业，考入成都高等学校理科，留省未归。"①

这究竟是郭沫若记忆失误，还是他别有考虑呢？郭沫若的传记作品中存在有史实、史事疏误的情况并不罕见，由于记忆失误者有，因某种考虑而在史事取舍之间造成失误者也有。《五十年简谱》中关于 1913 年寒假行迹的这一记述，我以为出于后者的原因而致错记，并且可能间接地与他同张琼华的那桩婚姻有关。

一直以来人们所了解的郭沫若与张琼华的婚事，事实上都得自于《黑猫》，此外再无其他可靠的文字记载。"隔着麻布口袋买猫子，交订要白的，拿回家去才是黑的。"《黑猫》详细记述了郭沫若与张琼华结婚前后的种种人事，甚至包括一些细节处。但是《黑猫》叙事文字中浓重的主观情绪化色彩，也是显而易见的。可以看得出来，那是郭沫若在撰写《黑猫》时，刻意强化

---

① 《五十年简谱》，《中苏文化》半月刊 1941 年 11 月第 9 卷第 2、3 期合刊。

了对于这桩婚姻的失望与不满,尽管事情已经过去近二十年。

《黑猫》的叙事,基本上结束于郭沫若婚后五天即离家远去成都继续学业的场景。开船之际,母亲站在岸上呼唤儿子不要再跑到外面的世界去那个情节,儿子在船上咏出"阿母心悲切"的那些诗句,把这桩婚姻的悲剧性色调渲染得更为浓重。此后,郭沫若自传中有关婚姻之事的后续,便再无记述。于是,《黑猫》似乎留给人们这样一个无言的结局:郭沫若用离家在外求学的方式,实际上搁置了既成的婚姻。

《五十年简谱》强化了这一点。其中1912年谱文的全部文字是这样一些内容:"春,奉父母命草率完婚,大失所望。完婚后五日晋省。分设中学与成都府中学合并(学制改变,中学改为四年毕业,唯余等已学满四年者,仍须遵守旧制。因而分中之丙丁两班与成中之新甲新乙共四班人合班)。岁暮,中学毕业,考入成都高等学校理科,留省未归。"这是不是有意无意地表明他在1912年中都没有回家?

郭沫若婚后再次回家的记述,已经到了1913年7月。回家的原因是那年报考天津陆军军医学校被录取,郭沫若要远行就学而向父母家人告别。《初出夔门》中这样写道:(考试)"揭晓是在七月中旬,六个人限于八月初十在重庆取齐,我便由成都回到峨眉山下的故乡,向我的父母亲族告别。在七月下旬由嘉定买船东下,直诣重庆。"① 他在家时间仅几天而已。而如若按《五十年简谱》的记述,郭沫若在1912年3月间,于婚后五天离家赴省就读,再一次返家则已经到了1939年3月(特别强调是"二十七年后第一次回沙湾")。所以,实际上有不少叙述或评说郭沫若与张琼华婚姻关系的文字,都是这样来解读历史的。

可史实并非全然如此。

有一张郭沫若于1912年6月13日写给家中的明信片留存下来,他是专门向父母禀报暑假将至,他与兄弟郭翊昌一起归家之事的。看来他在暑假期间是从成都回了家的。这一封张文宣写给女婿的信,又印证了郭沫若在1913年初的寒假中也是返回沙湾家中了的。在外读书,逢寒暑假回家(这时回家当然是要与妻子生活在一起),郭沫若的生活轨迹并没有因为一个不如意的婚姻而刻意改变了什么(如果他想要,实际上是可以做另外选择的)。

再从张文宣这一封信来看,虽只是一纸很寻常的关涉家常事的信函,但

---

① 《初出夔门》,《宇宙风》半月刊1935年9月16日第1期。

使人从中感觉到的是一种正常的翁婿关系、亲家关系，那么与之相关的背后，当然也不会是多么别扭的、僵持的，甚至视同陌路的夫妻关系吧。若不然，郭沫若怎会在远去日本之后，还有过让张琼华也去日本的想法呢？

　　从这样一些史料中，我们是不是可以对于郭沫若在完婚后的精神心态，有一个更真实的感知和描述呢？与张琼华的婚姻，郭沫若在当时会有不满，觉得不如意，乃至大失所望，但应该不至于有《黑猫》中记述的那样激烈、甚至决绝的情绪反应。倒是书中写到他最初得知母亲为自己择定婚事时的感觉更符合当时的历史情境："就这样要说是绝望说不上绝望，要说是称心也说不上称心。心机像突然取去了称盘座的天秤，两个称盘只是空空地动摇。动摇了一会之后自然又归于平静了。"

　　与张琼华结婚后的郭沫若应该是"又归于平静了"，生活的轨迹依旧。如果不是他后来远去日本，并与另一个女子经由自由恋爱而生活在一起的人生体验，他大概是不会用那样的笔触去描述被称之为隔着口袋买猫的那场婚姻的，毕竟《黑猫》是写在 1929 年。

致李石岑信写于何时？

1921年1月15日上海《时事新报·学灯》发表了郭沫若致李石岑的一封信，文末未署写信时间。该信后作为《论诗》（一）收入上海光华书局初版《文艺论集》，仍未署写信时间。《文艺论集》1929年7月第四版改题作《由诗的韵律说到其他》，始署写作时间为"九年年末"（即1920年末。上海图书馆编《郭沫若著译分类书目》记《文艺论集》初版本中即注写作时间为"1920年年末"，有误）。《文艺论集》编入《沫若文集》时作《论诗三札》之一，注该篇写于"1921年秋"；《郭沫若全集·文学编》所署时间亦同《沫若文集》。《郭沫若著译系年》《郭沫若年谱》均将该信的撰写时间系于1920年12月20日。怎样来看这三个不同时间的说法呢？

我们先看将该信的撰写时间系于1920年12月20日的说法。这一时间的确定，显然是依据该信中的第一句内容而来。郭沫若在信中写道："年假中草了两篇戏曲：一名《湘累》，是把屈原姐弟事优孟化了的；一名《女神之再生》，今天才草就。"这即是说，这封信的撰写，与《女神之再生》初稿的完成在同一天。《郭沫若著译系年》虽然将《女神之再生》"脱稿"的时间系于1921年1月30日，但同时注明"此剧草稿完成于1920年12月20日"，故该《系年》将信函的撰写时间也系于这一天。《郭沫若年谱》的这一条谱文，应是据《系年》的记载而作。

《女神之再生》初稿完成的时间，及"1920年12月20日"这一说法的来由，在"著述篇"《〈女神之再生〉，从散文到诗剧》中已有详细的考订，这里不另赘述。将该信的撰写时间系于1920年12月20日，应属错记。

我们再看"1920年年末"和"1921年秋"两个说法。

从逻辑意义上理解，这两个时间，其实分别是对于《文艺论集》中《由诗的韵律说到其他》与《沫若文集》中《论诗三札》之一两篇文章撰写时间的标署。所以，如果所署写作时间与发表于《时事新报》的那封信函有所不同，应该是可能的，但有一个前提条件，文章是对原信内容文字做了修订。这样一来，所注明的写作时间，实际上是文章修订完成的时间。

然而，该信在冠以篇题收入《文艺论集》及《沫若文集》时，并没有实质内容的文字修订，只是删去了原信的第一段文字和信末的一句告别语。当然这毕竟也可以称为改削。但郭沫若在署下这两个时间的同时并没有使用"修订""改定"这样的字眼，而这两个时间也明显地不属于作者改削原信，将其编入《文艺论集》或《沫若文集》的时间范围之内。

关于《女神之再生》初稿的完成时间，郭沫若有两个说法，一个是"1920年12月20日"，一个是1921年"正月初旬"。前一时间出自他1928年编订的《沫若诗集》。致李石岑信在以《论诗》为题编入初版本《文艺论集》时没有署写作时间，当1929年5月郭沫若编订第四版《文艺论集》时，他已经流亡在日本，而这一版《文艺论集》恰恰又对一些原未标注写作时间的文章加注了时间。那么我们可以推断，他将《论诗》（一）署作于"九年年末"（1920年年末），其实就是将《女神之再生》初稿完成于"1920年12月20日"的说法变为一个约数。至于"1921年秋"的说法，应该是误记。

致李石岑信的撰写与《女神之再生》初稿完成在同一天，这是可以肯定的，那么据《〈女神之再生〉，从散文到诗剧》的考订，该信应写于"1921年1月上旬的前半旬"。至于《论诗》（一），包括《由诗的韵律说到其他》和《论诗三札》之一，亦应以致李石岑信的撰写时间为其写作时间，但需另注明它们收入《文艺论集》的时间，及所做的改动。

郭沫若致李石岑信曾以不同篇题收入《文艺论集》等集子中，但还有一桩史实，未见记载于郭沫若著译文献（著译系年、年谱）中，特记录如次：

由卫明编辑，上海普及出版社1943年7月初版的《当代作家书简》中收录有一文《关于诗与音乐底个体》，署名郭沫若。该文就是郭沫若致李石岑信，但只做了节录，略去全文最后三个自然段文字。《当代作家书简》一书收录了二十余位作家的书简，它的编辑出版是不是得到所有作者的授权，不得而知。该书收录了郭沫若的三函书简，除致李石岑信外，另两函信是郭沫若写给张煌的，在该书出版前、后，均未见刊出过。两信是郭沫若于1942年9月11日与10月6日为《创作季刊》向其约稿事，先后致信张煌。《当代作家书简》给两信都冠以篇题：9月的一函作《祝与献》，10月的一函作《创作长假可以满期了》。

关于致原田淑人信

原田淑人是日本考古学家，20世纪30年代曾在东京帝国大学和帝室博物馆（今东京国立博物馆前身）任职，为郭沫若查阅金文、甲骨方面的资料提供了很大帮助。郭沫若通过他"纵览"了东大和帝室博物馆所藏的甲骨，并且翻拍了许多资料。原田淑人的儿子原田正已曾回忆道："那时常常听父亲说：'今天郭先生到我的研究室来了。'"遗憾的是，这样重要的交往关系，我们迄今能够见到的文字史料，只有一封保存在原田正已手中的郭沫若致原田淑人的信函。

1955年12月，郭沫若率中国科学家代表团访日时原田正已出示了这封信。刘德有先生后来据此写了《珍贵的墨迹——日本发现郭老在三十年代写的日文书简》一文（载1980年6月2日《人民日报》），并将以日语书写的信文译成中文。信的内容是这样的：

"东大及帝室博物馆的甲骨，承蒙厚意，允以纵览和摄影，谨表衷心谢意。博物馆的那一部分，照片洗出后极为鲜明，但昨日得到的帝大的部分，稍差一些。有的字迹不清，难以辨认，我想，这无论如何也是印不成书的。为此，请允许我不揣冒昧，委托文求堂的田中先生直接派摄影师前去再拍摄一次。"信落款时间为"二月六日"，但未署年份。原田正已以信中谈及拍摄甲骨文资料事及郭沫若的《卜辞通纂》于1933年5月出版，断定该信写于1932年（显然，他认为郭沫若信中所言在东大和帝室博物馆拍摄甲骨资料，是为编撰《卜辞通纂》所用）。不过，这一时间推断过于贸然。

《郭沫若致文求堂书简》中收有一封他在1933年2月7日致田中震二的信函。信中写道："另附致原田氏函，乞与令尊商量处置。倘可行，将请摄影师携去转致；如有不便，毁弃即可，姑用那张模糊不清的照片。"① 联系到郭沫若在致原田淑人信文中所写的内容，应该可以断定，两信所述为同一件事。这是郭沫若在为《古代铭刻汇考》而不是《卜辞通纂》准备资料。那么他给原田淑人的这封信应写于1933年2月6日，而且信还是由文求堂的人带去面交的。

---

① 《郭沫若致文求堂书简》第73号，文物出版社，1997年12月。

与金祖同书简及与其人相识

郭沫若与金祖同的交往，在殷尘（即金祖同）所作《郭沫若归国秘记》一书中有一些记载，但那毕竟还是回忆性资料，而非文献性史料。有两封郭沫若在流亡日本期间写给金祖同的信是很珍贵的文字史料，但有些问题需要考订。

这两函书简最初刊载于《郭沫若研究》第 10 辑（文化艺术出版社 1992 年 9 月出版），其中一函为残简，均根据原信手迹的照片录入。两张照片都是京都一位日本朋友提供的，据说原件是夹在一本书中被发现的，那很有可能是金祖同当年曾阅读过的书吧。

两信此前均未曾被披露，故其书写的时间亦未被考订，因完整的一函只署有"二月十二日"，年代不详，而那封残简恰恰缺失了信的后半（或结尾）部分。《郭沫若研究》为此作注说："第一函，年份不详，约写于 1934 年（《卜辞通纂附考释索引》于 1933 年 5 月印行）；第二函残简，写作时间不详，当于第一封信后不久。"这是根据信中所述之事，推断与《卜辞通纂》的撰写出版有关，进而断定其年代。

在《郭沫若研究》第 10 辑出版之后三个月出版的《郭沫若书信集》（中国社会科学出版社 1992 年 12 月出版）中也收录了这两纸信函，其将第一函，即署有月日时间的一函，断作写于 1936 年，将残简一函，断作 1936 年 5 月前后。从编者所做的说明文字可以看出，他是根据殷尘（即金祖同）《郭沫若归国秘记》所记金祖同赴日本留学，并初次拜访郭沫若的时间，推断第一函写于金留学日本的那一年，且断言"郭沫若与金祖同之相交，大致始于写作此信的一九三六年初"。

事实上，在那之后早已有史料，可以对这两封佚简书写的时间，做一重新考订，获得比较准确的认识，并纠正由此所涉及的关于郭沫若与金祖同初始交往时间的认定。

在写于2月12日那封致金祖同的信中，郭沫若首先便写道："手书奉悉。承示楚王鼎拓本三件，敬谢盛意。足下于该器致疑，深佩立意高超，非同凡响。然仆自憾于原器无缘接近，于尊疑亦无可贡献也。今尚有欲叩问者，该器全体作何形，其分量尺寸曾加衡度否？上海有照片出售否？其他同出之器亦在否？彼此间之花纹形式铭词字形相若否？足下谅能知其详，能蒙见告，至所企祷。如有照片出售时，能代为购寄一张尤所切望。"结尾处则说："拓片暂留数日即当璧赵。乞释厪念。"① 显然，这是郭沫若为答谢金祖同寄示楚王鼎拓本并与其讨论该鼎形制、花纹、铭文而写的一封信。

巧的是，在1934年2月12日，郭沫若致文求堂老板田中庆太郎的信中，记录了与此事密切相关的情况。在这封信中，郭沫若先知会田中庆太郎说："上海刘体智昨日寄到《善斋金文录》一部。《大系》所需图象及拓本，大致备齐，拟着手编纂"（《大系》是指《两周金文辞大系图录》）。又告以："《楚王鼎铭》三纸，自上海金祖同假得，乞摄影（原大），盖面文与鼎沿文可合作一幅。因须立即归还，乞嘱摄影师切勿污损之。"② 事情很清楚，郭沫若函请田中庆太郎拍成照片的从金祖同处借来的"《楚王鼎铭》三纸"，就是他在给金祖同信中所说的"楚王鼎拓本三件"。即是说两信写于同一天。因为从金祖同处借得的拓片"须立即归还"，故郭沫若接到拓片后马上致信田中庆太郎，请他安排摄影事，同时亦马上函请金祖同能将"拓片暂留数日"，一天内写了这两封信。

以这一封信书写的时间，当然就可以纠正《郭沫若书信集》中关于郭沫若与金祖同之交始于1936年初的判断。而且应该说，郭沫若与金祖同至少在1934年初便已相识（或者还更早一点），并通信往来。

残简一函，《郭沫若书信集》断定其写于1936年5月，是根据信中说："太炎先生函已拜读，诚如弟言，不免有所偏蔽，……"云云，以为是指章太炎关于甲骨文致金祖同的信。金祖同正是据此作《甲骨文辨证》，并请郭沫若作序，而郭沫若的序文写于1936年5月22日。于是断定该残简写于是年5月。"太炎先生函"指章太炎致金祖同信谈论甲骨文事、其后金祖同作《甲骨文辨证》、郭沫若为其作序等事，大致不错，惟郭沫若作序一事，其实写的是

---

① 两信原件均无标点，亦未分段。
② 《郭沫若致文求堂书简》第120号，文物出版社，1997年12月。

一篇评论文章。该文发表的正式文本是日文，题目作《章太炎先生の金祖同に與へて甲骨文を論ぜし書を評す》，中文本并无篇题，直至 1940 年刊载于重庆《说文月刊》时才称《甲骨文辨证·序》。

郭沫若的评论文章写于 5 月 22 日，但据此便将该残简的书写时间认定于 5 月，似有不妥。从残简的内容看，起码应写于金祖同作《甲骨文辨证》之前，这时他还在与郭沫若通信谈论章太炎关于甲骨文的看法。之后，才有他作《甲骨文辨证》，还要有与郭沫若通信，才会有郭沫若撰写评论文章。而这些都发生在 5 月 22 日之前的二十余天内是不可能的。

其实，事情既然从"太炎先生函"说起，那就看看"太炎先生函"写于何时。查看章太炎的学术活动，可知他在 1935 年曾与金祖同有四通书信谈论甲骨文研究①，郭沫若在文章中亦写到"比者金君祖同得其手书四通，其前二通均以甲骨文真伪为主题，所见已较往年大有改进"这样的话，那么残简所提及的"太炎先生函"，应该就是指 1935 年的这四函书信。金祖同总不会一年后才去与郭沫若讨论"太炎先生函"。

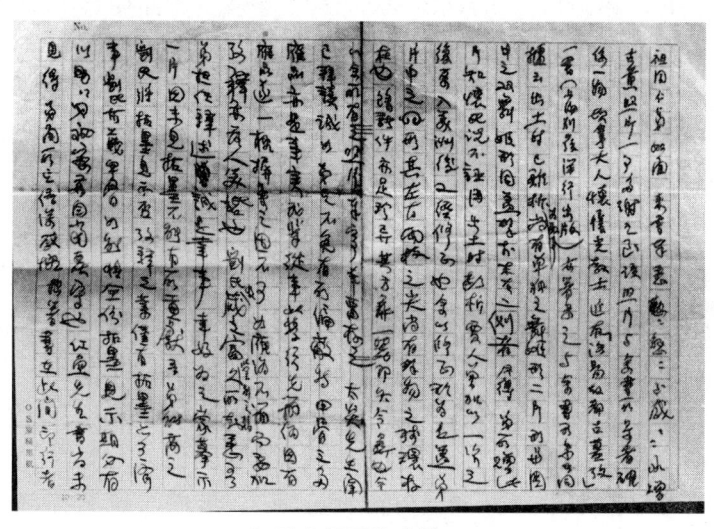

致金祖同信残简

事实上，在该残简中还提及一件有关时间的事情："该照片与余书所录者确系一物，坎拿大人怀履光教士近有《洛易故都古墓考》一书（上海别发洋行出版）亦著录之。"这里所说《洛易故都古墓考》，实应为《洛阳古城古墓

---

① 见姚奠中、董国炎《章太炎学术年谱》，山西古籍出版社，1996 年 8 月。

考》，出版于 1934 年。郭沫若编纂《两周金文辞大系》即用到该书图片，正是 1934 年的事情。残简中说到该书的出版用了"近有"的时间概念，当然距此不会很久，如是在两年后言及，不该称"近有"吧？

所以推断下来，郭沫若致金祖同的这一残简，应该写在 1935 年。

两函书简的书写时间可以确定了，虽然残简不能更精确到月份，但从这一残简还可以述及一件史事。郭沫若在信上说到"刘氏收藏之富，鉴别之精，久所知悉，吾弟担任释述，诚是幸事，幸好为之。蒙摹示一片，因未见拓墨，不能有所贡献。吾弟能商之刘氏将拓墨见示否？考释之业仅有拓墨亦可济事。刘氏所藏甲骨如能将全份拓墨见示，期必有以助"。这可说是他考虑编撰《殷契粹编》的开始。

1935 年 3 月《两周金文辞大系图录》出版，8 月《两周金文辞大系考释》出版，郭沫若当然又在考虑下一步的古文字研究了。他把目光瞄向刘体智所藏甲骨资料。刘体智即残简所称刘氏，乃清末四川总督刘秉璋第四子，曾在清廷户部银行任职，民国后出任中国实业银行总经理。刘氏一生嗜古，搜求古物，收藏甲骨 28000 片，青铜器 400 余件。曾将其藏品印行 10 种目录，其中《善斋吉金录》《小校经阁金石文字》最为著名。

此前，郭沫若在编纂《古代铭刻汇考续编》《两周金文辞大系图录》时与刘体智已经有了联系，得到过他寄赠的资料、书籍，也给刘氏寄赠过样书。① 他知道刘氏所藏甲骨丰富，更懂得其具有的学术研究的价值，当然也就极想看到这些藏品的拓片。在得知金祖同正为刘体智整理释述其藏品后，便想通过金祖同商请刘体智"将拓墨见示"。金祖同显然未负所托。转过年来 1936 年盛夏之际，金祖同赴日本留学，刘体智托他将所藏甲骨拓片辑录成 20 册的《书契丛编》带给郭沫若，并"允其选辑若干，先行景布"。

1936 年 10 月 5 日，郭沫若致信文求堂田中庆太郎，说："今稍得闲，拟自刘氏拓本中遴选二千片左右，按照尊意编成四百页上下一书。"接下去的几个月，他从刘氏拓本中"择取其一五九五片"，辑成《殷契粹编附考释索引》。书成于 1937 年 4 月，5 月由东京文求堂出版。

---

① 参见《郭沫若致文求堂书简》第 120 号、第 173 号、第 198 号，文物出版社，1997 年 12 月。

几函佚简与"两个口号"论争的史事

"国防文学"与"民族革命战争的大众文学"两个口号的论争，是20世纪30年代抗战全面爆发前夕左翼文化界发生的一件大事。论争在当年自是沸沸扬扬，几十年后也一直是现代文学史上引人注目的问题，虽然近些年有了新的重要史实的发现，至今仍不能说把所有的历史细节都梳理清楚了。有几函迄今被历史尘封起来的与郭沫若、茅盾、潘汉年相关的书信，揭示了一些人们所不知的史事。

一

茅盾是"两个口号"论争过程的一个重要参与者，而且曾在论争的双方之间充当过一个起调节作用的角色，其中就包括与当时流亡在日本东京的郭沫若的一信联系。在自己晚年的回忆录中，茅盾对于"两个口号"论争的过程，他所撰写的文章和在论争双方所做的调解工作，都有详细的记述。但有一些事情，他可能遗忘了，或是因为什么原因而没有记录下来。

郭沫若在论争中是主张"国防文学"这一口号的，他所撰写的几篇阐述"国防文学"口号的文章是相当有影响的，他的一些见解也得到鲁迅、茅盾的赞同。为此，茅盾说他曾给郭沫若写过一封信。他在自己的回忆录中这样写道：

鲁迅答徐懋庸的信发表之后，我曾给在东京的郭沫若写过一封信，希望在两个口号的论争中我们与鲁迅的步调一致，共同地积极地引导青年向正确的方面,使这场论争早日结束。郭沫若没有给我回信。但从《蒐苗的检阅》这篇文章看,他不赞成我的意见。①

与此相关的是,茅盾早在"两个口号"论争中撰写的最后一篇文章《谈最近的文坛现象》中就记述到这一信联系之事。该文中特别提到:9月下旬,金祖同偷偷拿来发表了郭沫若所拟写的一副戏联,并在发表的"后识"中说他看见了茅盾写给郭沫若的一封长信,"大致是劝他对此番论争,不要发表意见,以免为仇者所快,似乎是动以大义"。茅盾在文章中写道:"一个月前,我确有一信写给郭沫若先生(今天有一位新从日本来的朋友说他也见过),但这封信,除谈及上海文坛之'纠纷'及离奇的'谣言'外,我是请沫若先生积极发表意见,引导青年们到更正确。金祖同说我劝沫若'不要发表意见',那不是活见鬼么?"②

然而,茅盾在回忆这段历史情节的时候大概忘记(或是有意略去)了:郭沫若给他回过信,而且他们之间应该不只是一信往来。

1936年8月15日,鲁迅《答徐懋庸并关于抗日统一战线问题》这篇文章发表后,"两个口号"的论争趋于结束。但真正标志这场论争结束的,是发表于9月下旬《文学》第7卷第4号、《新认识》第2号上的《文艺界同人为团结御侮与言论自由宣言》。这个由鲁迅、郭沫若、茅盾、林语堂、巴金、周瘦鹃、包笑天等文艺界各方代表人物21人签名的宣言的发表,不但表示"两个口号"的论争结束,而且表明,文艺界在抗日救亡的旗帜下联合了起来。关于这篇宣言发表的经过,茅盾在回忆录中,只有一句写道:"到九月中旬,冯雪峰已在为发表一篇《文艺界同人为团结御侮与言论自由宣言》而奔忙。"③他没有说起宣言起草的经过,文学史也没有记载这篇宣言出自谁的笔下。

事实似乎却是,这篇宣言的起草应该与茅盾本人密切相关。

上述两桩与茅盾直接关联,而又大概是被他所遗忘了的事,在保留下来的两封茅盾致郭沫若的信,以及由他转寄的一封潘汉年致郭沫若的信中有所记录,其中还包含有其他一些历史信息。④

茅盾的这两封信是于1936年7月21日、9月23日写给流亡在日本的郭

---

① 茅盾:《我走过的道路》,人民文学出版社,1984年5月。
② 茅盾:《谈最近的文坛现象》,1936年10月10日《大公报》国庆特刊。
③ 茅盾:《我走过的道路》,人民文学出版社,1984年5月。
④ 以下所录三封信函的引文均据原信手迹,信存郭沫若纪念馆。

沫若的。他在《谈最近的文坛现象》和晚年回忆录中所记述的那封信,写在"鲁迅答徐懋庸的信发表之后",金祖同在郭沫若那里看到这封信是9月2日之前(见金祖同所写的"后识"),故该信应是写于8月中下旬。那么,我们目前可以知道,在1936年的夏秋之间,茅盾给在日本的郭沫若至少是写过三封信。这三封信都非朋友辈之间互致问候那种礼节性的通信,所谈之事,均与"两个口号"论争有关。这些在茅盾的年谱和传记中并无记载。

二

我们先看被茅盾遗忘的两封信中所写之事。

7月21日的信是一封短信。主要是为转寄潘汉年特意致郭沫若的一封信函。然后写道:"公信(拟取公开信的形式)正属草中,待脱稿后再由此间各位朋友补充校订。"顺便说一下,郭沫若流亡日本期间一直受到日本警方的监视,所以朋友们给他的信件,为慎重起见,或通过内山书店转寄,或在信封上把收信人写为"佐藤和夫"(郭沫若长子的名字)。茅盾在致郭沫若信时大概也考虑到这一点。这封信的信封上亦署收信者为"佐藤和夫",寄信人则署名"沈惕若"。"惕若"是茅盾使用过的一个笔名。

从信的行文看,在此信之前,茅盾似应还有过信函致郭沫若,所以此信才能不做任何寒暄,直说"公信"事。茅盾正在起草的"公信"是怎么回事,又是遵谁之嘱呢?这需要看潘汉年特意致郭沫若的那封信。

昔日后期创造社小伙计的潘汉年,此时携带着中共驻共产国际代表团的任务刚从莫斯科回国不久。信的开始是寒暄问候,并讲述了与郭沫若流亡生活有关的一些人、事。接下去写道:

> 国内文化界情况想深知一切,宗派与左稚倾向依然严重,我们有许多意见,要你、茅盾、鲁迅三人共同签名发表一个意见书公开于文化界——内容侧重文学运动,与你所写反对卖国文学的联合战线诸论点差不多,已由茅盾兄起草,恐来不及经你过目,可是我们相信发表后不会使你不满意,或少有未尽善尽美之处,盼你另文补充,发挥。我们认为在原则上不会有不同意见,所以擅越替你签名了,请原谅。

潘汉年还建议郭沫若道:"能够利用各方面向你讨稿子的机会,发挥一下你的写作是有很大的意义。可是那些年青朋友闹意气，包办、自负的纠纷，能够适当的给他们一个纠正，在目前特别有意义……"

这里所说的文化界"宗派与左稚倾向"和闹"纠纷"，显然就是指在"国防文学"口号提出后到两个口号开始论争中所表现出来的问题。而由茅盾在起草的"公信"，应该就是后来那篇《文艺界同人为团结御侮与言论自由宣言》在开始起草时的考虑。这从另一封信中可以看得更清楚。

茅盾在9月23日信中所写的第一句话是："九月十二日信早已收到。迟复为歉。"郭沫若这封写于9月12日的信，应该就是复茅盾8月中下旬写给他的那封信。这说明茅盾在回忆录中所写的"郭沫若没有给我回信"，至少是记错了。

在信中，茅盾告知郭沫若："宣言已发，附奉一份。"并谓："桂局已经'解决'，故将反对内战一段，索性删去。原有反对'剿共'一段，因多数自由主义作家主张不加提明，而不提明则反觉'羊肉不吃惹到一身骚'，故弟等商议之结果，亦爽性删去。现在此宣言已没有多大积极的政治意义，然为推动广泛的救国运动计，势不能只有我辈少数人署名，权衡目前之需要，故遂为此做了。"

茅盾接着写道：

> 最近两篇大作均已拜读。"纠纷"已有清结之势。九月号《作家》有吕克玉一文，不知已见到否？尊见如何，便中盼以相告。据弟所知，此文为清算此间过去文艺运动之宗派主义公式主义而作，脱稿尚早在八月中也。此文中亦提及"创作自由"。弟最初在"关于引起纠纷的两个口号"中仅略提一句，盖因此口号为策略，意在引致现在颇有"自由"的多数作家为我们争取我们的"自由"之外围；既系策略的口号，是不便明说的。然而因为周扬之过左的高调，弟不得不在"再说几句"一文中指出"在今爱国有罪之世，创作之不自由者恐仅国防文学耳"（引用尊语），而吕克玉文中亦不得不指明：在今日主张"创作自由"是有利于我们的策略了；这样"拆穿了西洋镜"，真是万不得已，而所以致此者，实缘此间"文坛"上抱有"我们操有文艺统治权"之幻想者甚多，初不止周扬一人。我们明白认知，现唯前进文学之影响力为最大，然我们亦应明白认知，现在我们是被"统治着"——即没有发表的自由，再进一步说，亦正唯前进文学之影响为最大，故我们不必忧虑"创作自由"之口

号会妨碍了自己,便宜了别人。此一口号之所以能在今日可运用为策略的口号,其现实根据有若此者。今虽不得已而来拆开了西洋镜,但仍拟巧妙地运用起来。甚盼台端运巧妙的笔法,来作后援。

在信的结尾处,茅盾说:"在最近将来,弟拟写一文,表示'争端'了结。金祖同君在台端戏拟之对联后所加'附记',无端加弟以用'手段'的罪名,此层弟不得不有声明。"于是,写罢这封信后三天,茅盾即撰写了《谈最近的文坛现象》一文。

从拟以鲁、郭、茅三人联名发表的"公信",到最后由文艺界各方代表人士共同签署的宣言,操作此事者当然是根据论争过程中文艺界情况的变化改变初衷而达成最后的结果。但茅盾应该自始至终都是参与者,并且是文稿的起草人或起草人之一。《文艺界同人为团结御侮与言论自由宣言》发表于9月20日,茅盾三日后即给郭沫若写了这封信,可以说是对他们二人之间通信讨论此事所做的最后知会。

三

从这几封书信中,我们可以获得一些非常有意思的历史信息。首先一点就是茅盾与郭沫若之间多次通信往来这件事。

其实,仅就茅盾在《谈最近的文坛现象》和回忆录中提及的那封信函,我们应该就有一个疑问:为什么在"两个口号"论争激烈之时,茅盾会突然致信一封给流亡海外的郭沫若?他出于什么考虑,又以何种身份?

茅盾与郭沫若在20年代初因成立文学研究会的事情相识。不久,创造社成立,分别为两个文学社团核心人物的二人就打起了笔墨官司。所以,二人虽然都活跃在五四新文坛上,之间的交往却并不多。大革命期间,他们先后都在广州、武汉,从已知的史料看,却并无来往。大革命失败以后,两人先后流亡日本,其间的1928年7月至年底,两人都在东京地区,但未曾见面,也没有联系。茅盾于1930年回国。郭沫若则一直在日本滞留不能归国,又因一直受到日本警方的监视,故深居简出,与国内文坛也很少交道往来,以致有朋友担心他会变成"石人"。所以,如果不是有什么特别的理由,茅盾当然不会突然联系郭沫若。

上述三封信应该是解答了这个疑问。茅盾不是以一般文坛朋友的身份致信郭沫若，潘汉年也不是以私交给郭沫若写信，这是一个经过"我们"（潘汉年信中语）商量的举动，而且鲁迅也应该是知道此事的。联系的起因，就是商议此事的"我们"，希望以鲁、郭、茅三人在文坛的声望和影响力，"清结"文坛上论战、"纠纷"的局面。

郭沫若在整个流亡日本期间主要从事中国古代社会和金文甲骨的研究，与文坛的关系相对来说是疏远了。但在1935年以后，因为与留日的一批左翼文学青年交往日益密切，并参与了"左联"东京分盟的活动，他在继续学术研究的同时，文学创作和文学活动日渐增多，也逐渐恢复了与国内文坛的联系。因而，他积极参与了"国防文学"口号的讨论和之后两个口号的论争，为此撰写了多篇文章。郭沫若本来并不赞成"国防文学"的提法。1936年春，在东京质文社的一次编委会上，"左联"东京分盟的负责人任白戈传达了上海方面提出的"国防文学"的创作口号，征求众人的意见。郭沫若认为，用"国防"二字来概括文艺创作不妥，与会的其他人也都不赞成用"国防"二字。任白戈回到上海，把意见带给党的文委负责人，返回东京后告诉大家说，"这是党的决定"。① 临了又特意给郭沫若带去《八一宣言》，让他了解中共关于建立抗日民族统一战线的政策。郭沫若接受了"国防文学"的口号，并于6月14日写出了《国防·污池·炼狱》一文，阐述他对于"国防文学"口号的理解。我们可以设想，倘若郭沫若一直沉浸在书斋里做他的历史学和古文字学的学问，茅盾与他联系的历史情节大概就不会发生了。

其次一点让人感兴趣而又完全不曾为人们所知的情况是，"我们"何以会考虑采用以鲁迅、郭沫若、茅盾"三人共同签名发表一个意见书公开于文化界"的方式来平息文坛的"纠纷"？何以由茅盾来起草这一"公信"？后来为什么又改变为文化界同人集体签名的宣言？

在新文坛尤其是左翼文学界，鲁、郭、茅三人的声望和影响力当然是无出其右者，"我们"既然考虑到由什么人来发表一纸意见书的方式，以平息左翼文学界发生的"纠纷"，那么用鲁、郭、茅三人的名义，自然是顺理成章的一种选择。但这里毕竟还存在着一个特定的原因：远在海外的郭沫若此时又参与到国内文坛的活动中，更主要的是，他刚刚发表了《国防·污池·炼狱》一文，支持并阐释了"国防文学"这一口号，自然会被视作主张"国防文

---

① 臧云远《东京初访郭老》，《悼念郭老》，生活·读书·新知三联书店，1979年5月。

学"口号的周扬一派,解决"纠纷"的局面,需要他一起努力。

其实在撰写《国防·污池·炼狱》的时候,郭沫若应该还没有看到胡风的《人民大众向文学要求什么》一文。该文6月1日发表于上海《文学丛报》月刊第3期,提出"民族革命战争的大众文学"的口号。即使他在写文的过程中看到了该文,也并未想到与其提出的新口号针锋相对,所以《国防·污池·炼狱》一文中没有论及"民族革命战争的大众文学"这一口号。

郭沫若的文章发表在《文学界》7月10日第1卷第2期上。巧的是,《文学界》的编者在这一期刊物中编辑了一组文章,其中包括郭沫若的《国防·污池·炼狱》、鲁迅的《论现在我们的文学运动》、茅盾的《关于〈论现在我们的文学运动〉》三篇。编者在茅盾的文章后写有一个"附记",说是希望借鲁迅和茅盾文章的提示,展开对于"国防文学"和"民族革命战争的大众文学"两者关系的讨论。鲁迅的文章虽然没有点明"民族革命战争的大众文学"是由谁提出的,但阐释了该口号含义,表明了自己的主张。该文本是在胡风的文章刊出后,为补救在文坛引起误解并加大了分歧的局面,经与冯雪峰、茅盾等商量后撰写的。茅盾原来赞成过"国防文学"的提法,在这篇文章中则表示赞同鲁迅的意见。这就形成了一个人为的对比组合:郭沫若主张"国防文学",鲁迅、茅盾主张"民族革命战争的大众文学"。但实际上,郭沫若是在只有一个口号的情况下讨论"国防文学"的概念,鲁迅、茅盾则是在提出了"民族革命战争的大众文学"后,在讨论两个口号的关系中阐释这一口号的含义。

鲁、郭、茅三人的文章同时发表在同一刊物的同一期上,本来就是罕见的,又构成了一个对立论争的情势,这确实是有看点的。《文学界》是周扬一派主张"国防文学"口号的阵地,他们是否有意做这样的安排不好妄言。然而,即使他们在主观上想通过讨论来弥合两派主张之间的分歧,但这样安排的结果,恐怕适得其反。事实也是如此。在鲁迅发表了《答徐懋庸并关于抗日统一战线问题》一文并说明了提出"民族革命战争的大众文学"口号的经过后,郭沫若又撰写了《蒐苗的检阅》。他虽然赞同鲁迅所说的"问题不在争口号,而在实做","大战斗却都为着同一的目标,决不日夜记着个人的恩怨",但是仍然坚持"国防文学"的主张,并要求鲁迅撤回"民族革命战争的大众文学"的口号。茅盾看到该文后,与鲁迅讨论这篇文章,"鲁迅说,不必理睬它了,它只是就口号来反对口号,对于我们提出的文艺家联合阵线的大原则,文章还是赞成的。而且,郭沫若是创造社的元老,底下有一大帮人,如果我著文反驳，马上会有一群扑上来的，犯不着"。① 这虽然是后话，但确是当时文坛的实际情况。"我们"大概正是因为预见到了"纠纷"可能会进一步加剧，所以当《文学界》7月10日出版后，茅盾、潘汉年21日即致信郭沫若，商量以鲁、郭、茅三人名义发表"公信"之事。

用三人的名义发表一个意见书，以鲁迅与郭沫若之间"'未尝一面'而时每'用笔墨相讥'"②的关系而言，当然只有茅盾来做起草人是合适的。而且，茅盾在所谓的"周扬派"与"胡风派"之间也相对处在一个居间的位置。

从7月下旬潘汉年、茅盾与郭沫若商议发表一封"公信"，到9月下旬茅盾函告郭沫若"宣言已发"。我们可以推测在这两个月中间，茅盾与郭沫若还应有不止一次的信件往还讨论这件事，但是我们现在无法知道他们讨论了什么，也无法知道"公信"何以未成，而又演变为一纸"宣言"。

茅盾起草的意见书的内容，从他对8月中下旬写给郭沫若那封信函的记述，他当时所写的文章《关于〈论现在我们的文学运动〉》《关于引起纠纷的两个口号》《再说几句》，以及9月23日致郭沫若信中关于"宣言"的说明可知，主要应该包括两点：一是对"两个口号"的争论一致采取鲁迅的意见；二是提出"创作自由"的原则。那么，从郭沫若写于8月30日的《蒐苗的检阅》一文中，我们可以很清楚地看到，他并不赞同茅盾的意见。就在写罢此文的两天后（9月2日），他在金祖同寓所戏拟了一副对联："鲁迅将徐懋庸格杀勿论弄得怨声载道，茅盾向周起应请求自由未免呼吁失门"③，虽为戏言，其实表达的也正是他在《蒐苗的检阅》中所写的两层意思。意见不同，自然无法联名发表意见书。

从另一方面看，鲁迅在答徐懋庸的文章中点明"民族革命战争的大众文学"的口号是由他提出的之后，以周扬为首的"国防文学"派停止了争论，胡风在此之前已经不再写论争的文章了，而冯雪峰以吕克玉的署名撰写的《对于文学运动几个问题的意见》带有总结文坛纷争和"两个口号"论争的意思（茅盾在信中也向郭沫若说明了），论争基本上结束。在这种情况下，当然就更没有必要再发表三人联名的意见书。

尽管如此，停止关于口号的争论并非目的，口号的提出，本是为"最大

---

① 茅盾：《我走过的道路》，人民文学出版社，1984年5月。
② 郭沫若：《蒐苗的检阅》，《文学界》1936年9月10日第1卷第4期。
③ 载《今代文艺》1936年9月20日第3号。

限度地动员文艺上的一切救亡力量",从而结成一个广泛的抗日民族统一战线,所以在"口号战"平息后,还需要以一种什么形式来表明文艺界的联合。发表一个广泛的宣言,显然是最好的选择。从茅盾9月23日信可以看出,宣言的起草或者并未另起炉灶,而是从"公信"的意见修改而成,或者另行起草,但在起草时也已经商告了郭沫若。

这几封书信中第三点值得注意的是,潘汉年在"两个口号"论争这一历史场景中的出现。他在论争中充任了一个什么角色呢?

"国防文学"与"民族革命战争的大众文学"两个口号的先后提出,以及之间发生的论争,实际上反映的是中国共产党内对于如何建立抗日民族统一战线的不同思想认识,以及确认统一战线思想的一个认识过程。周扬领导的上海地下党文委,在失去与中央联系的情况下,根据共产国际第七次代表大会和《八一宣言》的精神,提出"国防文学"的口号。冯雪峰作为中央特派员的任务之一,就是根据瓦窑堡会议所确定的党的抗日民族统一战线政策做统一战线的工作。他到上海以后,经与鲁迅、茅盾商议,提出了"民族革命战争的大众文学"这个口号。两个口号之间有分歧,自然就会有争论,但后者一经提出,即引发了激烈乃至对立的论争,实在是因为其中纠缠了许多口号之外的因素:文坛上原就有的所谓"周扬派"与"胡风派"的矛盾、周扬与冯雪峰之间的矛盾、冯雪峰工作方式方法上的欠考虑等等。我们目前为止所知道的是,从"民族革命战争的大众文学"口号的提出,到两个口号展开论争直至结束,作为中共特派员的冯雪峰是在其中作为一个主导者的人物。是他与鲁迅、茅盾商议提出了"民族革命战争的大众文学"这一口号,也是他在胡风擅自以个人名义贸然捅出这个口号,因而引起两个口号之间发生激烈争论的情况下,尽力做工作平息这场纷争。潘汉年是一个从未出场的人物。但在考虑以鲁、郭、茅三人联名发表意见书这件事上,刚从国外回来的潘汉年却现身了。

联系郭沫若商议发表一个意见书,由潘汉年出面,首先会让我们想到的一个原因是,潘汉年原为创造社成员,北伐期间又进入国民革命军总政治部,与郭沫若的关系自然非茅盾同郭沫若的关系所能相比。茅盾此前与郭沫若并无同事或合作关系,那么潘汉年出面可以使得双方更顺利地沟通。如是,则潘汉年只不过充当了一次联系人。可是从他致郭沫若信的内容和写文的口吻来看,他在考虑发表意见书这件事上显然是局内人。"我们有许多意见,要你、茅盾、鲁迅三人共同签名发表一个意见书公开于文化界……"潘汉年这里所说的"我们"当然包括他自己,还应有冯雪峰、茅盾、鲁迅等,但恐怕不包括周扬。

潘汉年自1929年6月担任中共中央宣传部"文化工作委员会"第一任书记后,有两年时间是在上海领导左翼文化运动,"左联"就是在他任内成立的,所以他对上海左翼文化界的情况非常熟悉,而且与各方的关系都很好。然而,此时逗留在上海的潘汉年却不是受命做这里的文化工作。他是在莫斯科由中共驻共产国际代表团派遣回国参加国共谈判联络工作的。潘汉年在5月抵达香港,后又到南京,在两地先后会见了国民党的谈判代表,7月来到上海,与冯雪峰接洽,研究如何去陕北的方案。那么他怎么会"插手"文艺界的"纷争"呢?

自胡风擅自以个人名义提出"民族革命战争的大众文学"口号后,六七月间上海文化界的"纷争"呈愈演愈烈之势,冯雪峰与周扬的矛盾也使得他们之间的对立情绪更严重。这肯定是令冯雪峰头疼的情势。潘汉年恰在此时来到上海,我们是不是可以做这样的推测:在他与冯雪峰研究去陕北方案的同时,冯雪峰也想到请潘汉年为自己的工作助一臂之力。以工作职责而论,潘汉年不该插手此事,但他被派遣回国就是做国共谈判工作的,在沪期间,他曾会见了宋庆龄、沈钧儒等,向他们介绍中共关于建立抗日民族统一战线的主张,那么顺便协助一下文化界的统一战线工作也就义不容辞了。郭沫若因主张"国防文学"是被看作"周扬派"的,而若想把鲁、郭、茅三人聚合在一起,就冯、潘二人的文坛经历和关系而言,唯潘汉年有可能做得到。所以,由鲁、郭、茅三人发表一个意见书的考虑,极有可能是潘汉年想到的。

然而潘汉年在7月底8月初,也就是刚刚联系了郭沫若后即起身前往陕北,所以事情往下的发展他没有参与其中。"公信"考虑的搁浅,是否与此也有关系呢?我们不好断言。但是两个口号论争结束之后,冯雪峰与周扬关系的尘埃落定,却是在潘汉年10月又返回上海做中共办事处主任任内。冯雪峰担任了中共上海办事处副主任,成为潘汉年的助手;周扬则在1937年9月由潘汉年安排转去延安工作。

在看过这几封信后,还有一个问题却是令人难以理解的:茅盾何以会把与郭沫若往来通信,转寄潘汉年致郭沫若的信,起草拟由鲁、郭、茅三人联署的意见书及《文艺界同人为团结御侮与言论自由宣言》这些事情完全遗忘了呢?如果说茅盾在1936年只是偶然与郭沫若通过一次一般的信函,那么他在近半个世纪后写回忆录的时候忘却此事,倒也不足为怪。但茅盾与郭沫若之间原没有通信联系,他是专门为当时文坛上发生"纠纷"这样的大事而与郭沫若通了若干封信,应该是不可能忘记的。何况8月下旬致郭沫若的那封信,他并没有遗忘。虽然也可能是因为此信已经记录在了文章中,但只要记起这封信,相关的事情应该会回到记忆中吧。那么更大的可能是,茅盾有意淡忘了这件事情。毕竟新中国成立后再谈起"两个口号"论争的话题是在50年代后期,而与这些事情有关的潘汉年已在1955年蒙冤入狱,直至茅盾撰写回忆录的1979年,那都是一个不便被提起的名字。

这几纸尘封起来的信中披露的人、事,让我们看到了在"两个口号"论争过程中一些完全不为今人所知的历史细节。这些历史细节也许并不足以改变人们已有的对于"两个口号"论争的基本判断和评价,但它们补充了我们对于这段历史过程的描述。同时,这些资料让我们看到了在此之外,还应该有一些新的可能性,还应该有许多历史细节尚待发现,这是我们能够真正还原"两个口号"论争的历史场景所期待的。

《郭沫若致文求堂书简》的疏误

《郭沫若致文求堂书简》（以下简称《书简》）收录了自1931年6月至1937年6月间，郭沫若致日本东京文求堂主人田中庆太郎及其子田中乾郎、田中震二的书信230函（实为229函）。这是郭沫若流亡日本期间数量最多，也最为重要的一批文献史料，其中包含有大量关于郭沫若学术研究、文化活动、人际交往、生存状态等等的历史信息。《书简》由中日两国学者合作整理、翻译、编辑而成，文物出版社1997年12月出版。

《书简》出版已逾十年，但似乎并未被郭沫若研究者所重视，许多论者言及郭沫若的流亡生涯，仍然只是延用、援引那些少得可怜的、大家早已熟知的史料，这不能不说是很大的遗憾。另外一个需要提及的事情是：《书简》本身在整理的过程中，存在一些疏漏、舛误或存疑的问题，文字录入方面的差错亦有不少，需要再做些考订的工作，以期这一批文献史料能够更为精细、准确。下面对于《书简》中一些存在问题的书信，以及一些原未署日期但可以为之确定较确切日期的书信做一番考订。单纯属于文字释录的差错，因《书简》收有完整的原件图片，不另勘误。

一 《书简》第45－（2）号

列于《书简》第45号信函中的这一页信笺不是一封书信，而只题写有一首诗。这是郭沫若以"蒙倛外史"署名题写的一首诗，应该也是他自己所作，题赠田中庆太郎的。因该页信笺没有书写日期，又与第45－（1）号信函置于同一封套内，故《书简》将其附于该信函后。诗是这样写的：

江亭寂立水天秋，万顷苍茫一望收。
地似潇湘惊肃爽，人疑帝子剧风流。
寻仙应伫谢公屐，载酒偏宜苏子舟。
如此山川供啸傲，镂工尽足藐王侯。
　　　　壬申岁暮　　蒙倛外史

　　第 45 – （1）号信写于 1932 年 10 月 30 日，是郭沫若以一首打油诗的形式写给田中庆太郎商议一起赴京都行程之事的，这是他一次重要的学术寻访。题写在另页信笺的诗，署"壬申岁暮"，壬申年是 1932 年，10 月末称"岁暮"也勉强可以，但以诗的内容而言，决非写于此时，或者说应该不是写于郭沫若在市川居家的时候。其诗的创作，明显的是由于诗人出行在外，看到一片并非日常习见的山川景色，而情有所动，心有所感，触发了诗兴，才能写出来的。那么，能给郭沫若以写此诗灵感的，应该是在京都一行期间之所见。

　　自 1928 年初起便蛰伏于市川真间山下江户川畔，且身受日本警方的监视，郭沫若活动的范围基本就是在东京、市川两地之间。1932 年 11 月初开始的那次赴京都的学术寻访，是他仅有的一次远足之旅。京都是日本平安时代的古都，地处关西，无论山川风物还是历史人文景观，自大异于（在很多人眼中也胜于）东京地区的江户川畔。具有诗人性情的郭沫若至京都一行，虽为寻访甲骨文资料，而非游览山水，又岂能没有诗意诗情的翻涌？"如此山川供啸傲，镂工尽足藐王侯"。这样的诗句，只有在这样的情境中才可以吟咏出来吧！至于是不是"地似潇湘"，那倒全看彼时彼地在某种心境下人的感觉了。

　　要言之，列为第 45 – （2）号者，虽置放于郭沫若 1932 年 10 月 30 日信函封套内，但非随该信附寄。诗应是郭沫若 11 月初往京都出行期间所作。郭沫若赴京都有田中震二陪行，又得到田中庆太郎帮助（参见《郭沫若致文求堂书简》第 48 函），他有诗作，自然会寄田中。至于该信笺怎样得到田中庆太郎手中，则可暂存疑。

二　《书简》第 63 号

　　按《书简》提供的信息，这是一未见信封，未署日期，但与其他 1932 年的书信放在同一袋内的"残片",《书简》将其作为一残简。该"残片"只有一页,全部文字是"丹翁《读释祖妣》"及一首打油诗"一沫读之若有味,略翻数页淡可记。他说牡牝是祖妣,读者以为确之至。既云古初拜生殖,之二者究像甚器。盍求土音从何来,证我发明之文字"。

仅仅据此将其认定做一函书简,恐过于牵强。《释祖妣》是郭沫若的一篇考释古文字之作,收在《甲骨文字研究》中。《甲骨文字研究》1931 年 5 月由上海大东书局出版。这一页文字所抄录的《读释祖妣》,应该就是身在上海的丹翁(张丹斧)读到《释祖妣》之后所作的一首诗,而他将诗附于书信中寄给了郭沫若。张丹斧与郭沫若在那段时间多有书信往来,这在《郭沫若致文求堂书简》中屡有记载。残页文字从笔迹看,确是郭沫若手迹,那么,它就有可能是郭沫若抄录下丹翁的诗寄示田中庆太郎的(张丹斧与田中庆太郎也因郭沫若介绍而相识)。即使如此,这也仅仅是郭沫若附在给田中庆太郎或是文求堂信函中的一纸而已,没有相应的书信,这一纸文字恐怕不好称残简,只能做一纸手迹残页罢了。

三 《书简》第 92 号

此信函未经邮寄,信封上书有"烦抱石兄持交"的文字,应是由傅抱石交与田中庆太郎的,而信末只署写于"六月五日",年份不详,《书简》将其断作 1933 年 6 月 5 日。这一时间有误,从此信内容可以查考其书写的准确时间。

这是一封为傅抱石写给田中庆太郎的介绍信,介绍傅抱石联系文求堂印书之事。信的全文为:"傅抱石君有《摹印学》一部,欲在此间出版,不识贵堂能承印否?特为介绍。如贵堂乐意承印,据傅君云,条件可不拘,请酌裁。"又"附白:《图录》原稿本已妥收,丹翁信亦接读。外,原稿数纸并附上,乞查收是幸"。

傅抱石在日本留学期间与田中庆太郎相识是通过郭沫若,在《书简》中,我们可以找到郭沫若初次介绍傅抱石去见田中庆太郎的那封信:写于 1934 年 11 月 18 日的一封信(《书简》第 166 号)。信没有邮寄,是傅抱石面交田中庆太郎的。信中写道:"顷有中国篆刻名家傅抱石君(尤善刻细字,且工画)欲与尊台一谈,特为介绍。"比较其与第 92 号的文辞即可看出,虽同为傅抱石向田中庆太郎介绍之语,第 92 函信绝不会写在第 166 函之前。

信中"附白"所言"《图录》原稿本已妥收",应是考订此信书写时间的依据。"《图录》"在郭沫若致文求堂的书信中是指《两周金文辞大系图录》。我们按时间梳理一下郭沫若写给文求堂田中父子的信函,就可以看到,《两周金文辞大系图录》一书的编纂之事,是1933年12月才在文求堂与郭沫若之间确定下来,在开始时称作《两周金文辞图版》。在往来通信中,郭沫若简称其为《金文辞图版》或《图版》(见《郭沫若致文求堂书简》第106号、第107号、第108号)。在他写于1934年1月的信函中,开始简称作《图录》(见《郭沫若致文求堂书简》第112号),此后便一直将该书简称《图录》或《大系图录》。这也说明《书简》第92号信函,是不可能写于1933年6月的。那时,郭沫若正在做石鼓文研究。

《两周金文辞大系图录》的编纂大致完成于1934年11月,后又有些补遗、置换图片等工作,1935年3月5日由文求堂影印出版。在5月26日郭沫若致田中震二的信上,写有这样的文字:"《图录》原稿装订事,请催促之。"显然,郭沫若是在《两周金文辞大系图录》出版后,催促文求堂将原稿装订好(文求堂出版郭沫若古文字研究的著作,均以原稿影印,出版后原稿返还郭沫若)。那么,第92号信函中"《图录》原稿本已妥收"的话,应该就是郭沫若在收到文求堂寄还装订好的《两周金文辞大系图录》原稿本后的回复了。紧接着,郭沫若在6月13日的一封信中,又"另纸《图录》勘误"附寄给田中庆太郎,显然这是在又校看了《图录》稿本后所做的"勘误"。因之,第92号信函应写于1935年6月5日。

四 《书简》第211号

《书简》遗漏了此信一行文字。

"本日海军参与官永田善三郎氏来函,要求面谈,拟于明正六日拜借贵府二楼一叙,不识有妨碍否?"此信写于1936年12月18日,一日本海军军官要求与郭沫若面谈,郭沫若选择的会面地点是在文求堂,这样的信息,在郭沫若致文求堂所有书信中应属最特别的了。其中包含的可能是迄今我们尚不知晓的郭沫若流亡期间人际往来的某一方面。

信函接下去的内容更耐人寻味:"如蒙玉诺,别纸致永田氏函,请加封付邮为祷。(如不便,尚乞示知,该函即请毁弃。)"其中括号内的文字应系后补的,小字写在正文旁。《书简》所遗漏的即为括号内文字。从这段文字特别是

《书简》所遗漏的那句话来看,永田善三郎要求与郭沫若面谈的事情,恐非寻常小事,也非文化学术方面的事情,所以郭沫若也是小心谨慎的。他既不在家中,也没有随意找个地方(譬如咖啡厅)做会面地点,而选在文求堂,显然是刻意的,刻意让二人的会面在一个第三者田中庆太郎(这当然是他信任的朋友)的视线范围内(虽不一定在场)。所以,他会把给永田善三郎的信交田中庆太郎封寄,如果不能会面,也由田中庆太郎将该信毁弃。后面这一点很要紧,这实际上表明,如果不能在文求堂(也就是自己可以信任的朋友所在的场合)会面,郭沫若即不会应允永田善三郎面谈的要求。

一位日本海军军官想约一个中国学者,却也是一个政治流亡者面谈,这是可以有充分想象的空间的。不过,转过年去的1月6日,郭沫若是否与那位永田善三郎会晤面谈,我们就不知道了。这第211号信函,可以立此存照,或许日后会有相关的史料发现,填补那让人想象的空间。

五 《书简》第59号

该信函落款处只署有"八日",没有年月,但该信原存放于1932年袋内。《书简》"疑"其日期为6月8日或7月8日,但未予确定。该信写道:"日前蒙嫂夫人赐以多珍。昨日震二君来,复拜领种切,谢甚。目下正草《创造十年》之作,但苦幼儿纠缠,颇不易就。稍暇拟来京奉访。"以信中"正草《创造十年》之作"诸语可知,该信写在1932年不错(《创造十年》作于1932年)。1932年7月23日,郭沫若致现代书局叶灵凤的信中写有这样的内容:"《创造十年》只成前编,你们既赶着要出书,只好把前编寄给你们,但我的条件是……"① 现代书局应该是接受了郭沫若的条件,郭沫若也将《创造十年》的撰写告一段落,并于9月11日写了《作者附白》将书稿交现代书局。9月20日,《创造十年》出版。

从这样一些相关联的日期来推断,郭沫若给田中庆太郎信的书写日期当在9月初旬之前,但"疑为六月八日或七月八日"的断定,从逻辑上说并不严谨。这样推断,无非是依据"正草《创造十年》之作,但苦幼儿纠缠,颇不易就"与郭沫若在7月下旬已经在同现代书局协商出版《创造十年》这样两个情况做出的。但是郭沫若与现代书局商讨出版条件,并不能说明他已经

---

① 载孔另境编《现代作家书简》,上海生活书店,1936年5月初版。

结束了《创造十年》的写作。同时,《创造十年》的撰写开始于 1932 年的哪一个月,并没有一个确切的时间记载。郭沫若在《五十年简谱》中记:"夏,草《金文丛考》及《创造十年》。"而从《创造十年》"发端"的叙述中看,则应开始于 1932 年初(3 月前后)。事实上,《金文丛考》的编撰在 4 月就开始了①。所以,郭沫若关于"夏"的时间概念,也只是一个大概的说法。从逻辑上说,3 月至 9 月初旬之前的几个月份(8 月除外,当月 8 日郭沫若已有一封致田中庆太郎的信),都应在查考郭沫若该信书写时间的范围之内。

以现有的资料而言,应该说还不能从 3 月至 9 月之间,以逐一排除的方式考订郭沫若该信书写的月份。但我们所知郭沫若在 6 月与田中庆太郎来往通信的一个情况,可以提供一种考订的判断。6 月 6 日,郭沫若给田中庆太郎写有一信,信中说:"昨奉扰竟日,快慰莫名。""《金文丛考》解题拟另作。又《金文余释》校勘多疏,祈掷下,或由震君携来最好。"② 以此信所述之事与第 59 函的内容对照起来看,两者似正相关联:第 59 函谓"日前蒙嫂夫人赐以多珍"之"日前"事,应该就发生在 6 月 6 日信中说的"昨奉扰竟日"之"昨日"。而"昨日震二君来",正应了郭沫若在 6 日信中希望由田中震二携来《金文馀释》之稿的请求。故,可以将 1932 年 6 月 8 日,作为对第 59 号信函书写时间的一个认定。

六 《书简》第 200 号

该函为 1936 年 3 月 4 日致田中庆太郎的一纸明信片,信中写有一事:"日前白扬社主人来,言愿出古代社会史,初版二千部,版税……"《书简》编者为"古代社会史"作注曰:"指《中国古代社会研究》。"这封信披露了郭沫若曾与日本白扬社有过交道往来的史事,当然是很有价值的文献史料,但《书简》编者以此事为白扬社欲签约出版郭沫若的《中国古代社会研究》③,则过于武断。郭沫若的信是用中文写的,"古代社会史"显然不会是

---

① 参见《郭沫若致文求堂书简》第 13 号、14 号、15 号等信函。
② 《郭沫若致文求堂书简》第 20 号,文物出版社,1997 年 12 月。
③ 郭沫若的作品曾有被翻译刊载于白扬社的杂志,但郭沫若与白扬社有直接的交道往来,仅见于此事。白扬社与《中国古代社会研究》的日文译本亦无关系。而目前,已有学者在其文章中以《郭沫若致文求堂书简》编者注释的说法,作为史料引用(见藤田梨那《郭沫若与日本杂志的关联》,载《郭沫若学刊》2011 年第 1 期)。

指《中国古代社会研究》，当系白扬社另约撰写的一部书名。郭沫若一年多后在一篇未完成的文稿中记述了此事，他写道：

> 东京的白扬社曾和我订过一次契约，要我用日本文写一部《中国古代史》，约定六月底交稿，并且从版税中预送了我六百元。但去年因为别种文字做多了一点，而且也感觉着了用日本文写东西的不高兴，约束便没有如期办到。后又延期到年底，但年底也依然不能如约，结局是只有解约的一途。
>
> 使我有点踌躇的事，便是想向和我关系很深的另一家书店文求堂，去借六百元来，偿还白扬社的那笔款项。①

从这段文字我们可以得知，《书简》所说之事，即为白扬社约请郭沫若用日文撰写一部《中国古代史》书稿。这当然是需要另外写的一部书稿，且应是一种历史读本，而非将已经出版的学术论著《中国古代社会研究》译成日文由白扬社出版。

白扬社与郭沫若的此议后来是签了约的，且预支了六百元版税，只是郭沫若没有写成而解约。从《书简》第217函（1937年1月22日）与第218函（1937年1月25日）所述之事中看到，正是文求堂田中庆太郎分两次帮郭沫若偿还了预支白扬社版税的款项。

---

① 此文稿藏郭沫若纪念馆。

一组书简，一段历史

——与林语堂和《宇宙风》

1933年，林语堂主编的《人间世》半月刊创刊，之后，又创办《宇宙风》，专门刊登散文小品。当时，各个杂志上也刊登有大量散文小品，这一文体的创作呈一片繁盛之态。1934年甚至被称为"小品年"。在这样一种文坛态势下，也展开了关于小品文的论争，鲁迅代表的左翼作家激烈地抨击林语堂等所提倡的"幽默""闲适"，认为散文小品这种文体形式应该是"匕首""投枪"。

但就是在这样的情势下，郭沫若却与《宇宙风》、林语堂发生关系，他的《海外十年》首先在《宇宙风》连载。这引起一些左翼作家的不满，也有回护者则以为他是不了解国内文坛状况。随之，郭沫若与林语堂和《宇宙风》之间出现龃龉，《海外十年》也停写了。不过几个月后，他们之间似乎冰释嫌隙，郭沫若的《北伐途次》仍首发在《宇宙风》连载，历时八个月之久。这一过程究竟是怎么发生的呢？有一组郭沫若致《宇宙风》的信函，大致记录了其中重要的史事，是很有意义的史料，但需要先理清这些信函的来龙去脉。

这些信函刊载于《宇宙风》（乙刊）1939年3月16日第2期上的《作家书简》（二），收录了5函郭沫若写给《宇宙风》的信，但均无受信人姓名，亦无撰写时间。《郭沫若书信集》[①] 将这几封信做了收录，但除推断其中第一函的受信人为陶亢德，其他四封信写于1936年外，未有更确切的考订。这里逐函做一梳理、考订，并纠正疏误。

[①] 黄淳浩编《郭沫若书信集》，中国社会科学出版社，1992年12月。

惠书接到。承询《海外十年》之作本是前几年想写的东西，但还没有动笔，如在现在写起来，要成为"海外廿年"了。所想写的是前在日本所过的生活，假如尽性写时总当在廿万字以上，这样长的东西怕半月刊不适宜吧。

　　《浪花十日》之类的文章可以做，但如不从事旅行便难得那样的文章。因此我希望你们按月能寄两三百元的中币来，我也可以拨去手中的它事来用心写些小品，按月可以有两三万字寄给你们发表，你们觉得怎样呢？假如这样嫌松泛了时，按字数计算，千字十元发表费亦可，但也要请先寄费来后清算。请你们酌量一下罢。

　　这是一封复信。显然，此信及所复之信（虽然我们见不到），就是郭沫若与《宇宙风》发生联系的开始。从信的内容我们可以知道，《宇宙风》向郭沫若约稿，询问《海外十年》的撰写情况，约写《浪花十日》那样的记游散文。郭沫若的复信除告以写文的情况，直截了当地提出自己的条件，请对方考虑。他在当时全靠稿酬养家糊口，这样做也是理所当然的。那么此信写于何时呢？这需要插入述及另一封郭沫若致《宇宙风》的信，即刊载于《四川大学学报丛刊·郭沫若研究专刊》1980年11月第2集中所称郭沫若致陶亢德的信。

　　信是这样写的："陶元恿（即陶亢德——笔注）先生的信和款子均已奉到，我决计写《海外十年》，分段地写，写完留学时代的生活为止。第一段是'初出夔门'，今日动手写，大约三五日可以写出。怕你们悬念，特写一封信片来报告。"信有落款，写于8月24日，署名郭鼎堂。① 这一封信当是《宇宙风》接到上述郭沫若的信后，回信应允了他提出的条件，于是有郭沫若这一封复信。以《初出夔门》发表于《宇宙风》创刊号（1935年9月16日），可以肯定此信写于1935年。但受信人，从行文看，应该是林语堂或编辑部。

　　陶亢德初次约稿郭沫若，言明要《浪花十日》那样的文章，当然是读到了该文，《浪花十日》发表于1935年7月《文学》月刊第5卷第1期。郭沫若应允写《海外十年》的复信写于8月24日，而之前还要有一次《宇宙风》给他回信的过程，那么，他复《宇宙风》第一封信的书写时间，应该是在1935年7、8月间。

---

① 《郭沫若研究专刊》刊注该信写于1933年，又谓《海外十年》，"即《创造十年》"，均有误。

事实上，《宇宙风》向郭沫若约稿的直接当事人陶亢德对此有过记述（但无具体时间）。他在《知堂与鼎堂》一文①中是这样回忆的：在办《人间世》的时候，因谢冰莹作介，曾去信向郭沫若约稿，郭沫若复信说有一部现成的《离骚》②的白话译稿，问是否要。陶亢德与林语堂商量后觉得长篇诗歌不适合《人间世》，遂婉请郭沫若另惠他稿（这当是在1935年2、3月间）。事情便不了了之。到了创办《宇宙风》时，陶亢德决心将其办成"精彩绝伦"的散文刊物，在考虑组稿时又想到郭沫若。他记起郭沫若曾说到要写"海外十年"的事情，《浪花十日》又刚好是发表出来的散文作品，于是就有了《宇宙风》尚未创刊便与郭沫若开始联系的书信往来，有了上面信中所写的内容。

其实，郭沫若在《初出夔门》的草稿中也记到了事情的缘起。他写道："最近林语堂先生们要出一种新的刊物，劝我把这部自叙传续写出来，分段地在他们的刊物上发表。我考虑了一下，觉得这倒也是一种方便的办法：使各段自成为一个段落，集合若干段再成为一部整书，譬如一个生物是由多数的细胞集成，而各个细胞是自成为一个整体。"③

1935年9月16日，《宇宙风》半月刊在上海创刊，林语堂主编，陶亢德为编辑兼发行人。郭沫若的自传散文《初出夔门》作为"海外十年之一"，发表在创刊号上，署名鼎堂。接下去"之二""之三"……12月1日出版的《宇宙风》第6期上刊发了"海外十年之五"《乐园外的苹果》后，连载便停止了。郭沫若与林语堂和《宇宙风》之间显然出现了矛盾。直接引发矛盾的，应该是郭沫若为张天虚小说所作序言《论幽默——序天虚〈铁轮〉》，作于1936年1月18日，发表在同年2月4日上海《时事新报》上。序文开篇便说：

"天虚这部《铁轮》，对于目前在上海市场上泛滥着和野鸡的卖笑相仿佛的所谓'幽默小品'，是一个烧荑弹式的抗议。

近代的好些青年人，真真是有点岂有此理！几乎什么人都要来'幽默'一下，什么人都要来'小品'一下，把青年人的气概，青年人的雄心，青年人的正义，青年人的努力，通同萎缩了，大家都斜眉吊眼地来倚'少'卖俏！我真是有点怀疑，你们的精神是真正健全的吗？"

---

① 载《古今》半月刊1943年4月第20~21期合刊。
② 即《〈离骚〉今言译》，1月15日译竣，4月收入上海开明书店初版《屈原》。
③ 郭沫若纪念馆馆藏资料。

"本来'幽默'是一种性格的表现，不是随随便便可以勉强得来，也不是什么人都可以假装得来的。最高阶级的'幽默'是一种超脱了生死毁誉的潜在精神之自然流露。……现在的'幽默'专贩，那一位有这样的本领？稍稍被人警告得几句，便要脸红筋胀，'狗娘养的'破口大骂起来，不要让'幽默'笑断了气罢。""低级的'幽默'，人人都可以假装出来的，被人误解为滑稽，为俏皮的这种'幽默'，在我们学过医学的人看来，每每是一种精神病的表现。它是逃避现实，畏难怕死的一种低级精神之假面。弄得不好，是有送进疯人院的可能的。""现在的'幽默'家们，尤其年轻的'幽默'家们哟！……不要再假装'幽默'了，不要再苟安于偷懒怕难的'小摆设'了，你们把你们的被禁压了的欲望向积极方面发展吧。"

郭沫若写这篇文字，显然是注意到了国内关于小品文的争论，可能也听到对于他在《宇宙风》发文的非议，或是有朋友从旁提醒，于是用文章表明对于散文小品写作的态度。而文章在《时事新报》刊载时，编者又附言说，郭沫若为《宇宙风》写文，是不知国内情况，受人之愚，今已明白，"海外十年"不会有下文了这样的话。这是否为郭沫若的本意，不得而知，林语堂、陶亢德见此当然会"为之大怒"。据陶亢德回忆，他与林语堂立即写了反驳的文章。但他们似乎不想一下子把事情闹到台面上，于是，文章没发，陶亢德先给郭沫若去信责问，郭沫若也不想与《宇宙风》搞僵，回信言辞并不激烈，只是责备林语堂文中常多"左派"的字眼。林语堂即复信解释，实为"左派"欺人在前，且欺人太过的事实。

郭沫若应该是比较认同林语堂的解释吧（身在海外的郭沫若那时对待国内文坛的事情，并没有很浓重的宗派意识。譬如，他直至抗战爆发后周作人附逆之前，都对周有很好的评价亦可印证于此），于是，就有了那一组信函中应为第二函的那封信，应是致林语堂的信。信写道：

二月十二日信接到。《日本之春》不能写，但《海外十年》是可以续写的，大约在贵志十四期上便可重与读者见面。但我有一点小小的意见，希望你和××先生能够采纳。目前处在国难严重的时代，我们执文笔的人都应该捐弃前嫌，和衷共济，不要划分畛域。彼此有错误，可据理作严正的批判，不要凭感情作笼统的谩骂（以前的左翼犯有此病，近因内部纠正，已改换旧辙矣）。这是我的一点小小的意见，你们如肯同意，我决心和你们合作到底，无论受怎样的非难，我都不再中辍。请你们回我一信，我好把前所受的五十元稿费立即奉还。如以为是可以采纳，那是最好也没有的。《海外十年》的第六节是"在朝鲜的尖端"，可登预告也。

这封信大致写在 1936 年 2 月下旬。信中所说"我们执文笔的人都应该捐弃前嫌，和衷共济，不要划分畛域。彼此有错误，可据理作严正的批判，不要凭感情作笼统的谩骂（以前的左翼犯有此病，近因内部纠正，已改换旧辙矣）"，应是指"国防文学"口号提出（1月）、"左联"解散（2月）、"关门主义"倾向有所纠正等文坛之事。从该信内容和文坛情势看，双方应能冰释嫌隙了。

然而，事有不测。从那组书简的第三函信我们看到这样的内容："今天接到你的信使我打破了一个闷葫芦，我还以为你们有意和我决绝，故不回我的信，原来你是写了回信而在望我的回信的吗？你的回信我却至今没有收到，大约是在前月尾上这儿发生事变的时候有了浮沉吧。你的意见是怎样的，我自无从知道了。""前月尾上这儿发生事变"，应指"二·二六事件"。① 也即是说，郭沫若在发出上信后等待《宇宙风》方面的答复，却不得。直到近一个月后再接到《宇宙风》的信，才知道《宇宙风》回复他的信，没有寄到他手中。他等待《宇宙风》的意见，《宇宙风》那面也在等候他的回信。这第三封信应是写给陶亢德的，写于 1936 年 3 月间。

信的事情搞清楚了，彼此之间意见的沟通还要有信函往来，那么时间大概也就至少到了 4 月间。书简中第四函信这样写着：

    信接到。目前国难迫紧，文学家间的个人的及党派的沟渠，应该及早化除。我在贵志投稿，你们当在洞悉中，我是冒着不韪而干的。我的目的也就在想化除双方的成见，免得外人和后人笑话。近时的空气似乎好了很多，个中还有相当的酝酿，但请你们在这时也务要从大局着想。能够坦白地化除畛域，是于时局最有裨补的。比如发表我给××信，

---

① 1936 年 2 月 26 日，由日本军部"少壮派"军官率领一千四百余名士兵以武力占领了政府重要机关，同时袭击了政府要员的府邸，杀死内大臣、大藏大臣、陆军教育总监等多名高级官吏。政变组织者向陆军大臣提出"兵谏"：要求成立"军人内阁"，建立军事独裁。29 日兵变被平息。这一兵变称"二·二六事件"。事件发生时，郭沫若亦"受日本宪兵审讯"（《五十年简谱》）。

××加些按语来表白自己的抱负和苦衷等等（有忠告也是好的），是极好的办法。我对于你们是开诚布公的，请你也不要把我当成外人看待，我们大家如兄如弟地携起手来，同为文字报国的事，我看是最为趁心之举。只要你们能够谅解我这番意思，我始终是要帮着你们的，以后还想大大地尽力。这层意思请你同××过细商量一下吧。关于日本的文字前几天用给你的信札的形式写了两张，但总因忙也没写下去，我现在寄给你，你看可以补空白时，便割去补补吧。关于日本，现在很难说话，我预备坐它几年牢。

此信应写在4月间，可以说是郭沫若对于与《宇宙风》之间发生龃龉，然后化除矛盾过程的一个了结。信是写给陶亢德的，态度很真诚，话说得也中肯。信中"××"处应为"语堂"，"我给××信"，应该就是2月下旬他写给林语堂的那封信。陶亢德曾回忆到后来接过郭沫若"一长信，痛言国事之亟，大家不应再作意气之争"，"当时读了很感动"。① 大概就是这封信。虽然我们看不到《宇宙风》方面的回函，但可以肯定双方至此消弭了龃龉。因为接下去就是郭沫若与《宇宙风》的继续合作。

书简中的最后一函，一开始便说到"发表费百元早接到"。这当指《宇宙风》预支给他续写《海外十年》的稿酬，但由于他自己的原因难以续写，所以他征询对方意见道：

《海外十年》几次提笔想续写，但打断了的兴会一时总不容易续起来。我现在率性把一部旧稿寄给你们，请你们发表。我费了几天工夫清理了一下，删除了好些蛇足，在目前发表似乎是没有妨碍的。你们请看一遍再斟酌吧，如以为有些可删，请于不损害文体的范围内酌量删除，或用××偃伏。如以为不好发表，阅后请寄还我。

如可发表，发表费能一次寄给我最好，因为我在右胸侧生了一个碗大的痈，已决心进医院去割治。如一次寄不足，能先寄两百元来也好。

从后续情况可知，《宇宙风》同意了郭沫若易稿的意见。"一部旧稿"，是指《武昌城下》，写成于1933年7月12日，有六七万字篇幅。日本改造社曾约请郭沫若将其缩写为一万五六千字的文章，以日文发表于《改造》杂志

---

① 陶亢德《知堂与鼎堂》，《古今》半月刊1943年4月第20~21期合刊。

1935 年 5 月号。但郭沫若对缩写后的《武昌城下》颇不满意。正好借与《宇宙风》合作这个机会吧，他"索性把这母体的《武昌城下》取了出来"，重新整理，改题为《北伐途次》，交与《宇宙风》。① 《北伐途次》从 7 月 1 日发刊的《宇宙风》第 20 期开始连载，直至 1937 年 2 月刊载完毕。

这封信的受信人，当为陶亢德。写信的时间，从信中说右胸侧生一大痈事②，以及《北伐途次》发表的时间，可知是在 1936 年 5 月底。

在连载《北伐途次》最后结尾部分的那期《宇宙风》出版后第 3 天，郭沫若给陶亢德写有一信，说道："惠书及款六十元，均奉到，谢谢！《北伐途次》销多销少，并不在意，唯望印刷略带风致，能用二分加空否，纸张好得一点尤好。目前颇窘，初版印税，能即赐百五十元否，又上所印出的略有误字，且欲稍加添削。手中杂志随到随即被友人携去，望将杂志重寄一份来，或剪出，或直将原稿寄下，均好。杂志费请在账中扣除可也。发表费事，六元者如减为四元，则十元者似宜减为八元，不识尊意如何？"③ 这已经是在商谈《北伐途次》出书的事情了。从信的内容和行文可以看出，这一次连载《北伐途次》，郭沫若与《宇宙风》的合作非常圆满。至于接下去郭沫若仍不断在《宇宙风》发表文章，则是必然的后话了。

我们考订理清了一组郭沫若致《宇宙风》信函的头绪，从中也大体上看到了郭沫若与《宇宙风》及林语堂（虽然林后来去了美国）之间发生关系的来龙去脉。把他们放在文学史中去回看，是耐人寻味，且值得重提的。郭沫若是左翼作家（且为一标志性人物），林语堂实际上是常被放在左翼作家对面的，特别是在关于小品文的论争中。郭沫若可以与《宇宙风》和林语堂合作、共处，虽然经历了一番曲折；而林语堂也并非是那"将屠夫的凶残，使大家化为一笑"者，不然，《宇宙风》何以会刊载记述北伐革命的文字？这是值得文学史去书写的一笔，即便只是小小的一笔。几乎与此同时（5 月起往后），成鲜明对比的是，文坛上基本出于人为的原因，为"两个口号"分作两个阵营在那里争来争去，几个月论争下来，其结果又如何呢？这是文学史应该记取的。

---

① 《北伐途次·序白》，上海《宇宙风》半月刊 1936 年 7 月 1 日第 20 期。
② 见郭沫若《痈》，《光明》半月刊 1936 年 6 月 25 日第 1 卷第 2 期。
③ 平衡编《作家书简》，万象图书馆 1949 年 2 月；陈梦熊：《郭沫若遗简五通考述》，《郭沫若研究》第 10 辑，文化艺术出版社，1992 年 9 月。

陕北，未发出的信札

1937年6月，蛰居在千叶县市川须和田乡间的郭沫若，在不到半个月的时间内，接连收到李民治（德谟）两封来信。这是自流亡日本以来少有的事情。

先是6月12日收到李民治一信，夹带在内山完造的来信中，寄到文求堂田中庆太郎处转来。郭沫若在流亡日本期间，许多与国内联系的事情（转送稿件、收寄稿酬、朋友通信等），都是通过在上海的内山完造和内山书店。信是当年2月发出的，显然在转到内山完造手中时，已经辗转很长时间了。那时的李民治应该身在陕北。

李民治的来信写了些什么，已经不得而知。郭沫若则留下一番感慨："五年不通音闻。故人尚无恙，但已相形得自己之落后矣"。

十天后的22日，郭沫若又收到"德谟自三原来信"。三原，当是指陕西三原。接到这封信后，郭沫若似乎有些心绪激荡，当即草拟了复信，说："你的行动，我间接地早知道得一些。""二万八千里（原文如此——笔注）的行程，我的肉体未能直接参加，我是十二分抱歉的。但我始终是和从前一样，记得前些年辰早就写过信给你，说我就骨化成灰，肉化成泥，都不会屈挠我的志气。""前月中旬郁达夫由福州来信，言蒋有所借重，要我回去。①郁教他们先取消通缉令并汇旅费来。但距今已一月，又渺无消息。大约是并无诚意，只在使用心计吧"。信的抬头称"D兄"，即指"德谟"，落款则署名作"M. J. Kuo"，这是郭沫若三字罗马拼音的缩写。②

---

① 这应该是指郁达夫1937年5月18日致郭沫若的那封信。
② 文中引用资料均系郭沫若纪念馆馆藏资料。

然而，信写好后，郭沫若"继又踌躇，未寄"。

自从创造社在 1929 年 2 月遭国民党当局查封以后，流亡在日本的郭沫若就渐渐与创造社的朋友们失去了联系。成仿吾是早一点，在 1928 年 5 月去德国途中，曾在东京与郭沫若会过面，郁达夫是于 1936 年 11 月到访日本，才与郭沫若又见了面。这期间，郭沫若没有见到昔日创造社的其他朋友们，与他们也似乎没有通信往来。李民治（德谟）大概是唯一的例外，在郭沫若开始亡命生涯的一段时间内，他还与郭沫若保持着联系。

郭沫若与李民治的朋友关系，不同于他与成仿吾、郁达夫等创造社同人的关系。事实上，李民治是在南昌起义失败后，回到上海才参加进后期创造社的活动。但李民治与郭沫若北伐期间在总政治部共事，南昌起义后又成为郭沫若的入党介绍人之一，这样的关系自然非同一般。1928 年 2 月，郭沫若携家人去了日本，李民治仍留在上海，先是做些文化工作，后来做特科工作。1929 年 10 月，一本以"L. 郭沫若译"署名的译作《新俄诗选》由上海光华书局出版。"L"，即为李民治。书中选译了 24 首俄国和苏联诗人的诗歌作品，是李民治编选并翻译的，他请郭沫若修改润色了译文。1931 年 5 月，郭沫若的第一部古文字研究著作《甲骨文字研究》由上海大东书局出版，6 月，《殷周青铜器铭文研究》亦由大东出版。这些都是通过李民治在上海联系的。[1]《甲骨文字研究》出版后，郭沫若还特意委托李民治将书赠送鲁迅。[2] 直到 1932 年秋，李民治被中共中央调往江西瑞金工作，郭沫若与他的联系中断了，也就是郭沫若感慨的"五年不通音闻"。

李民治到苏区后在国家保卫局工作。他与郭沫若失去联系是因工作的关系还是郭沫若自己的原因，不得而知。

长征开始，李民治随中央红军北上。到达陕北后，他曾任过毛泽东秘书。

---

[1] 《李一氓回忆录》（人民出版社 2001 年 1 月）这样记述了两书出版的事情："我又认识了孟寿椿，也是四川人，一位美国留学生。那时他当大东书局的编辑所长。我手头正有郭沫若的两部稿子，一是《中国古代社会研究》，二是《殷周青铜器铭文研究》。因为大东书局张静庐向我表示愿意出版郭沫若的著作，在征求郭沫若的同意之后，我就把《中国古代社会研究》交给了张静庐，大概在 1930 年底就出版了。至于《殷周青铜器铭文研究》，我早就同孟寿椿谈起过，他出的稿费也比较优厚，我就把它交给孟寿椿，1931 年也出版了。郭沫若在他的《海涛集》最后《我是中国人》的一节中，提到这件事，把孟寿椿误记为李幼椿，应予更正。"不过，李一氓在这里也误记了一事，即他交张静庐的那部郭沫若书稿是《甲骨文字研究》而非《中国古代社会研究》。《中国古代社会研究》1930 年初由上海联合书店初版发行。

[2] 1931 年 5 月 14 日鲁迅日记中记有此事。见《鲁迅全集》第 14 卷，人民文学出版社 1981 年版。

1936年"西安事变"后任陕西省委宣传部长。李民治给郭沫若写信时就是在陕西省委宣传部长任上,他是以朋友身份与郭沫若私人通信,还是兼有组织联络的因素呢?我们看不到原信,当然不好妄断,但从郭沫若拟写出的回信的文辞看,应该是兼有组织联络的意思在其中吧。这与潘汉年在1936年7月通过茅盾寄信给郭沫若的情况相似。

写好的信文,没有付邮,留下一个历史的遗憾,似乎也不该称之为一封书信。但这无疑是一件很有价值的文献史料,使我们能够真切地了解郭沫若当时的心态,也可以从侧面看到他在流亡日本期间与党组织之间的关系。

与郭开运（翊昌）的书信

郭沫若与兄弟姐妹的关系中，长兄郭开文对于他的影响最大，季弟（又称元弟）郭开运与他的联系最为密切，也最为长久。从东渡日本留学起，郭沫若与父母联系的家书，都是通过郭开运之手，这从保存下来的郭沫若留学期间的家书中即可看到。其间，有一些信函就是直接写给郭开运的。在这些书信的字里行间，郭沫若以兄长的关切，与他谈论学业、世事、人生等等，饱含了兄弟之谊的浓浓亲情。从郭开运中学毕业的时候起，郭沫若就一直关心，乃至直接过问元弟在人生道路上的选择。直至新中国成立后，郭沫若仍然非常关心郭开运在新的社会制度下的人生道路怎样走。在这一点上，郭沫若之于元弟，与长兄之于他的意义颇为相似。

在另一方面，郭开运之于郭沫若，则是维系其与故乡家人之间联系的最主要的人物。尤其是在父母相继辞世之后，郭沫若与沙湾场故里之间的联系，在很大程度上是由于有郭开运的存在。

有几函郭沫若在20世纪40年代末到60年代间致郭开运的信，可以为我们了解两兄弟之间的关系，了解相关的家人情况及一些史事，提供更加丰富的史料。这几函书信已经人披露[1]，惜识读多有疏误，且有其他一些情况需要查考厘清，故据原信手迹（照片），按原信书写格式，识读整理（几函信书写时间除一函外不另赘述），并做相关提示如下：

致郭翊昌（1946年7月29日）

　　翊昌弟如面：前后两信均收到。沙湾所流行之麻疹，不知是否斑疹

---

[1] 见贺宏亮整理《致郭开运（翊昌）的六封信》，《郭沫若学刊》2012年第2期。

伤寒，何以竟那样猛烈耶？兄以阳历五月八日全家飞沪，飞行可六小时，立群及儿女辈均呕吐，兄无恙。来此转瞬已届三月，初来时找寻房屋颇费力，前月底始觅定今居，尚宽敞，视重庆天官府居屋相差不可以道里计。有小巧花园及菜圃，小儿女辈均大欢喜。兄之生活本无固定收入，政协代表乃名誉职，开会一个月期曾领受十万元之车马费而已。然写稿□□□□□助，可以无虞。日本方面曾有两次信来，生活亦颇窘，但目前实爱莫能助也。上海生活日涨，猪肉已到一斤三千元，较沙湾或重庆可高过六倍矣。一般人的生活却仍然纸醉金迷，殊可骇异。美国货充斥市场，一般较国货便宜，因而愈益促进工商业之破产。出版事业亦苦难于维持，群益仅在半生不死状态，渡过半年之后，俟大局好转，一切企业或可望好转也。六月底曾赴南京一行，计仅滞留七日。上海气候比重庆好，因近海，故虽大暑，时有凉风，入夜后尤清凉。儿女辈来此后均好，震东尤日渐成长，性质甚为稳重，与乃兄乃姊均不甚相同。立群大约在数日内即可分娩，助产者已觅就，不拟住院。

张国樑尚未见，谅尚（未）来沪。

宗玮时来寓。余不一一。

阖家均问好。

兄　鼎堂手书
七月廿九日夜　灯下

按：此信寄自上海，信文中标示□者，为无法辨识之字，信末"谅尚（未）来沪"之"（未）"，应系书写时误夺之字。信文的内容中有几处史料值得关注。

其一，郭沫若与家人从重庆到上海后，靠他"写稿"谋生。虽然"写稿"后有几字无法辨识，但其后"可以无虞"一句，可以断定阙失之文字为维持生计之意。事实上自文化工作委员会于1945年3月底被"裁撤"以后，郭沫若在获得一个自由身的同时，就不再有"皇粮"可食。他维持一家人的生计，全靠稿酬。

其二，信中说到"日本方面曾有两次信来，生活亦颇窘"，这应该是指安娜来信。

"卢沟桥事变"后，郭沫若于1937年7月底秘密归国。在那之后，他与留在日本的安娜和子女们的联系，迄今人们所知的史料仅有：当年11月，郭沫若曾接到安娜来信，信中诉说了"她在十月里被敌人官厅捉去打了一顿，关了一个月"，"家也被他们抄了，所写的东西都给他们拿了去"的悲惨情景。① 郭沫若为此感叹不已，写下一首七律《遥寄安娜》："相隔仅差三日路，居然浑似万重天。怜卿无故遭笞挞，愧我违情绝救援。虽得一身离虎穴，奈何六口委骊渊。两全家国殊难事，此恨将教万世绵。"② 此后他们之间再无音信相通，直到1948年秋，安娜从《华商报》上连载的《抗战回忆录》得知郭沫若的行踪，携长子和夫、女儿淑瑀，从日本经台湾辗转到达香港与郭沫若相见。③ 从此信所述来看，安娜与郭沫若之间在香港见面之前，应该还是有书信联系的。虽然此时郭沫若对于安娜与孩子们"颇窘"的生计"爱莫能助"，但之前是不是有过相助呢？

其三，群益出版社维持不易。群益出版社自渝迁沪后继续出版了郭沫若的许多著作，以此信所言，其初迁上海时的经营，还是颇艰难的。

另外，信中"六月底曾赴南京一行"，系指郭沫若作为第三方面的代表之一，赴南京参加促进国共和谈工作之事。经过见《南京印象》。

致郭翊昌（1947年，夏）

翊昌弟如面：

来信阅悉。乡梓亦呈荒象，足见全国均无安乐土也。震东被开水烫伤，原因系汉英自高处取热水瓶，不慎竟倾倒于适在其旁之震东，实属无妄之灾。左侧面部、左耳、两手，及胸部均受伤。今已幸告痊愈，面部两手均无痕迹，唯胸部费时甚久，面积颇宽，将有一部分痕迹遗留，殊一憾事也。严重时曾驻病院两星期，因平英尚在哺乳期中，立群不能入院陪护，系兄陪之驻院。曾注射般尼西林，得解救其危殆。左耳曾有中耳炎之虞，亦幸告无事，此差堪告慰者也。

国事谅一时尚难康宁，兄在此生活，尚可勉强维持，可免虑。今后决定卖字，但恐托书者少耳。

四月中曾将《浮士德》第二部译竣，顷已全部校完。连第一部一并改排，大约于九月中可以出书，此算来沪后一次可记述之工作。

四姐、三姐好否？七妹近况如何？五兄安否？

---

① 《郭沫若先生访问记》，1938年1月16日汉口《新华日报》。
② 载《杂志》月刊1938年5月10日创刊号。
③ 林洛《郭沫若与安娜》，《中国老人》1984年第2期。

培谦病况如何？大嫂及诸侄女均吉否？

此间今年甚热。唯居处比重庆住处安适。地近海，晨夕均有凉风，尚不甚苦。

专此顺询

全家安好。

兄　贞

高丽参一斤，已交宗玮托人带回，请分五分之一于宗玮母亲，余请在本房中分配。

按：此信寄自上海。书写的时间可以据信中所写两事来推断：震东住院，《浮士德》第二部译竣并出版。

震东被开水烫伤住院，郭沫若在《〈诅楚文〉考释》一文①中写到，是1947年6月间的事情，震东出院在6月26日。《浮士德》第二部"顷已全部校完"，"大约于九月中可以出书"。也就是说，"6月26日"往后，"九月中"之前，应该是此函信书写的时间范围。在这样一个范围里，不好将写信之事系（确定）于哪一月或两个月，则以季系之为好，即夏。

此信函套上书写的邮寄地址写为："四川乐山县铜河沙湾镇贞寿之门"，署在沪居所为："溧阳路一二六九"。关于郭沫若自渝抵沪后的居所，现有史料的记载比较含糊，以《郭沫若年谱》为例，记为："先借住……友人家，不久即迁住狄思威路七一九号（今溧阳路一二六九号）。"② 此信封可以确认，至少在1947年夏，狄思威路已经更名为溧阳路，郭沫若居所的门牌号亦变更。

致郭翊昌（1948年5月31日）

翊昌弟如面　五月九日信接到。汇款已由宗玮汇来，亦已如数收到，多谢四姐和你。以后请不必寄款来，因为汇寄周转，法币值低，吃亏太甚，倒不如留在家里做些事业的好。此间生活虽然高昂，但尚有法过去，请不必耽心。旭东住幼稚园，成绩甚好，考第一名。汉英庶英亦前列。唯世英甚差，因年纪尚幼，入小学一年级，应付不来，下学年拟让他留一级。此间小学教育，功课太繁重，又是国文，又是粤语，还要教英文，实在畸形得很，希望在这里不致住得太久。

---

① 见《〈诅楚文〉考释》，《沫若文集》第16卷。
② 见龚济民、方仁念编《郭沫若年谱》（中）。

阖家均问好。

三四姐七妹均问候。

八兄　鼎堂
五、卅一

按：此信自香港寄出。另有一函本年自香港邮寄照片给郭开运的信封保存下来，其上所署在港地址为："香港九龙柯士甸道 130 号三楼"。

致郭翊昌（1950 年 2 月 2 日）

　　翊昌弟如面：一月十三日信接到。沙湾解放，仅小有麻烦，甚慰。月前灼三来信，回复时曾嘱向沙报平安，想已早达。日前培谦自成都来信，言谣传沙湾遭国民党匪军糟踏，正为忧虑，今知不然，诚幸事也。闻三、四姐均居沙，想均安好。立群及子女于去年五月已由港来京。兄于去年三月尾曾去欧洲一行，五月返京，即得团聚。均安好，幸勿念。震东已入师范大学附属第一小学，已被选为班中模范生，吾弟闻之，当为莞尔。和夫现在大连大学研究所任职，与渠母同居大连。佛生在上海九兵团服务。淑瑀在北京燕京大学，志鸿在天津中央音乐学院。仅第二子博生尚居日，已在彼结婚矣。兄任职太多，颇为忙碌。毕竟经验不够能力不足，时恐不能完成任务。张可源信亦收到，回老家殊不应该。既已回老家，最好在地方上觅一机会学习，改造思想头脑。今时已非昔比，个人主义的想法当改革，应立志为人民服务，方能有用。此信望即示可源，事忙，不另写。

全家均问好。

兄沫若　手书
二、二

　　五哥及吾弟居乡应积极一点，多研究目前政策，（夺一句）能在乡间起带头作用最好。能积极发展工商业亦是好的。

按：信中另外附言的一段话写在页眉上，因该页信纸有损毁，郭沫若又插入这段话的一段文字，已残缺至不能辨认。

此信函是新中国成立之初，郭沫若寄回沙湾的一封信，记录有诸多家事，亦有不少国事，包含了许多历史信息。

灼三，胡灼三，郭沫若的妹夫；培谦，郭培谦，郭沫若的侄子；张可源，郭沫若的侄孙。在此一信内即记有与几个亲戚往来通信之事，可以想见是时郭沫若与家乡亲人之间联系的情况。这应该与新中国刚刚成立的时势不无关系，那正是在一个"改朝换代"的历史节点上，郭沫若又是做了"京官"的。

信中还难得地同时记有郭沫若自己一家人的情况。1949年3月的欧洲一行，即是郭沫若率领中国代表团前往巴黎（后在布拉格）参加"世界拥护和平大会"一事。郭沫若回到北京（那时还称北平）后才与从香港来到北京的于立群及子女团聚。在这之前，他于1948年11月与三十余位民主人士秘密离开香港，北上东北解放区。当时的行踪并未告知家人。安娜和几个子女在新中国成立之初的生活、工作的安顿和情况，从此信中可以有很清楚的了解，而且这是唯一经郭沫若以文字记载下来的史料。

"兄任职太多，颇为忙碌。毕竟经验不够能力不足，时恐不能完成任务。"关于自己的情况，郭沫若在信中仅写下这两句，但能够感觉到那是踌躇满志的小心翼翼。而他嘱咐侄孙张可源"改造思想头脑"，"立志为人民服务"，希望五兄和季弟"多研究目前政策"，"能在乡间起带头作用"，则是以为政者的身份，表达对于家人生活境遇的殷切关注。

致郭翊昌（1952年2月26日）

翊昌弟如面：

今天接到你二月十二日的信，很高兴，你的行医的事怎样？你在乡下，望你在这一方面多多做些救人的事。教育工作也要多作，帮助农民大众提高文化水平。这样你便替社会立下了功，农民会爱护你的。祝你积极地为人民服务，改变从前洁身自守的态度。

五哥的情况怎么样？他平常为人，恐怕是不受人欢迎的。如问题已解决，希望他以后改变态度。

立群到广西去参加土改去了，已去三个月，要到四月底五月初才能回京。

郭沫若

二、廿六

按：1952年初的中国社会正在经历着土地改革，这对于仍生活在沙湾的郭开佐、郭开运肯定是有影响的。从此信中可以看到，郭沫若对于两个兄弟在新的社会制度下的生活、工作等事情非常关切。郭开运靠自学行医乡里，郭沫若很为他高兴，并指点他一些在新的社会环境里安身立命之道。五兄郭开佐的"问题"不知指什么，但以他任过乐山县警察厅长（警务长）[①] 的经历，新中国成立后的人生境遇大概不会太好。郭沫若作为胞弟，也只能说些点到为止的话。

致郭翊昌（1960 年 2 月 8 日）

翊昌弟：

　　一月廿八日信接到。从象片看来，确很消瘦，望注意。

　　沙湾大发展，甚可贺。公路既通，铁路也将经过，将来还将有更大发展。兄等在此均好，请释念。前几天带着孩子们到重庆去了一趟，住了一星期，前天才回北京。

　　大嫂、五哥烦代问候。

沫若
二、八

　　按：这是郭沫若与郭开运在己亥年春节（1 月 28 日）期间的一次往来通信，信中当然不会忘记问候在沙湾的兄嫂。

　　在上列几封信函中，除"按"语所特别提示的史料、史事之外，其实还有一些内容涉及郭沫若生平活动的许多历史细节，它们都是可以对于记录郭沫若生平的"年谱"予以补充的文献资料。

[①] 见《乐山县志》（民国本）。

致日本友人信与后乐园诗碑

  1961年2月前后，日本社会党众议员黑田寿男访华，带来了两位日本友人寺田熊雄、稻垣武致郭沫若的信函。2月6日，刚刚率领中国友好代表团访问古巴归来的郭沫若，在北京会见了黑田寿男，次日便给寺田熊雄、稻垣武写了一封回信。这一信函往来的来龙去脉是这样的：

  寺田熊雄时任日本冈山市市长、日中友好协会冈山支部长，稻垣武是"冈山县平和连络协议会"事务局长、冈山大学教授。他们联名致信郭沫若，是为冈山市后乐园所建郭沫若诗碑，以及邀请郭沫若再访冈山等事宜。建郭沫若诗碑一事，又得追溯到1955年。

  那一年12月，郭沫若率中国科学代表团访问日本，期间，于12月14日至16日到访冈山。这是他留学日本时期从六高毕业后相隔38年再次来到冈山。到达冈山的当天下午，郭沫若即在冈山大学校长清水多荣的陪同下游览了后乐园，这是他学生时代常常来游玩的地方。后乐园是日本三大名园之一，从范仲淹的名句"后天下之乐而乐"得名。那时的后乐园旁有一座黑色古城堡——冈山城，又名"乌城"，为后乐园一景。园内梅林中养有数只丹顶鹤，是园内另一景。但是，再游后乐园的郭沫若已经看不到这二景了："乌城"毁于"二战"的炮火，丹顶鹤也在战争期间死去了。闻此，郭沫若感慨不已，当时便表示，日后一定送一对丹顶鹤给后乐园。在晚间的欢迎宴会上，郭沫若赋诗一首，以志重游后乐园之感：

    后乐园仍在，
    乌城不可寻。
    愿将丹顶鹤，
    作对立梅林。

访日回国后的翌年 7 月，郭沫若履行了允诺，将一对丹顶鹤送给冈山市，以此作为中日和平友好的象征。1959 年 10 月中华人民共和国成立 10 周年之际，冈山成立了一个诗碑建设委员会，准备将郭沫若重游后乐园所赋的诗镌刻为诗碑，置放于丹顶鹤徜徉的后乐园，以寄托日中和平友好的愿望。前冈山医科大学校长、六高同学会会长田中文男任诗碑建设委员会会长；寺田熊雄市长是该委员会的顾问；稻垣武是委员之一，其任事务局长的"冈山县平和连络协议会"是该委员会的发起社会团体之一。

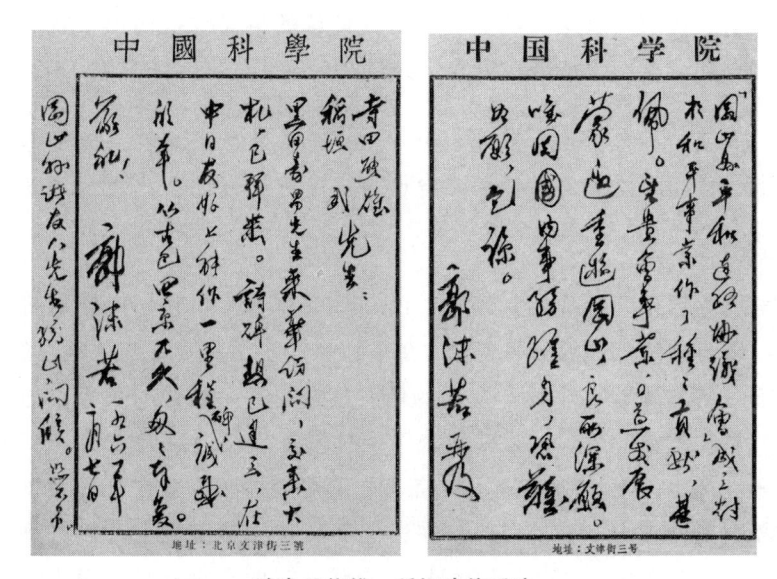

致寺田熊雄、稻垣武信手迹

1961 年初，经各方努力，诗碑建成在即，寺田熊雄、稻垣武就是在此情况下致信郭沫若的。郭沫若的回信分两部分，前页内容如下：

　　黑田寿男先生来华访问，交来大札，已拜悉。诗碑想已建立，在中日友好上能作一里程碑，诚感欣幸。从古巴回京不久，匆匆奉复。敬礼！

在署名落款后，郭沫若又写下一行："冈山县诸友人先生统此问候。恕不另。"信的次页内容为：

　　"冈山县平和连络协议会"成立对于和平事业作了种种贡献，甚佩。望贵会事业，日益发展。蒙邀重游冈山，良所深愿。唯因国内事务缠身，恐难如愿，乞谅。

就在这一天（2月7日），郭沫若还给冈山"郭沫若先生诗碑建设委员会"事务局局长中西宽治写了一封复信。这是因为此前，中西宽治通过中国科学院外事局长给郭沫若寄送了有关建立诗碑的一些剪报、照片等资料。郭沫若在信中写道："惠寄潘纯局长的各种剪报与写真，已拜阅，冈山县诸友先生对此事如此郑重，良为欣佩。该诗碑实一中日友好之里程碑也。"①

郭沫若分别回复寺田熊雄、稻垣武，及中西宽治的两封信，都是请黑田寿男带往日本的。此后不久，3月27日，诗碑正式落成。

一年后，1962年4月4日，郭沫若为诗碑的事又致信冈山市日本中国友好协会冈山连合会纪念诗碑建设委员会：

> 拜启：去岁蒙托邓岗先生带来纪念诗碑除幕式影片及录音各件，已妥收，感谢之至。因在广东滞留四月，最近始返京，迟复，乞谅。此致敬礼。②

如今，在后乐园徜徉的丹顶鹤，已经是郭沫若当年赠送的那对丹顶鹤的后裔了，但诗碑依然如故，见证着自那时以来中日之间友好交往的一隅。

还有一封郭沫若写给日本友人的信，虽然与后乐园没有关系，但是与冈山相关，顺便记在此处。这是郭沫若于中日恢复邦交之后的1972年10月27日，写给在冈山的上代皓三的一封信。上代皓三是郭沫若在九州帝国大学医学部留学时的同窗（1918年起），在医学部当年的学籍簿上可以查到郭沫若（郭开贞）的学籍号是"第六六八号"，上代皓三的学籍号是"第六六九号"。至今能够见到的郭沫若致医学部同窗学友的信函仅此一封。

郭沫若在信中首先称赞了中日恢复邦交是一件值得庆祝的大事，然后深情地写道："冈山是我的第二故乡。"他表示，希望在不远的将来再有机会访问日本，届时，一定前往冈山拜访学长和各位友朋。但遗憾的是，他没能再次回到"第二故乡"冈山去。

---

① 据原信手迹，原信现藏日本冈山市日本中国友好协会。
② 据原信手迹，邓岗时为新华社副社长。原信现藏日本冈山市日本中国友好协会。

致金灿然信与出版《太平经合校》

1959年5月25日，郭沫若给时任中华书局总经理兼总编辑的金灿然写了一封信，信中说：

> 廿四日手书奉悉。王明同志的《太平经合校》，我把《前言》和《著录考》看了一遍。中间的经文，也跳着翻阅了一下，觉得他是用了工夫的。这书和太平道有关，能印出来，大有用处。我因为不日即将伴随苏联科学代表团出京，无暇仔细校阅全书，乞谅。我很希望能早日出版，出版之前可嘱王明同志或其他同志再校阅一遍，可能有些标点文字上的错误。

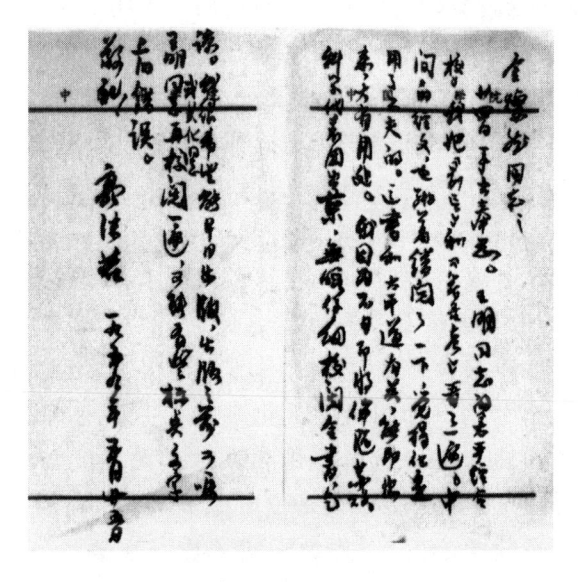

致金灿然信手迹

显然这是一封复信，回复金灿然前一日"手书"，估计应该是金灿然着人送来的，一并送到的还有王明编校的《太平经合校》书稿。中华书局应该是正在考虑要出版这部《太平经合校》书稿，故金灿然手书征询郭沫若的意见。中华书局是在前一年（1958）刚改组为整理出版古籍和当代学者文史哲研究著作的专业出版社。金灿然以国务院古籍整理出版规划小组成员兼办公室主任的身份，主持中华书局工作，任总经理兼总编辑。

《太平经》成书于东汉时期，据说为于吉所作，是中国道教初期的典籍。在中国哲学史及道教思想史上，都是具有学术价值的文献资料。原书有157卷，但早已缺佚，明正统九年（1444年）编修的《道藏》所收的《太平经》是唯一传世的本子，仅残存57卷。《太平经合校》是中国科学院哲学研究所研究人员王明，根据与《太平经》相关的另两部别本《太平经钞》《太平经圣君密旨》，以及其他二十余种引书，加以校、补、附、存，基本上恢复了原书157卷的面目，并对此书有关的几个问题做了一些考订说明。王明在西南联大读研究生时，就在汤用彤门下研读《道经》，那时即开始着手编纂《太平经合校》，并以《太平经合校》的论文获哲学硕士学位。《太平经合校》是灌注了他多年心血的一部书稿。

哲学史或宗教史，不是郭沫若研究的领域，但他以历史学家的睿智和学识看到了《太平经合校》的学术价值，也看出了王明所下的功夫。他明确表示意见："能印出来，大有用处。"并希望能尽早出版。如果不是有陪同外宾出访的任务，郭沫若应该会对书稿看得更仔细一些。

9月初，郭沫若又接到中华书局正式征询出版《太平经合校》的信函，这次被一起征询的还有侯外庐、汤用彤等多位学者。1960年2月《太平经合校》（全二册）由中华书局初版发行。

郭沫若这封致金灿然的信，只是其无数普普通通的工作信函中的一函，而且也不一定就是有了他的明确意见，《太平经合校》才顺利出版的。但是从这封信和《太平经合校》一书的出版过程，可以看到20世纪50年代时，郭沫若作为共和国科学文化事业的一个管理者所做工作的一个小小方面。金灿然和中华书局得到王明的《太平经合校》书稿，会首先征询郭沫若的意见，除了他本人是位历史学家，也还因为他是中国科学院院长（哲学所在他的治下）。作为一院之长（还兼长历史所），郭沫若对于院内学者们的学术著作的审读、出版（当然还是要与他的专业有关联的），是负有责任的。像王明《太平经合校》出版这样的事，并不是个案，在其他一些保存下来的郭沫若与杨树达、与江绍原等学者往来的书简中，都可以看到类似的情形：学者们将完成的著作往作为院长（所长）的郭沫若那里一送，他得抽时间校读，提出具体意见，还得为他们考虑出版或发表的问题。这也算是事必躬亲了。

一纸信函,两个未改的字

1961年1月11日,郭沫若给人民出版社编辑部写有一封信,为《文史论集》改正两字之事,这是一函佚简,内容如下:

编辑部有关同志:

　　拙作《文史论集》第173页,第七行"帝(曹丕)"丕字请改为叡,又第17行"至魏文帝时",文字请改为明。将来该书如再版时请改纸板。又收入《沫若文集》时亦请照改。顺致

　　敬礼。

郭沫若
一月十一日

信函的抬头只写了编辑部,落款时间也未署年份,但从内容可知应是在1961年写给人民出版社编辑部的,因为是年1月,该出版社出版了郭沫若的《文史论集》。郭沫若要求改正的两字,是书中《关于司马迁之死》一文两处引用资料的疏误。

尽管郭沫若写了此信,出版社似乎并没有来得及安排改正,大概是书的纸板已出(其实纸型做个别字挖改应该还是可以的),正在印装过程中。《文史论集》没有再版,纸板当然也就没能修改。但是该书于同年8月第二次印刷,特别是北京出版社又于同年12月,将人民出版社的第一版印行了一万册(这一出版情况,在上海图书馆编《郭沫若著译书目》中尚无记载),这两次印行应该是可以做些勘误补救的,却未为之。直到1963年2月,人民文学出版社出版的《沫若文集》第17卷"集外",才将《关于司马迁之死》一文两处引文疏误做了改正,这是作者自己改正的。

致郁文书信与科技大学事

郭沫若有若干封写给郁文的信留存下来,它们都是与中国科学技术大学的工作有关的。

中国科学技术大学正式举行成立大会和开学典礼是在 1958 年 9 月 20 日,以中国科学院院长身份被任命兼任校长的郭沫若在开学之前的 9 月 15 日,为科技大学创作了校歌。为此,他给任科技大学党委书记的郁文写信,说:

郁文同志:

我为中大拟了一个校歌,请您审阅;并请印出,向院内校内广泛征求意见,修改。定稿后,即托人(由我找人也可以)制谱。如能赶上开学天,由同学们唱出,是值得争取的。

敬礼!

郭沫若

九、十五

9 月 18 日,郭沫若又给郁文写了一封信,主要是为说他起草的将在成立大会和开学典礼上致辞的讲话稿。信这样写道:

郁文同志:

开幕词,请您审阅。

内容昨天向总理讲过,他说"可以,是施政方针了"。当时聂总、彭真同志、伯达同志都在。

校歌,总理改了两个字,便是"为共产主义建设作先锋",把"建设"改为"事业"。

"伟大的领袖毛泽东",吕骥同志删去了"的"字,因发音与"大"字重复,可以同意。

明天上午吕骥同志可能一道去八宝山。

敬礼!

郭沫若　十八

郭沫若的讲话稿后来题作《继承抗大的优秀传统前进》,其中提出的"三纲五化",即政治挂帅,党的坚强领导;勤工俭学,教学、研究和生产劳动相结合;抓尖端科学技术,为国家建设事业服务;思想马克思列宁主义化、生活工农化、组织军事化、教学集体化和技能多面化,成为科技大学办学的"施政方针"。

郭沫若在信中又说到校歌的事情:周总理改了两个字,吕骥为谱曲删去了一个字。这就是前信说到的托人制谱的事情,郭沫若是请了中国音乐家协会主席吕骥为校歌谱曲。据《中国科学技术大学大事记》记载,郭沫若是9月19日在科技大学礼堂与全体同学第一次见面的,他作讲话之后,就请吕骥教唱校歌。这就是那个年代办事的速度和效率啊!

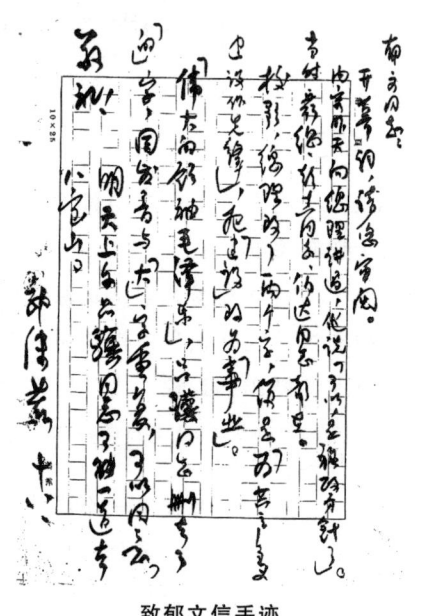

致郁文信手迹

由郭沫若撰写的校歌,以《永恒的东风》为题发表在《中大校刊》创刊号上,后为郭沫若收入1959年自编的《潮汐集·潮集》,题作《迎接着永恒的东风——中国科学技术大学校歌》,现在已收入《郭沫若全集·文学编》第4卷。发表出来的歌词,与原草拟稿的文字略有不同,这里据手稿将原草拟稿歌词抄录如下:

　　把红旗高举起来,
　　插上科学的高峰!
　　科学的高峰在不断创造,
　　高峰要高到无穷,
　　红旗要红过九重。

我们是中国的好儿女，
要刻苦锻炼、辛勤劳动，
为社会主义建设作先锋。
又红又专，亦工亦农，
团结协作，活泼英勇，
争赴尖端，决不脱离群众！
学习啊，学习啊，努力学习啊，
学习伟大的领袖毛泽东！

发表时修改的文字，除增加第一句之外，主要是一句词的修改，即将"又红又专，亦工亦农"改为"红专并进，理实交融"。"文化大革命"结束之初的1977年，科技大学复课后，学校革委会曾以校歌的两个文本，送郭沫若（中共中央批准仍由他兼任校长）请示定夺，似有改用原稿歌词文本之意。显然因为"文化大革命"时期"工农"是时兴的词，"理实交融"这样的文辞则不合时宜。郭沫若则明确表示"还是用五九年改过的'理实交融'为好"①。"红专并进，理实交融"这一句歌词，至今仍是中国科学技术大学的校训。

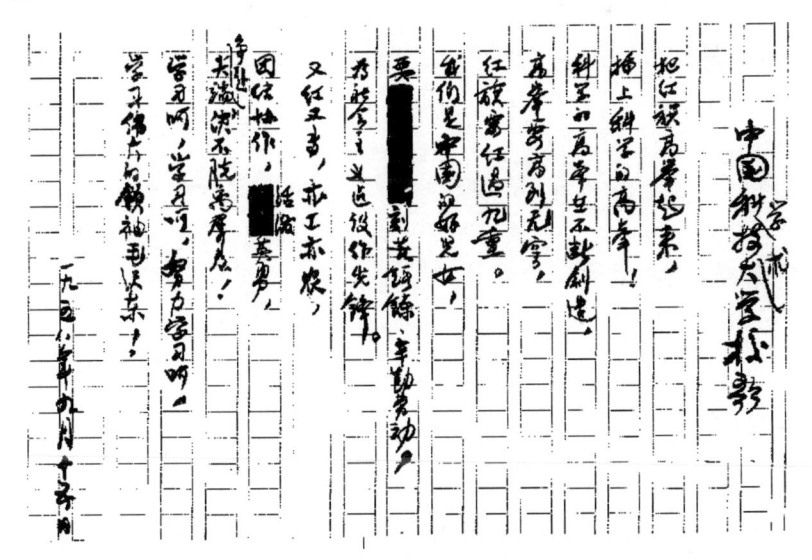

为中国科学技术大学所作校歌手迹

---

① 据1977年8月30日以"郭沫若同志处"名义复"科技大学革委会"信手迹。

在许多回忆郭沫若与中国科技大学的文章中都记到一些郭沫若对于学生悉心爱护的事情，譬如，为喜欢文学创作的学生看稿子，帮助有文学志向的学生转学，自己掏钱为春节留校的学生们发压岁钱等等。有一封 1959 年 11 月 23 日他写给郁文的信，记录了又一件事情。信这样写着：

> 由于《沫若文集》的出版，版税积累不少。我现捐赠科技大学两万元，作为同志们的福利金，特为帮助衣被不足的同学。附上兑票乙（一）纸，请查收并予处理，为荷。

《沫若文集》是 1957 年 3 月由人民文学出版社开始出版的，全部 17 卷于 1963 年 6 月出齐。1959 年时已出版了前 12 卷。郭沫若捐赠的两万元稿酬，在当年可是一笔不小的数字。科技大学的学生来自工人农民家庭的比较多，家境不宽裕，还有许多来自南方，在北京的冬季生活，御寒就是一个困难的实际问题，郭沫若的捐款为这些学生解决了这个问题。从这样一个十分具体而实在的问题，可以看到郭沫若作为一校之长心系学生的那番爱心。

后　记

　　这一束文稿写作的缘起，与我撰写《文化越境的行旅——郭沫若在日本二十年》一书（文化艺术出版社 2005 年 3 月出版）有关。尽管已经做了多年的郭沫若研究，适当构思、落笔该部书稿时，我才意识到有关郭沫若在日本前后二十年之久的人生行旅的文献史料是多么匮乏，也才注意到一直被学人所沿用的学术资料中存在不少疏漏、史误。于是，在撰写书稿的同时，我开始着手对相关资料进行梳理，考辨，并着力去搜寻、发掘新的文献史料。有几篇考订文字，即因书稿撰写的需要而成文。

　　也差不多是在同时，我参与主持的"郭沫若年谱长编"课题开始启动。这是一个工程量很大的学术资料编撰工作，其最主要的、基础性的工作，就是郭沫若生平文献史料的发掘、收集、整理、厘清、考订。这一步工作做扎实了，年谱长编的编撰就完成了大半。于是，我的郭沫若研究，就完全进入了在文献史料堆里"摸爬滚打"的状态。几年过去，获益良多：了解了许多不曾触及的有关郭沫若的史事、史迹，发现了不少一直以为就是史实的历史舛误，对于郭沫若生平中一些真实的历史存在有了新的认知和思考。与此同时，也积累了许多考订、辨证史料的笔记——这一束文稿的提纲、提要或初稿。

　　在梳理过的文献史料中，有许多其本身所包含的相关历史文化信息是完整准确的，对于这些资料，所需要做的，只是以某种方式记入学术资料中，譬如，以一条谱文简洁明晰的文字记入年谱长编中。但是也有许多文献史料的发掘整理，包括对于现有文献史料中疏误的订正，需要做一番辨真或是证伪的工作，于是陆续就有了那些笔记的成文。这样得到的结论，不是用一两句文字可以叙述清楚的，它们本身就成为一份份学术资料。所以，这一束文献史料考辨文稿，事实上也构成郭沫若年谱长编一部分内容的依据和补充。

　　作为一个曾立项的课题，本书稿的写作延续了多年，尽管早已结题了，我还是在不断补充新的内容。这让书稿的写作显得"拖沓"。然而，这不是一个可以仅凭主观思考就预作谋篇布局的选题，书稿中叙述论及的史实、史事、史迹，只能依其发掘整理的情况一一道来，然后，又有新的情况和问题出现。也因此，"郭沫若生平文献史料考辨"，实际上是一个没有结束，或者说应该有续篇的课题。

2013 年夏于望京

图书在版编目（CIP）数据

郭沫若生平文献史料考辨/蔡震著.—北京：社会科学文献出版社，2014.7
（中国社会科学院老年学者文库）
ISBN 978-7-5097-5993-6

Ⅰ.①郭… Ⅱ.①蔡… Ⅲ.①郭沫若（1892~1978）－人物研究 Ⅳ.①K825.6

中国版本图书馆 CIP 数据核字（2014）第 090816 号

·中国社会科学院老年学者文库·
郭沫若生平文献史料考辨

著　者/蔡　震

出 版 人/谢寿光
出 版 者/社会科学文献出版社
地　　址/北京市西城区北三环中路甲 29 号院 3 号楼华龙大厦
邮政编码/100029

电子信箱/caijingbu@ssap.cn　　　　　责任编辑/高　雁　梁　雁
项目统筹/高　雁　　　　　　　　　　 责任校对/黄　利
经　　销/社会科学文献出版社市场营销中心　责任印制/岳　阳
　　　　　（010）59367081　59367089
读者服务/读者服务中心（010）59367028

印　装/三河市尚艺印装有限公司
开　本/787mm×1092mm　1/16　　　　印　张/25.75
版　次/2014 年 7 月第 1 版　　　　　　字　数/442 千字
印　次/2014 年 7 月第 1 次印刷
书　号/ISBN 978-7-5097-5993-6
定　价/79.00 元

本书如有破损、缺页、装订错误，请与本社读者服务中心联系更换
▲ 版权所有　翻印必究